名师谈教学

MINGSHI TAN JIAOXUE

漆昌柱　汤天勇 / 主编

华中师范大学出版社

新出图证(鄂)字10号

图书在版编目(CIP)数据

名师谈教学 / 漆昌柱, 汤天勇主编. -- 武汉 : 华中师范大学出版社, 2024. 9. -- ISBN 978-7-5769-0672-1

Ⅰ. G420-53

中国国家版本馆CIP数据核字第20240ZK137号

名师谈教学

责任编辑：张　忠　**责任校对**：王　胜	**封面设计**：罗明波
编 辑 室：第七分社	**电　　话**：027-67867367
出版发行：华中师范大学出版社有限责任公司	
社　　址：湖北省武汉市洪山区珞喻路152号	
电　　话：027-67861549(发行部)	
网　　址：http://press.ccnu.edu.cn	**电子信箱**：press@mail.ccnu.edu.cn
印　　刷：广东虎彩云印刷有限公司	**督　　印**：刘　敏
开　　本：710mm×1000mm　1/16	**印　　张**：24.25
版　　次：2024年9月第1版	**印　　次**：2024年9月第1次印刷
字　　数：400千字	**定　　价**：88.00元

《名师谈教学》编委会

序　言

习近平总书记指出："建设教育强国，基点在基础教育。基础教育搞得越扎实，教育强国步伐就越稳、后劲就越足。"基础教育是培养创新性人才的奠基工程，是发展科技第一生产力、培养人才第一资源、增强创新第一动力的生命线，而中小学名师则是这条生命线生态给养与续航发力的关键性因素。有人认为我国现代名师的起源，可以追溯到上个世纪五六十年代初见端倪的特级教师制度，直至1978年，邓小平倡导在全国建立特级教师制度，中国现代教育教学名师正式起航。进入新世纪，国家对人才高度重视，各级各类名师工程(或项目)遴选出一大批在教育教学领域作出突出贡献、产生较大影响的名师。何谓"名师"？在我看来，能够成为名师，需要具备精神力，师德高尚者方能居之；需要具备专业力，这是授业者的看家本领；需要具备教育力，立德树人的践行路径；需要具备研究力，与教学双翼共振；需要具备引领力，名师不是自我形塑，应是辐射之源。名师是个性与共性的统一，因为有共性，社会认知有个基本判断，广大基础教育工作者有了追随的目标；因为有个性，名师有其风格与标识，方能显示独特的"这一个"。

《黄冈师范学院学报》作为一家省级综合性期刊，目光如炬，创意闪耀，2017年始创"名师谈教学"专栏，用以刊载基础教育名师的教学之法、教学之思、教学之论、教学之道，氤氲乎风生水起，自黄州，蔓延至武汉，至今已有响彻全国之势。葳蕤之貌，不禁让人喟叹，何以如此？一来编辑者富有远见，愿意以高等学府之学术窗口展示基础教育教研之成果；二来广大名师藉此实现了自我学术成长与传播。双向奔赴，相得益彰。

近日，黄冈师范学院欲将名师教研成果整理成书《名师谈教学》，广而传播，更有学校校长漆昌柱教授亲自领衔主编，其对基础教育教学学术而言助益良多，且能形成涟漪效应。

漆校长嘱我为《名师谈教学》一书作序。在我的理解中，凡是能够为人作序者，多为贤德之人，或是望达者。这两类人皆是我充满敬意的。但我还是欣然"听将令"，缘由如下：一、作为深耕基础教育多年的基础教育管理者，我深知名师修炼之难，既难在从普通教育工作者到名师艰难的时间跋涉，也难在鲜花与掌声包裹中尚能思虑教学学术的精进。名师不能仅局限于三尺讲台，行授业解惑之道，还要匍匐于三尺案牍，总结经验提炼思想。“名师谈教学”的晕圈越大，热熵效果越好，于基础教育高质量发展有利，于基础教育创新性人才培养也有利，于基础教育教师成长更为有利。所以，我愿意为他们依然鲜亮地学术耕耘鼓呼。二、我作为黄冈师范学院一名老学生，从那里开始了人生的攀登之旅。母校领导令我作序，于我观之，说明多年的工作未给母校丢脸抹黑，这是对我的认可，岂有不乐意而拒之理？

于漪先生认为：“‘名师’的关键字是‘师’，不能以‘名’作为高悬的追求目标。”从个体道德层面来讲，确乎如先生所言，“师”系教师群体自我价值与精神内涵、职业操守的内质性体现与体认，但从社会或者制度层面来说，“国将兴，必贵师而重傅”，以“名”修饰或者说限定，则是为广大教师群体树立标杆与方向。《名师谈教学》一书有两个特色：一是名师区域广。30位名师不在一城一市，天南地北，因为地缘性之别呈示思想、方法与观点之独异，不失为一道靓丽的学术风景。二是学科门类齐全。四十多篇文章，几乎涵盖了中小学所有学科，内容丰富，立论深邃，创见迭出，可谓名师个人教学观的风采秀。

当然，因为是刊出的文章集纳，《名师谈教学》对于名师而言，是一种教学观念或者教学方式的展示，是一种教学学术的传播；其对于更为广大的教师群体而言，则是一个窗口或平台，他们藉此可以靠近，可以学习，可以汲取。鲁迅先生说，地上本没有路，走的人多了，也便成了路。诚然，我们教育与教学的高质量发展，需要更多人来走路，需要走更多的路。对于年轻的教学者而言，名师不仅是一种闪耀的名望，更是可以用心用情用行动去切近的示范。

名师之示范在于志道。朱熹曾言，“志者，心之所之之谓。道，则人伦日用之间所当行者是也。知此而心必之焉，则所适者正，而无他歧之惑矣。”大凡名师，皆是将道恒存于心者，这里所说的道，可以谓之为理想信念，更可以称之为教为学之道。名师之所以能够成为名师，绝非一日之功，也非骤然而就，而是心存执念，“不可须臾离”。正是因为有了定航，他们有对教学方法与思想的追求，有对教学未知领域的探索，有对教育实践的总结与升华，最终实现真正的“谋道”。志道的人，不仅因为外在的光鲜与掌声示人以获得感，更在于藉此得到归属与幸福。他们没有在三尺讲台浑浑噩噩，没有面对变动不居的教育现场两眼空洞，更没有蜷缩在他人之后孤芳自赏，而是做教学与教研荆棘之路上的强者，志存高远、弘毅畅达，可以有挫折，但不会退缩，可以有孤独，但不会神伤。他们有的并非天赋异禀，有的身处贫穷之所，可贵的是我们眼中的阻隔并未成为名师成长之路的羁绊，他们收获了秋天丰硕的果实，这也足以证明志道者注定不会被时代被历史遗弃。

名师之示范在于游艺。兰德曼说:“自然把未完成的人放在世界之中,它没有给人做出最后的限定,在一定程度上给他留下了未确定性。”那些有成绩、有造诣的名师,在“成名”之前,也是“未完成的人”,他们是充分抓住了“未确定性”的空白,去完型去填空,直至丰盈。名师完成之路,也是游艺之路:一方面是矢志不渝对“艺”的精进。名师一定是在教学,或者教研,或者教管方面有突出造诣者,不少人甚至有着独树一帜的教育创造、教育智慧与教育思想。他们或许在前人智慧的肩膀上升高,或许在荒芜的土地上垦荒,他们一定是教学领域的突拔者。因为他们深知技与道之距,深知技为安身立命之傍,为此苦练教学之内功,锻造教学之外功,内外精修,终铸名师之形。若是将教学之探索形诸文字,我们自可于其中窥见他们对“艺”的尊重与敬畏。一方面是对于“游”的倾心与倾注。“游”是一种姿态,一种心智,一种实践哲学。一般而言,教师要在教书育人这一行当站稳脚跟,需要有艺在身,只不过名师对“艺”的追求更为自觉,更为主动,也更有境界。名师逐艺不仅存在于“学”,且姿态更为悠游,更为从容,既考虑到功利又能自然地超然功利;且心智更为圆融,用生命、使命、担当与情感浇铸,但也不忘心理安顿、心灵归属;且实践更为敞开,思与诗并轨而行,今与古的融通,中与外的汇合,理论与实践的互撑,有效地阻止了教学生命的荒废与耗散。

名师之示范在于度越。这里的度越,可以是“僭越”一种约定俗成。教学无法,教学也有法。教学现场待久了,会滋生封闭,面对新的教学视域与教学方向,往往会视而不见地一如既往,新的教育理论可以做旧,新的教育政策可以视若罔闻,新的教学理念可以弃之不用。名师有着这样一种精神,那就是不因循守旧,会不断接受“新”的熏染,并将之用于教学实践,所以,他们不会固守与僵化,或者说不会“一招鲜,吃遍天”。正是对“新”的追逐,也促使教学改革与创新的实现。这里的度越,可以说是自我的革命。人是自我最为强大的对手,先前成型的教学方式与教学模式,本可以驾轻就熟,甚至大可以一劳永逸。名师意味着得冲破经验的藩篱,不断地自我批判自我否定,寻找突围之路,寻找创新之机。这里的度越,可以是热情地拥抱。职场倦怠可以说是通病,安逸与舒服人之所愿。名师似乎不敢也不愿就此休憩,得不停歇地发现、实践、归整与辐射,用“名师”之甲胄激励前行之斗志。

成为名师,或许是不少初涉教职者的理想与方向,但成为名师,也成了不少教师的意难平与心中郁结。究其原因,前者是梦想阶段,五彩斑斓奇妙无比;后者是现实阶段，戛然而止唏嘘不已。方孝儒说，贵玉之国多珉，好凤之国多鸥。名之所在，伪之所趋。趋利是本能，无可厚非，关键是不能仅仅在于趋往，更要有志道精神，有游艺精神，有度越精神，否则即是"伪"，是平淡无奇的教书"匠人"，其离专家型、学者型的名师何其远也。

以上琐碎之言无它，意在通过《名师谈教学》一书，让我们数以万计的青年教师看到名师对教学的矢志追求，看出名师们既醉心于纯粹的教学之技，又注重教学创新的追逐、教学理念的提炼与教学风格的形成。

守正创新，薪火相传。这是我一个教育界老兵的心愿，也或是约请我写序者的希望。

是为序。

何兰田

2024年1月20日

目　　录

思政课为学生成长成才点亮一盏灯

（武汉市解放中学，吴又存）

名师简介

吴又存，男，武汉市解放中学副校长、思政课教师，湖北省特级教师、正高二级，“解放思政”教学主张首创者。中组部国家“万人计划”教学名师、教育部大中小学思政课一体化建设专家指导组成员，湖北省教育咨询委员会委员，湖北名师工作室主持人。中国好人、全国模范教师，全国政治优质课大赛一等奖第一名获得者。荆楚好老师、荆楚楷模、湖北省五一劳动奖章获得者、湖北省优秀共产党员。教育部统编教材初中《道德与法治》核心编者，先后到全国各地作教材教法报告500余场。2019年3月18日，参加全国“学校思想政治理论课教师座谈会”，受到习近平总书记接见并发言。央视《新闻联播》《人民日报》《人民教育》等媒体均报道了吴又存从事思政课教学的经验和教书育人的事迹。

2019年3月18日，我参加全国学校思想政治理论课教师座谈会。在发言中，我自豪地说：“作为一名思政课教师，要有强烈的责任意识和担当精神，要让思政课情真意切、发自肺腑、激情澎湃，为学生成长成才点亮一盏灯！”[1]

一、触动心灵的教育才是最成功的教育

在以往人们的印象中，思政课教师往往与“刻板”“灌输”“死记硬背”等印象联系在一起。“教思政很简单，对着书本画圈圈”。但我给自己定义了三个不能做：不能做“贝多芬(背多分)”，不能做“赵先生(照本宣科)”，更不能做“吴先生(误人子弟)”。为了把思政课讲好，让课本上的知识、道理真正入脑、入心，我想方设法，绞尽脑汁……

1999年，28岁的我要上一节公开课《依法保护青少年健康成长》，从哪个方面入手？想起当时青少年进入游戏厅的现象较为普遍，我扛着学校的一台摄像机偷偷地溜进了游戏厅，现场拍摄学生玩游戏的场景，还与游戏厅老板发生了

争执。老板以为我是记者要录像曝光。尝到了“战地记者”滋味的我拍到了宝贵的课程资源。尽管由于现场环境的干扰，录像的效果不太好，但却引起了学生强烈的共鸣，收到意想不到的效果。

“思政课不是假大空，而是要用真实打动人。”一个“真”字，道出了教育的真谛。思政课教师必须突破浅表的分数层面，要教到学生的心里去。为此，我不断探索新形势下思政课的有效路径。

“小时候，家里生活很困难，母亲为了供我读书，每天凌晨4点多钟起床，冬天提着竹篮子四处吆喝着卖馒头，夏天背着小木箱走街串巷卖冰棒，风里来雨里去……”回忆起儿时，我在课堂上“真情告白”，几度哽咽，面对屏幕上母亲的照片，我深深地鞠躬，震撼了所有学生，很多学生潸然泪下……这堂课，讲的是“孝敬父母长辈”。我常常布置一些诸如“孝敬父母我能行”“为父母做一件有意义的事”等实践性的作业，要求学生把孝敬父母落实到实际行动中，同时写出心得体会，父母则附上反馈意见，以此检验活动的实际成效，也防止活动落空或流于形式。有的学生周末帮助父母拖地，有的第一次下厨炒菜，有的帮忙剥鹌鹑蛋，有的帮父母捶背，有的拿镊子帮妈妈清理白发……我则给每位同学写上热情洋溢的评语加以肯定和鼓励：“只有相互付出的爱，家才温暖！”“能帮妈妈洗脚，值得点赞！但不能‘一洗了之’，以后还要常常为父母分忧哟！”“你是一位懂事的好孩子，你会成为父母的骄傲的，我坚信这一点！”“我为你的‘清白发’感动，愿你永远做妈妈贴心的‘小棉袄’！”……这些活动润泽了学生的感恩情怀，促进了学生的品德发展。

学生张吟枫的父母常年外出打工，与她生活在一起的奶奶只能靠手机与儿子儿媳交流，但年岁已高的老人不会使用手机。张吟枫记得老师在课堂上讲到“孝心是不厌其烦，是轻声细语的陪伴”，领悟到老师的谆谆教诲，她就一遍又一遍地手把手地教奶奶，但效果总不是很如意。为了帮助奶奶记忆，聪明的吟枫想了一个办法，那就是在纸上画一张手机使用说明书，在每个图标旁用汉字详细注明使用功能。按图索骥，经过半年的努力，如今吟枫的奶奶俨然成了一个手机达人！语音聊天、视频通话、拍摄照片等技能都非常熟练，时不时还秀起了自拍……

我始终认为：教师的真情是教学园地里最幽香的一束花，教学要激情澎湃，课堂要真情涌动。在讲授《生命因独特而绚丽》时，为了展示自己生命的“独特”美好，我结合自己给很多新人主持婚礼的人生经历，自称是“教师里最好的婚礼司仪，婚礼司仪里最好的教师”！当时有的学生说“不信”。于是，我当场把教室变成了“婚礼”的现场，来了一场司仪脱口秀：“翘首望，看新娘，绝色佳人人向往，出水芙蓉娇艳美，赛过五彩金凤凰……两颗丹心迎未来，百年好合度春秋！”引得大家竞相上台，纷纷展示不一样的自己。

我还是个超级诗歌迷，经常把自己的思政课变成了“中国诗词大会”现场，让历久弥新的诗句点亮课堂，使思政课不仅“有意义”，而且“有意思”。

“无论你在哪里 / 我都要找到你 / 血脉能创造奇迹 / 你的一丝希望是我全部的动力。”我声情并茂地吟诵著名诗人王久平的诗《生死不离》，让学生感知中华民族面对困难“不抛弃、不放弃”、众志成城的艰苦奋斗的民族精神……这堂课，讲的是“社会责任”。“我不去想是否能够成功 / 既然选择了远方/便只顾风雨兼程……我不去想未来是平坦还是泥泞 / 只要热爱生命 / 一切，都在意料之中……”课堂上我激情地朗诵汪国真的诗《热爱生命》，学生们凝神倾听……这堂课，讲的是“坚强的意志”。“常赴自治区域 / ……归渡 / 归渡 / 梦回大陆循路。”我仿照李清照的《如梦令》填了一首词，引导学生感悟海峡两岸中华儿女渴望祖国和平统一的强烈愿景。这堂课，讲的是“统一的多民族国家”。

我还常常在课堂上范唱健康活泼、格调向上的歌曲，渲染课堂气氛，触动学生的情感体验。比如，在讲到教材中“改革开放是强国之路”这一主题时，我结合中国农村改革发源地——安徽凤阳小岗村在1978年实行包产到户的历史，唱起了新编花鼓戏：“说凤阳，道凤阳，凤阳本是个好地方。自从干起了大包干，五谷丰登六畜旺……”学生和着节奏，唱起了衬词：“咚不隆咚锵，咚不隆咚锵，咚不隆咚锵咚锵咚锵锵锵。”一唱一和，有板有眼。一曲花鼓戏，让这些十二三岁的孩子对“改革开放”的重要意义有了感性的认识。

在讲授《世界文化之旅》时，为了引导学生传承中华民族优秀传统文化，我在课堂上与学生互动清唱一首湖北恩施民歌《伙计歌》：“听我嘛开言唱啊，伙计……”课堂清新自然，充满了快乐，让每一个参与其中的人欲罢不能。不管是唱着歌儿教思政，还是吟着古诗教思政，这不是炫技和哗众取宠，而是让思政课堂焕发出生命的活力，为教学锦上添花。

这样的课堂很受学生欢迎。经常是已经下课了，我还被学生包围着：“吴老师，希望您能签个名、与您合个影！”“吴老师，这节课我给您打满分。”古诗词、情景剧、脱口秀、引吭高歌……内容为王，形式创新，我让思政课“活”起来，我也“火”了起来！《人民日报》《人民教育》《中国教育电视台》《中国教师报》等国家级媒体均浓墨重彩地报道了我从事思政课教学和人生成长的心路历程……

二、把社会大课堂融入思政小课堂

“中华民族正以崭新的姿态屹立在世界的东方，我们举办了一届无与伦比的奥运会，彰显中国气派的G20峰会，即将在武汉举办世界军运会……”3月5日，九(1)班学生刘近涵在讲台上神采飞扬地进行课前时政5分钟演讲。

我深知，学习思政不能“两耳不闻窗外事”，而应坚持理论性和实践性相统一，关注时政热点，聚焦社会焦点和世界风云变幻，对新近发生的国内外大事有所了解和思考。为此，我让学生轮流依次进行“课前5分钟时政演讲”，形成雷打不动的刚性制度，哪怕毕业年级也不例外。每天中午，我在办公室里不知疲倦地辅导学生进行时政演讲，提出中肯的修改意见，要求学生脱稿进行演讲，课堂上正式演讲时我则用手机一一录下整个过程，留存宝贵的录像资料，上传到班级QQ群中与家长和学生进行分享。学生时政演讲的过程，就是关注国内外大事、自身成长的过程；让学生走上讲台公开演讲，锻炼了学生的表达能力；让学生对时政热点进行评论，提高了学生的理性思维能力；让学生对纷繁复杂的社会现象进行辨别分析，有利于培养学生正确的世界观、人生观和价值观。若干年后，学生可能忘记了背过的某些定义和原理，但可能对曾经登台进行时政演讲的经历刻骨铭心……

思政课不是干巴巴的说理，不是死沉沉的教导，不是局限于校园的藩篱。我曾多次带领学生走进辖区内的革命烈士陵园进行凭吊，学习革命烈士为人民幸福、为共产主义理想抛头颅洒热血的英雄事迹；走进红色历史旧址和纪念馆，学习回顾中国共产党领导革命和民族独立的历史；带领“空飞班”学生走进黄继光英雄部队纪念馆，了解人民解放军为祖国、为人民不怕牺牲英勇作战的鲜活历史；帮助学生们树立为国家富强、民族振兴、人民幸福而奋斗的理想信念。多次带领学生们走出校园赴市民之家聆听了吴天祥、夏菊花、赵梓森三位武汉市首届功勋市民的演讲，与从首都载誉归来的全国道德模范江家姐弟进行面对面的对话，分享了他们精彩的人生感悟。

三、上好思政课要先锤炼自己

2006年，我在南京参加了本学科影响最广的全国思政优质课评选活动，获得全国一等奖第一名。曾有人问我：“这节课，你准备了多长时间？”我意味深长地说：“这节课，我准备了一辈子！”的确，为了上好每一节课，给学生的心灵埋下真善美的种子，我要准备各种资料。我有几十本厚厚的“资料库”，那是我积累授课素材的剪贴本，只要是符合教学内容的资料都可剪贴下来分门别类尽收囊中，然后对材料进行“细加工”，确保材料的思想性、趣味性、典型性，以达到从资料库“活字典”中信手拈来、旁征博引的效果。

电视台记者到我家中采访，发现我的书房里存放着100多本共计2000多万字的读书笔记，记者们拍摄后在武汉市读书节展演活动中进行了播放，全市教师被深深震撼了！不是因为这些单纯的数据，而是数据背后的永不懈怠的精神状态和踏地而行的品质。

我勇做教学研究的拓荒者，出版心血凝结的35万字专著《达成生命成长之美——我的教学新视界》；我在《中学政治教学参考》等全国中文核心期刊上发表教学论文200余篇。作为教育部统编教材初中《道德与法治》的核心编者，我呕心沥血，常常通宵达旦地改稿，颈椎和腰椎病多次复发，一度躺在床上动弹不得。同事们都称呼我为“励志奋斗的楷模”！

四、做行稳致远的引领者

我认为，真正的一堂好课，不仅传授给学生知识，更教给学生人生关键时刻的理性抉择，一种道德两难时的价值判断，好课应该让学生受益一生。

针对青少年逆反心理比较强，“青春期撞上了更年期”，亲子沟通存在障碍的问题，我及时在学校讲授了专题课《对话两代人》。怎么寻找突破口?我不按常理出牌，第一个环节“数落妈妈”。学生争先恐后地抱怨，晓琪同学强烈吐槽：妈妈只爱弟弟，不再爱我了，我这辈子不想再理她了……第二个环节“谁偷走了妈妈的温柔”。学生纷纷坦言：因为“我”的屡次对抗和顶撞，妈妈已经伤痕累累，自然没了“温柔”。第三个环节“读妈妈给我的信”。原来细心的我做足了功课，让妈妈们事先写好了一封给自己孩子的信，吐露心声。

这时，我递给了晓琪一张照片，那是她妈妈让我转交的，照片中妈妈把襁褓中的晓琪托在双手上。我相机问晓琪：“照片背后有一行字，你知道写的是什么吗?”“不知道。”我说：“那把后面的这行字大声读出来吧。”“你永远是妈妈手心里的宝！”念完，发誓不再理妈妈的晓琪落泪了……我说道：“读了妈妈的信，我们是否应该给妈妈回一封信呢?”教室里出奇地安静，孩子们写得很专注……

晓琪的复信，我悄悄递给了在门外偷偷站了一节课的妈妈，妈妈看着晓琪在信中的道歉，泪流满面。“我不够尊重她的需要。其实，我也欠她一个道歉。”晓琪妈妈的话语是那样温柔。

办公室里，母女俩相拥而泣的那一刹那，我分明看见了这个季节里最明媚的春光！“真诚的道歉是彼此最美的成全。”这就是换位思考、有效沟通的魔力，归根到底是“爱”的力量，这又何尝不是课程育人的智慧呢？！

五、特别的爱给特别的你

我觉得，每个孩子都是可爱的，都是可造之材。我曾执教的2000届有个叫叶飞的同学，在学校“吊儿郿当”，被同学们认为“无可救药”。叶飞父母外出广东打工，14岁的他与80多岁的奶奶一起生活，性格变得敏感、孤僻，成绩每况愈下。我得知其拮据的家庭经济状况后，经常拿出自己微薄的工资资助他，还为他办了一张生活用的储蓄卡，并发动班上其他同学偷偷地为他捐款。

由于父母不在身边，留守在家的叶飞常常早上睡过了头迟到了，我不仅没有厉声斥责，而且特意亲自给他送去热气腾腾的早餐。久而久之，感受到我的包容和关爱的叶飞再也不好意思迟到了。不久，多病的奶奶去世了，父母一时无法从南方回来，面对孤苦伶仃的叶飞，我做了一个大胆的决定，我做通了新婚妻子的思想工作，把叶飞接回到自己家中，与我同吃同住，一住就是大半年。在这期间，我经常辅导叶飞的功课，与他促膝谈心，聊家常、话趣事，拉近与他的心理距离，耐心地对他进行思想开导。我鼓励叶飞树立理想，做一个自立自强的男子汉！我们逐渐成了亦师亦友，慢慢地，叶飞变得开朗起来，成绩不断进步，表现积极向上……2000届中考他以较好的成绩考入了市级示范高中，3年后考入一所职业技术学院，毕业后被分配到武汉石油化工有限公司工作。“爱出者爱返，福往者福回！”每年教师节，不管有多忙，叶飞都要来看望我，那是我为人师最幸福的时刻！2019年1月，叶飞打电话兴奋地告诉我，他被市人民政府授予“武汉市技术能手”的光荣称号！得知喜讯的我，心里像吃了蜜糖一样高兴，因为我觉得这比我获得的任何荣誉都要珍贵！

我曾教过的九(12)班学生黄璞，目睹自家门前的湖泊逐渐被漂浮的垃圾所占据，美丽清澈不再，心中很是苦恼。他把这个“心病”向我倾诉，我鼓励他利用课余时间大胆进行调查，并指导他共同制订了切实可行的调查方案。随后，我放弃了长达三个月的周末休息时间，与黄璞一起到东湖、金银湖、鲩子湖等湖泊实地调查，每到一处，采访渔民，拍照取证，探寻污染源，分析水样……获得了大量第一手的调查数据，高质量地完成了《让我们共同关爱城市的明珠——湖泊》的调查报告。该报告获得了武汉市中学生“创新素质实践行”评选一等奖，《武汉晚报》以《一个中学生眼中的“湖泊”》进行了报道。我还建议黄璞向全校学生发出珍爱湖泊的环保倡议，该倡议书经媒体报道后，武汉市环保局面向社会各界进行隆重推介，为武汉市贯彻实施“碧水蓝天”计划产生了积极而深远的影响。

2002年，我新接任九年级五班，原本最讨厌思政课的学生刘哲，在聆听了我不到两周的课程后，竟然“疯狂”地喜欢上了思政课！我生动有趣、自主开放的授课风格，刷新了他对思政课味同嚼蜡、乏味至极的认识，情不自禁地全身心投入课程里面。刘哲不仅上课积极举手回答问题，而且下课后有问不完的问题，我都耐心地予以解答，但往往搞得我连上厕所的时间都没有。三年后，刘哲如愿以偿考入了中南财经政法大学，接触到大量中西方各流派的哲学思想，他与我一起交流对《共产党宣言》《契约论》《君主论》等著作的看法。我告诫他说：“我们学习哲学，既要进得去，还要出得来！”如今在中国国际航空公司湖北分公司工作的刘哲依然牢记我的谆谆教诲，在工作中养成了独立思考和刻苦求索的良好习惯。他在给我的信中写道：“我记得初三时大家最感兴趣的就是政治了。老师确实很棒，真的！我并不优秀，但我想我们五班谁回忆起那时的课，都会想起吴老师您生动的课堂的！”

我教过的2005届毕业的学生刘梦觉，2018年法学博士毕业后进入华中师范大学马克思主义学院成为一名思政课讲师。在一次集体备课上，学院邀请我赴华中师范大学马克思主义学院教研室进行“中学高校法学教育衔接备课”活动，邂逅了多年未见的学生刘梦觉，她兴奋得快掉眼泪了。她回忆说，我彻底扭转了她对人文社会科学课程枯燥乏味的认知，她还能够清晰地记得我一首首打油诗、妙语连珠逗乐的全班大笑、讲述中国革命历程中动人故事的潸然泪下和展望中国美好前景时候的慷慨激昂，让她觉得思政课也可以那么精彩！刘梦觉说我为她埋下了一颗研究社会科学的种子，即使到了高中进入理科实验班，没有了思政课程也没有让她失去对哲学社会科学的爱好，进入大学后她就选择了法学作为研究领域，一直到今天她站上高校思政课的讲台，她的上课风格也有许多模仿我的影子，永远要对学生热情饱满、激情澎湃。我留给她最深刻的印象，就是我是那种“有信仰”的老师，并能够将这种信仰传递下来，她也以此作为执教生涯的座右铭：“坚定信仰，传播信仰。”

六、做黄鹤高飞的领航者

2016年，武汉市教育局授牌成立了武汉市有史以来第一个初中思政名师工作室——“黄鹤英才吴又存名师工作室”。2017年省教育厅授牌成立了湖北省吴又存名师工作室。我利用搭建的工作室平台，不遗余力地培养青年教师成长，卓有成效地开展了校本研修、高效课堂等深度研究，围绕“高效课堂的建设”“十九大与思政课教学的联系”“中国梦与思政教育”等相关主题，重内涵发展和学科素养的提升，从而推动学科建设可持续发展。曾先后组织市区50多位工作室成员和所在区全体思政教师，成功举办了职业发展规划、赴黄陂开展送教下乡、读书交流、相聚金银湖新教材研修、武昌区域备课经验交流、江岸课堂研讨、聘请教材核心编者对法治教育专册进行研修培训等教研活动。这一系列教研活动，增强了教师的专业素养，助力青年教师的专业提升。光阴荏苒，领导团队厚德尚学、精研求是，铺设成长阶梯，发挥引领辐射作用，这是工作室不变的职责所在。

工作室尽可能地“走出去”，让成员扩大眼界，积淀能力，提高素养。与襄阳王艳红名师工作室进行同课异构、讲座研讨、教学沙龙等活动，互通有无、切磋交流，优势互补。2017年8月工作室组织部分成员赴湖南长沙参加全国第二届“政治教科研课题研究与论文写作高级研修班”，享受了别开生面的“寻伟人足迹，破教研难题；析写作要义，悟教育真谛”教科研盛宴。2017年11月名师工作室远赴浙江卓有成效地进行了5天高级研修活动。先后参访了浙江杭州市高级中学等名校，学习与交流新高考背景下校内管理变革的经验。2018年10月组织部分成员赴享有“教育之乡”的江苏省南通市进行专业研修，聆听专家的真知灼见。

2012年辅导工作室成员武汉实验外国语学校的黄莉老师参加全国思政优质课比赛荣获全国一等奖与教学创新特别奖。2010年辅导工作室成员武汉市二桥中学的张婷婷老师参加全国思政优质课比赛荣获全国一等奖；本人也荣获全国指导教师奖。2015年指导黄冈黄梅县八角亭中学郭水霞老师上《未来道路我选择》、工作室成员武汉市外国语学校美加分校陈凤老师上《学会合理消费》均荣获全国思政优质课比赛一等奖。辅导工作室成员徐小英老师继荣获“一师一优课”国家级优课后，又在省教育信息化发展中心开展的优秀课例评选中荣获一等奖。近10多年来，代表湖北省参加全国思政优质课大赛荣获一等奖的选手，90%以上花落“吴又存名师工作室”。我殚精竭虑辅导徒弟吴文君老师在教育部举行的国家级培训中为全国各地思政教师主讲示范课，获得一致好评，吴文君老师成长迅速，获得武汉首届“最燃青年教师”、武汉市五四青年奖章等殊荣。

工作室基本情况被全国中文核心期刊《教学月刊》2017年第12期在封面显著位置以“问道专业发展，栖息黄鹤高飞”为题进行了热情洋溢的报道，我想这是团队成员风雨同舟、共同努力的结果。

追求永无止境，奋斗未有穷期。“一路跋涉一路歌，我要做新时代最好的初中思政课教师！”聆听了习近平总书记的重要讲话，我深感责任重大：“我将用平凡的坚守，努力做到用高尚的人格感染学生、赢得学生，用真理的力量感召学生，以深厚的理论功底赢得学生，培养德智体美劳全面发展的社会主义建设者和接班人！”[1]

参考文献：

[1] 张烁. 为学生成长成才点亮一盏灯[N]. 人民日报，2019-04-10(6).

论培育政治认同的基本逻辑：认知—认可—认同

——以高中《思想政治》中“我国的根本政治制度”章节为例

（南昌市第五中学，余利平）

名师简介

余利平，男，1968年生，湖北英山人，任职于湖北省黄冈中学、江西省南昌市第五中学。中学高级教师，黄冈名师，黄冈市中小学教育科研学术带头人，黄冈市名师工作室主持人。获湖北省教学科研先进个人、湖北省学科优秀教师等荣誉。在《中国教育报》等报刊杂志发表政治学科研究论文多篇，有多篇论文获省市奖项，主持的多个课题获国家、省、市各级奖项。参与全国各省市近百场政治教学研讨会，主编几十种高考教辅书籍。

德国哲学家雅思贝尔斯说：“教育是人的灵魂的教育，而非理智知识和认识的堆积。”[1]又有人说：“教育本身就意味着：一棵树摇动另一棵树，一朵云推动另一朵云，一个灵魂唤醒另一个灵魂。”[2]思想政治课是落实立德树人根本任务的关键课程。所谓“关键课程”，不仅表现在其处于引导专业课学科教学、落实好立德树人根本任务的关键地位，还表现在思想政治课“摇动另一棵树、推动另一朵云、唤醒另一个灵魂”，引导学生“系好人生第一粒扣子”的关键作用。《普通高中思想政治课程标准(2017年版)》指出，思想政治学科核心素养主要包括政治认同、科学精神、法治意识和公共参与。其中政治认同作为首要核心素养，要求我国公民拥护中国共产党的领导、坚持和发展中国特色社会主义，认同中华人民共和国、中华民族、中华文化，弘扬和践行社会主义核心价值观。青少年的政治认同是他们创造幸福生活的精神支柱、价值追求和道德准则；发展政治认同，才能牢固树立中国特色社会主义理想信念，成为社会主义合格建设者和可靠接班人[3]。2019年11月，教育部考试中心编制的《中国高考评价体系》由“一核”“四层”“四翼”组成，也从高考的核心功能、考查内容、考核要求三个维度深刻阐释培养什么人、怎样培养人、为谁培养人等教育的根本问题。

政治认同是思想政治学科首要的核心素养，培育政治认同当然地成为思想政治课程学习的首要任务。作为思想政治课教师，让学生“信”其所学，形成政治认同，进而实现“知、信、行”的统一，是非常具有挑战性和创新性的教学目标和教学任务。根据马斯洛需求层次理论，结合三十年的中学政治教学实践，以高中《思想政治》必修3《政治与法治》第二单元第五课“我国的根本政治制度”为例，探讨政治认同的基本路径，笔者认为遵循由政治认知到政治认可再到政治认同的教育路径，方能使得学生真正实现制度自信和道路自信。

一、认知中国制度，感悟中国制度之“真”

政治认同以政治认知为基础。青少年学生正处于人生成长的“拔苗孕穗”期，也是性格形成叛逆期，如何“扣好人生的第一粒扣子”，树立正确的人生观、国家观、民族观?陶行知曾说：“千教万教教人求真，千学万学学做真人。”一个“真”字，诠释了现代教育的本质。作为教师，理应以“真”作为自己的立教之本，教学生讲真话、求真知，养真修为，树真价值观，求真认同。而通常思想政治课存在的“填鸭式”“灌输式”培养方式不仅收效甚微，甚至适得其反，被认为“假大空”而毫无价值，让学生对思想政治课和中国制度产生了抵触情绪。马斯洛需求层次理论认为，人类价值体系存在着一类需求是沿生物谱系上升方向逐渐变弱的本能或冲动，称为低级需要和生理需要。人的最迫切的需要才是激励人行动的主要原因和动力[4]。教师必须找准学生的迫切需要，根据学生的认知水平培养他们的政治认知。

社会科学不同于自然科学，学生在一定程度上难以理解社会科学人生价值和社会价值，思想政治课更是如此。如何坚定制度自信，认同中国政治?首要的是让学生认识到中国制度的价值，即：中国制度对“我”有利！中国制度对国家有利！中国制度关乎个人、关乎国家、关乎民族、关乎未来！中国制度是“我”的制度！

在讲解“我国的根本政治制度”人民代表大会制度时，笔者首先向学生明确了政体与国体间的关系。指出国体就是国家性质，即这个国家各个阶级在这个国家的政治地位，亦即谁是统治阶级，谁是被统治阶级。经济上占有生产资料的阶级为了维护政治上的统治地位，便动用国家机器国家政权等国家力量维护自身经济利益。因此，统治阶级就会极力建立起完备的国家政权来维护自身利益。资本主义国家往往是通过议会制度来实现，我国是人民民主专政的社会主义国家，是通过人民代表大会制度来实现。那么，我国的人民代表大会制度是怎样的一个制度呢?这个制度是如何维护我国人民当家做主、对“我”有利的呢?

笔者把我国的人民代表大会制度的具体内容描述为下列图示(见图1)：

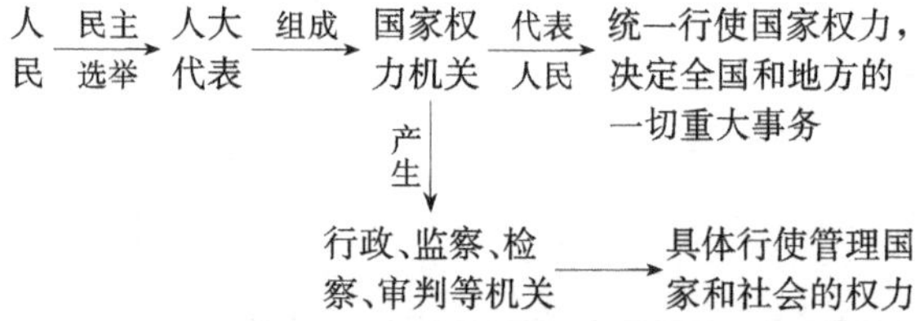

图1 人民代表大会制度的具体内容

围绕图1所示，笔者向学生分别阐述了人民的政治地位和政治权利、人大代表的代表权利和代表义务以及人民与人大代表的关系、人民代表大会的职权以及与人大代表的关系、其他国家机关(主要是“一府一委两院”)的职权以及与人民代表大会的关系。

1.国家的一切权力属于人民；

2.人民通过民主选举选出各级人大代表(人民直接选举产生县及县以下人大代表，间接选举产生县以上各级人大代表)，人大代表依法行使审议权、表决权、提案权、质询权等，肩负人民重托，全心对人民负责；

3.各级人大代表组成相应各级人民代表大会作为国家权力机关，依法行使立法权、决定权、任免权、监督权等，统一行使国家权力，决定相应各级一切重大事务；

4.由同级人民代表大会依法产生同级其他国家机关(如“一府一委两院”)，其他国家机关各自依法具体行使各自职权，对同级人民代表大会负责，并接受同级人民代表大会的监督。

通过上面的结构图，逐层推进揭示人民代表大会制度与人民的关系，并在此基础上，进一步拓展人民代表大会制度，结合党的十九届四中全会精神，分析它与其他国家政治制度关系，并把它们与我国的经济制度、文化制度、社会制度等其他制度结合起来，串联起整个中国特色社会主义制度体系和“五位一体”总体布局。笔者引导学生充分认知我国人民代表大会制度是我国的根本政治制度，是其他国家制度的政治基础，是人民当家做主的根本制度保障，它能够充分满足“我”的“生理需要”“安全需要”，是关乎“我”和“我的国”的一项政治制度，从而奠定认可和认同中国制度的坚实基础。

二、认可中国制度，觉悟中国制度之“信”

认知了中国制度，并不等于学生们就会认可和认同中国制度。中学生缺少参加我国社会政治生活的实践经验，他们所能获得的政治认知大多属于间接经验。书上所学到的、教师所讲的政治道理，他们都能够“信”吗？如何让学生“信”？这或许恰恰是思想政治课教师在真实的课堂教学实践中遇到的最大痛点。如果学生不“信”，如果不能让学生真“信”，思政课的教学就没有摆脱“假大空”的嫌疑和污蔑。

马斯洛需求层次理论认为，人类价值体系存在两类不同的需要，一类是沿生物谱系上升方向逐渐变弱的本能或冲动，称为低级需要和生理需要。一类是随生物进化而逐渐显现的潜能或需要，称为高级需要。当人的低级需要得到最低限度满足后，就会追求高一级的需要，如此逐级上升，成为推动继续努力的内在动力。知是行之成，信为行之首。中国制度只有让学生“信”其意义、“信”其优势、“信”其效果，才会真正认可中国制度，进而认同中国制度。因此，在讲授人民代表大会制度时，笔者主要从以下几个侧面基于理论与实践阐释了人民代表大会制度及其实践运作的优越性。

1.从制度层面比较：对比人民代表大会制度及民主集中制度与西方议会制度及三权分立制度，指导学生从理论层面认可中国政治制度优越性。

认可人民代表大会制度，既要分析人民代表大会制度的具体内容及其活动与组织原则，还要对比分析西方议会制度及其基本运作机制。笔者运用比较的方法，引导学生在对比中认识西方议会制度的弊端，认识我国的人民代表大会制度及其优越性，学生就自然而然地获得了对人民代表大会制度的认同。

议会制度是指议会(国会)的议事规则，是维护资产阶级利益的政权组织形式。它通常由议员(参议员和众议员)组成，三权分立制度是其基本运作机制，也是议会制度的核心，更是被津津乐道自命不凡的西式民主的精华。

美国是西方议会制度和三权分立制度的典型代表。三权分立制度下，美国立法权属于国会，又受到总统和法院的制约；行政权属于总统，又受到国会和法院的制约；司法权属于各级联邦法院，又受到总统和国会的制约。三权分立制度本质上是一种资产阶级分权制度，其核心是权力的分立、制约和平衡。它的严重弊病在于：使得广大人民无缘掌握或参与国家权力，只能成为权力制约的对象；三大国家权力机关相互扯皮，并且使得三权分立在实践中难以真正贯彻，常常是议而不决、决而不行，效率低下，以致造成大量的人力、物力、财力和时间的浪费。

而人民代表大会制度下的民主集中制度，是民主基础上的集中和集中指导下的民主相结合的制度。人民代表大会作为国家权力机关统一行使国家权力，集体行使职权，集体决定问题；在人民代表大会统一行使国家权力的前提下，国家行政机关、监察机关、审判机关、检察机关各司其职、各尽其责，既能保证国家机关始终掌握在人民手上，又有利于各个国家机关分工合作，协调一致地履行职责，从而保证了国家机关协调高效运转。

明确以上内容后，通过比较的方法，笔者引导学生在比较中加深认识。有比较才有鉴别，有鉴别才有认可。对比中美两国国家权力的归属、运行及其效果，引导学生深刻认识到人民代表大会制度是一项比三权分立更加先进的适合我国国情的好制度。

2.从现实层面比较：对比中美抗击新冠肺炎疫情的过程与结果，指导学生从实践层面认可中国政治制度的良好实践效果。

“信”以“懂”为前提，但并非“懂”的必然结果。实践是认识的来源，也是检验真理的唯一标准，学生“信”与“不信”，最终都需要回到社会实践中去寻找答案，毕竟事实胜于雄辩。这就需要教师在教学中切入社会真实的生活场景，引导学生从日常生活出发，学会观察、思考，以他们亲眼所见、亲耳所听，真正信服，形成政治认同。学生只有经历思维的辨析、走心的历程，方能实现真信，坚定自己的政治态度。为此，笔者通过问卷调查、在线互动等方式，进行了深入的议题探究实践。

“让学生在社会实践活动的历练中、在自主辨析的思考中感悟真理的力量，自觉践行社会主义核心价值观。”[5]笔者通过设置有效的课堂活动，呈现问卷结果，学生通过展开辩论，在事实中明辨是非，就会在实践中坚定对我国的政治自信，在效果中实现对我国的政治认同。

三、认同中国政治制度，践行中国政治制度之“行”

丹麦教育家克努兹·伊列雷斯在《我们如何学习》一书中指出：“所有的学习都是情境性的，即它在某个具有社会和人际交往的情境中发生，通过与学习者(们)的互动，成为学习不可或缺的一部分。通过这种方式，学习反映了可能性的社会和人际条件。并且通过常常是相冲突的过程，促进参与者达成与现有社会条件有关的社会化。”[6]马斯洛需求层次理论认为，低层次的需要基本得到满足以后，它的激励作用就会降低。高层次的需要比低层次的需要具有更大的价值。热情是由高层次的需要激发。人的最高需要即自我实现就是以最有效和最完整的方式表现他自己的潜力，惟此才能使人得到高峰体验。

政治认同的互动主体是公民和国家，学生政治认同素养的培育、生成、开花和结果需要有营养的土壤，而土壤就是我国社会主义民主政治实践。一方面，学生通过实践检验所学理论知识；另一方面，学生通过实践学习新知识、新技能，在活动中增强政治认同感，坚信中国制度，坚定中国道路，真正让政治认同内化于心、外化于行。因此，教师要引导学生常态化地关注和参与浩若烟海、纷繁复杂的社会生活，在关注和参与中激发政治热情，得到高峰体验，坚守中国制度。为此，笔者在讲解“人民代表大会制度”时就采取了下列措施：

1.收集过去两年来全国人民代表大会行使权力的重要内容以及学生们直接或间接参与相关活动的表现，通过“人民代表大会制度与我”，感悟“我参与、我认同”。活动展示见表1。

表1　人民代表大会制度与我

人大行使权力的表现	你可以参与或参与过的活动	参与活动的感悟和有益建议
①2020年2月24日第十三届全国人民代表大会常务委员会第十六次会议通过《全国人民代表大会常务委员会关于全面禁止非法野生动物交易、革除滥食野生动物陋习、切实保障人民群众生命健康安全的决定》	①了解野生动物捕猎、屠杀、交易、滥食情况。 ②参与村委会或居委会或志愿者活动，积极宣传捕猎、屠杀、交易、滥食野生动物的严重危害。	认同全国人大立法精神，培养文明健康绿色的消费理念，学法、知法、用法。
②2020年8月10日第十三届全国人民代表大会常务委员会第二十一次会议通过《全国人民代表大会常务委员会关于授予在抗击新冠肺炎疫情斗争中作出杰出贡献的人士国家勋章和国家荣誉称号的决定》 ③2020年4月26日依据第十三届全国人民代表大会第一次会议通过的《中华人民共和国监察法》，中央纪委、国家监委通报黑龙江省哈尔滨市副市长陈远飞，哈尔滨医科大学党委常委、副校长傅松滨等人对新冠肺炎疫情防控不力，不尽责不担当不作为问题。	①看电视直播。 ②上网了解并向他人宣传“共和国勋章”获得者钟南山和“人民英雄”张伯礼、张定宇、陈薇光辉事迹。 ③走访人大代表，反映自己关心的重大社会问题。 ④监督当地人大代表和其他公职人员履职情况。	认可全国人大决定意义，强化爱国主义、集体主义教育，弘扬社会主义核心价值观。 认同全国人大依法监督，认同人大监督具有最高监督效力，积极参与和捍卫人大监督活动。

笔者通过组织上面这些课堂和课外活动，学生在直接参与、亲身感受中，明确了我国人大行使立法权、决定权、任免权和监督权的表现。这些都实实在在地拉近了与学生眼中高大上的人民代表大会制度之间的距离。学生在政治参与中感悟到我国人民代表大会制度都在自己身边，生活处处有政治，我认知、我认可、我参与，感悟和认同人民代表大会制度，“以最有效和最完整的方式表现他自己的潜力”做到了“自我实现”“得到高峰体验”。

2.运用线上和线下师生互动渠道，收集并整理学生在学习、生活和实践中对人民代表大会制度产生的有关困惑，并就典型困惑予以讲解。如：①我国人民代表大会制度是最先进、发展程度最高的政权组织形式吗？②既然人大在我国政权体系中处于最高地位，为何感觉我国各级人大在我国政治生活的存在感不是很强？③为何不能直接选举产生各级人大代表？人大代表名额、界别是如何分配的？我的代表是谁？我怎么不知道？他们都做了哪些事？④党委、人大、政府哪个权力最大？如何处理好它们之间的关系？……

通过有效渠道和方式，学生毫无保留地说出了在政治认同方面的困惑，笔者采取适当方式予以解答，直面困惑，不护痛点，进一步有效化解“假大空”嫌疑，让学生认识到虽然人民代表大会制度是一项符合中国国情、具有无比优越性和先进性的制度，但这项制度还有不少需要完善的地方，如我们仍然要加强人大自身建设，不断完善适合国家权力机关特点的、充满活力的组织制度和运行机制，不断促进人大及其常委会工作的制度化、法制化、规范化；不断完善各级人大及其常委会的议事程序和工作制度，更好地坚持民主集中制原则；不断完善人大代表的选举机制，加强人大代表教育，提高人大代表政治素养和履职能力，使人大代表及常委会组成人员依法履行职责。这样，学生才能把坚定的政治认同转化为自觉的政治信仰、当然的历史使命，就能够“以道路自信、理论自信、制度自信和文化自信的学科视野，对制度的理解提升到国家治理体系和治理能力需求现代化的层面”[7]。

3.通过网络、报刊收集整理西方国家在全球强力输出“西式民主”案例，了解发动“颜色革命”的历史和现实，认清西式民主的侵略性、局限性和危害性。

学生坚定的政治认同的获得，不仅需要通过认识我国政治制度的优越性，还需要通过分析西方民主制度的实质及其危害性，认识到虽然“冷战”已经结束，但意识形态的“冷战”却更加残酷，增强抵御西方敌对势力“西化”“分化”

图谋，从而践行政治认同的时代意义和现实意义。或是出于对西方民主的一知半解，或是西方媒体的神化与美化，导致在某些学生眼中西方民主国家仿佛是“美好”的化身，对内民主、自由，似乎做什么都可以；对外慷慨、友善，似乎做什么都美好。通过媒体了解的已经在其他国家发生“颜色革命”这些铁的事实和血的教训，笔者引导学生明白：正是由于西方国家不计后果地极力对外输出民主，才导致了如今“民主异化”“民主变质”“民主赤字”“劣质民主”等政治乱象，造成民族分裂不断、宗教种族冲突时起，国际社会严重分裂，世界政治良性发展进程严重受阻，国际政治生态急剧恶化。西式民主都是西方大国打压别国的思想政治工具。这样，学生就能主动在政治生活中抵制各种“民主万能论”“民主速成论”“民主国家不战论”“民主和平论”“民主同盟论”等，能够辩证地看待西方文化的输入，自觉坚定对我国政治制度的认同和信仰。

教育，是一种“慢”的艺术，需要文火慢炖；教育，是一个“渐”的过程，需要微雨渐润。概言之，政治认同素养的培育不同于其他素养，绝不是依靠重复记忆、机械训练就可以解决的，而是需要教师潜心研究政治认同素养形成的特点，遵循情感、态度与价值观的养成规律，创新政治认同素养的培养路径，培育政治认同的基本逻辑，提高政治认同素养培育的针对性、实效性，进而体现出思想政治课应有的理论高度、情感温度和实践信度。

构建主义认为，学生是在自己的生活经验基础上，在主动的活动中构建自己的知识。马斯洛需求层次理论认为人的需求最高层级是自我超越的需求。在教师的引导下，学生经历由政治认知到政治认可再到政治认同的科学路径是一个追求真理、信仰真理、捍卫真理的过程。人信一句话不难，人做一件事也不难，但日复一日、年复一年地相信这句话，认同这件事，并把自己的激情挥洒在生命中的每一天，这就需要坚守。只有坚守，才能迎来绚丽的彩虹。

参考文献：

[1] 雅思贝尔斯. 什么是教育[M]. 邹进，译. 北京：生活·读书·新知三联书店，1991：4.

[2] 李政涛. 真正的教育是人的灵魂的教育[J]. 山东教育，1999(15)：44.

[3] 中华人民共和国教育部. 普通高中思想政治课程标准(2017年版)[M]. 北京. 人民教育出版社，2017：4.

[4] 亚伯拉罕·马斯洛. 动机与人格[M]. 许金生，译. 北京：中国人民大学出版社，2007：16.

[5] 王敏. 指向政治认同的教学实施策略研究[J]. 中学政治教学参考，2019(2)：13-15.

[6] 克努兹·伊列雷斯. 我们如何学习：全视角学习理论[M]. 北京：教育科学出版社，2010：131.

[7] 布素蕾，林伟明. “从人大代表履职透视我国根本政治制度”教学设计[J]. 思想政治课教学，2020(3)：65-68.

“双减”政策背景下对“快乐读书吧”作业设计与评价的思考

——以五年级下册“快乐读书吧·从前有座山”为例

（麻城市第二实验小学，赵小妹）

名师简介

赵小妹，女，1975年2月出生，中学高级教师，湖北省首批骨干教师，湖北省小学语文学科优秀教师，黄冈名师，黄冈市十佳教改标兵，黄冈市名师工作室主持人。研究成果较为丰富，20多节课例在国家、省、地、市比赛中获奖；主持、承担了多项省、地级重点课题研究；多篇论文、教案在各级比赛中获奖，另20多篇论文在各级刊物上发表，其中有两篇教学设计被《教师教学用书》录用，并参与温儒敏主编的《统编小学语文教科书教学设计与指导》的编写工作。指导校内外青年教师在各级优质课竞赛中获奖，两节课获得部级优课。

2021年中共中央办公厅、国务院办公厅印发《关于进一步减轻义务教育阶段学生作业负担和校外培训负担的意见》，明确提出要控制作业的总量，提升作业的质量[1]。作业一般分为课堂作业、课后作业和预习作业，本文重点聚焦的还是课后作业范畴。自“双减”政策实施以来，作业改革取得了一定的成效，但笔者调研发现，很多教师对统编教材“快乐读书吧”这一栏目的作业做法存在以下误区：

一是盲目性。教师按照教材推荐书目布置学生读书，没有任何作业。以为只让学生读了就可以，并未关注学生读了多少、怎么读、读得怎么样这些核心要素。二是随意性。教师有布置作业的意识，但对作业的布置非常随意。无论哪个年段，总是“老三套”：摘抄、写读后感、做阅读手抄报。首先重复性和机械性地抄写作业会给学生增加阅读“负担”；其次统编教材在五年级上册第八单元才编排习作“推荐一本好书”，五年级下册第二单元才让学生学写读后感，每个年级都布置“写读后感”这一作业，显然忽视了学生的年段特点和阅读水平，不利于激发学生阅读兴趣，违背“快乐读书”这一初衷。三是功利性。有些教师开展整本书阅读教学的出发点是为了应对考试，考什么就做什么，作业的功利性太强，导致学生对整本书的部分内容死记硬背，忽视了整本书的育人作用，窄化了整本书阅读的价值。

出现以上误区的原因首先是由于“快乐读书吧”是统编教材新设置的一个栏目，学生使用的“一课一辅”练习册没有安排“快乐读书吧”这一栏目的作业，在一定程度上造成教师对“快乐读书吧”这一课程内容作业的盲目和轻视；第二教师没有充分理解教材编者对“快乐读书吧”的编写理念，领会编写意图，对“快乐读书吧”的作业更是缺少正确认识、系统思考，造成此栏目作业流于形式。长此下去，会让学生阅读书籍时摸不着门径，辨不清方向，只是马马虎虎地读，收效甚微。

统编教材“快乐读书吧”的设置，最大的意义就在于“把课外阅读纳入课程体系”。指导学生读好整本书，已经成为每位教师的课程任务与教学责任。作业是实现课程目标的重要途径，有效的作业设计可以指导学生更好地读整本书。在“双减”背景下，如何改进整本书阅读的作业设计，让学生真正能多读书，读好书呢?笔者认为“快乐读书吧”的作业设计要立足“双减”精神内涵，深入教材知识体系，做到目标精准；作业内容凸显儿童立场，顺应儿童心智；注重作业评价的内容、方式和反馈，促进学生能力提升。通过“快乐读书吧”作业设计的改革来推动整本书阅读教学的改革，实现“减负增效”的目标。

一、作业目标：深入知识体系，做到能力统整

何捷老师说，作业目标应与学习目标保持一致，即“学什么，就完成什么作业”[2]。作业与教学是共生共存的关系，和课堂教学构成一个有机的整体。因此，作业设计目标要和课程目标保持统一，突出“教、学、练、评”的一致性。落实到“快乐读书吧”这一栏目，就是要建构单元整体教学思维，强化单元整体意识，聚焦单元主题，按照教材的知识体系，遵循“快乐读书吧”这一课程特点，把握整本书阅读的阶段课型特点，用精准的目标统领作业设计，助力学生阅读，提高他们的阅读能力和语文素养。

（一）强化单元整体意识，把握功能定位

统编教材中高年段“快乐读书吧”结合单元主题安排了童话、寓言、神话、科普读物、民间故事、古典名著、小说、世界名著八种类型的读物，而且教材还依据文体的特点，提示了与文体相对应的阅读策略。陈先云在《小学语文教学

在前进》一文中指出，单元设计尽可能考虑单元内部、单元之间阅读要素与表达要素之间的横向联系，使之相互促进，协同发展[3]。根据统编教材以宽泛的人文主题，螺旋上升的语文要素为线，双线组织单元的编排特点，教师在设计作业时要充分研读“快乐读书吧”，研读“快乐读书吧”所在的单元，勾连上下，环顾左右，准确把握“快乐读书吧”在整个单元的功能定位和教学价值，作业的内容既要将单元核心语文要素一以贯之，又要兼顾文体，引导学生在阅读中实践教材小贴士中的阅读策略，形成能力。

如五年级上册“快乐读书吧·从前有座山”编排在第三单元，这是一个民间故事单元。本单元的阅读要素是“了解课文内容，创造性地复述故事”；习作要素是“提取主要信息，缩写故事”。“快乐读书吧”这一栏目推荐阅读中国民间故事以及欧洲、非洲等地的民间故事，小贴士点明了本次“快乐读书吧”的阅读要素。第一条：作为一种口头艺术，民间故事一般有固定的类型和重复的段落，这是为了讲述中方便记忆，同时加深听众的印象。第二条：民间故事寄托着人们朴素的愿望，即正义却弱小的主人公总是能够打败强大的对手，心地善良的穷苦人最终会丰衣足食，过上幸福的生活……综上分析，笔者认为本次“快乐读书吧”的编排意图除了让学生感受阅读民间故事的乐趣，还承载着以下功能：一是将本单元的语文要素——“创造性地复述故事”和“缩写故事”——在整本书的阅读实践中进行自主迁移运用，提升阅读和表达的能力；二是阅读中运用“快乐读书吧”的导读策略，体会民间故事的特点，学会阅读民间故事这一类文体的文章。通过对教材的解读，我们在设计作业时，就要聚焦单元语文要素和民间故事文体特点这两个目标，做到目标精准，减少无效作业，真正使作业成为“减压赋能”的有效手段。

（二）把握阶段课型特点，做到有效衔接

五年级上册第三单元“快乐读书吧”教材中并未给出具体的推荐书目，只是提示了学生可以去阅读中国、欧洲、非洲等地区的民间故事。本单元的课文选编了两个中国民间故事，口语交际、习作和语文园地中也编排了中国民间故事的元素。通过这个单元的学习，学生对中国的民间故事认识比较深，顺着这一编排思路，笔者将《中国民间故事》这本书作为班级共读书目。整本书的阅读需要一个较长的时间段，需要老师在读的过程中引导学生开展一系列的阅读活动，加强方法的指导。根据学生的阅读过程，整本书阅读教学一般分为读前导读、读中推进和读后分享这三种课型，分别对应读前、读中和读后这三个阶段，作业单的使用应该贯穿到整本书阅读的全过程中去，构建一个大的学习任务群，成为学生阅读中的一部分。由于每一种课型的导读任务不一样，因此每一阶段作业设计的重点也不一样。整本书阅读作业要把握阶段课型特点，瞻前顾后，有效衔接，形成合力，不仅要指向课堂，更要指向课后延读的内容。每一阶段的作业目标既是对上课内容的迁移、巩固和消化，又是对学生自读阶段的指导，还要为下一节课的活动内容做铺垫和准备，做到课上课下一体化，整体推进，构建一个从课上到课下相互衔接的持续性的阅读过程。

以五年级上册“快乐读书吧”为例，作业分为两个阶段。第一阶段的作业是在导读课后，结合导读课和接下来的读中推进课的内容，确定了第一阶段的作业目标：1.制订阅读计划，养成良好的阅读习惯；2.了解民间故事的特点，感受故事中朴素的价值观；3.能运用方法对故事进行创造性复述。根据目标设计了以下作业，作业内容和设计意图见表1。

表1 《中国民间故事》第一阶段阅读作业

作业内容	设计意图
1.完成阅读计划表，每天按计划阅读，在“阅读风云榜”上打卡。	指向习惯的培养。制订阅读计划，加强自我管理，落实“阅读要有一定的速度”“按阅读计划持续进行”等阅读要求，逐渐养成良好的阅读习惯。在“阅读风云榜上”打卡，可以让学生之间互相比拼，互相督促，互相鼓励。
2.绘制《白蛇传》和《宝莲灯》的情节图，说说你的发现。	指向巩固对“快乐读书吧”中的阅读策略的习得，让学生在类比阅读中更深入地了解民间故事的文体特点，建构对民间故事的认知。
3.主播说故事。能创造性讲述一个民间故事，将讲述的故事录制成音频，转发朋友圈。	指向本单元的语文要素“创造性地复述故事”，通过录制音频，转发朋友圈这一情境任务，让学生有意识地运用课文学习中学到的方法讲述民间故事，在实践中形成能力，提升素养。
4.阅读过程中，你遇到了哪些困难或有哪些问题，请把它写下来。	为读中推进课做准备，了解学生对整本书的阅读兴奋点，帮助梳理学生阅读整本书时遇到的一些问题，更有效地点拨学生深入阅读整本书的方法。

第二阶段作业是在读中推进课后，此时孩子们已经读完了整本书，作业的目的是引导学生深入地再读整本书，并为展示课作准备。展示课主要以小组为单位进行展示。为此确定了第二阶段的作业目标：1.深入阅读故事，加深对民间故事特点的认识，热爱中华优秀传统文化；2.能运用方法对故事进行缩写，绘制连环画；3.感受阅读民间故事的乐趣，乐于与大家分享课外阅读成果。此阶段的作业分为个人作业和小组作业，通过学生独立的阅读活动和生生合作的阅读活动来达成目标。主要有以下几项任务，作业内容和设计意图见表2。

表2 《中国民间故事》第二阶段阅读作业

	作业内容	设计意图
1.个人作业：选择一个喜欢的故事，从表格中任选两项任务完成。	(1)绘制情节图 (2)制作人物名片，并为他(她)写一段颁奖词 (3)阅读记录卡 (4)其他表现形式(和此民间故事相关的艺术表现形式，如朗诵、演唱、演奏等)	帮助学生重读相关情节，理解故事内容，感受人物形象。 关注民间故事的语言特点。 了解劳动人民表现民间故事的不同艺术形式，如诗词、音乐、戏剧、电影等，激发学生对中华优秀传统文化的热爱。
2.小组作业	(1)小组民间故事会：将个人准备的故事讲给小组同学听，推选一位同学参加班级“主播说故事”活动。 (2)小组阅读成果展示：将小组同学的阅读成果进行汇总，制成PPT进行展示。 (3)连环画大比拼：小组选择一个民间故事，将它改编为连环画，参加班级“连环画大比拼”活动。 (4)民间故事大剧场：小组选择一个民间故事，改编成小剧本，演一演。	搭建展示平台，引导学生在实践中提升“创造性复述”的能力。 将学生的阅读作业以成果的方式进行展示，增强孩子阅读过程中的收获感，让孩子更愿意用这些方法去读其他的民间故事，提升学生的阅读能力。 和《牛郎织女(二)》一课进行勾连，落实本单元的表达要素“缩写故事”。 在情境任务中加强学生与文本的联系，提升学生的想象力、创造力和表现力。

二、作业内容：凸显儿童立场，顺应儿童心智

整本书作业的内容要以学生为中心，服务于学生的阅读。与单篇课文相比，学生往往认为完成单篇课文中的作业是份内之事，整本书的作业似乎成了额外增加的作业量。但是整本书的内容较单篇课文更丰富、更有吸引力，作业设计的内容可以更灵活，更能激发学生的兴趣。因此，在“双减”政策下，整本书的作业内容设计要“扬长避短”，凸显儿童立场。首先，应该控制作业总量，不能给学生的学业增加负担，做到精选内容；其次，作业的设计要以学生为主体，顺应儿童心智，注重作业内容的趣味性、选择性、思维性和育人性，实现作业“减压赋能”的目标。

1.整本书的作业内容要有趣味性。“快乐读书吧”内容是“读书”，其核心是“快乐”。只有激发兴趣，才能让学生感知阅读的快乐，才有可能推动其后续的阅读。因此“快乐读书吧”的首要任务是激发学生读书的兴趣，使学生“好读书”。依据这一目标，整本书的阅读作业要从多方面激发学生的兴趣。其一，作业的完成方式要多样，画的、写的、说的、演的俱全，这样的作业内容让学生在自己

感兴趣和能够完成的作业过程中体验阅读的快乐。其二，作业内容注重情境创设，是任务引领的主动探究式作业，引导学生从简单技能的重复训练，走向复杂任务的有效解决。如本次“快乐读书吧”的作业并不是简单的几道习题，教师在设置作业时充分注重了情境任务的创设，“主播说故事”“连环画大比拼”“小组阅读成果展示”“民间故事大剧场”这一个又一个生生合作的情境任务，需要学生更主动更投入地去阅读。如在“小组阅读成果展示”中，学生要考虑成果的选择、组合，还有任务分工等问题；在“民间故事剧场”中学生需要考虑剧本的创作、人员的分工、表演艺术和场景的布置。这种任务驱动式的作业有效激发了学生阅读兴趣，促进了学生深度阅读，提升了学生的语文核心素养。

2.整本书的作业内容要有选择性。针对学生不同的学情进行差异化作业设计，这是作业改革的重点，也是难点。为了照顾学生的个体差异，很多教师设计了分层作业，虽然凸显了学生个性化，但也会给低水平的学生贴上标签，从而放弃对自己的要求，同班学生的学习差距有加大的风险。如何解决这个问题呢？笔者以为可以采取作业自助餐这种形式，即将统一完成作业与学生自主作业相结合，将“教师提供不带有明显标签性的分层作业”与“学生根据自身需求与能力进行作业选择”相结合，同一能力点用不同的形式表现，既可促进学生的个性化发展，又避免了分层作业的隐患。同时老师还设置了小组作业，在小组内，通过自主、合作、交流，弥补了分层作业带来的学生的分化。小组成员共同完成作业，每一位成员既是学习者，又是被学习者，形成一个开放的“学习场”，在合作中获得共同的提升。如在第二阶段作业中设计了“个人作业”和“小组作业”，个人作业以“自助餐”的形式，让学生选择一个喜欢的故事，根据自己的特点从表格中任选两项任务完成，这样的设计充分尊重了学生的个性特点，可以画，可以读，可以唱，可以演，满足不同认知风格、学习方式的学生学习的需要，使学生能在一种积极的状态下完成作业，达到作业设计者预期的效果。

3.整本书的作业内容要有思维性。通过整本书阅读教学提升和发展学生的思维是落实语文教学改革的路径之一。布鲁纳[4]认知领域“六层次”的学习目标自低到高依次是记忆、理解、应用、分析、评价、创新，其中后三项属于高阶思维，是深度阅读的核心。但深入阅读的能力是建立在记忆、理解的基础上的，整本书阅读由于篇幅长、人物多、内容丰富，更不能忽视“记忆、理解、应用”，因此，老师要引导学生在阅读实践中经历思维的全过程。另外，中国学术界依据《义务教育语文课程标准(2011年版)》提出“小学生阅读能力五层级测试框架”，其具体构成为提取信息能力、推断解释能力、整体感知能力、评价反思能力、创意运用能力。这五个能力和布鲁纳的“六层次”的学习目标相对应，也是学生思维能力的层级。因此，整本书作业的设计要遵循学生思维发展的规律，落实阅读能力训练点，让学生在完成作业的同时，经历思维的过程。“快乐读书吧·从前有座山”的作业内容充分体现了对学生的思维训练(见表3)。

表3 《中国民间故事》各项作业思维能力表

作业内容	思维能力
填写《白蛇传》和《宝莲灯》的情节图，说说你的发现	记忆、理解、分析
主播说故事	记忆、理解、想象、创新
绘制情节图，制作人物名片	记忆、理解、应用、评价
连环画大比拼	记忆、理解、应用、分析、创新
民间故事大剧场	记忆、理解、应用、分析、评价、创新

4.整本书的作业内容要有育人性。教学的终极目标是立德树人，指向人的精神世界的发展。陈先云在2020年全国小学语文阅读教学观摩会上强调，“要注重发挥统编语文教科书‘培根铸魂启智增慧’的育人功能”，“语文教学要从严从实从细把握好课堂教学当中育人的价值观”。作业的终极目标同样也是指向育人，“快乐读书吧”的作业要以育人为本。学生在完成作业的同时，阅读习惯得到培养，阅读意志得到锤炼，人生经验得到丰富，思想精神得到成长。如制订阅读计划、“阅读风云榜”上打卡这些活动有助于培养学生的阅读习惯，锤炼阅读意志；“人物名片”“绘制情节图”“其他表现方式”“主播说故事”“民间故事剧场”这些活动都是在实践中引导学生感受民间故事的美好，感受中华优秀传统文化的丰厚博大，激发学生对中华传统文化的热爱，达到“润物细无声”的效果。而且小组合作的方式让学生形成了生生之间的全方位、多层次、多角度的交流模式，促进学生智力因素和非智力因素的和谐发展，实现作业的育人功能最大化。

三、作业评价：搭建学习支架，促进能力提升

《〈义务教育语文课程标准(2011年版)〉解读》指出，课外阅读的评价目的就在于通过评价进一步激发学生的阅读兴趣，培养学生的阅读习惯，提高学生的阅读品位，让学生掌握阅读方法，形成阅读能力[5]。根据课程标准对课外阅读评价的要求，笔者认为，整本书的作业评价要改变以往以正误来作为唯一评判标准的思路和教师单方面批改的方式，要通过明晰化的评价标准、多元化的评价主体和展示化的评价反馈，促进能力提升，达到“以评促减”的目的。

1.评价标准明晰化。在作业单中，教师要结合整本书阅读的教学目标和教学内容，基于学生的认识水平和作业内容，设计作业评价标准。首先，评价标准要和学习目标保持一致。充分关注作业的情境、过程、表现和任务达成的情况，实现评价的诊断和调节功能，体现“教—学—评”一体化；其次，评价标准要和学生能力水平相对应。通过作业评价让学生知道自己所处的发展水平，并且让学生明晰自己可以跳起来摘桃子的未来的发展水平，以此来引领学生更深入更持续地阅读。

因此，要将评价标准作为学生评价时的“抓手”，又能成为帮助学生完成任务的“支架”，评价要素要精准、简洁，利于合作交流和自主阅读，评价方式要简单，易于操作。如在“快乐读书吧·从前有座山”的评价单中，“连环画大比拼”教师给出的评价标准是：“①画面要表现主要人物、事件和当时的场景，一颗星；②画面中人物的细节(如表情、动作)要能表现人物内心，一颗星；③语言准确简练，能突出人物形象，表达美好情感，一颗星。”这样的评价标准就为学生完成连环画搭建了方法支架，帮助学生解码制作连环画的方法。“民间故事大剧场”老师给出的评价标准是“①角色分工合理，一颗星；②语言、表情、动作符合人物的身份，一颗星；③有一定的场景设置和道具使用，一颗星”。这样的评价标准既有方法支架；也给出了程序支架，让学生知晓完成这一任务时的先后程序。通过设计明确、科学的评价标准，充分利用评价单进行点拨引领，使学生在读整本书时有章可循，在评价中实现发展(表4、表5)。

表4　第一阶段作业单评价表

作业内容	评价标准	自评　互评
1.完成阅读计划表，每天按计划阅读，在“阅读风云榜”上打卡。	1.完成阅读计划表，一颗星；	
2.绘制《白蛇传》和《宝莲灯》的情节图，说说你的发现。	2.每天阅读并打卡，一颗星；	
	1.情节图绘制清楚、完整，一颗星； 2.小标题简洁，准确，一颗星；	
	3.能发现两个故事的相同之处，一颗星；	
3.主播说故事。	1.讲得清楚，一颗星；	
	2.加入想象，讲得生动，一颗星； 3.转发朋友圈，一颗星；	
4.你遇到了哪些困难或有哪些问题，请把它们写下来。	1.能记录下阅读中的困难和问题，一颗星； 2.能从不同角度提出问题，一颗星；	

表5　第二阶段作业单评价表

作业内容		评价标准	自评　互评
1.个人作业：选择一个喜欢的故事，从表格中任选两项任务完成。	(1)绘制情节图	1.列出了故事中的主要情节，一颗星； 2.对情节概括简洁、准确，一颗星；	
	(2)制作人物名片	1.人物名片要素(图画、特点、事例)完整，一颗星； 2.准确地写出人物的特点，一颗星； 3.写出了与特点相应的事例，一颗星；	
	(3)阅读记录卡	1.记录卡要素(篇名、词语、句子、感受)完整，一颗星； 2.书写工整，一颗星；	
	(4)其他表现形式	1.朗诵和民间故事相关的诗词，一颗星； 2.演奏和民间故事相关的乐曲，两颗星； 3.演唱和民间故事相关的戏曲，两颗星；	
2.小组作业	(1)小组民间故事会	1.人人参与讲故事，一颗星； 2.大多数同学的故事讲得清楚、具体、生动，一颗星；	
	(2)小组阅读成果展示	1.小组成员分工合理，一颗星； 2.PPT能呈现小组同学的阅读成果，一颗星； 3.讲解简洁、清晰，能较好地展示小组成果的特点，一颗星；	
	(3)连环画大比拼	1.画面能表现主要人物、事件和当时的场景，一颗星。 2.画面中人物的细节(如表情、动作等)能表现人物内心，一颗星。 3.语言准确简练；能突出人物形象，表达美好情感，一颗星。	
	(4)民间故事大剧场	1.角色分工合理，一颗星； 2.语言、表情、动作符合人物的身份，一颗星； 3.有一定的场景设置和道具使用，一颗星；	

2.评价主体多元化。整本书阅读的作业中，评价主体不应只是教师，更应该是学生，将教师的评价和学生自评与他评相结合，实现评价主体的多元化。在自评中，学生依据评价标准的支架更好地完成任务，自我检查、自我反思；在互评中评价经历对方法再运用的过程，取长补短，相互促进，充分发挥评价的鉴别、诊断、激励、调节功能。

在整本书阅读中每一项作业都设置了自评和互评，小组作业中设置了小组自评和小组互评，多层次多方位的评价在“自然而然”中促进了学生对方法的实践、反思、再实践，从而提升了学生的阅读能力。

3.评价反馈展示化。陈先云在2021年全国小学语文阅读教学观摩会上指出，对学生的学习活动评价反馈要具体、针对性要强，对学生学习方法的掌握或学习能力的提升有明确的指引作用。作业单代表着儿童阅读劳动的收获，教师理应给予及时反馈，进行展评是将评价变为激励学生阅读的最好的方式。整本书的作业展评有两种渠道：第一种是作业单展评，每一个阶段，让每个学生将所完成的作业单摊放在桌上，然后互相参观、交流，最后按星星数量评出优秀作业单（针对完成质量较高的同学）和进步作业单（针对完成有进步的学生），这样的展评方式对完成得认真的同学是一种激励，对完成得不够好的同学是一种督促。第二种是老师为学生搭建阅读成果的展示舞台。如每天可以抽出三分钟的时间进行“主播说故事”的活动，在阅读分享课上为学生搭建“小组阅读成果展示”和“民间故事大剧场”的舞台，在班级宣传栏里设置“阅读风云榜”和“连环画大比拼”专栏，在真实的展示情境中让学生的阅读成果看得见，使学生体会到阅读的成功感，从而激发学生持续阅读的热情。

参考文献：

[1] 中华人民共和国教育部. 中共中央办公厅国务院办公厅印发《关于进一步减轻义务教育阶段学生作业负担和校外培训负担的意见》[EB/OL]. (2021-07-24)[2022-01-30]. http://www. moe. gov. cn/.

[2] 何捷. “双减”背景下“课程”视角的作业设计与研制[J]. 中国教师，2022(1)：22-27.

[3] 陈先云. 小学语文教学在前进[J]. 小学语文，2022(1-2)：141-144.

[4] 洛林·W.安德森. 布鲁姆教育目标分类学[M]. 蒋小平，张琴美，罗晶晶，译. 北京：外语教学与研究出版社，2020：57.

[5] 温儒敏，巢宗祺. 义务教育语文课程标准(2011年版)解读[M]. 北京：高等教育出版社，2012：162.

任务群视域下革命文化叙事类题材课文的教学策略

——以四年级上册《为中华之崛起而读书》一课为例

（麻城市第三小学，赵小妹）

对学生进行革命传统教育，发挥革命文化培根铸魂的功能是语文课程的重要任务。统编教材里的革命文化题材类课文有40余篇，约占课文总数的十分之一；形式多样，有诗歌、故事、书信和散文等，其中叙事类作品的数量最多，有20余篇，占比约50%。这些叙事类作品主题多样，包括国家意志、政党精神、学习榜样和民族精神等，在培育社会主义核心价值观中发挥着独特的育人作用。

崇尚英雄是孩子的天性，革命文化叙事类课文内容精彩、情节生动、人物形象鲜明，深受学生喜爱。但由于与学生的日常生活相距较远，学生对人物的价值观念难以产生深刻的体悟，在原始阅读状态下所产生的情感难以转化为内在的精神追求和价值传承。教师在教学这类题材课文时，要么"主题先行"，重意轻文，把这类课文上成了思想教育课；要么仅注重提升学生的语用能力，而忽视了这类课文独特的育人作用。

教师在革命文化叙事类题材课文教学中，如何遵循语文课程"文道统一"的原则，在提升学生语文能力的同时，将红色基因深深扎根学生心田，让革命精神、家国情怀代代传承？笔者认为在大单元学习任务群视角下，以语言文字学习为抓手，引导学生领会文本的精神实质，讲好革命文化故事是进行语言文字训练、学习和传承革命精神、实现"文道统一"的有效路径。

一、"讲述故事"在革命文化叙事类题材教学中的实施依据

（一）体现新课标的理念

发展型学习任务群中的"实用性阅读与交流任务群"和"文学阅读与创意表达任务群"都明确提出了讲述是这类题材课文的学习内容，但两个任务群因为定位和功能不同，讲述的侧重点也有所不同。

“实用性阅读与交流任务群”在第一学段没有对这类课文提出学习要求，在第二学段要求“学习具体、清楚、生动地讲述老一辈无产阶级革命家和革命英雄、劳动模范、科学家的事迹”，在第三学段要求“尝试用多种媒介方式记录、展示、讲述他们的故事，表达自己的崇敬之情”。可以看出，在“实用性阅读与交流任务群”中，学习这类题材课文的重点是“讲述故事”，但学段不同，讲述的要求也有所不同。第二学段要求“学习具体、清楚、生动地讲述”，第三学段要求“尝试用多种媒介记录、展示、讲述”，体现了学习能力进阶。“讲述”的目标主要指向于“引导学生提高语言理解与运用能力，逐步增强语言表达的准确性、规范性”[1]。

“文学阅读与创意表达任务群”对第一学段的要求是通过“阅读并学习讲述革命领袖、革命英雄、爱国志士的童年故事”来“表达敬仰之情和向他们学习的愿望”；对第二学段的要求是通过“阅读并学习讲述革命故事、爱国故事、历史人物故事”来“感受幸福生活的来之不易，表达自己对美好生活的向往，以及对革命英雄、仁人志士的崇敬之情”；对第三学段的要求是通过“阅读、欣赏革命领袖、革命前辈创作的文学作品，以及表现他们事迹的诗歌、小说、影视作品等”来“感受革命领袖、革命先烈伟大的精神世界和人格力量，认识生命的价值”，并“运用讲述、评析等方式，交流自己的情感体验”。可以发现，在“文学阅读与创意表达任务群”视角下的革命文化叙事类题材课文的教学中，“讲述”是学生获得审美体验和审美情感的路径。通过讲述，感受语言和形象的独特魅力，获得革命精神的熏陶和滋养，传承和弘扬革命文化是学习这一类课文的核心目标。从“学习讲述”到“讲述”再到“运用讲述、评析等方式交流自己的情感体验”，螺旋递进的教学要求，尊重了学生实际，符合学生学习的规律，学生在循序渐进的语言实践活动中受到革命文化的洗礼和滋养[1]26–27。

(二)落实统编教材的要求

陈先云指出，统编教科书从二年级开始，通过借助图片、关键句子、关键词语、示意图、表格等形式帮助学生讲故事，给学生提供讲故事的抓手和方法，目的是为中学段开始学习复述故事打好基础，做好铺垫[2]。在统编教材中，学生复述能力的训练是一个长线安排的语文要素：二年级讲故事，三年级详细复述，四年级简要复述，五年级创造性复述。复述能力训练依托的主要载体就是叙事类文本，它的表现形式就是“讲述故事”。

革命文化叙事类题材课文因文体特点，同样承担着叙事类文本独有的教学任务，这也是教师在教学中不能忽视的这一类文本的功能共性。笔者对统编教材中革命文化叙事类题材的课文进行梳理，发现这类题材课文的课后习题或阅读提示都直接或间接指向了“讲述故事”这一学习方式和路径，传递着教材编者的意图，这无疑是和课标的要求相统一的(革命文化单元部分课文课后习题见表1)。

表1　革命文化单元部分课文课后习题

册次	语文要素	课文	课后习题
二年级上册第六单元	借助关键词语理解课文内容	17难忘的泼水节	用下面的词语，说说周总理是怎样和傣族人民一起过泼水节的。
四年级上册第七单元	关注主要人物和事件，学习把握文章的主要内容	22为中华之崛起而读书	默读课文，想想课文讲了哪几件事，再连起来说说课文的主要内容。
五年级上册第四单元	结合资料，体会课文表达的思想感情	15小岛	默读课文，请以将军的口吻，讲述登上小岛后发生的故事。
五年级下册第四单元	通过课文中动作、语言、神态的描写，体会人物的内心	11军神	从课文中找出对沃克医生动作、语言、神态的描写，体会他的内心变化，再以他的口吻讲讲这个故事。
六年级上册第二单元	了解文章是怎样点面结合写场面的	6狼牙山五壮士	朗读课文，根据课文内容填一填，再讲讲这个故事。

(三)遵循儿童本位的立场

学生是学习的主体，能发挥学生主体作用的学习活动才是有效的学习活动。“讲述故事”是寓教于乐的有效手段，符合学生学习的特点。首先，从学生的年龄特点来看，讲故事的形式是学生最容易接纳的。孩子天生喜欢故事，无论是讲故事还是听故事都是孩子喜闻乐见的学习方式，是调动学生学习语文积极性的极好形式。在读故事、讲故事的实践活动中，学生会带着积极的情绪主动地阅读思考，积累建构，读得兴趣盎然，讲得兴致勃勃，故事中的价值观也会潜移默化地感染和教育学生。第二，讲故事的方式更容易增强价值认同，植入红色基因。价值认同是这类题材课文教学的根本追求，革命文化故事题材向孩子们传递的是理想信念、爱国情怀、艰苦奋斗、无私奉献、顽强斗争和英勇无畏的革命精神。“真信才能真学，真学才能真行。”学生只有在内心对这种精神实现价值认同，才能真正起到培根铸魂、立德树人的作用。在“讲故事”这一任务驱动下，更容易促进学生深入文本，入情入境，走进英雄人物的内心；理解体悟，共情共鸣，全方位获得革命精神的滋养和革命文化的浸润，激发起爱党、爱国的强烈情感，在价值认同中实现立德树人根本任务。

二、“讲述故事”在革命文化叙事类题材教学中的实施策略

综上所述，讲好革命故事是学习这类课文的主要内容和任务，那么在具体的教学中如何落实和实施呢?新课标提出，义务教育语文课程内容主要是以学习任务群组织与呈现的，共同指向学生的核心素养发展。王崧舟教授指出，学习任务群的实施还是要以单篇教学样态为主，但任务群下面的单篇教学样态和以前传统的单篇教学样态有区别，最大的区别是它必须在学习单元的总任务、大任务的统领之下。下面以四年级上册第七单元的第二篇课文《为中华之崛起而读书》为例，来说一说在任务群视角下的单篇课文，如何借助“讲述故事”这一方式培养学生的语文能力，传承爱国精神，实现语文教育的“文道统一”。

(一)构建学习任务群，找准功能定位

既然单篇教学要在学习单元的总任务、大任务的统领之下，那么在单篇教学中，首先要确定它所在的这个单元属于哪个学习任务群。任务群确定要依托整个单元教材文本的特点和功能特点。四年级上册第七单元是小学生遇到的第一次以“家国情怀”为主题的单元，编排了《古诗三首》《为中华之崛起而读书》《梅兰芳蓄须》《延安，我把你追寻》四篇课文。这四篇课文文体多样，有古诗，有现代诗，有记叙文；内容丰富，课文表现了不同历史时期中华儿女的家国情怀：有戍边将士建立军功、保家卫国的情怀，有个人与国家民族共存亡的精神气概，有周恩来为中华之崛起而读书的胸怀和抱负，有梅兰芳不肯低头折节的民族气节，还有在我国革命、建设和改革时期发挥了巨大动力作用的延安精神。本单元语文要素有两个：一是关注主要人物和事件，学习把握文章的主要内容；二是学习写书信。第一个指向了阅读，第二个指向了习作。本单元课文从选文内容和目标定位来看，它主要培养的是学生的家国情怀，注重审美情感的体验，属于“文学阅读与创意表达任务群”的内容——阅读并讲述革命故事、爱国故事、历史人物故事，感受幸福生活的来之不易，表达自己对美好生活的向往，以及对革命英雄、仁人志士的崇敬之情。

新课程标准指出，义务教育语文课程实施从学生语文生活实际出发，创设丰富多样的学习情境，设计富有挑战性的学习任务。根据文本内容和学生特点，笔者确定了本单元的任务主题为“清澈的爱，只为您”。“清澈的爱”指向的是文本学习的内容，“只为您”联结了学生生活，突出了学习主体，体现了“课程育人”这一理念。围绕本单元的学习主题，设计了以下学习任务和相关的学习实践活动，具体内容设计见表2。

表2　四年级上册第七单元“清澈的爱，只为您”学习活动设计及评价

主题	学习任务		学习活动	评价
清澈的爱，只为您	任务一：讲爱国故事	《为中华之崛起而读书》	活动一：关注主要人物，学习概括事件 活动二：走进人物内心，体会“中华不振” 活动三：解读周恩来诗句，表达自己志向 活动四：讲周恩来立志故事，抒爱国感受	1.（我）可以抓住主要人物做什么，概括出课文讲的几件小事。（一颗星） 2.（我）能理清事件之间的逻辑关系，用上合适的关联词将事件串联起来，概括课文主要内容。（一颗星） 3.（我）能圈画出描写人物、抒发情感的关键词；（一颗星）能根据关键词感悟人物的品质与爱国情怀。（一颗星） 4.能根据不同的对象和场合，将故事清楚、完整、生动地讲给别人听。（三颗星）
		《梅兰芳蓄须》	活动一：运用方法，把握文章主要内容 活动二：体会困难危险，感受爱国情怀 活动三：讲爱国故事，抒爱国感受	
	任务二：诵爱国诗歌	《古诗三首》	活动一：初读古诗，读准字音 活动二：理解诗意，感受家国情怀 活动三：联系生活，感悟诗情 活动四：诵读诗歌，表达情感	1.（我）能正确、流利朗读诗歌。（一颗星） 2.（我）能借助资料理解诗歌意思，体会其中爱国情怀；（一颗星）能将自己的体会与别人分享。（一颗星） 3.（我）能通过有感情地朗诵诗歌，传递自己的感受。（两颗星）
		《延安，我把你追寻》	活动一：查找资料，了解延安精神 活动二：理解难懂词句，懂得诗歌意思 活动三：联系生活，理解精神价值 活动四：诵读诗歌，表达情感	

主题	学习任务	学习活动	评价
清澈的爱，只为您	任务三： 书爱国之情	活动一：结合单元学习，畅谈内心感受 活动二：明确写信对象，选定写信内容 活动三：结合例文，规范书信格式	1.(我) 能表达对英雄人物的敬佩，畅谈自己的报国理想。(两颗星) 2.(我) 有明确的写信对象，语句通顺。(一颗星) 3.(我) 能按正确的格式书写书信和信封。(一颗星)
	任务四： 主题展示活动	活动一：宣讲爱国故事 活动二：朗诵爱国诗篇 活动三：展示爱国书信	1.(我) 能用普通话正确、完整、有感情地讲故事，具有观赏性。(三颗星) 2.(我) 能用普通话正确、流利、有感情地朗诵诗歌，具有感染力。(三颗星) 3.(我) 能图文并茂地展示爱国书信，形式多样，可以在教室专栏中展示，也可以朗诵给同学听。(三颗星)

本单元任务群设计体现了如下几个特点：一是情境性。基于“清澈的爱，只为您”这一大单元主题，创设了一个大情境任务：“爱国是最朴素的情感，在党的二十大召开之际，学校要举办‘清澈的爱，只为您’的爱国主题活动，同学们可以讲爱国故事，诵爱国诗篇，展示自己的爱国书信，表达自己对祖国最真挚的热爱。活动将评出‘最佳故事奖’‘最佳朗诵奖’‘最佳书信奖’，获奖者作品将发布在学校公众号上。”这一情境任务源于生活中语言文字运用的真实需求，建立了语文学习、社会生活和学生经验之间的关联，“党的二十大”是真实的大事件，“讲爱国故事，诵爱国诗篇，写爱国书信”是真实的语文学习活动，“发布在学校公众号上”给学生搭建了展示平台。从学生的语文生活实际出发，设计了富有挑战性的学习任务，鼓励了学生自主阅读，自由表达，提高了语文学习能力。

二是实践性。本单元学习的每一篇课文，都为学生完成主题活动搭建了内容支架和方法支架。《古诗三首》《延安，我把你追寻》可以作为诵爱国诗篇的活动内容，《为中华之崛起而读书》和《梅兰芳蓄须》是讲爱国故事的活动内容。学生还可以将课堂上学到的方法，积累的经验延伸到课本之外，讲自己搜集到的英雄人物故事，诵读自己喜爱的爱国诗篇。而本单元的习作“写一封信”，也可以和本单元的主题整合，畅谈自己这段时间的所读所想和读书志向。整个任务群将阅读与鉴赏、表达与交流、梳理和探究等语文实践活动贯串其中，以促进学生核心素养发展为目的。

三是体现了“教学评一体化”。新课标倡导“教学评一体化”。在构建整个单元学习任务时，力求做到以终为始，从学习结果逆向思考，配置以过程性的评价，考查学生在真实情境中表现出的情感态度和语言能力，促进学生学习。如《为中华之崛起而读书》一课中，针对“活动一：关注主要人物，学习概括事件”，给出的评价是这两条：“1.(我)可以抓住主要人物做什么，概括出课文讲的几件小事；2.(我)能理清事件之间的逻辑关系，用合适的关联词，将事件串联起来，概括课文主要内容。”评价的内容和学习的内容保持一致并给出了完成学习活动的支架和方法，突出了评价的指导性。两篇叙事类题材的课文承担的就是“讲爱国故事”的任务，在讲故事的过程中，落实本单元的语文要素，领悟革命精神。

(二)运用策略，讲好故事

怎样才能讲好爱国故事，将爱国精神内化于心、外化于行?笔者认为，把握故事内容是讲好故事的前提，注重品读感悟是讲好故事的关键，丰富情感体验是讲好故事的核心，创意讲述方式是讲好故事的助推器。在完成“讲述故事”这一任务中，将语言文字的学习紧紧地与培养学生的文化自信、审美能力、思维能力结合起来，落实“文道统一”的目标。

1.梳理文章脉络，把握文章主要内容。要想能完整、清楚地讲述故事，首先要能整体把握文章的主要内容。把握文章内容可以培养学生的概括能力，这一能力是理解向运用、阅读向表达转化的关键节点。因此，把握故事内容是讲好故事的前提和基础。在统编教材的语文要素中，“学习和把握文章的主要内容”是四年级阅读教学的重点任务，四年级上册有三个单元都指向了这一目标，如第四单元是“了解故事的起因、经过、结果，学习把握文章的主要内容”，本单元的语文要素是“抓住主要人物和主要事件，把握文章的主要内容”，第八单元是“了解故事情节，简要复述课文”，意图是教给学生把握文章主要内容的方法，提升学生的阅读能力。本单元引导学生把握故事的主要内容，既落实了单元语文要素，又为学生讲好故事搭建了支架。

那么这一课如何引导学生把握文章的主要内容，完成活动一中的内容？在《为中华之崛起而读书》这篇课文的教学中，笔者采用了由扶到放的方法。首先，利用图片作为支架，以读代讲，引导学生先学第一件事，将修身课上的场景变成了一幅画，请学生用一两句话说说这幅画的主要内容，在说的过程中，相机引导学生结合图片分清主要人物和次要人物，学习抓主要人物和主要事件来概括主要内容的方法。接下来，请学生用相同的方法概括第二部分和第三部分的内容，在语言实践活动中迁移学法。再请学生思考这三件事之间的逻辑关系，用上"因为……所以……""之所以……是因为……"这些关联词，说说课文的主要内容。最后又让学生思考文章为什么要把"立报国之志"这件事放在最前面，学生在探究中明白这种先果后因的写法充满了悬念，让学生更想知道周恩来立志背后的故事。这样的教学既帮助学生梳理了故事的脉络，把握了文章的主要内容，提升了学生的概括能力，又让学生明白了作者行文布局的深意，为讲故事打下了良好的基础。

2.注重品读感悟，理解人物形象。精彩的语言能生动地刻画人物形象，表达思想感情，使读者受到熏陶和感染。革命文化故事类题材课文内容大都是感人事件和故事，主人公无论是英雄、伟人还是普通的战士，他们身上都有着优秀的品质和崇高的精神境界。因此，讲好故事的关键就是要理解人物形象。只有将这些高大的人物形象植根于学生的心田，激起学生感动、崇敬的情感，学生才能投入故事，动情地讲述故事，故事中的理想信念、精神品质自然会深入人心。但这些英雄人物的品质和精神并不是标签式的，而是渗透在语言文字的描写中。因此，在学习这类课文时要立足文本的语言文字，用张志公先生的话来说，就是要"让文章的本身去教育学生"[3]，从语言文字出发，在语言文字的训练过程中进行思想教育。一是要"品"。要抓住语言、动作、心理等细节描写，引导学生抓住关键语句和关键词语去感受、体悟。通过想象和联想，入情入境，走进人物的内心，感受人物高尚的品格。二是要"读"，读悟结合。悟是内化，读是外显，以读促悟，在学生充分理解感悟的过程中，引导学生以多种形式进行朗读，通过有感情地朗读对文字进行再创造。入情入境的朗读，既可以让学生在潜移默化中获得熏陶感染，达到自我教育的目的，又可以内化语言，积累语言，为讲述故事提供语料的支撑。

如教学《为中华之崛起而读书》这篇课文时，为了能让学生走进少年周恩来的内心，体会少年周恩来的远大志向和爱国情怀，教师首先请同学圈画"中华不振"的词句，结合语言文字，借助资料，感受当时中国的贫穷落后，饱受欺凌，深切理解周恩来立志的原因；接下来回读第一部分“立报国之志”，抓住“有位同学默默地坐在那里，若有所思”的神态描写，引导学生思考，此时的周恩来内心在想什么呢?结合课文内容和生活经验，学生猜测，此时的周恩来可能在想伯父说的话，可能在想巡警局门前发生的事情，可能在想如何拯救濒临绝境的国家，通过联想和想象，走进周恩来的内心；接下来将周恩来的读书志向和其他人的读书志向进行对比，在品悟和对比中，周恩来的爱国形象变得更加鲜明；最后伴随着《我和我的祖国》的深情旋律，教师用语言创设情境：“这句话像一颗火种，在周恩来心里熊熊燃烧着，这颗理想的火种也激励着每一个中国人为祖国的富强而奋斗。让我们再读这部分内容，牢记这一幕。”在铿锵有力的读书声中，一位有着博大胸怀和远大志向的少年周恩来就真正走进了学生的内心。学生在对语言文字的品读感悟中体会人物品质，感受爱国精神，接受思想熏陶。有了对人物的理解和感受，讲的故事才会更有感染力。

3.补充相关资料，丰富情感体验。每一位孩子心中都有“英雄情结”，在实际教学中，革命题材课文因为人物形象典型，故事情节生动深受学生的喜爱，但由于故事的背景有着特殊的时代烙印，和学生的生活、思想还有一定距离，学生在理解和感悟时会遇到一定的困难和障碍，对文本的精神内涵产生的情感体验还不够深刻。因此，在学习这类课文时，引进媒介，讲解背景，补充人物的相关资料显得尤其重要。通过资料的引用拉近学生与文本的距离，理解课文语言，深化对英雄形象的认识，丰富情感体验，同时也为讲故事积累素材，使故事的讲述更加生动吸引人。陈先云先生在《对统编小学语文教科书革命文化内容的基本认识》的讲座中指出：“资料的选择与利用，要紧密结合教材和教学内容，聚焦语言学习，有利于引领学生体验感悟、主动发现和思考，有利于促进学生正确价值观的培养。”在教学中我们要注意资料引入的时机和方式，真正服务于学生的学习。

在《为中华之崛起而读书》这篇课文的教学中，课前教师可以指导学生搜集周恩来个人和当时时代的相关资料，在课堂上进行适时补充。如开课时，可以补充周恩来的生平简介，让学生初步感受周恩来的伟大；在体会“中华不振”这部分内容时，学生自然会产生一些问题，如“在中国自己的土地上为什么外国人能霸占一块地方横行?”“为什么中国警察会怕外国人?”“为什么中国人不把外国列强直接赶出去?”顺着学生的疑惑，教师适时补充一百多年前的旧中国饱受帝国主义列强欺凌的历史，激发学生内心的情感，从而更加深刻理解周恩来立志的原因；在理解了立志原因后，教师引入阅读链接中周恩来写的诗《大江歌罢掉头东》,使学生明白周恩来的读书志向之所以与其他同学不同,不仅仅是周恩来深刻地感受到了“中华不振”,还因为周恩来认识到只有学习更多知识,才能找到拯救中国的道路。教师还可以进行拓展延伸,补充周恩来从少年、青年一直到新中国成立后的相关事迹,感受周恩来是在用一生践行着“为中华之崛起而读书”的誓言。在多侧面、多维度的资料补充中,周恩来的形象更加丰满、高大,学生的感受更加全面深刻。最后联结生活,出示一组心怀家国的当代英雄人物,如袁隆平、钟南山、航天英雄的图片,展示他们创造的中国奇迹。从一个人延伸到一类人,从革命年代延伸到当下生活,感受英雄人物伟大的精神世界和人格力量,体会这种精神的时代意义,实现价值观的引领。因为有了资料的补充,学生讲故事时,内容才更丰富,体验才更深刻,情感才更充沛。

4.变换讲述方式,传承革命精神。对小学生来说,学习和传承革命文化的最好方式就是在理解故事的基础上向更多人讲述革命故事,在语言实践活动中内化对人物形象的理解,加深对作品情感的体悟,对革命精神的领会,达到“以文化人”的目的。为了让讲故事的效果达到最大化,变换讲故事的形式,设置不同的讲故事情境,更能激发学生讲故事的兴趣。在故事的情境中与人物产生共鸣,不仅把故事讲得更有趣味,更吸引人,与此同时也有效地激发了学生的语言思维,在主动积极的思维活动中建构正确的价值观。讲述的是故事,传承的是精神。如在《为中华之崛起而读书》教学中,教师为学生提供几种讲述故事的方式,学生可根据自己的特点选择喜欢的方式进行讲述。

方式一:周恩来会怎样对别人讲他的立志故事呢,请你以少年周恩来的口吻向他的伯父讲一讲。

方式二:如果你是周总理故居的讲解员,请你为游客讲一讲周总理少年时的立志故事。

方式三:将《为中华之崛起而读书》改编为课本剧,和小组同学一起合作表演。

方式四:登录网站,再搜集一个少年周恩来的故事,讲给老师和同学听。

方式一和方式二变换了讲故事的身份、场合和对象,学生根据对象和场合有目的地讲故事,能提升学生讲故事的能力,有效地培养学生理解和传播革命文化的能力。方式三立足教材,将音乐、美术、文学、表演融为一体,丰富了故事内涵,体现了学科融合,突出了实践性和创造性,能培养学生跨学科学习能力。学生表演的一言一行,都诠释了对课文的理解,对革命文化的传承。方式四把学习活动搬到更广阔的舞台,充分体现《义务教育语文课程标准(2022年版)》中提出的“关注互联网时代语文生活的变化，探索语文教与学方式的变革”。学生在浏览网页、搜集资料、整理资料的过程中，加深了对周总理的敬仰之情，周总理的形象会在学生心中变得更高大，他身上的伟大精神和高尚品格会成为学生一种自觉的价值追求，正如习近平总书记所说“崇尚英雄才会产生英雄，争做英雄才能英雄辈出”。

总之，在革命文化叙事类题材课文的教学中，“讲述故事”是继承和弘扬革命文化的有效途径。这一任务驱动体现了“促进学生在积极的语言实践活动中积累、建构并在真实的语言情境中去表现”的课标要求。学生在讲好革命故事的过程中，增强了文化自信，发展了语言能力，实现了“课程育人”的价值目标。

参考文献：

[1] 中华人民共和国教育部. 义务教育语文课程标准(2022年版)[S]. 北京：北京师范大学出版社，2022.

[2] 陈先云. 统编小学语文教科书中语文要素的内涵及其特点[J]. 课程·教材·教法，2022(3)：28-37.

[3] 张志公. 说工具[M]//张志公文集语文教学论集第三册. 广州：广东教育出版社，1991：58.

如何保障乡村学校课后服务高效开展

——基于“双减”政策实施两周年的阶段性审视与反思

（黄冈师范学院教育学院，陈中文、杨航琳、李威）

名师简介

陈中文，男，黄冈师范学院教育学院二级教授、博士，硕士生导师，享受省政府津贴专家。中国高等教育学会教师教育分会理事、湖北省教育管理研究会副会长，“鄂东教育与文化研究中心”主任，湖北基础教育研究院副院长，湖北教育政策研究院特聘研究员，黄冈基础教育发展研究院院长。主持完成省部级及其以上科研项目16项，发表论文100余篇。获省社科优秀成果奖和省政府发展研究奖10余项，获省基础教育教学优秀成果一等奖1项。

课后服务是增强教育服务能力，促进学生全面发展的重要举措[1]。提高乡村学校课后服务质量与服务能力，是我国当前义务教育优质均衡发展的重要内容和走向。然而，实现乡村学校课后服务的迭代升级，必须依靠科学的课后服务标准和模式作指导和支撑。2021年7月，中共中央、国务院印发的《关于进一步减轻义务教育阶段学生作业负担和校外培训负担的意见》（即“双减”政策），标志着中小学校内外教育生态发生历史性变革。作为落实“双减”政策的重要举措，中小学课后服务受到社会的广泛关注。相对于教育资源较为丰富的城市学校，乡村学校的课后服务实施水平明显偏弱。如何保障乡村学校课后服务高效开展，是当前乡村教育亟须解决的重要课题。

湖北省黄冈市是位于大别山区、革命老区的教育大市、教育名城，基础教育曾经享誉海内外。在“双减”政策颁布近两周年之际，调研团队走访湖北省黄冈市4个县域11个乡村中小学教学点，拟从乡村学校课后服务保障主体责权、

基金项目： 湖北省教育科学规划重点课题项目（2022GA073）；黄冈师范学院研究生工作站项目（5032022023）。

保障内容标准、保障经费来源及保障结果反馈四个方面对此进行深入研究，以期从现存问题的解决中为乡村学校课后服务寻求发展之道，为乡村学校课后服务高质量实施提供参考。

一、“双减”政策下构建乡村学校课后服务保障体系的理论意义

乡村学校课后服务是“双减”政策下城乡义务教育均衡发展的重要内容，也是促进乡村学生多元发展的有效途径。乡村学校课后服务的保障问题涉及“谁来保障”“如何保障”及“保障效果如何”等核心问题而衍生的一系列体系建设问题，包括“课后服务主体保障、服务内容保障、服务时间、地点与形式保障及服务效果保障等复合性要素体系”[2]。当前乡村学校课后服务保障体系在微观上是为满足乡村学生多样化、个性化的学习和成长需求而提供的教育支持，在宏观上则体现了国家对乡村教育事业的重视和支持，对其战略意义的深刻认识，有助于全面推进乡村学校课后服务保障向着高质量、高水平、高效率的方向发展。

（一）促进城乡良好教育生态构建的必要条件

“双减”政策的实施和深化，是对当前我国义务教育阶段出现的学生课外辅导乱象、放学后无人看管、学生身心发展错乱[3]、城乡教育资源不均衡[4]等问题的有效应对，建设健康有序的义务教育环境已迫在眉睫。但是相关研究发现，当前义务教育生态系统所遭遇的问题不仅存在程度上的严重性和广泛性，而且在本质上呈现出根源的深刻性和因素的多维性。特别是乡村教育，由于优质教育资源匮乏、家庭资本相对处于劣势、学校基建相对破败、教学方式和教学理念陈旧等原因，城乡之间的教育鸿沟愈发凸显。例如，《2022年中国乡村教育发展报告》调查显示，我国乡村学生在身体素质方面明显进步，但在心理健康和社会情感方面不容乐观。青少年学生的身心健康成长是构建良好教育生态的前提。为此，亟须加强“双减”政策的引领和支持，加大对乡村教育的关注和投入，以一种新理念、新途径，激活近乎休眠的乡村教育生态，为乡村学生健康成长和优质学习提供支持。课后服务的现实功能之一正是能致力于学生的身心健康成长服务，扭转功利主义的育人观，它以保障的方式就乡村学生课后服务需求、课后服务资源、课后服务形式等进行顶层设计，确保城乡教育资源实现一体化愿景，构建良好的教育生态图景。

（二）促进乡村学校多样化特色发展的可行途径

乡村学校的多样化特色发展有着独特的价值意义与现实需求。一方面，随

着乡村振兴战略的深入实施和乡村文化的传承创新，对乡村学校如何培养具有乡土情感和现代素养的人才有着更高的期待；另一方面，随着城乡教育差距的缩小和教育公平的推进，人民对于高质量的乡村教育有着更多诉求，希望通过更加优质的教育资源及完备的乡村教育体系实现人民对美好生活的追求。就当前乡村学校多样化特色发展所面临的突出问题来看，虽然整个宏观性的教育政策系统就乡村教育阶段的资源配置、师资培养、课程改革、评价机制等进行大量政策供给与调适，但是由于乡村所处的地域限制，以及周边城市的“虹吸效应”，留守乡村的教师、学生大多不能做到资源的有效利用。可见，政策上再完善的顶层设计也需要与实际的乡情、校情和学情结合。例如，浙江省嘉善县丁栅中心学校，该校在课后服务时间，开设了“田歌”社团课，利用非遗“嘉善田歌”的传承资源，培养学生的音乐素养和乡土情感，打造了乡村学校的文化特色[5]。但是调查发现，不少地方仍存在着文化课程挤占课后服务时间、监管乏力、执行错位等问题，严重影响了“双减”政策的有效落实。因此，高质量的课后服务保障体系能够以一种资源支撑和服务保障的方式，丰富乡村学校的教育内容和形式，提高乡村学校的教育质量和效益，增强乡村学校的教育吸引力和竞争力，为我国乡村学校多样化特色发展提供服务动能。

（三）促进乡村学生文化资本积蓄的有效方式

乡村学生由于家庭和地域的限制，往往缺乏足够的文化资本，导致他们在教育和社会竞争中处于劣势。据林小英等实地调研走访显示，留守乡村的学生在家庭背景、学业基础、学习习惯、学习投入、竞争意识和职业规划方面确实处于弱势的地位[6]。“双减”政策下课后服务的实施，在一定程度上为乡村教育注入了鲜活的生命力，政策推进乡村学生享有与城市学生同样的“服务”课程，进而防止原生差异经由课后服务演变成社会差距，形成布迪厄(P.Bourdieu)所揭示的社会不平等的再生产机制。调研团队深入田野，与乡村学校校长及学生深入访谈发现，乡村学生渴望多样化、丰富的课后服务活动，认为乡村学校开展多样的课后服务可以丰富乡村学生的文化体验、增强乡村学生的文化技能、激发乡村学生的文化认同，一定程度上弥补因家庭经济差异等先赋性因素所导致的乡村学生机会受限，保障了乡村学生形式意义上的平等。

二、“双减”政策下乡村学校课后服务的问题审视

由于乡村学校的课后服务保障体系涉及社会力量干预、教育资源配置、学生个性化需求以及教育公平认知等方面因素，使得其在实施中面临较为严峻的

挑战。

(一)课后服务保障主体的责任不明确

“双减”政策实施中的课后服务保障涉及政府、学校、教师、家长、社会等多方,但由于参与的力度和方式不同,加上政策中没有对课后服务保障的目标、对象、内容、方式等作出明确规定,导致各方在权力运用和责任界定上没有准确的定位,影响整个课后服务保障主体间的协同效应。走访黄冈市4县域11个教学点过程中,S学校的校长反映:“学校在开展课后服务方面,人力、物力、财力都相对受限,向地方行政部门提出各项保障师资支援、保障经费使用、设施维护等要求时,地方政府总是口头上表示配合,但迟迟不见行动。”访谈中多个校长反映,“双减”政策的推行对家长参与课后服务提出了一定的要求,但乡村孩子的大多数家长文化程度较低,在家务农或外出打工,参与孩子在校教育的能力和精力有限,并且,对课后服务的理解带有偏差,对课后服务心存质疑,担心课后服务会影响孩子的学习成绩。同样,作为课后服务保障责任主体之一的学校常常只是简单地或变通地执行规定,认为利用课后服务时间对学生开展教学既能省事又能提高学生成绩,同时也能提高教师待遇。这样的现象在湖北省具有一定的代表性,在全国也有一定的普适性。有学者在陕西省的调研中提及仅16%的教师反映学校课后服务采取“在校教师和校外教师相结合”的形式进行,有“第三方机构教师参与”的课后服务仅占0.4%;“社区、科技馆等志愿类社会力量”参与课后服务仅5.5%[7]。如果课后服务的相关主体没有明确实施细则,不仅会影响其参与课后服务的积极性和创造性,而且可能会让各个主体陷入混乱复杂的育人环境中,导致精力浪费和育人效果不佳的恶性循环。

(二)课后服务保障内容的供给不精准

《教育部办公厅关于做好中小学生课后服务工作的指导意见》明确规定:“课后服务内容主要是安排学生做作业、自主阅读、体育、艺术、科普活动,以及娱乐游戏、拓展训练、开展社团及兴趣小组活动、观看适宜儿童的影片等。”[8]但是,乡村学校在实际落实国家政策要求时,由于受地域环境的限制,乡村学校更多聚焦课后服务的开设,对课后服务保障内容的供给不精准,缺乏科学研究,课后服务内容的多样性、创新性、针对性缺失。截至目前,调研团队对湖北省黄冈市11个乡村学校课后服务调查数据显示,有44.4%的家长反映,学校在课后服务中存在讲授新课或集体补课的现象,且有27.8%的家长对于课后服务的内容认可度较低。一是课后服务内容多样性不足。受乡村教学资源、师资力量的限制,部分乡村学校以象征性地开设3～4个社团班的形式开展课后服务。此举严重忽视了学生的年龄特点、个性差异和发展需求，导致课后服务内容单调乏味，不能有效促进学生的身心健康和社会性发展。二是课后服务内容创新性不足。多数乡村学校在课后服务时间段以“体育类”课后服务为主，学生自主开展体育锻炼，没有挖掘开发具有本地特色的自主课后服务课程，课后服务育人功能不强。课后服务保障内容的供给，主要考察的是课后服务内容与学生需求、教育目标、地域特色的匹配度，包括活动项目、活动形式、活动效果等方面。活动项目可以通过数量、种类、覆盖面来测量，那么对活动形式的适宜性和活动效果的满意度应该怎样来评判，如“学生兴趣”“学生发展”等无形概念如何通过有形的指标进行明确的衡量，则是亟需解决的难题。

(三)课后服务保障经费的来源不稳定

“双减”政策以前所未有的力度强势推进，政策要求各地政府全力支持“双减”落地，特别是保障课后服务所需经费。但对于乡村学校，经费从地方政府到学校经常会经历层层“截留”，课后服务保障经费去向何处值得关注。2022年北京师范大学中国教育与社会发展研究院发布的《全国“双减”成效调查报告》指出：有12.7%的学校反映课后服务教师补贴没有任何经费保障，19.5%的教师参与课后服务未收到报酬，乡村学校课后服务经费来源于财政补助的比例不足20%，且不同学校之间的经费补助金额也存在较大差距[9]。调研团队针对此问题展开调研，发现现存的主要问题：一是财政补贴不到位。L中学校长反映：“我校开展课后服务的经费基本都是根据国家的政策要求，向学生收取合理的课后服务经费，但这部分经费也只够按最低标准支付教师课后服务费用，课后服务的场地、器材等其他经费匮乏，政府补贴经费并没有下达到学校。”二是费用被挪用压缩。有些学校为了应付其他教育教学工作的开支，将本应用于课后服务的经费挪用，导致课后服务的质量和效果受到影响。有些学校为了节省课后服务的成本，削减教师的课时费、挤占教师休息时间，给教师带来了不必要的负担和压力，从而挫伤教师参与课后服务的主观能动性，同时，也是变相“俘获”教育公共资源。乡村学校课后服务经费保障的问题不容忽视，如果经费的来源单一、不稳定，监管的力度不够，就会影响课后服务的质量和覆盖面，从而形成“双减”推进的巨大阻力。

(四)课后服务保障结果的反馈不及时

目前，乡村学校课后服务保障的结果反馈机制不健全、方式不灵活、效果不明显，亟待对该反馈机制进行优化和完善。一是反馈结果的应用缺乏针对性。乡村学校课后保障的结果反馈应该是为了提高课后服务的质量和效果，而不是为了完成形式上的任务。但是，目前反馈结果往往没有根据乡村学校的实际情况和需求，制定出具体的改进措施和方案，而是采用一刀切的方式，忽视了乡村学校的特点和差异。因此，该反馈机制的有效性有待提高，还须进一步细化和个性化。二是反馈结果的监督缺乏力度。乡村学校课后保障的结果反馈，不仅需要有明确的标准和指标，还需要有有效的监督和评估机制，以确保反馈结果能够真正落实到课后服务的实践中。但是，目前监督和评估机制往往存在着形式主义、走过场、缺乏参与等问题，导致反馈结果不能反映课后服务的质量和效果。因此，该监督和评估机制的严格性有待加强，还须进一步规范和完善。访谈结果表明，目前课后服务反馈中存在的普遍性问题之一就是将反馈结果作为形式化的文件，根本原因在于乡村学校课后服务主体的意识缺乏，过于注重课后服务的形式而忽视了课后服务的质量和效果。当课后服务保障结果反馈体系处于一种“缺位”状态时，不但可能使得课后服务不同主体在协同参与中出现“信息不对称的问题，造成信息在传递过程中耗散、被曲解与误解、遭遇简单解码”[10]，而且也难以及时调整和完善课后服务质量管理标准。

三、“双减”政策下乡村学校课后服务保障体系建设的实践路向

乡村课后服务保障的本质是由需求分析、资源配置、效果评估等环节构成的系统化管理过程。因此，为保障乡村学校课后服务高质量发展，应坚持质量与效果的核心目标，总结成果和问题，不断完善政策内容和执行方式，最终建立起符合乡村特色的课后服务保障工作机制，为培养乡村优秀人才和实现教育公平发展奠定坚实的基础。

（一）建立责任共担机制，明确主体责任分工

推进“双减”课后服务高质量实施，需要政府、教育行政部门、学校和社会力量形成合力，建立各教育主体优势互补、课后服务资源共建共享、合作共赢的育人模式。第一，明确乡村学校课后服务的共同目标。单打独斗无法解决复杂的、变化的和多样的问题，需要整合各方力量和资源，为学生提供优质的课后服务，积蓄乡村学生的文化资本，缩小因地域差异导致的学生群体阶层分化，共同致力于培养德智体美劳全面发展的时代新人的目标。需根据不同主体的不同资源和能力，调动高效的公共参与，建立起以乡村学校为主导，多方主体深入参与的课后服务共同体。第二，明确课后服务保障主体责任边界。政府要在整个课后服务保障体系中起到统筹部署、宣传引领、督导监管及空间赋能等“元治理”作用。主动结合乡村的乡情、校情和学情，为其他社会力量全程参与课后服务

建设提供便利条件。学校要根据学生的需求和特点，设计和实施适合的课后服务内容和形式，培养和管理课后服务的专业人员，建立和完善课后服务的反馈机制，不断改进和创新课后服务的方法和手段。社会力量积极参与和支持乡村课后服务的开展，提供多元化的课后服务资源和渠道，与学校建立良好的合作关系，共同促进乡村学生的全面发展。例如，乡村学校可与当地的农业协会合作，开展系列农业科普活动，让学生在课后时间了解农业知识，体验农业生产，培养农业兴趣。

（二）创设服务适配环境，提升内容供给准度

课后服务的质量和效果要与学生的发展需求、社会的经济进步、教育的改革创新等相适应。乡村学校要根据自身的特殊条件，提供符合乡村特色和学生兴趣的课后服务内容，创造有利于学生全面成长的课后服务环境，促进乡村教育的发展和创新。第一，建立课后服务需求分析机制，了解乡村学生的兴趣、特长、需求和困难，制定个性化的课后服务内容和方案，避免一刀切的做法，提高课后服务的针对性和有效性。例如，可以通过问卷、访谈、观察等方式，收集乡村学生的基本信息和课后服务的期望和建议，根据不同年级、不同科目、不同能力的学生，设计不同的课后服务活动，如辅导、兴趣小组、社会实践等，满足乡村学生的多元化需求。第二，建立课后服务资源共享平台，利用信息技术，整合乡村学校内外的课后服务资源，如教师、志愿者、社会组织、网络课程等，拓展课后服务的内容和形式，提高课后服务的多样性和丰富性。例如，可以通过建立网站、微信群、云盘等方式，搭建乡村学校课后服务资源共享平台，方便乡村学校与其他学校、机构、个人进行资源交流和合作，引入更多的专业人员和优质内容，为乡村学生提供更多的课后服务选择和机会。第三，鼓励乡村学校根据本地文化特色和地域风情开发不同形式的课后服务“特色课程”，提升课后服务与乡村教育的契合性。例如，安徽省宿州市埇桥区石梁镇中心小学利用乡村生态环境的优势，开展了“绿色教育”项目，让学生参与种植、养殖、制作等实践活动，培养学生的环保意识和创新能力，打造了乡村学校的技能特色[11]。

（三）拓宽经费来源渠道，稳定经费保障水平

调研团队走访发现，乡村学校课后服务的资金主要是通过地方政府财政补贴和学生缴纳服务费用的方式进行，但在实践过程中资金来源不稳定严重影响了“双减”的落地。第一，构建多元化的经费来源机制。乡村学校课后服务保障经费的来源不稳定，主要依赖于政府的财政拨款，这容易导致经费的不足和不及时。为了拓宽经费来源渠道，稳定经费保障水平，可以通过多种方式筹集

经费，如：鼓励社会各界对乡村学校课后服务进行捐赠，设立专项基金或奖励机制；与有实力和社会责任感的企业建立合作关系，通过项目合作、资源共享、技术支持等方式，为乡村学校课后服务提供资金和物资支持。第二，建立动态的经费分配机制。乡村学校课后服务保障经费的分配和使用，要根据乡村学校的实际情况和课后服务的需求变化，合理调整经费的分配比例和使用方式，保证课后服务保障的资金效益。例如，可以根据乡村学校的规模、地理位置、教育水平、课后服务内容等因素，制定差别化的经费分配标准和指标体系；根据乡村学生的年龄特点、兴趣爱好、学习需求等因素，制定灵活多样的课后服务方案和预算计划；根据乡村学校课后服务的实施效果、评价结果、改进措施等因素，制定动态调整的经费使用规范和考核奖惩机制。

（四）秉持持续改进理念，发挥结果导向效用

乡村学校课后服务保障尚处在探索实践阶段，完善、规范尚需努力，但要着眼未来，及时制定政策，提高各方对课后服务保障的重视认同，实现有效推进。第一，建立及时的结果反馈机制。乡村学校课后服务保障的效果，要及时将反馈信息传递给相关主体，包括政府部门、学校领导、教师团队、家长委员会等，就“课后服务的规模、类型、成本、质量、及时性、公众满意度等一系列过程性和结果性关键点进行考察”[12]，增强各方的参与感和责任感，促进沟通协作，形成共识和合力。例如，可以通过信息公开平台或渠道，向社会和家长公布乡村学校课后服务保障的效果评价结果，并征求意见反馈；通过教研活动或培训交流，向教师团队分享乡村学校课后服务保障的效果评价经验，并进行研讨交流。第二，建立动态的结果改进机制。乡村学校课后服务保障的效果，要根据反馈信息，制定具体的改进措施和实施计划，调整优化课后服务保障的内容、方式、标准等，持续改进课后服务保障的质量和水平，提高乡村学生的满意度和发展能力。例如，可以根据学生的兴趣和需求，增加或减少某些课后服务项目，提高或降低某些课后服务标准；根据家长的期待和建议，完善或改变某些课后服务方式，增强或减轻某些课后服务负担；根据教师的投入和困难，提供或取消某些课后服务支持，奖励或惩罚某些课后服务表现；根据社会的支持和评价，借鉴或创新某些课后服务模式，扩大或缩小某些课后服务范围。

参考文献：

[1] 黄一帆，周福盛. 高质量乡村学校课后服务的公共性困境及突破[J]. 教育与经济，2023，39(2)：60-69.

[2] 周洪宇，王会波. 中小学课后服务功能如何优化——基于系统论视角[J]. 现代教育管理，2022(8)：1–10.

[3] 宋浩浩，张海洋. "双减"政策背景下义务教育阶段课后服务保障体系研究[J]. 教育理论与实践，2023，43(14)：9–13.

[4] 刘娅. "双减"视域下农村学校课后服务的困境与实践策略[J]. 教学与管理，2023，908(7)：15–18.

[5] 中华人民共和国教育部. 美好教育扮靓乡村——共同富裕背景下的浙江美好乡村教育实践(中) [EB/OL]. (2021–12–21)[2023–04–03]. http：//www. moe. gov. cn/jyb_xwfb/s5147/202112/t20211221_588919. html.

[6] 林小英，杨蕊辰，范杰. 被抽空的县级中学：县域教育生态的困境与突破[J]. 文化纵横，2019(6)：100–108.

[7] 龙宝新，李莎莎. "双减"背景下学校课后服务的发展与调适——基于陕西省中小学课后服务调研结果的研判[J]. 天津师范大学学报(基础教育版)，2023，24(1)：15–24.

[8] 教育部办公厅. 关于做好中小学生课后服务工作的指导意见[EB/OL]. (2017–02–24)[2023–04–03]. http//www. moe. gov. cn/srcsite/A06/s3325/201703/t20170304_298203. html.

[9] 冯琪. 课后服务经费保障机制尚未健全，"双减"成效调查披露改革难点[N]. 新京报，2022–03–02(07).

[10] 白雪，李广，王奥轩. 乡村学校课后服务政策执行的偏差与治理[J]. 教育学术月刊，2022(8)：94–102.

[11] 徐秦法，刘星亮. 乡村教育要为乡村振兴贡献什么[N]. 光明日报，2022–06–07(15).

[12] 周玲. "双减"背景下的课后服务供给方式及质量评估[J]. 中小学管理，2021(12)：35–38.

让语言像活水那样自然地流

——指向表达的阅读教学策略初探

（麻城市第二实验小学，徐爱枝）

名师简介

徐爱枝，女，麻城市第二实验小学特级教师，正高级教师，湖北省第二届荆楚教育名家，湖北省名师工作室主持人，黄冈名师。主持国家语委及多项省市级课题研究，在国家省级教育刊物发表文章多篇，参加了部编版教材义务教育小学语文二年级《教师教学用书》的编写工作，带领工作室成员著有《名师工作室的公开课》一部，几十年躬耕于教学一线，善于教材解读与教学设计，教学效果好，深受学生喜欢。

人们常说“读书破万卷，下笔如有神”，但是令我们老师和家长困惑的是学生课内外阅读的量也不少，就是没学会说和写，甚至怕说怕写，学生的表达能力提升成了一个难题。这是为什么呢?不得不承认，长期以来的阅读教学中我们习惯在内容上打滚，重视对课文内容的理解和感悟，重视对知识的传授，重视对人文精神的挖掘，而把“学习语言运用”当作阅读教学的一个附庸，即课堂中的语言运用训练比较随意，散点式、碎片化，对学生的表达能力有一定的促进作用，却非常有限。

《义务教育语文课程标准(2011年版)》在“课程基本理念”中明确指出语文课程应“引导学生丰富语言积累”，“正确运用祖国语言文字”[1]。叶圣陶老先生也曾说：“语言运用妥帖、得当理应成为基础教育语文课程的‘独当之任’。”这些告诉我们语文教学的本然其实就是言语应用，语文教学的根本任务必须定位在“学习语言运用”上，这是语文教学的根本出路，而提高表达能力是“学习语言运用”的核心。笔者在教学中一直努力探索指向表达的阅读教学策略。

一、细读文本，以“表达”的眼光发现教学的价值

“一定的言语内容生成于一定的言语形式，一定的言语形式实现一定的言

语内容，即‘说什么’自然生成于‘怎么说’中。”那么指向表达的阅读教学观照下的文本解读就要着重关注教材的编写意图，用心体悟文本的表达方式和丰富多彩的语言现象。

(一)关注用语的准确规范

课本是经过语言专家、教材编委反复研读审订的，符合语法规则，是用语准确规范的典范，是学生学习说别人能听得懂的话的基础。如人教部编一年级上册第7课《青蛙写诗》一文中，“我要给你当个小逗号。”“我能当个小句号。”“我们可以当省略号。”就是最常用、最简练的陈述句，体现的范式就是“谁怎么样”。紧接着第8课《雨点儿》中的句子“数不清的雨点儿，从云彩里飘落下来”。则是陈述句的另一种范式——“什么怎么样”。还有疑问句等简单的句型都不止一次出现在一年级的课本里，应该在学习课文的时候让学生读熟，学会，形成语感。

随着学段的升级，用语规范体现在更深的层次，如人教版六年级上册《只有一个地球》一文中：“科学家已经证明，至少在以地球为中心的40万亿千米的范围内，没有适合人类居住的第二个星球。”这一句子中“40万亿千米”是一个具体的数字，这一数字即是划定的范围，“至少”一词锁定了在这个大范围内没有适合人类居住的星球，至于这个范围之外科学家还没有证明，情况还不能确定，简洁而有力地说明目前还找不到适合人类居住的第二个星球，体现了用语的准确性。学习中引导学生关注，让学生比较表达效果，就能领悟说明文语言的科学性、严谨性。

(二)关注用语的精巧别致

有很多课文语言生动形象，画面感非常强，读来朗朗上口，是学习生动表达的好材料，也值得引导学生关注。如人教版二年级上册《泉水》一文中：

“来吧，来吧！我的水很多很多，山上有一座天然水塔。”

“照吧，照吧！我的水很清很清，像一面明亮的大镜子。”

“喝吧，喝吧！我的水很甜很甜，喝饱了，你们能结出更大更甜的果子。”

“唱吧，唱吧！我的琴声很美很美，正好为你清脆的歌声伴奏。”

这里的描写，反复回环，极富音乐美，像一首动听的歌，泉水的热情，泉水的乐于奉献的品格从中凸显出来。“很多很多、很清很清、很甜很甜、很美很美”同格式的词语排列突出了泉水“多、清、甜、美”的特点，让人情不自禁地和泉水一起自豪、欢快。“来吧、照吧、喝吧、唱吧”，口语化，拟人化，亲切、随和，就像在热情而又轻轻召唤和睦相处的邻居，让人精神倍感愉悦。多读这样的句子，利于训练学生从文字中读出画面，加强对语言生动形象表达方式的积累。

人教部编版二年级上册《狐狸养鸡》一文中有这样一段话："十五只小鸡却满不在乎，看看天，看看地，几下就蹦出了筐子，叽叽喳喳围着狐狸叫个不停，有几只甚至钻到了狐狸的肚皮底下，弄得狐狸浑身都不自在。"这里完全是以白描的手法描写小鸡的神态、动作，写出了小鸡对于狐狸"妈妈"的依偎、依恋，趣味盎然中你不免又替稚嫩可爱的小鸡们捏一把汗，狐狸会怎么对待小鸡呢?读着读着心就悬起来了。

类似的课文不胜枚举，或有准确的用词，或有运用修辞的妙句，或有回环的韵脚，或有错落的节奏……它们都是培养儿童语感，学习语言运用的极好材料，值得多读，多积累。

(三)关注用语的不同寻常

有些课文，大胆颠覆惯用的表达方法，违反人们习惯的常情、常理、常事，"换一种说法"，读起来让人感到新颖，有意思，值得回味[2]。如人教版五年级上册《慈母情深》一文中，句子"背直起来了，我的母亲。转过身来了，我的母亲。褐色的口罩上方，一对眼神疲惫的眼睛吃惊地望着我，我的母亲……"按照一贯的说法，应该是"我的母亲背直起来了。我的母亲转过身来了。我的母亲睁着一对眼神疲惫的眼睛吃惊地望着我……"课文中的句子采用了倒装的方式，把人物的动作置前，突出了当时当地工作的恶劣环境，工作的辛苦、疲惫。一个坚强、慈爱、美丽而伟大的母亲形象就在我们心中立起来了，由此感悟倒装句的表达效果。

还有的文章通篇运用了不同寻常的表达方法，如人教版五年级下册《桥》一文，通篇运用短句记叙故事，单词成句，单句成段。如开头描写环境"黎明的时候，雨突然大了。像泼。像倒"。简短的几个字，铿锵有力地写出了雨势之大，交代故事发生的背景。文中人物的语言也是大量使用短句，老支书第一次说话"桥窄！排成一队，不要挤！党员排在后边！"三个加感叹号的短句排列在一起，凸显出遇到危难却镇定如山的老支书形象。为什么会用短句，而不循循善诱地劝说?很显然，当时情况危急，容不得多说，争分夺秒就是挽救乡亲们的生命，由此感受短句的表达魅力。

(四)关注布局谋篇与单元主题

"表达"不仅仅是遣词造句，还有谋篇布局。谋篇布局是文章内容表达的重要手段，是更高位地学习表达的关键。如前文提到的《桥》，结尾出人意料又在情理之中，震撼人心，催人泪下，这种设置悬念的写法值得探究。着眼于文章的内部结构，去发现课文线索是怎样展开；着眼文章的外部结构，去发现内容安排上的层次，内容前后连贯的过渡和照应；着眼于文体，去发现不同文体的特点等等，都利于学生在阅读中逐步积累“篇”的多种表达样式，成为自由表达的有力借鉴。

人教版教材中的单元主题以人文主题为主，若细细寻觅，会发现也有以“表达”为主题的，如人教版五年级下册《作家笔下的人》。此单元中，小嘎子摔跤的动作、神情体现了他的顽皮、机敏、争强好胜；王熙凤的穿着、语言分别体现了她身份的高贵无比和为人的见风使舵；严监生伸出的两个指头成了经典的吝啬标志；“刷子李”那个让人吃了一惊的白点细节描写使这个人物活了；对托德的语言和神态描写则活脱脱地刻画出了一个市侩小人的形象。学生曾阅读过大量的以写人为主的文章，积累了一些这方面的读写经验，在学习本单元课文时，再注意引导学生从对人物描写的语言中，对人物描写的主要事件中，去探究人物形象是怎样表现出来的，然后对描写人物的一些基本方法作一梳理总结，那么描写人物的基本方法就会在学生的语言系统里建构起来，为运用作好铺垫。

二、循序渐进，依“表达”核心构建并落实层级目标

《义务教育语文课程标准(2011年版)》中关于“书面表达”的总体目标是：“能具体明确、文从字顺地表达自己的见闻、体验和想法。能根据需要，运用常见的表达方式写作，发展书面语言运用能力。”笔者试图对此进行有效分解，转变成各个年段的分目标。如果不细分目标，会出现混乱的现象，就像有时在听课中发现三年级在教总分写法，五年级也在教总分写法，训练目标还差不多。两个年级教的差不多，至少说明有一个年级的目标设定不在学生的最近发展区，违背学习规律。因此单篇文本的“表达”价值挖掘到什么程度，有相似“表达”价值的多篇文本怎样教得有区分，课本中缺乏某一类型的“表达”范例怎么弥补等等问题的解决，就聚焦到“表达”的层级目标上。笔者是这样探索的。

(一)科学设置层级目标

在认真学习吴忠豪先生的《小学语文教学内容指要——汉语阅读》的基础上，以《义务教育语文课程标准(2011年版)》目标为总纲，以教材为主材，笔者把表达分成若干个细目标，分解到各个学期。例如二年级上学期的目标为：(1)运用表示动作的词；(2)量词恰当用；(3)生动形象的打比方；(4)用概括—具体—概括的方法写句子；(5)填词把句子说具体；(6)运用引号；(7)生动的拟人；(8)运用拟声词。五年级上学期的目标为：(1)对比的魅力；(2)一线串珠；(3)独

白式心理描写；(4) 准确生动地说明；(5) 语言的艺术；(6) 环境描写；(7) 顺叙与倒叙；(8) 故事中的伏笔。

这些目标是根据单篇课文、单元重组群文等多文本的特点设定的，体现了年段特点。有些目标的关键词多次出现在不同年级，但是程度有别，例如“独白式心理描写”在五年级主要引导学生认识并运用这种写法描述心理活动，在六年级则结合《穷人》一课引导学生运用连续几个问句描述心理活动，目标要求呈螺旋上升的状态。所有目标由浅入深、由简单到复杂、由单一到多元排列，遵循循序渐进的认知规律，使学生对于表达的认知逐步全面、深入、深刻。有了这些细化的目标，“指向表达”就不会处于无序状态，否则的话东一榔头西一棒子，难有好效果。

(二) 单篇课文一课一得

根据每一学期应该达到的层级目标，兼顾上一学期需要深化的目标，再与课文进行对接，看这篇课文与哪个目标对接最好。如五年级上学期，目标“语言的艺术——婉转对答，机智幽默”可与课文《晏子使楚》对接，目标“一线串珠”可与《梅花魂》对接。

对接后又怎样去实现一课一得呢？笔者在教学人教版四年级下册课文《麦哨》时，先让学生找出描写孩子们吃茅茅针的句子“剥开叶片，将茅穗儿连同茎轻轻抽出，把茎放进嘴里嚼嚼，吮吮，一股甘甜清凉的滋味很快从舌尖直沁肺腑”，再勾画出吃茅茅针的一连串动作“剥开、抽出、嚼嚼、吮吮”，并理解“直沁肺腑”是吃的感受。读一读发现这个句子的特点是先写动作，后写想法，从中归纳出表达方法：描写动作并融入作者想法。接着让学生在本文中、本册学过的课文中再找出两三处运用了这种写法的句子，通过二次认知，加深印象，深化理解。

像这样，单篇课文一课一得，积累起来就是多课多得，语言的秘妙就会慢慢浸润到学生的语言系统，在不知不觉中生成语言能力。

(三) 群文阅读一组一得

以单篇的教材内容为中心学习表达是远远不够的，也正是为了克服阅读教学内容“教材化”倾向比较突出的问题才倡导拓展现有的教材，去读一组，读一群。文章多，文章里运用的各类表达方式自然也是很丰富的。“弱水三千，只取一瓢饮”，集中火力，攻其一点，做到一组一得。

如五年级上学期，围绕表达主题“生动形象地说明”，整合教材，添加课外选文组成一个单元，这组群文共四篇：《松鼠》《蝉》《麋鹿》《蚂蚁》。选编的是一组关于动物的科学小品文，文章侧重于介绍动物的外形、性格和习性，采用了比喻、拟人的手法生动形象地说明事物，语言生动传神，极具文学色彩。这组群文的“表达”目标就确定为了解并掌握准确生动写说明文的方法。

通过一篇篇课文，一组组群文的教学连点成线，让“表达”目标全覆盖并有序适度深化，学生的表达能力就会螺旋上升，学生的语文素养就会得到全面提高。

三、课堂实践，朝向“表达”核心多角度勾联延展

文本的“表达”价值挖掘出来了，就明确了教什么；“表达”的目标明确了，就知道教到什么程度。接下来思考的就是怎么教学生能接受并且有好的学习效果。著名特级教师蒋军晶提到，我们也在实践中印证了“明显的异同点可以启动思考，引导探究；强烈的认知冲突也可以启动思考，引发探究”[3]。事实上把有相似表达特点的句、段、篇放在一起，呈现的状态就是类比学习，无需过多的教、导、讲，学生读一读也能发现其中的表达奥秘。基于此，笔者在课堂实践中尝试运用“勾联—延展—习得”的阅读策略帮助学生学习语言的运用。

(一)纵向勾联

一册语文课本一般三十篇左右的文章，几册课本文章更多，从文体、结构、章法、顺序、句法、用词上……各有特点，将正在学的与前面学过的联系起来，找出相同的一类，在同一“类”的阅读中去学习表达。

如学习人教版四年级下册课文《“精彩极了”和“糟糕透了”》，引导学生关注句子：“七点。七点一刻。七点半。父亲还没有回来。”让学生对比读同组课文《地震中的父与子》中的句子：“他挖了8小时，12小时，24小时，36小时，没人再来阻挡他。”就会发现都是列举表示时间延续的数字。再进一步探究：数字之间可以用顿号，为什么一处用逗号，一处用句号?原来句号、逗号表达出的是时间漫长，更能表现人物内心的着急煎熬。再对比读同册课文《乡下人家》一课中的句子“有些人家还在门前的场地上种几株花，芍药，凤仙，鸡冠花，大理菊，它们依着时令，顺序开放，朴素中带着几分华丽，显出一派独特的农家风光”。也是该用顿号而用了逗号，特别的用意在哪儿?学生会饶有兴趣地去探究。那么在标点的用法探究中就会领悟到这样的言语形式所要诉说的内心情感，所要铺陈的内在意蕴，从而感受到特殊语言形式的表达魅力。

像这样，经常回头看，引导学生把学过的课文通过语言形态串联起来，同质或异质进行归类认识，能轻松积累各式各样的表达范式。养成习惯前后勾联，

学生对言语表达形式的感受会逐渐从肤浅、迟钝走向深刻、灵敏。

(二)横向延展

教材上的课文数量毕竟是有限的，要领悟表达的多种方式，需要大胆从现行教材中突围，围绕某一个“表达点”把阅读教学的视野扩展到广阔的书籍世界，将语文课本与广博书籍联系起来，找出与课文句段篇相同的一类，在同一“类”的阅读中去学习表达。

学习《钓鱼的启示》，先出示课件带领学生美读环境描写：“晚霞辉映的湖面上溅起一圈圈彩色的涟漪，不一会儿，月亮升起来了，湖面变得银光闪闪。”含有“银色的月光”的句子：“啊，好大的鱼！我从来没有见过这么大的鲈鱼。我和父亲得意地欣赏着这条漂亮的大鲈鱼，看着鱼鳃在银色的月光下轻轻翕动着。”在如诗的画面、悠扬的乐声中，学生一下子就仿佛置身于那个美好的月夜，发现美丽的月夜衬烘托了作者钓到鱼后的得意心情，且环境描写可以是句子，也可以是夹在句子中的词。接着勾联《丑小鸭》原著中的两个自然段。

> 段落一：于是丑小鸭走了。他一会儿在水上游，一会儿钻进水里去；不过，因为他的样子丑，所有的动物都瞧不起他。秋天到来了。树林里的叶子变成了黄色和棕色。风卷起它们，把它们带到空中飞舞，而空中是很冷的。云块沉重地载着冰雹和雪花，低低地悬着。乌鸦站在篱笆上，冻得只管叫：“呱！呱！”是的，你只要想想这情景，就会觉得冷了。这只可怜的小鸭的确没有一个舒服的时候。
>
> 段落二：忽然间他举起翅膀：翅膀拍起来比以前有力得多，马上就把他托起来飞走了。他不知不觉地已经飞进了一座大花园。这儿苹果树正开着花；紫丁香在散发着香气，它又长又绿的枝条垂到弯弯曲曲的溪流上。啊，这儿美丽极了，充满了春天的气息！他飞到水里看到了自己的倒影。但那不再是一只粗笨的、深灰色的、又丑又令人讨厌的鸭子，而是——一只天鹅！

让学生默读，画出环境描写的句子(见上文画线的句子)，比较后发现美丽的景烘托愉悦的心情，凄凉的景烘托悲伤的心情。这里基于课文的环境描写，又延伸到课外的环境描写，这样的延展既是一种广域的互文，又是一种深刻的反哺，易于领悟表达方法。

(三)单元重组

为了更好地学习表达，或者将课本单元重新打散组合，或者在课文之外，延展课外阅读，围绕某一“表达的目标”组成三篇及以上的群文，形成新的主题单元，作为对教材的一种整合、一种延续、一种补充，然后组织学生，一群群地读，一类类地学，进行比较阅读也是可行的。

如尝试将自读课文《学会看病》、自选课文《剥豆》与自选文章《不会变形的金刚(节选)》《孩子，我为什么打你》放在一起组成群文单元，主题确定为“走近名人，心理描写一组”。将这组群文的学习核心目标设为：理解并学习运用独白式的心理描写，丰富学生的表达方法。教学这组群文时，删繁就简。第一课时以“预习单”引导学生预习课文，主要是整体感知，质疑问难；第二课时以“主问题学习单”开展课中学习，主要探究独白式的心理描写运用的妙处；第三课时用语言创设生活情境进行迁移运用。教学过程中，凭借多文本的优势，引导学生关注心理活动描写的表达方式，找出几篇文章的共同点，尝试像“作家”一样思考，养成一种发现的意识和能力，自觉地、有意识地把阅读的价值转化为语言发展的学科价值。这类型的教学可以强势改变当前阅读教学中目标庞杂，效率低的困境。

(四)情境对接

“教材是一个一个的例子，这些例子只有举一反三的‘运用’，才能让学生逐渐成为熟练、妥帖、合理甚至有创意地‘使用语言’、‘能用这种语言讲话或作文’的人。”[4]要让学生学习“有创意地使用语言、能用这种语言讲话或作文”特别需要创设与阅读中的“表达”价值点对接的有生活气息的情境，去引发学生的表达欲望。如前文提到的《钓鱼的启示》，学生感受环境描写的烘托作用后，提供文本资料《自己开门》让学生阅读，让学生在故事中间加上一段环境描写，突出那样一个夜晚“我”当时的心情。

> 那年我5岁，那晚寒风凛凛。已经记不清到底因为什么惹父亲发脾气，只记得他一怒之下把我拎到了街门外面，一句话也不说就插上了门闩。
>
> 街门外，站在街门外，似乎感觉所有可怕的东西一瞬间从四面八方涌来，奶奶常讲的专吃小孩的黑狸猫，爷爷见到过的拐卖小孩的老疯人，还有村里我最害怕的屠夫。也就在我最害怕的那一刻，邻居家的狗不知为什么大叫起来，我哇地哭了出来。
>
> …………

这里以语言创设运用环境描写的情境，内容贴近学生生活实际，符合学生的年龄特征，读一读能获得身临其境的感受，易于使学生产生联想，引发学生积极主动地投入到写中。丰富情境的方式很多，用音、画、视频等媒体再现乃至在真实的生活情境中体验都能引发学生表达的欲望，与阅读对接起来，学生就有了“表达”的辅助，那么每一次的语言运用实践就是表达能力形成的渐进点。

如此日积月累，养成习惯，写文章就会像活水那样自然地流了。

参考文献：

[1] 中华人民共和国教育部，义务教育语文课程标准(2011年版)[S]. 北京：北京师范大学出版社，2011：2.

[2] 刘仁增. 开启语文教学新门——语用[M]. 福州：福建教育出版社，2014：50-52.

[3] 蒋军晶. 让学生学会阅读[M]. 北京：中国人民大学出版社，2016：16.

[4] 叶圣陶. 叶圣陶语文教育论文集[M]. 北京：教育科学出版社，1980：113.

教有“文化”的小学语文

（麻城市第二实验小学，徐爱枝）

统编版教材立意高，选文精，编排美。“从编写的指导思想看，是紧密结合语文学科特点来体现社会主义核心价值观的。这种结合，是努力做好价值观的‘整体渗透’，化为语文的‘血肉’，而不是穿靴戴帽。‘整体’是指全部，让语文所包含的语言教育、情感教育、审美教育内容，和价值观教育融为一体，并很自然地体现在课文选择、习题设计等方面。”[1]发掘教材包含的中华优秀传统文化，以“渗透”的方式植入语文学习的过程中，不挤占语文“工具性”的同时打好学生的精神底色，让学生成为中华文化浸润下成长的中国人是笔者的实践探索：以语文的方式体现中华优秀传统文化，用中华优秀传统文化提升语文的品质。

一、解读文本，理解中华传统文化的博大精深

深厚的中华优秀传统文化是中国人的根，部编教材围绕中华优秀传统文化选文大约一百二十四篇，包含古风、民歌、诗词曲、古文等，目的就是深入落实习近平总书记在北师大讲话中提到的“重视中华优秀传统文化”的讲话精神，因此，我们要重视对教材的解读，要理解编者的意图，发现其中蕴含的中华优秀传统文化的元素，以教材为抓手去感悟其博大精深、源远流长。

（一）在汉字中寻觅

识字是小学语文学科的重要任务之一，读完小学能认识常用汉字3000个，追溯汉字的性质、起源、音形义关系等，就会发现寓含在汉字形体中的中华传统文化信息。如统编版二年级下册识字单元第三课《“贝”的故事》，课文中直接呈现“贝”字的相关信息：“财、赚、购、贫、赔、货”5个字都是以“贝”为形旁，其意义大多与钱财有关，历史上人们曾经用“贝壳”当货币。引导学生认真阅读，了解“贝”字的含义利于学生识记“贝”字。这样学生记忆中的“贝”字就不是孤立的个体，而是某种文化的符号，学生在识字的同时，生成对传统文化知识的吸纳，对传统文化的积累。

统编版第九册课文《搭石》中有这样一句话：“假如遇上老人来走搭石，年

轻人总要伏下身子背老人过去，人们把这看成理所当然的事。”可以抓住这个“伏”字去理解青年人“伏下身子”是发自内心对老年人的尊敬。可以利用课件展示生字“伏”字从甲骨文到篆书到楷书的演变过程，发现“伏”左边是一个人，右边是一条犬。然后介绍在甲骨文时代，“犬”是人类崇拜的一种象征，“犬”的样子表示它对人恭恭敬敬，甘心情愿。这样见字而识形，见形而知义，感受汉字的文化内涵，利于引导学生在理解课文的同时，巧妙渗透汉字文化，接受道德的熏陶，让汉字教学更加丰厚。

（二）在诗词中探求

古诗词承载着中华民族几千年对美的追求，或意境美、情感美、音韵美、哲思美等，在我国文学史上闪耀着光芒。如高鼎的《村居》、贺知章的《咏柳》、杜甫的《迟日江山丽》和《江畔独步寻花》从不同的角度描写了春天的美丽，引导学生诵读就能感受春天的美好，是激发学生热爱大自然的好材料。

像王翰的《凉州词》、卢纶的《塞下曲》、王昌龄的《出塞》和《从军行》或描写奇异的塞外风光，或反映戍边的艰辛，都表达了戍边将士的思乡之情及保家卫国的理想，引导学生诵读，能激荡起学生的家国情怀。

古诗词中借物抒情的表达手法，即诗词中的意象，带有浓郁的传统文化色彩，如读到诗句中的“月”，引导学生感受由月引起的离愁别绪：“举头望明月，低头思故乡。”“露从今夜白，月是故乡明。”“春风又绿江南岸，明月何时照我还?”…… “月”承载着人们对故乡、亲人的思念，成为独特的中国符号。还有“梅”“柳”“鸿雁”“关山”等或寄托着某种情感，或衬托人物品格，或营造一种氛围，或塑造一种意境，是中国诗词特有的文化现象，细细品味，意味深长，能促进学生对于古诗词的热爱，受到美的熏陶。

（三）在课文中发现

教材中除了古诗词，还有很多课文与传统文化密切相关。写人的课文中蕴含着传统文化:《朱德的扁担》《邓小平爷爷植树》《吃水不忘挖井人》……突出了老一辈革命家的优秀品质；神话中也蕴含着传统文化:《大禹治水》《羿射九日》……展现了英雄战胜自然的大无畏精神，也可引导学生运用多种方式讲神话故事，在练习口语表达中，去感受人类童年飞腾的幻想。写景的课文中也蕴含着传统文化:《葡萄沟》《日月潭》《富饶的西沙群岛》……都具有浓郁的地域色彩，可引导学生领略字里行间的民族风情；《传统节日》《端午粽》《千人糕》《难忘的泼水节》则直接介绍传统节日习俗和地域饮食习俗方面的内容。124篇课文涉及的面很广，教师解读文本的时候要树立传承优秀传统文化的意识，领悟编者要弘扬的优秀传统文化的侧重点，在教学时加以突出，让学生各有所获。

二、多维渗透，培养学生纵横古今的文化视野

2011年版《义务教育语文课程标准》明确指出，要致力于培养学生的语言文字运用能力，提升学生的综合素养……语文课程还应通过优秀文化的熏陶感染，促进学生和谐发展，使他们提高思想道德修养和审美情趣，逐步形成良好的个性和健全的人格[2]。因此，在学习语言文字运用的过程中，要有意识地从多个角度进行优秀传统文化的渗透，培养学生纵横古今的文化视野，为将来形成坚定不移的文化自信奠定基础。如果教语文仅仅盯着语言文字运用技巧的习得是重皮毛外壳，不重血肉灵魂的表现。

（一）借助资源，弥补知识的贫乏

学生年龄小，对于各类特色的传统文化现象知之甚少，知识储备相当有限，文化常识严重不足，由于一知半解在弘扬传统美德方面也不尽人意。因此，我们在课堂上要充分利用多媒体教学设备给学生提供丰富多彩的信息资源，调动学生学习、探究的主动性和积极性，弥补这些知识的空白。

二年级下册第三单元首篇课文《神州谣》中有句子“黄河奔，长江涌，长城长，珠峰耸”，教师可以精选“黄河”“长江”“长城”“珠峰”的视频资料，还可以配上简单的解说词，或者让学生课堂上观看，或者制成慕课的形式让学生课外观看，目睹山川之美，一定能在学生眼里留下“山川如画”的美好印象，热爱之情油然而生，突破时空限制，从视觉、听觉甚至心理上去震撼学生、感染学生、陶冶学生，加深对课文的理解。

统编版教材六年级上册第23课《京剧趣谈》，学习时可以鼓励学生：在网上去看看京剧，学唱一两句；认识京剧名角，学习表演一两个亮相的动作；去搜集京剧脸谱，甚至给自己制作一个京剧脸谱。通过查找资料的方式去拓展学生的视野，学生对京剧这种戏曲艺术就有更多的了解。这折射的是教师对课文所包含的内涵及其编者选文的意图比较适切的解读，这样的阅读教学会更加厚实。

（二）朗读吟诵，积淀文化的底蕴

叶圣陶先生说：“阅读教学总得读。”张田若先生说：“阅读教学，第一是读，第二是读，第三还是读。”于永正老师说：“学生把课文读得正确、流利、有感情，就证明课文的内容理解了，文章的思想感情体会出来了。把课文的内容和感情通过自己的声音再现出来，这是一种再创造，是赋予作品以生命。”[3]领会内容，

习得语言，受到心灵的洗礼，这也是语文教学合理的内核。前文提到经典古诗词，内涵丰富，词语优美，韵律和谐，节奏感强，非常适合朗读吟诵。如学习古诗《望庐山瀑布》，先指导学生读出诗的节奏：飞流／直下／三千尺，疑是／银河／落九天；再让学生加上手势，配上音乐表演读；然后又让学生用熟悉的曲子吟唱，那么学生在理解、积累这首诗的同时，庐山瀑布的浩大气势也会铭刻记忆之中。《语文园地》中的《二十四节气歌》《弟子规(节选)》、对联、“忠厚传家宝，诗书继世长”之类的锦句，《田家四季歌》《传统节日》等课文，都贴近生活，节奏轻快，朗朗上口，表演读、拍手读、生生对读、师生对读都是学生喜欢的诵读形式，教师只要适当点拨停顿、重音，学生就会读出韵味。“口咏”促进“心惟”，入脑入心，学生在读中逐渐熟悉传统习俗，了解那些祖祖辈辈，世世代代传下来的事物。蕴含传统文化文质兼美的课文也值得去用心品读，如《难忘的泼水节》中描写周总理和傣族的人们互相泼水的场面，温馨而幸福，教学时可以引导学生一边观察插图，一边想象当时的情境，再朗读这部分就会感情很充沛，印象很深刻，通过读，不仅了解泼水节的习俗，还能感受周总理参加傣族泼水节的重大意义。

(三)勾联延展，让文化积淀更丰厚

中华优秀传统文化包含的方面很广泛，仅靠课本学习是远远不够的。俗话说“三分课堂，七分课外”，因此还要带领学生广泛地阅读。读先贤流传下来的脍炙人口的美德故事、成语故事，读介绍各个传统节日来历的民俗美文，读蒙学经典，读《义务教育语文课程标准》规定了但课本上没有列出的诗词……对学生丰富语言、规范言行、培养人格、开阔眼界、启迪智慧将大有裨益。

对于传统文化特色鲜明的课文，则可以采用一带二、一带三的形式，即一篇课文勾联两篇相关的课外选文，让学生阅读群文，在类比中学习。如上文提到的《京剧趣谈》，勾联课外选文《中国传统文化的瑰宝——戏曲》和《连环画：戏曲故事》比较阅读，从不同的角度感受描写方法不同，感受中国戏曲在世界剧坛上独树一帜，具有鲜明的民族特色和独特的美学特征，主演戏曲的演员都经历了艰苦的训练。如此，既加大戏曲知识的普及，又让学生对戏曲中的“角儿”敬仰。学习完课文还可以创设情境进一步延展，如：假如有一群外国朋友来到我们学校参观，希望了解中国戏曲，请你来作介绍。让学生运用阅读中获取的有关戏曲的知识作介绍，这里的设计是在培养口语交际能力的训练中，以实实在在的模拟行为演绎对传统文化的传承。

三、学科融合，培育传承优秀传统文化的基因

“语文课程是一门学习语言文字运用的综合性、实践性课程。”“积极倡导自主、合作、探究的学习方式。”“努力建设开放而有活力的语文课程。”[3]都是2011年版语文课标提出的理念，以中华优秀传统文化为主题，以问题为导向，结合其他学科资源，与统编教材语文学习进行交叉、渗透和整合，让学生在开放的环境中学习，把知识转化为能力，有利于解决教育中长期存在的学生学习分割化、碎片化，以及无法迁移的困境，让学生不仅习得中华优秀传统文化知识，建构精神境界，还获得传承优秀文化的能力。

（一）以整合的理念引领主题背景下的体验活动

学科与学科之间不是孤立的，都会存在着某种紧密的联系，可以考虑学生的现有水平、生活环境等选择合适的内容开展跨学科学习传统文化。如将统编教材中的综合实践活动与五年级音乐教材《劳动号子》一课整合起来设计活动，其缘由：基于生活经验与资料查阅，了解到劳动号子作为民歌的一种主要体裁，早在原始时代人们开始从事集体劳动时就已产生，而直到现代社会某种机器取代某种集体劳动才逐渐消失。数千年来，它伴随着劳动大众在与自然的搏斗中发挥了巨大的社会功能，创造了人类战胜自然的一个又一个奇迹。劳动号子作为人与自然和劳动相结合又相碰撞而产生的最早的精神、艺术之花，具有永恒的历史文化价值。把劳动号子主题作为教学资源增强学生对传承优秀传统文化的体验，不失为一个好素材。它与语文学习的结合点在于：理解、体验劳动号子的过程就是训练学生口语表达，丰富学生习作素材的过程。

（二）以问题促进学生自主学习传统文化知识

不像一般的音乐课，讲解劳动号子的基本知识，学唱劳动号子，而是根据《劳动号子》材料的特点，教师提出要解决的问题，并组织分学习小组进行探讨，自主解决。

问题一：给你们班级里的某项班务劳动设计一曲劳动号子。

问题二：假如劳动号子需要口口相传来让更多的人了解它，请你自觉地当一名劳动号子传播者。

在这两个问题的背后，考察了这堂课所应该教的全部知识点。要解决这两个问题，学生必须去查阅资料，或去向有经验的人请教，了解劳动号子旋律、歌词以及什么时候唱等的特点，“自主探索”的学习特征显现出来，在探索中增强对传统文化的兴趣。

(三)以展示提高学生传承文化的意识和能力

在学生自学之后，组织交流。有小组设计了大家一起在教室扫地时的劳动号子：“咿呀喂，哟呵喂……”铿锵有力，节奏鲜明。这个小组的成员在教室一边唱着劳动号子，一边扫地，一齐挥舞扫帚从后往前扫，满身是劲，满脸喜悦，早已没了叫唤“手酸”“扫帚沉”等现象，真正体验了劳动的快乐。

有学生在展示的时候讲道：

> 呵嘿、呵嘿、呵嘿、呵嘿……农耕年代，人们天天干体力活，晴天一身汗，雨天一身泥，那个劳累呀就别提了！为了鼓舞精神，调节情绪，会唱的唱起来，其他人呢?就应和。于是，呵嘿、呵嘿、呵嘿、呵嘿……这就是劳动号子，粗犷豪迈、坚实有力。劳动号子的类型可真丰富。开山有开山号子，爬坡有爬坡号子、插秧有插秧号子、打桩有打桩号子，一人领唱，众人应和，有板有眼，有时领唱与应和相交迭，就好像我们的二重唱、三声部。

也有学生用文字记录了自己准备口口相传的资料，还取名为《我爱劳动号子》：

> 我爷爷说，我太爷爷是地地道道的农民，每年黄豆成熟的季节，把一棵棵的黄豆小树，连着整个茎和叶、豆荚从田间搬到稻场上晒上几天太阳，然后一群人一起拿着连枷拍打，让豆子从豆荚里蹦出来。他们最喜欢统一步伐，一边在场上绕圈拍打，一边唱。一人主唱：“咿呀呀喂咿哟呵。”众人应和：“呀嗬嘿咿呀呵。”对于像太爷爷一样的大男人，拍打连枷不十分吃力，所以大家唱得很轻松，很快乐！唱吧，唱吧！劳动号子唱出了劳动人民团结协作的精神，唱出了劳动的高效率！

通过解决问题，让学生的学与做结合，有效地激活学生的好奇心、求知欲、探究欲，在了解劳动号子相关知识的过程中，去触摸劳动号子蕴含的文化基因。不仅有对劳动号子的了解，还有基于现实情境的劳动号子创造，学生创编的劳动号子，准备的口口相传的材料就是看得见的传承行为。如此就能更好地进行优秀传统文化的教育传承，使其在学生心中落地生根。因此，学语文本质上来说就是学文化。

参考文献：

[1] 温儒敏. 温儒敏论语文教育[M]. 北京：北京大学出版社，2016：70.

[2] 中华人民共和国教育部. 义务教育语文课程标准(2011年版)[S]. 北京：北京师范大学出版社，2011.

[3] 于永正. 于永正：我怎样教语文[M]. 北京：教育科学出版社，2014：2.

语言表达能力与项目式劳动教育的融合路径

——以义务教育统编版教材四年级《语文》(上册)为例

(广东省肇庆市高要区黄冈实验学校,徐爱枝)

《义务教育语文课程标准(2022年版)》在课程目标中指出,在语文课程中,学生的思维能力、审美创造、文化自信都以语言运用为基础,并在学生个体语言发展过程中得以实现。小学生应积极观察、感知生活,发展联想和想象,激发创造潜能,丰富语言经验,培养语言直觉,提高语言表现力和创造力,提高形象思维能力[1]。在课程目标的学段要求中,把"表达与交流"作为义务教育各学段课程的四大要求之一。

受应试教育的影响,学校和家长关注的重点都在考试成绩上,在表达方面重视写作技巧的灌输,忽视不断给"大脑仓库添加新的内容",忽视"教写作必须从写作经历和实践出发,不能空谈"等,生活中缺乏"六种感觉:视觉、听觉、味觉、嗅觉、触觉和内心感受(情绪)"的真切体验[2]。因此学生的习作、日记、周记、口语交际等方面的训练没少花费时间,表达能力提升却不明显。

也有不少教师探索表达能力与劳动教育的融合路径,但是受多方面因素影响,学校和家庭观念上重视劳动教育,实质上价值取向却以学习成绩优秀为荣,忽视劳动教育。出现的误区为:学校对劳动课程的开发缺乏顶层设计,学生在校领取的劳动任务仅为打扫教室、走廊、宿舍和校园;在家也多为扫扫地、洗洗碗,干的都是家长眼中"力所能及的活儿"。家长舍不得让孩子参加户外比较辛苦的劳动,更舍不得孩子为劳动花费更多的时间。因此,劳动锻炼、出力流汗、意志磨炼的劳动项目基本没有,劳动表层化,劳动技能教育水平低层次,劳动体验严重不足。

表达能力与劳动教育融合也有不少老师探究,但多窄化为两种类型:一是"纸上谈兵"型,配合教材中含有劳动元素的课文,联系实际谈一谈劳动的重要性,套话较多,真切表达少;二是"浅尝辄止"型,为完成教材要求的习作而去体验劳动,如有习作"第一次做——",于是布置学生在家长的带领下第一次拖地、第一次洗袜子等,也常常定格在"第一次"。为写作而劳动,劳动走过场,虚晃一枪，更是忽视劳动态度、劳动精神、劳动技能的培养，让有关劳动题材的写作缺乏真情实感，劳动助力学生表达能力的功效十分有限。

为变革这一状况，笔者充分发挥劳动教育的特点和功能，确立以“跟着课本去劳动，跟着劳动创意写作”的总体思路，建构“劳动实践—单元阅读—创意表达”的形式，开启表达能力与项目式劳动教育融合的实践探索之路，以义务教育统编教材四年级《语文》（上册）为例，对实践过程展开论述。

一、语言表达能力与项目式劳动教育融合的必要性

（一）劳动教育实施势在必行，为二者融合提供了可能性

2020年3月，《中共中央国务院关于全面加强新时代大中小学劳动教育的意见》颁布，其中明确指出了新时代劳动教育的基本内涵，即：劳动教育是国民教育体系的重要内容，是学生成长的必要途径，具有树德、增智、强体、育美的综合育人价值[3]。通过有目的、有计划地引导和组织学生参与日常生活劳动、生产劳动和服务性劳动，可使学生掌握劳动知识、提高劳动技能、增加劳动体验，培养其正确劳动价值观和良好劳动品质。

2022年劳动教育正式纳入学校整体课程之中，写进《义务教育课程方案（2022年版）》，劳动课程平均每周不少于1课时，用于活动策划、技能指导、练习实践、总结交流等。具体实施时，可根据学生年龄特点和任务群中的项目实践情况单节排课或2～3课时连排。基于此，学校需要全面梳理劳动生活内容，建立分层体系，根据任务群安排，开发劳动项目，形成校本化劳动清单，尝试全面构建体系化的劳动课程学习内容。

（二）项目式劳动开拓劳动教育新局面，为二者融合增加粘合度

项目式学习是学生在一段时间内对于学科或跨学科有关的驱动性问题进行深入持续地探索，在调动所有知识、能力、品质等创造性地解决新问题、取得公开成果中，形成对核心知识和学习历程的深刻理解，能够在新情境中进行迁移运用[4]。

以项目式学习的方式重构劳动教育，就是让学生在真实劳动情境下实现“做中学”“学中做”。通过劳动项目，让学生在宽松自由的环境中经历完整的劳动过程，进行劳动创造，最终在小组合作中完成项目成果，感受劳动的独特价值，形成良好的劳动品质[5]。项目式学习是推动劳动教育在校园落地的有效方式。

项目式劳动指向劳动核心知识、技能的再建构，强调创建真实的驱动性问题，在真实的环境中让学生体验劳动过程，经历劳动实践；还强调多元评价，将

学习的责任转移到学生身上，引导学生自主创新地进行学习。较之一般化的劳动，项目式劳动带给学生的体验更深刻，对思维的启迪更大，利于写作素材的积累。有研究表明：项目化学习可以促进学生加大口头的产出，因为在项目化学习过程中，他们会反复使用特定的词汇，进行大量的词汇输入和输出……他们会自主地运用大量的促进和补偿机制，克服口头表达的害怕与恐惧心理，选用更合适的词语来表达自己的观点。这种真正意义上的交流而非机械的操练对学生的沟通能力的形成具有重要的作用[6]，对提升学生讨论他们自己的经历的兴趣，让所学的知识与真实世界之间建立联系也同样具有重要的作用。

二、语言表达能力与项目式劳动教育融合的路径探索

基于以上对表达能力与项目式劳动教育融合的必要性与可行性分析，笔者就如何构建真实而有意义的劳动情境，与语文教材单元进行融合，有效提升学生的表达能力进行了探索。

（一）依据单元教学目标，提炼表达核心知识

基于“学生表达能力提升”指向的语文核心知识目标是培养学生的核心素养。义务教育语文课程培养的核心素养，是学生在积极的语文实践活动中积累、建构，并在真实的语言运用情境中表现出来的，是文化自信和语言运用、思维能力、审美创造的综合体现。统编教材四年级《语文》(上册)第5单元的主题是“我手写我心，彩笔绘生活”，单元写作目标是“写一件事，把事情写清楚”。笔者据此确定该单元的核心写作知识如表1所示。

表1　单元核心写作知识目标一览表

核心素养	单元核心写作知识目标
文化自信	从自己亲身经历的事情，或者自己看到的事情、听到的事情中感受生活的多姿多彩，感受生活中的真善美。
语言运用	按照一定的顺序把自己印象深的事写清楚。
思维能力	对描写顺序有清晰地把握，并能恰当的运用。
审美创造	学会发现身边的美的事物，获得审美体验。

（二）开展项目式劳动，创生语言表达实践情境

义务教育劳动课程以培养学生的劳动素养为导向，培养学生的劳动观念、劳动能力、劳动习惯和品质、劳动精神。劳动的真实情境与“写一件事”有共通点和转化点。据此，将学生表达能力提升作为“融合学科”的“驱动任务”，将劳动作为“驱动学科”进行整合思考，以劳动的项目式作为融合路径切入。创设一个真实的驱动性问题激发学生劳动的兴趣，让学生主动积极地去“做”，在

“做”中体验，在“做”中学，获得写“一件事”的源泉。

如在项目初期提出问题：每天吃的菜从哪里来？你吃的蔬菜可以自己种植吗？一起去体验菜农生活吧！种菜对于学生来说是新鲜事，利用校外劳动基地资源，拟定种菜为劳动项目内容。校外劳动基地有一块被园地工人做过基本整理的土地，凸凹不平，还需要平整、翻松，因此在这里种菜是一件比较辛苦的事，种的过程会遇到这样那样的困难，带领学生解决困难，学生的体验深，其经历能成为学生完成本单元习作的优质素材。

基于本单元写作核心知识目标与“种菜”项目式劳动的融合，笔者设计的学习任务一如表2所示：

表2 劳动实践——种菜日程表1

第一天	第二天	第三天
目标：做好去基地种菜的准备		
活动：1.学生自由了解种菜需要做哪些准备，施肥应选择什么肥料；2.成立合作小组，交流各自的了解；3.学习用已有的经验解决问题。	活动：1.教师示范做一份种菜准备清单，包括工具、种子、菜苗、肥料等；2.学生小组合作完成一份种菜清单。	活动：1.制作一份简单的劳动方案，各组介绍方案；2.围绕“筹划思维”评议后完善方案；3.学生小结做好准备的益处，教师提供有关“有准备”的格言警句给学生阅读。

准备活动中，组长协调分配组内任务，组员按时完成所分配的任务，大家团结协作完成小组任务。从中，学生了解了有机肥、化肥，感知“绿色”“有机”的含义及对人体健康的正影响，学习到了劳动知识。通过交流讨论、教师示范、学生补充完善，培养学生的“筹划思维”意识，明白“预则立，不预则废”，实践前要做好充分的准备工作，养成好习惯。值得一提的是准备阶段列举为三天，只是一个相对的时间概念，组织到位，每一天拿出10分钟也可以实现。如果全部活动安排一个课时，完成有困难。学习任务二如表3所示：

表3 劳动实践——种菜日程表2

第一项	第二项	第三项	第四项
目标：翻地	目标：栽下菜苗	目标：播撒菜籽	目标：反馈
活动：1.明确小组的种植面积；2.小组成员协同，把菜地里的土平整、翻松，把肥料混合进泥土里。3.教师播放儿歌《劳动最光荣》。	活动：1.园区工人现场教学栽菜苗；2.根据分发的菜苗数量，小组合作选定种植的大致范围，栽好菜苗，给菜苗浇水；3.教师播放童谣《劳动之歌》。	活动：1.园区工人现场教学播撒菜籽；2.小组成员协同，在未栽菜苗的地方播撒菜籽，浇水；3.教师播放赞美劳动者的古诗《乡村四月》等	活动：1.学生树荫下休息；2.小组交流劳动的收获和感受，以及此次种菜中自己印象深刻的事。

时间花费两个课时，指导学生按照预设的种植方案，在园区工人的指引下进行种植，亲历种植过程，“出力流汗”，感受劳动的艰辛，认识种菜也是有学问的。在劳动过程中掌握种菜以及给土地施肥、给蔬菜浇水的基本原则与技能。

播放儿歌、童谣、古诗，进一步增强劳动文化的熏陶，既能引导学生形成正确的劳动价值观，也能增加与劳动情境相关的语言积累。在反馈环节，让学生在树荫下休息，充分感受劳动后休憩的快乐，培养劳动情感。引导学生回顾种菜过程，互动交流，梳理学到的劳动知识和技能，说说给自己印象深刻的事，为完成习作作好铺垫。

学习任务三：记录菜的成长

种下的菜由园区工人代管，每三天拍照或者是拍短视频发给教师，教师在班级大屏幕分享给学生。学生自制表格对菜的生长状况进行图文记录。教师提出问题：假如要给种下的菜写张留言条，你会写什么？如果这块地含沙比较多，种什么菜比较合适？

菜的成长变化让学生感到新鲜有趣，文字记录不再是写作的任务，而是安放心中那份种下的“牵挂”。留言条环节激发学生展开想象，把种下的菜当做交流对象，表达对蔬菜努力生长的愿望，在耕作中感受生命的活力，这也很符合小学生形象思维占主导的特点。后一个问题则引导学生再探究，进行推理和说明，解决的是有代入感的真实问题，发展的是高阶思维和表达能力。

学习任务四：成果交流

种菜成果要求运用多种媒介发布。交流时，有的学生展示用文字记录的蔬菜生长状态，有的学生用PPT展示同学们劳动的过程，有的学生展示书写的种菜日记，还有的学生用手机发种菜图文朋友圈，很多学生对种菜过程的操作与种菜工具的选择都进行了改进性的反思。参加成果交流的有班主任、科任老师，还有部分家长。交流的最后，又提出问题：种的菜配上荤菜，可以做出哪些美味的菜肴？招待外公外婆做哪几个菜比较合适？让学生现场搭配、选择并讲出自己的理由。

学习任务五：活动评价

每一项学习任务结束，及时引导学生进行等级评价，评价方式如表4所示。任务一主要评价“筹划思维”；任务二主要从“劳动态度”“劳动技能”两个角度去评价，以劳动中的具体表现为依据；“记录菜生长”在评价时归类到“成果交流”项中，因此任务三、任务四以多种媒介发布的劳动成果依据进行评价。每一项让学生先自评，再小组评。

表4　劳动实践——种菜表现评价表

项目过程	种菜准备		实地种菜				成果交流	
评价内容	筹划思维		劳动态度		劳动技能		成果交流	
小组成员	自评	小组评	自评	小组评	自评	小组评	自评	小组评

等级说明：
1.筹划思维：A.能制订方案　B.能列出清单　C.不能完成劳动方案及清单
2.劳动态度：A.辛勤劳动，吃苦耐劳　B.自愿劳动　C.干活怕累
3.劳动技能：A.能独立种菜　B.能在大家的帮助下种菜　C.没学会
4.成果交流：A.出色完成任务　B.基本完成任务　C.未完成任务

从以上各任务实施中可以看出，项目式劳动让学生在真实的劳动情境中学到了劳动知识与技能，经历了劳动实践，通过动手操作、团队协作、交流分享，提出问题、解决问题，思维得到提升，并感受到劳动的独特价值。从培养学生的表达能力看，项目式劳动的驱动性问题促使学生产生比较迫切的交流意愿，他们的口头、文字交流，会大量使用特定的词汇，选用更适合的词句来表达自己的观点，至少在语言表达的流畅性与克服表达时的恐惧心理方面有较大的改进。正如比利时自由大学克莱恩教授提出的，“每一种学科的学习，都有语言的元素”[7]。学生在劳动中以语言为工具倾听、思考、讨论、反思各种信息、观点和问题，也是语言的学习过程。

（三）搭建写作支架，促进语言表达能力提升

经历了劳动体验，学生有材料可写，可以写习作，但是适当的指导会有效提高学生的作文水平。著名特级教师薛法根老师提出“读中的写，更有方法、更有目标，夯实的是学生的作文基本功；写中的读，更有目的性，更能激发学生的阅读积极性。没有阅读的作文课与没有作文的阅读课一样，都是不完整的语文课。”[8]这一段话指出了读写结合的重要性、独特性，为了让学生写好本次习作，可分以下几个步骤进行指导。

步骤一：联结读与写，促进写法迁移运用。如何指导学生从单元阅读中汲取写作的营养?通过提出问题去触发学生在阅读中思考：本单元的课文都是

记事文章，分别是怎样把一件事写清楚的?引导学生填写下列表格，口头列举依据。

表5 联结读与写，促进写法迁移运用教学设计

课题	是怎样把一件事写清楚的
《麻雀》	把看到的、听到的、想到的写清楚
《爬天都峰》	按照一定的顺序，把事情的起因、经过、结果交代清楚
《习作例文》	把事情的经过写清楚
写一件事的要求：按一定的顺序把事情的经过写清楚，把看到的、听到的、想到的写清楚。	

利用这个表格帮助学生从抽象到具体，从具体到抽象，理解、内化本单元课文在表达上的特点，整理在课文中学到的零碎的写作知识，对写一件事的要求形成比较系统地清晰的认知。还可以适当拓展到课外美文，加强类比，深化对写法的认知，如表5所示。

步骤二：写一篇以劳动为主题的记事作文。学生参加了劳动有了真切的体验，写作时能回忆当时同学们是怎么做的，怎么说的，自己是怎么想的，解决了写作素材的问题，按照一定的顺序把自己亲身经历的事情写出来即是文章，降低了写作的难度。这对于生活经历相对简单的小学生而言，是很有意义的。

步骤三：集中点评与自主修改习作相结合。以一至两篇习作为例，引导学生从选材立意、记叙顺序、劳动情感、表达生动具体等角度去评价，去指导，然后同学互评，再自行修改。

有别于常规习作课中“学生写—师生评—再修改”模式，与项目式劳动融合的习作课是多姿多彩的、生动具体的、沉浸式体验的，也就是有生长性的。经过“表达任务”的驱动，与项目式劳动融合的有效探索，写作素材得以生成，写作手法得以丰富，写作角度得以拓展。

在这次“写一件事”的习作教学中，笔者惊喜地发现，学生写事的能力得到了一定的提高：一是写一件事可以立即下笔开始写，不用“咬笔头”冥思苦想了；二是对写一件事的认知比较清晰，在习作中能按照一定的顺序把看到的、听到的、想到的写清楚；三是能通过描写自己的心理活动写出对劳动的情感。笔者全面批改后，挑出几篇习作向少年杂志投稿，班级有一篇习作刊登在浙江省期刊《博学少年》上，同时开展表达能力与项目式劳动融合探索的另两个班级也各发表习作一篇。

(四)关联劳动与语言表达，双向跨学科协同赋能

综上所述，将项目式劳动教育与表达能力提升融合的过程如图1所示。

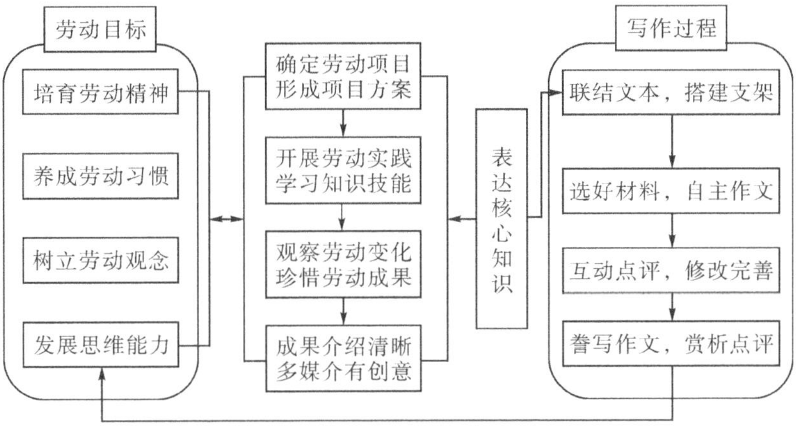

图1　语言表达能力与项目式劳动教育融合的路径

融合的路径为三个环节：确立表达核心知识——开展项目式劳动——写作实践。

表达核心知识是根据语文教材每个单元的写作目标确立的，口语交际也是表达核心知识，但是目标太庞杂会顾此失彼，因此单元教材中的口语交际内容不作为表达的核心知识出现，但有部分口语交际内容是围绕写作目标设计的，有意识地渗透在项目式劳动教育的环节中，为写作做铺垫。

项目式劳动以完成劳动任务为主，项目初期：根据劳动内容，成立合作小组，明确劳动注意事项，列出本次劳动需要的材料清单，写出劳动项目方案。项目中期：实地劳动，"做中学""学中做"，不仅学习劳动知识和技能，培养劳动能力，还逐步养成良好的劳动习惯，培育劳动精神，发展创造性思维，培养解决问题的能力。项目式劳动分为四个环节：劳动准备—劳动实践—记录劳动变化—成果交流。项目式劳动教育既自成一体，又将表达核心知识的学习巧妙植入劳动过程的每一个环节，其融合水乳交融。

体验后的写作分四步：联结文本，搭建支架—选好材料，自主作文—互动点评，修改完善—誊写作文，赏析点评。每一步都可以根据学情引导学生回看劳动情境图片、视频，给学生具体可感的材料支撑，让劳动情境的再现帮助学生选材，添加生动的细节描写等，真正为写作助力。

如此，劳动滋养着写作，让学生获得丰富而深刻的体验，再顺势将单元课文内容作为学生写作的范例呈现，让读写得以结合，认知得到扩展，思维得到深化，表达得到提升。如果一开始把劳动与作文直接关联，学生会反感，会因为惧怕作文而不愿意参加劳动。基于双向协同赋能作用，根据四年级上册各单元的写作目标，笔者开展了项目式劳动教育，如表6所示。

表6　四年级语文上册单元习作与项目式劳动教育融合推进一览表

单元	习作要求	项目式劳动	助力写作重点
第二单元	写一个人，注意把印象最深的地方写出来，习作：小小"动物园"	动物饲养系列：饲养家禽	启迪思考：你的家人与哪些动物比较像？什么地方像？
第三单元	进行连续观察，学写观察日记	植物养护系列：校园植物小管家	按照时间顺序连续观察某种植物茎叶花等的变化
第四单元	展开想象，写一个故事	公益劳动系列：图书馆志愿者	展开想象，解决图书馆需要解决的问题
第五单元	了解作者是怎样把事情写清楚的	户外劳动系列：种菜有学问	抓住看到的、听到的、想到的把事情写清楚
第七单元	学习写书信	公益劳动系列：重阳敬老献孝心	提供真实的对象，真实的情境，写书信有话可说

三、语言表达能力与项目式劳动教育融合的路径思考

表达能力与项目式劳动教育融合是为了给学生创设真实的生活情境，在劳动中植入写作需要的支持元素，促进学生获得独特的体验，从而形象生动地多角度地表达自我，实现从语文课变成语文生活，从习作课到习作指导生活化、情境化、综合化。通过实践研究，笔者总结教学设计时要重点关注如下几点。

（一）锁定社会生活体验最缺位的"薄弱点"

学生怕写作文，源自无话可说，"巧妇难为无米之炊"，生活中缺乏真切体验，只有从课本中积累的学习体验，输出表达是困难的。锁定单元习作表达的"薄弱点"，把语言的表达训练巧妙地植入劳动教育中，与劳动内容、劳动过程密切相关，即创设的劳动情境具有现实性、综合性。如第七单元的习作"学习写书信"，设计同步劳动为公益劳动系列：社区敬老献孝心。先联系社区养老院，安排学生力所能及的劳动，如学生在养老院把老人家房间的桌子、椅子擦得干干净净，把老人们经常活动的地方的落叶捡拾得一片不留，然后两人一组，坐下来与其中的一位老人聊天。通过聊天，了解老人们的生活，学生们或者生出许多的赞叹，或者有些怜惜，或者有些担忧……回校后，鼓励同学们给聊过天的老人写一封信。如此有感而发即为"情动而辞发"，写信就变成自然而然了。

（二）勾联有借鉴意义的文本读写"联结点"

相似论认为：为实现迁移而教必须有意识地培养学生发现"类似"的能力，因为发现类似是实现经验转移的先决条件[9]。小学生年龄小，认知能力有限，比

较难有这样的洞察力，所以在“联结文本，搭建支架”阶段，要善于从课内到课外的文本中选取典型的语言材料，引导学生去破译语言运用的密码，领悟文章的写作方法和表达规律，在创设的劳动情境中，实现迁移运用。这样就能充分发挥语文教学涵泳、浸润的功能，通过阅读，让经典语言材料在学生心中沉淀下来，纳入他们的语言系统中，在提供的情境中把一个个消极词汇转化为积极词汇。

(三)设计有价值的语言文字表达“触发点”

项目式劳动不是简单地完成劳动任务，而是让学生经历有意义的学习实践历程。这种劳动实践不是观看，也不是只动手做出来就可以了，它是带有思考、假设、验证性质的。例如结合第四单元设计的公益劳动系列图书馆志愿者，让学生在图书馆劳动，获得图书馆的基本信息，形成图书馆的基本印象，然后请学生根据劳动中遇到的问题，不断地提出改进的意见。再假设真实的情境：你未来的学校要建一座现代化的图书馆，你认为应该是怎样的?引导学生运用在神话单元学到的展开想象的方法，用语言描述自己的想象。这里从对真实图书馆的观察中产生问题，经过与图书馆知识、神奇想象的联结，产生新的想法，形成新的图书馆模型，培养创造思维的同时，触发学生表达的愿望。

(四)寻找项目式劳动中有语言表达需求的“融合点”

依托项目式劳动本身的特点，在劳动实践中的沟通交流部分与语文学习中的听、说、读、写有很强的一致性。在成果展示部分更离不开口头语言、书面语言的运用，论坛、演讲、辩论锻炼的是口头语言；非连续文本、信息一类的、研究报告一类的、发布朋友圈等新媒介类的表达，锻炼的是书面语言。因此，根据某一单元的表达目标，在劳动项目的过程设计中，通过驱动性问题将学生的表达能力提升训练与劳动项目融合，表达就有了具体情境的支撑。如此，表达能力与项目式劳动教育的融合路径的探索拓宽了语文学习的空间，让学生在劳动场景中学习语言文字运用，凸显了语文学习的实践性。

参考文献：

[1] 中华人民共和国教育部. 义务教育语文课程标准(2022年版)[S]. 北京：北京师范大学出版集团，2022：4-6.

[2] 阿德丽安·吉尔. 写作力[M]. 北京：接力出版社，2017：33-35.

[3] 中共中央国务院关于全面加强新时代大中小学劳动教育的意见[EB/OL]. (2020-03-20)[2022-09-19]. http//www. gov. cn/zhengce/2020-03/26/con-tent5495977. htm.

[4] 夏雪梅. 项目化学习设计：学习素养视角下的国际与本土实践[M]. 北京：教育科学出版

社，2018：10.

[5] 高巍，高艳. 项目式学习：劳动教育实施的创新路径[J]. 教师教育学报，2022(2)：85-92.

[6] 夏雪梅. 项目化学习设计：学习素养视角下的国际与本土实践[M]. 北京：教育科学出版社，2021.

[7] 夏雪梅. 项目化学习设计：学习素养视角下的国际与本土实践[M]. 北京：教育科学出版社，2021.

[8] 薛法根. 为言语智能而教[M]. 北京：教育科学出版社，2014.

[9] 薛法根. 为言语智能而教[M]. 北京：教育科学出版社，2014.

趣味阅读开启开学第一课

（湖北省黄冈市第二实验小学，涂小溪、赵丽娟）

名师简介

涂小溪，男，湖北省黄冈市第二实验小学副校长，高级教师，湖北省教育学会小学语文专业委员会青年教师教学研究中心副主任。曾荣获“黄冈名师”“黄冈市师德标兵”等称号，两次荣获“一师一优课”教育部优课奖，执教省、市级优质课、观摩课10余节，主持国家、省、市级课题7项，公开发表文章30余篇。

新课标提出“语文课程应注重引导学生多读书、多积累，重视语言文字运用的实践，在实践中领悟文化内涵和语文应用规律”[1]。阅读能力作为语文素养的基础和核心，是语文教育教学的核心。语文课要提高学生核心素养，教师应重视培养学生广泛的阅读兴趣。兴趣作为心理动机的一种表现形式是重要且具有促进作用的，不仅对学习动机和认知角度起到了激活的作用，更是可调动内心情感和激发短时注意力来帮助完成课堂教学目标的[2]。

为激发学生的阅读兴趣，扩大阅读面，增加阅读量，提高阅读品位，开学伊始，笔者开展形式多样的趣味阅读活动。

一、以阅读开启破冰之旅

刚开学，学生需要慢慢适应校园环境，而轻松、充满趣味的课堂能缓解学生的紧张感，自然过渡到学习状态中。为了能让学生感到温暖、亲切，笔者在第一板块设计“听我声，猜我名”“书籍人物漫画比赛”“古诗词飞花令比赛”等由易到难的阅读活动。学生在参与中脑海会浮现出在学校的点滴，快速建立与同学、与班级、与学校的情感联系，减轻他们的不适感。

活动一：听我声，猜我名

美国思想家爱默森说过，教育成功的秘密在于学生感受到自己得到了老师、同学的尊重。而记住学生名字就是对学生的一种起码的尊重，是师生、生生平等交流的基础，是走进学生心田的媒介，是高效课堂管理的抓手，是建立良好关系的捷径。

铃声刚响，笔者讲了一个故事：听说猫咪的耳朵是最灵敏的，小老鼠在哪里偷东西，只要发出一丁点儿的声音，立刻就会被猫咪听到，被抓出来。大家也想像猫咪一样耳朵灵敏，有专心听的能力吗?引人入胜的故事，能够快速吸引学生的注意力，活泼可爱的游戏邀请也可以极大激发学生的参与度。得到热情的回应后，笔者以PPT的形式出示游戏规则。

先用红领巾捂好眼睛，再举手报名参加。老师悄悄下去拍一个同学的肩膀，被拍到的同学解开红领巾轻轻地走到讲台上，朗诵一首暑假期间背诵的诗词或者自己喜欢的片段。大家在听的过程中举手说出他的名字。一分钟之内未被猜出来即获胜。

读完规则，同学们纷纷解下红领巾捂好眼睛，课堂静悄悄的，大家先是在沉默中静静等待被老师拍肩膀。一会儿，很多孩子按捺不住，举起了双手，示意老师选他上台朗诵。本轮游戏，笔者选了三个相对内向的孩子朗诵。他们有的朗诵现代诗，有的朗诵课外阅读的片段，有的朗诵课文，令人惊喜的是居然都在一分钟之内被猜中。猜出来的孩子兴奋得手舞足蹈，被猜出来的孩子更是开心不已，完全没有因为输掉游戏而沮丧，更多的是因为自己被记住、被尊重而激动。

美国著名心理学家马斯洛说过，人都希望受到别人的尊重、赏识和承认。记住他人的名字，就是对他们人格的尊重，就是赏识、激励和爱。教育首先是一种关系。正如教育家布贝尔指出，具有教育效果的不是教育的意图，而是师生、生生间的相互接触。有了交往和接触，才了解教育对象的独特性，找到教育的方向和方法[3]。笔者设计的“听我声，猜我名”的阅读活动，让学生充分获得尊重感，建立阅读与被赏识被尊重的情感关系，由此产生阅读的动力。

活动二：书中人物漫画比赛

莎士比亚说过，学习必须合乎自己的兴趣，方可得益。漫画无疑是最受孩子们喜欢的，笔者鼓励学生将快乐读书吧所推荐的阅读书目和漫画联系起来，让他们把书籍中的角色，加上自己的理解想象用自己手中的笔画下来，向其他同学介绍人物角色。通过画笔精细的勾勒，色彩精心的搭配，诞生出了一幅幅生动逼真、惟妙惟肖的作品。无论是童话故事里的白雪公主，还是寓言故事里的愚公；无论是英姿煞爽的花木兰执剑而行，还是永不言弃的夸父在不停地追赶着落日；或是牛郎织女鹊桥相会的会心一笑，都跃然纸上。还有诸葛亮、豹子头林冲、猪八戒……孩子们通过手中的笔，描绘出对故事人物的理解和喜爱。精美的作品令人赞叹不已。

当学生“读”有余力，阅读水平增强，笔者继续鼓励学生给自己的画配文进行创意写作，实现由阅读输入到创意输出的提升。教师化身“助产士”，鼓励学生充分发挥创造活力，将自己的阅读成果做成实在的“文化产品”，在班上与同学们展示切磋，留存一份独特的阅读记忆，推动他们向阅读更深处漫溯。

活动三：古诗词飞花令比赛

习近平总书记强调，传承中华民族传统文化，要讲清楚中华优秀传统文化的历史渊源、发展脉络、基本走向，讲清楚中华文化的独特创造、价值理念、鲜明特色，增强文化自信和价值观自信。因此，笔者特别重视古诗词的阅读。为了让中华诗词扎根在每一个孩子的心中，从三年级开始，笔者与学生一起每天共背一首古诗词。暑假期间，还举行了线上《诗经》诵读大赛。

为了给学生搭建展示自我、热爱诗词、传承文化的舞台，结合暑假的阅读任务，笔者特别举行一场别开生面的古诗词“飞花令”比赛。四个大组每组选出两名同学，共八个同学参加，在现场根据抽签，以“月、白、花、酒、红、夜、一”七个字行飞花令两两对决PK，30秒限时。比赛开始，选手们金句迭出，龙腾虎跃。四队选手以其充足的诗词储备量挑战对方，把比赛推向了高潮。到了最后争夺冠军的时刻，场面几度呈现胶着状态，全班同学也沉浸其中，掌声不断。

二、以阅读促成合作之实

第一板块的破冰活动结束后，同学们的疏离感和距离感逐渐消失，此时他们有很多的见闻、感想期待着与好久不见的同学分享。因此，在第二板块笔者设计了需要共同合作完成的阅读活动，分别是携手做书签、推荐好书籍、课本角色体验，享受阅读乐趣。这些趣味性的阅读活动既给他们分享和交流的空间，又能借助阅读活动促进他们快速建立团结合作、互帮互助的关系，形成良好的班级秩序。

活动一：携手做书签

手捧一本好书，犹如明月在怀，温润暖心，好比香茗在口，颊齿香溢。而一枚美丽的书签无疑就是穿行于书中的“精灵”，它玲珑多彩，悦人眼目，又时刻提醒我们要勤于读书，令人爱不释手。笔者设计了学号尾数相同的同学组成一组，共同制作一枚书签的趣味活动。

活动开始，孩子们热情高涨，展开想象翅膀，遨游在创意的海洋中。他们分工协作，有的用铅笔在卡纸上画出自己喜欢的图形轮廓，有的小心翼翼地剪成自己喜欢的心形、菱形、桃形或者是动物图形等。他们经过商量，确定一句名言警句，由本组最会写字的同学写了进去，并在书签上方打一个小孔，用不同颜色的丝线绑起来，一个漂亮的书签就诞生了！笔架沾窗雨，书签映隙曛！一方书签，一缕缕书香，既能促进同学之间互相合作、共同学习，又激发学生读书欲望，开启“胸藏文墨怀若谷，腹有诗书气自华”的儒雅人生！

活动二：推荐好书籍

你听说过吗？在课堂上也能吆喝叫卖、逛集市？这在笔者的课堂上可不难实现。这便是第一课的重头戏——“把我心爱的书推荐给亲爱的你”！

在“推荐”环节，各个组分别“摆摊”，被选拔出的几位“好书推荐官”，为了更好地将图书进行“推销”，激发同学们阅读此书的愿望，赢得同学们为自己投上宝贵的一票，提前查阅各种相关资料，在现场都使尽浑身解数，给“光临”本摊位的“客户”带去了活灵活现的书籍展示：有唱歌的，还有表演木偶戏的！个个都是“带货小能手”！本次荐书活动，不仅是一个深度阅读、反复理解与体会书籍的机会，更是锻炼自我展示自我的平台。

各组推荐的好书，若收获的“票数”达到一定数量后，都将被班级图书角“收入囊中”。这种竞赛的形式激发学生产生一定的“胜负欲”，同学们在此活动中不断突破自己的潜能。当然，通过“好书推荐官”的不懈努力，书虫们的“粮仓”又要补充一大波优质库存了！在本次活动中，同学们选定各自最喜爱的“好书”，再用丹心妙笔从主要内容、精彩片段、阅读心得等方面进行推荐。推荐官结合自己的阅读兴趣，用富有创意的形式，向小伙伴们推荐好书，分享读书的感悟。

莎士比亚说过，书籍是人类知识的总结，书籍是全世界的营养品。阅读无疑就是一个人精神成长最重要的营养，不同的年龄阶段需要不同的营养成分。优秀的书籍能给孩子们的心灵涂上明亮的色彩，能点亮人生的起点。在推荐课外阅读的道路上，教师要做的就是点亮孩子们那盏阅读的灯，引领他们接触优秀文学，喜欢课外阅读，提高阅读品质。以形式多样的推荐触动学生阅读的兴奋点，激发阅读兴趣，提高阅读质量。

活动三：演课本剧，享阅之趣

新课标提出“能主动进行探究性学习，激发想象力和创造潜能，在实践中学习和运用语文。”[1]演课本剧使得学生将语文课堂上所学的知识，运用到实践中去，使学生的能力得到转化延伸，是非常好的语文学习方式。为了使经典人物舞台再现，孩子们铆足了劲，有的全组上场，有的组团排练，五年级必读书《草房子》，成语故事《掩耳盗铃》，安徒生童话《皇帝的新装》，历史故事《完璧归赵》

等，经过改编演绎，都“穿越”时空，汇聚一堂。小演员们表演惟妙惟肖，动作生动形象，台词幽默风趣，不时赢得大家阵阵喝彩。无论是在教室同学，还是在家里看直播的家长都纷纷表示，非常喜欢以这种方式来学习经典名篇。参加演出的孩子们更表示，这样的活动，不但加深了他们对课文内容的理解，更重要的是锻炼了自己的各种能力，而且还增强了同学之间、集体之间的合作以及默契程度，真正体会到“读有所乐、乐有所获”。

开学第一课第二板块笔者围绕“合作”来设计需要生生共同合作完成的趣味阅读活动，从课堂表现看，一方面促进学生之间能以一种亲切、自然随和的方式进行交流和沟通，另一方面也极大加深学生对多样化读书的理解与认识，促使他们从趣味阅读走向深度阅读。

三、以阅读走进新课本

课本是学生认识世界的窗口，获取知识的工具。任何学习都是学习者自主建构的过程，学生的学科学习离不开学习主体与课本之间的交互作用，让学生主动去接触、使用这个工具尤为重要。因此，开学第一课最后一个板块笔者设计了“你来比划我来猜”“最美的你读最美的课文”“为课文画小人书”三个趣味阅读活动，分别从猜课文题目、朗诵课文、感知内容层层深入，让学生在趣味中与课本产生初次的亲密接触，引导学生爱上课本，爱上阅读课文。

活动一：你比划我来猜

为了培养学生之间的默契，有利于同学之间的交流沟通；也为了提高同学们的积极性和审美能力，挖掘同学们的潜能，激发每位学生的想象力、创造力，更是为了激发学生产生阅读新课本的兴趣，笔者策划了“你来比划我来猜”的活动。

活动规则：每小组上来两位同学，选定一个为答题者，背对黑板猜课文题目(答案)，另一位同学以动作示范，但不能说话。各小组抽签决定课文题目，每个分类皆为五篇课文题目，参赛者时间限制为四分钟。规定时间内答对题目最多的组获胜。获胜组可担任本学期背诵监督员。开展此活动，可以让学生快速了解本学期所要学习的课文，对课本内容产生一个大致的印象，为接下来的学习打下良好的基础。

活动二：最美的你读最美的课文

对课本目录有了初步的印象后，可趁热打铁开展活动，让学生进一步走进课本，了解本学期的课文内容。

活动规则：请同学们快速翻阅课本，选择自己喜欢的课文，参加课文朗诵比赛。为了公平公正，评委由学生选举产生。比赛分为两轮，第一轮，请参赛选手现场朗读一篇自选的篇目；第二轮，现场抽签朗读一篇篇目。活动开始，同学们个个跃跃欲试，被选中的幸运儿信心满满步入讲台。读到深处即为诗，同学们精彩的表现就是那最美的意境。他们或俏皮可爱，或婉转悠扬，或庄重肃穆，或慷慨激昂，用自己理解的方式诵读着一个个故事，让台下的评委津津乐道，回味无穷。参赛的同学个个精神饱满，绘声绘色。现场涌现了不少小小"朗读者"。

欧阳修有言，立身以立学为先，立学以读书为本。朗读是读者用声音、表情、姿态展现对作品的理解。通过课文朗读比赛，通过书韵浓浓地诵读，笔者看到了一大群朗读爱好者。虽然每个孩子朗诵的篇目各不相同，却无不展现出他们优秀的文学素养和良好的精神风貌。

活动三：为课文画小人书

看了目录，或读或听了课文，接下来就需要学生更进一步走近课文了。为了达成这个目标，笔者设计了"为课文画小人书"的活动。这是一个需要小组合作的活动，不考虑画工，只考虑情节的安排与衔接。它特别适合情节性较强的叙事性作品，如五年级语文课本里的民间故事单元。笔者让学生试着改编《猎人海力布》，学生很富有创造力，不仅通过画面一一表现出故事的重点情节，还对其进行了续写和改写，这就是对人物的理解深化。这样的活动很好地吸引学生去进一步阅读课文，其对课文的印象也会更深刻。画的质量有高有低，有的构图精美，有的只是简单线条。小组交流时，同学们快乐地翻看比较，也是一种童趣吧！当然，这样的教学只是一种辅助，对课文必要的讲解和分析还是需要老师引领学生去讨论感悟的。

以丰富多彩的趣味阅读活动开启开学第一节语文课，其目的就是真正让孩子们感觉到，和阅读有关的事，是好玩、有趣和有意义的，让每一个学生爱上阅读，感受阅读带来的愉悦感、成就感、幸福感。

参考文献：

[1] 中华人民共和国教育部. 义务教育语文课程标准(2011年版)[S]. 北京：北京师范大学出版社，2012：4-5.

[2] 李玉. 趣味教学法在小学语文阅读教学中的应用分析[J]. 中华活页文选(教师版)，2021(5)：12-13.

[3] 潘松. 建立经典阅读机制培育学生语文学科核心素养[J]. 中国教育学刊，2020(S2)：78-79.

创设语言情境感受童话之美

（湖北省黄冈市第二实验小学，涂小溪）

童话，被誉为“人类用智慧为儿童创造的最可爱的礼物”。童话故事中丰富多彩的文学形象，温暖细腻的情感，生动活泼的语言，具有极高的审美价值，非常适合也非常值得儿童阅读。小学语文统编教材中共有50余篇童话，设置了9个童话单元，体现了编者对童话这种文体的偏爱和重视。《义务教育语文课程标准(2022年版)》指出：“阅读富有想象力和表现力的儿童文学作品，欣赏富有童趣的语言与形象，感受纯真美好的童心，学习用口头或者图文结合的方式创编儿童诗和有趣的故事，发展想象力。”[1]笔者结合儿童的心理特点和童话的文体特征，在童话教学中创设情境，感受童话的语言美、形象美、情感美和创造美。

一、注重语感，品味童话的语言美

童话是语言的艺术。童话的语言既具有儿童性，又具有文学性。童话中生动优美的语言，为儿童编织一个个富有诗情画意的情境，一个个扣人心弦的故事。童话语言如同山涧那清澈的小溪，流淌在儿童的心田。笔者认为，只有通过多种方式的阅读，才能真正引发儿童的共鸣。

（一）诵读富有诗意的语言

童话作者常常巧妙地把情与景融为一体，营造出一种引人入胜的意境之美。然而儿童在阅读童话时，常常被跌宕起伏的故事情节、丰富多彩的艺术形象吸引，对于富有诗情画意的描写，往往直接跳过，这不能不说是审美价值的流失。语文教学有重视诵读的优良传统，教师要在引领儿童诵读童话故事中体验美的意境，感受美的情趣，读懂故事内容，读懂作者的心志。如安徒生的经典作品《海的女儿》，开篇就为读者描述了一个美轮美奂的海底世界。对于这样的文字，只有通过反复诵读，才能感受到童话语言的诗意之美。

基金项目：湖北省教育科学规划课题“小学艺术类课程实施现状与对策研究”，项目编号：2021JB269。

(二)分角色朗读富有童趣的语言

童话的读者主体是儿童，童话的语言必须符合儿童的心理特点和审美趣味，既要让儿童读得明白，还要读得有趣。为了更加贴近儿童生活，童话作者常常大胆地把口头语言引入到他的作品中来，表现出一种朴实活泼的风格。这样的语言描写，非常适合儿童分角色朗诵。如三年级下册《我变成了一棵树》中人物之间的对话，充满了天真烂漫的儿童气息，通过分角色朗读，儿童一定会感到亲切自然。

(三)品读生动活泼的语言

生动活泼的语言，可以是拟人化的语言。如《巨人的花园》中，巨人的花园里的雪、霜和北风，一年四季呆在花园里不走，以此惩罚自私的巨人。当巨人回心转意后，北风不再呼啸，冰雪不再疯闹，花园里春意盎然，一派生机。这样充满想象力的语言，让这座花园充满魔幻的色彩，值得学生细细品味。

生动活泼的语言，可以是夸张的语言。《胡萝卜先生的长胡子》里，胡萝卜先生走得有多远，他的胡子就可以长多长。他的长胡子可以给孩子当风筝线，可以给小鸟晾尿布。品味强烈夸张的语言，除了能让儿童哈哈大笑外，还可以培养他们的形象思维能力，激发想象力。

生动活泼的语言，可以是幽默的语言。教师要让儿童学会分辨什么是童话的幽默。幽默不是冷嘲热讽，更不是低级趣味，而是对美好生活的向往，是面对逆境的自我调侃。如《一粒豆荚里的五粒豆》里那粒想“飞进太阳里”去的豌豆，结果却掉进了水沟里，在脏水里躺了好几个星期，涨得大大的。教师可以设问：“如果你是那粒倒霉的豆子，你会怎么想？”经过学生的思考讨论，再来品味作者是怎么写的。每个人都可能在生活中遇到难堪、挫折，如何创造性地化解矛盾，微笑地面对生活，儿童可以从童话的幽默语言中获得启发。

二、发挥想象，感受童话的形象美

形象是审美的主要对象，美是通过具体的形象来表现的。童话作者就是通过丰富多彩的形象，表达他们对社会和生活的认识，从而感染人、教育人。然而，童话是语言的艺术，儿童只有通过阅读文字，联系生活经验，在头脑中对童话中的形象予以个性化的补充和丰富，才能让这形象鲜活起来。

(一)感受童话中动植物形象的美

想象是童话的灵魂和生命，没有想象就没有童话。在童话中，花儿可以跳舞，鸟儿可以歌唱，一切动植物都活力四射，上演一出精妙绝伦的喜剧。作家金波写的《树和喜鹊》是统编教材一年级下册的一篇课文，人物形象只有两个——树和喜鹊。故事情节简单，算上标点符号也只有一百多字。这个简简单单的故事，却给人很深刻的启示。原来，树很孤单，喜鹊也很孤单；后来，树很快乐，喜鹊也很快乐。为什么会有这样的变化?童话采用的不是说教的方式，而是用形象和故事的方式，让孩子感受到伙伴是多么的重要，友情是多么的温暖。像树和喜鹊这样的动植物形象在生活中是司空见惯的，在童话中充满了神奇的力量。

（二）感受童话中常见事物的美

在童话里，不光是有生命的动植物可以活起来，生活中一切大大小小的事物也都可以活起来。无论是房子、火柴、手推车等生活物品，还是皮球、玩偶、桦木条等儿童玩具，甚至连黑夜、影子、梦境等生活现象，因为作者天才的想象力，这些普通的事物或现象便都有了思维和生命。如《卖火柴的小女孩》描写的是一位女孩在大年夜又冷又饿，渴望得到食物，渴望奶奶的疼爱。作者运用擦燃火柴这个动作，让生活中常见的事物——暖和的火炉、喷香的烤鹅、美丽的圣诞树、慈祥的奶奶，在小女孩的幻觉中一一呈现，美丽的幻象与残酷的现实相互交织，构成了这个凄美感人的故事。这些形象来自生活，又超越生活，燃起了儿童心中想象的火花。

（三）感受童话中奇人奇物的美

在童话故事里，小美人鱼能变成美丽的公主，丑小鸭被迫四处流浪，只有拇指一半大小的姑娘能歌善舞……这些在生活中闻所未闻的形象，带给儿童如痴如醉的想象。《巨人的花园》是英国作家王尔德的作品，作家用惊人的想象力，为儿童塑造一个陌生而又亲切的巨人形象。陌生，是因为他身材高大，到底有多高多大作品没有细说，任凭儿童发挥想象；亲切，是因为他具有常人的喜怒哀乐，他讨厌孩子太吵闹，但是他又害怕孤独，最后因为受到花园的启示变得慷慨又温柔。这种充满魔力又富有生活气息的形象，为儿童提供了别样的审美感受。

“童话为儿童提供的幻想生活，使他们原本狭小的生活范围，通过童话在纵深和广度上都得到极度的扩展，在精神上获得生命力受局限的补偿。当儿童为作品中那些新奇的审美对象所吸引而兴奋的时候，他幻想的天性也被迅速地诱发和释放出来。”[2]不论是有生命的动植物，还是无生命的玩具、家具，或者只能在想象世界中见到的离奇古怪的形象，它们恰如其分地展现符合它们身份的特点，满足了儿童的好奇心，同时又符合儿童的想象和趣味，能给儿童带来极大的想象空间。

三、创设情境，体验童话的情感美

“在这个世界上，不论是多美的形式，或是用智慧让人留下深刻的印象，都抵不过发自内心的情感和真实的自然天性。”[3]好的童话故事，能让儿童体验到美的情感，从而唤醒儿童对美好事物的向往和追求。

（一）与文本对话，体验情感

童话中的人物和故事情节都是虚构的，但是流淌在故事中的情感却是真实的。阅读童话的最佳姿态是共情，也就是与故事里的人物同呼吸、共命运。在阅读《海的女儿》时，教师可以引导学生发挥想象，小美人鱼为了陪伴在王子身边，经历了哪些痛苦，做出了哪些牺牲。儿童在现实生活中不可能有这样的亲身经历，通过角色代入，他们可以真切体验到爱的深沉和无畏。这样的情感体验，也许可以影响他们一生。

（二）与伙伴对话，体验情感

面对同一个故事情节，每一个孩子的情感体验都会不尽相同。当学生读完《海的女儿》这篇童话故事后，教师可以让学生交流讨论：“小美人鱼的每一次选择都意味着牺牲，包括健康、亲情甚至自己的生命，那她为什么要做出这样的选择呢?在她心目中，什么比健康、亲情甚至生命更重要?她到底在追寻什么呢?”这样的交流讨论是开放性的，它有助于儿童更加深刻地体验小美人鱼伟大的奉献精神。这样的交流分享，会给儿童留下深刻的印象，获得深刻的情感体验，也会带给他们面对生活挑战而应有的智慧和启迪。

（三）与作者对话，体验情感

入选统编教材的童话作者大多是著名作家，了解作家的人生经历，有助于进一步体验他们通过童话作品表达的思想感情。安徒生把自己的全部情感都融入到童话故事中，使其成为“活的生命”。教师可以引导学生在阅读安徒生童话时，尝试体会作者的“创作认同体验”。《丑小鸭》被誉为是安徒生自传体的童话故事，“只要你曾经在一只天鹅蛋里呆过，就算你是生在养鸭场里也没有什么关系”这句话就是作者真实的内心写照吧。《坚定的锡兵》讲述的是一个只有一条腿的锡兵，他的梦想是跟一位用纸剪出来的舞蹈艺术家结婚，可是他的结局是被一个小孩子拿起来扔进了火炉。这样的故事结局不禁让人联想到安徒生自己，他为了专心创作，终生未娶。如果教者能引导儿童站在作者的角度去体验故事中的情感，是不是有更深刻的感触和理解呢?答案，应当是肯定的。

苏霍姆林斯基曾说：“没有一条富有诗意的感情和审美的清泉，就不可能有学生全面的能力发展。”[4]童话中感人肺腑的情感力量，能带给孩子精神的洗礼和强烈的情感体验。

四、创意表达，欣赏童话的创造美

想象是童话的文体特质，童话中丰富离奇的想象与儿童的游戏精神相契合。在教学中，教师可以充分挖掘童话故事中的情节，创设语言情境，引导学生通过复述、评价、改编等多种方式，感受童话作品的创造之美，发展想象能力。

(一)复述故事，提高学生的表达能力

小学低中段学生的思维特点是以形象思维为主，慢慢向抽象思维过渡。统编教材非常重视借助图画、文字、图表等多种方式，搭设支架，指导学生在复述童话故事的练习中，提高儿童的语言表达能力和思维能力。如《小毛虫》课后习题：“小毛虫经历了哪些变化，画出相关词句，借助提示讲讲这个故事。”如《在牛肚子里的旅行》课后练习：“红头的旅行真是惊险，画出它在牛肚子里旅行的路线，再把这个故事讲给别人听。”《漏》的课后习题：“借助示意图和文字提示，按照地点变化的顺序，复述这个故事。”教学过程中，如能用好这些习题，儿童所获得的将不仅仅是表达能力和思维能力的提升，一定还会增强他们学习语文的兴趣和信心。

(二)评价故事，发展学生的思辨能力

《一块奶酪》一文有这样的学习提示：“默读课文，想象课文围绕一块奶酪讲了一件什么事，再说说你喜不喜欢文中的蚂蚁队长，理由是什么。”这个问题的答案是开放式的，蚂蚁队长这个人物形象有令人喜爱的一面：它大公无私，以身作则，有错即改；同时也有小毛病，过于强势，不够亲切，容易发火，没有大将风度等等。这样的“圆形”人物形象，非常符合儿童的性格特点，他们对蚂蚁队长的评价从简单的喜欢和不喜欢，到逐渐深入、不断完善。这个过程，是对蚂蚁队长这个形象个性化理解的过程，也是儿童思辨能力发展的过程，还是审美体验不断丰富的过程。

(三)创编故事，锻炼学生的想象能力

创编童话故事是培养学生创意表达的很好途径。儿童通过阅读童话故事，了解故事情节，习得学习方法，而童话故事中丰富的想象因素，为读写结合、创意表达提供了素材。如《慢性子裁缝与急性子顾客》的课后思考题：“假如裁缝是急性子，顾客是慢性子，他们之间又会发生怎样的故事呢?发挥想象，讲给同学听。”这道思考题，指向锻炼儿童再造想象的能力。改编的故事，保留了故事

中的主要人物，但是人物的性格发生了改变，故事情节也会随之变化。再如《巨人的花园》的课后小练笔："发挥想象，把孩子们在巨人花园里尽情玩耍的情节写下来。"《宝葫芦的秘密》的课后练习："奶奶给王葆讲了哪些故事，选一个，根据已有的内容创编故事，讲给同学听。"这些都是锻炼儿童创造想象能力的，儿童无穷无尽的想象力一定会在童话续编的过程中得到尽情的展示。

著名教育家赞科夫说过："人具有一种欣赏美和创造美的深刻而强烈的需要，但是这并不是说，我们可以指望审美情感会自发地形成。必须进行目标明确的工作来培养学生的审美情感，在这里，教师面前展开了一个广阔的活动天地。"[5]童话是对儿童进行审美教育的丰富宝藏，儿童通过阅读童话故事，丰富审美体验，涵养高雅情趣，从而在学习、生活中尝试感受美、发现美、表现美、创造美。

参考文献：

[1] 中华人民共和国教育部. 义务教育语文课程标准(2022年版)[S]. 北京：北京师范大学出版集团，2022：27.

[2] 郑宇. 童话，人类用智慧为儿童创造的最可爱的礼物[J]. 小学语文，2022(4)：18–23.

[3] 安徒生. 安徒生自传：活出自己的童话[M]. 北京：中国华侨出版社，2014：277.

[4] 苏霍姆林斯基. 把整个心灵献给孩子[M]. 唐其慈，毕淑芝，赵玮，译. 天津：天津人民出版社，1981：52.

[5] 赞可夫. 和教师的谈话[M]. 北京：教育科学出版社，1980：113.

基于知识分类的初中语文深度教学诊断和改进

——以统编教材九年级上册现代诗歌“意象”的课堂教学为例

（海南热带海洋学院附属中学，熊纪涛）

名师简介

熊纪涛，男，正高级教师，教育部新时代中小学学科领军教师培养对象，省级学科带头人，海南省熊纪涛中学语文卓越教师工作室主持人。中国教育科学研究院访问学者，全国优秀语文教师，全国教育科研优秀教师，华中师范大学考试研究院特聘研究员，硕士生导师。提出“用专业方法教学生学语文”的教学主张，《语文教学专业方法体系论》等论文被人大复印报刊资料全文转载，出版《教师高效阅读秘笈》等专著。

“人类的知识有不同类型，不同类型知识的学习条件不同：只有依据每类知识学习的内外条件来设计教学，才能收到最佳教学效果。”[1]其实，这就是语文深度教学。按照知识分类进行设计和实施教学，语文教师应当如何操作实施呢？下面就以统编教材九年级上册“意象”的课堂教学为例，通过对教师的课堂教学进行观察、诊断，然后指导教师在知识分类的基础上改进课堂教学，设计并开展基于知识分类的课堂教学，将学生卷入语文深度学习，借此呈现并提炼基于知识分类的语文深度教学的规律。

一、未基于知识分类的课堂教学案例

案例背景：统编教材九年级上册第一单元共有五课，五篇课文是《沁园春·雪》《我爱这土地》《乡愁》《你是人间四月天》《我看》。教师采用大单元教学设计理念，第一课时预习本单元课文，用来学习生字词、熟读课文；第二课

基金项目：海南省教育科学“十三五”规划课题“高中语文教学目标落实学科核心素养路径的研究——以新教材新课文为例”，课题编号：QJH201910136。

时，学习第一课《沁园春·雪》；第三课时，整合第二至五课的诗歌，学习“意象”并仿写诗歌；第四课时，举行诗歌朗诵会……下面介绍的案例，就是第三课时的教学。

教学过程：主要有三个环节。

环节一：温故知新说意象。教师带领学生诵读《沁园春·雪》，抛出问题：“联系学过的《沁园春·雪》，用你自己的话说说，你心中的意象是什么？”在学生作答后，教师明确定义：“意象是包含着诗人独特情感的客观事物或景象。”“意象是一个个富有特殊意蕴的具体物体，是可以感知、实在的、具体的。”“一首诗可以有一个主意象和多个小意象。”

环节二：分组探究品意象。全班分为八个小组，每两个小组认领一首诗歌，分析下列问题：这四首诗有哪些意象？它们分别具有怎样的特点？诗人借此表达怎样的情感？诗人为何要选取这些意象表达情感？小组发言时，教师以《我爱这土地》为重点，带领学生依次梳理上述问题并作出解答。后面三首诗，由学生依次问答。

环节三：模仿创作抒诗怀。仿照所学的诗歌，用一个或多个意象，写一节或多节小诗，抒发某种情感。以下任选一题：1.假如我是……2.乡愁是……3.你是……4.我看见……小组内推选出优秀作品，用投影展示，小组互评，重在对意象选取和运用作点评。

教学效果：在课堂教学实践中，前两个环节用时30分钟，第三个环节只有10分钟。在教学效果上，前两个环节较为沉闷，尤其是第二个环节，教学过程推进艰难，进入第三个环节学生争相递交诗歌仿写作品，朗读自己的诗歌，最为精彩。然而，限于时间关系，教师只选择两个同学展示作品，匆匆结束本课。

教学反馈：很多学生感到展示作品的时间太短，大家刚进入状态就结束了。观课教师提出，应将第三个环节作为教学重点，花更多的时间，促进学生对“意象”的内化和运用。教学评价专家认为，无法确定学生的仿写跟教师的教存在关联性：即使没有前两个环节，只有仿写活动，一上课就仿写，部分学生也可以写得很好，再经过教师的点评和鼓励，最终大部分学生都能完成诗歌仿写。

二、基于知识分类的课堂教学诊断

在语文知识体系中，尤其是在诗歌教学中，“意象”的重要性是不言而喻的。正因如此，教师特意对“意象”下了定义，并作以解说。按照皮连生教授对构成智力的三类知识的研究解释：“知识分类学习论把人类学习的知识分为三类，亦即陈述性知识、程序性知识和策略性知识。”[1]作为诗歌教学重要概念的“意象”，当属陈述性知识。陈述性知识是“能直接陈述的知识，它主要用来回答世界是什么或为什么的问题”[1]。“陈述性知识一般通过理解和记忆获得，又可称为语义知识。加涅在其学习结果分类中称其为‘言语信息’，并把它分三个亚类：符号学习、事实性知识学习和有组织的整体知识学习。”[1]认知心理学的研究证实，学习不同类型的知识，必须经由相应具体学习条件达成。这意味着教师在教学过程中必须采用不同的程序、方法和技术。按照加涅的学习结果分类，“意象”属于有组织的整体知识学习，既不同于像古代诗文中通假字那样的符号学习，也不同于像文学常识那样的事实性知识学习，有其独特具体的条件。教师开展设计并实施教学，必须创造或构建相适切的条件，才能促进学生的学习接近或达到理想状态，从而实现语文的深度学习。

“有组织的知识是由互相联系的事实构成的更大的知识体系。”“这类知识学习的重要过程是理解，影响这类学习的唯一最重要的条件是原有知识及其组织的特征，亦即原有认知结构。”[1]就“意象”的学习而言，教师就有必要使学生对“意象”的认知结构产生真正的理解，即从原有知识及其组织特征层面来理解意象。据此诊断课堂教学，主要结论有三。

其一，能够清晰地找到学生在两个环节学习没有第三个环节出彩的原因，那就是学生在第三个环节中能够比前两个环节更充分地感知、理解“意象”的原有知识及其组织特征。具体地说，当学生仿写诗歌的时候，研读诗歌前面或后面的诗节的相关部位，学生关于“意象”的原有知识及其组织特征被激活。尤其是在小组推选优秀作品时，其他同学阅读或聆听已经完成的诗歌仿写，会进一步证实自己对“意象”的原有知识及其组织特征的推测，激发自己想要完成诗歌仿写并试图展示仿写作品的强烈冲动。其实，这也是学生对第三个环节感到时间短暂而非常遗憾的心理根源。由此可见，充分利用知识分类的规律进行教学，对学生形成强烈心理刺激，激发学生强烈学习冲动，乃是深度教学的秘密所在。

其二，能够清晰看到教师的某些教学设计和实施在无意中契合了知识分类的规律，诱发了学生的深度学习，让学生沉浸其中而怡然自得。在某种意义上，契合学习心理规律的学习，是会令人上瘾的。以此来看教师关于教学过程的设计，尤其是关于三个环节的程序的安排，教师对“意象”的知识分类，显然缺乏自觉意识和必备的相关知识。当然，教师也就更难自觉地按照“意象”所属的亚类知识，为学生学习“意象”而创造适切的学习条件。这也是笔者和教师看不出学生的仿写跟教师的教学存在明显关联的深层原因。学生仿写的诗歌，是学生学习的结果，按照正常的课堂教学逻辑推断，就应当是教师教的结果，但是由于教师的教没有按照所教知识的类型，自觉而精准地创造学生学习该知识的适切条件，就无法判断这样的学习结果是教师教的结果。自然，这也就很难判定前两个环节是深度教学和深度学习。由此可知，教师基于知识分类，为学生学习知识而创造适切条件的教学，是契合认知心理规律的教学，也是具有深度的教学。

其三，能够清晰地判断教师的教学设计所采用的理念或主要思路是演绎法，虽然第一个环节教师引导学生从已学诗歌中寻找并说出意象，但主要环节是教师带领学生学习“意象”的定义，然后根据设计的问题，通过研读诗歌而理解定义，最终是运用定义完成仿写任务。从结果来看，整节课的深度学习时间，恰恰是最短的，其余两个环节用时最长，但教师教的作用却不明显。就整节课的学习体验来说，学生对前两个环节的体验并不深刻，而对第三个环节的体验最深刻。在某种程度上，在语文课堂中，能够促发学生体验变得深刻的学习，就是深度的语文学习。这当是语文课堂深度教学和深度学习所秉持的理念。

三、基于知识分类的课堂教学改进

由于本节课的教学内容是确定的，改进自然是教学过程的程序、方法和技术的改进。前面诊断的主要结论，其实就是改进的方向和方面。整合前文所述的三点主要结论，可以概述如下：充分利用知识分类的相关知识和规律，教学思路主要采用归纳法，拓深学生的学习体验，促使学生产生强烈的心理刺激、心理冲动。将其转化成具体教学过程，仍是三个环节：其一，仿写诗节，仿照《我看》第一诗节，大约12分钟；其二，品景论情，品味仿写诗节中的景物，8分钟左右；其三，再次仿写，从《我爱这土地》《乡愁》《你是人间四月天》任选一首诗仿写一个诗节，将近20分钟。

就本课来说，在改进前的教学过程中，教师深知“意象”是一个重难点知识，对初中学生来说，掌握起来十分不易，所以教师才将“意象”的定义解说得很全面，并用将近30分钟的时间，领着学生在四首诗歌中反复揣摩和运用定义，以期学生真正理解“意象”。然而，在改进后的教学过程中，教师仍然紧扣“意象”，环节一是在仿写诗节的体验中初步感知“意象”，环节二是在师生对仿写作品所用景物的品味中明确言说“意象”，环节三是融合前两个环节的感性经验和理性认识，并在再次仿写中深化对“意象”的体验。

基于知识分类的教学设计和操作，三个环节都是为了创造学生学习“意象”的适切条件，但其功能又有所不同。

环节一：促使学生根据自己研读诗节中景物的认知，对“意象”形成一种原始的理解，并且将其置于诗节这一具体结构中，对“意象”形成一种个人化的、直观感性的“原有知识及其组织的特征”。

环节二：教师邀请仿写又快又好的同学，说出自己的仿写心得，教师针对仿写诗节中的景物、事物等设计问题。例如，《我看》第一诗节的仿写：

我听一条潺潺的小溪
悄悄抚过圆圆的鹅卵石，
我看它们旋转再旋转，
也许远山舞起了一条绿带。

在教学时，教师应抓住学生仿写诗节中的景物发问：“你的仿写，为什么选用‘小溪’这个景物?说说你心中的想法和真正的意图。”学生回答的思路，基本如下：“我最熟悉这个景物”“我感到这个景物最合适”“它最能代表我的情感”。(教师板书：景物—适合全诗—代表情感。)此时，教师可采用替换法来改变“意象”来设计问题：将你选用的景物“小溪”换成“蟒蛇”，将第一句改成“我听一条粗粗的蟒蛇”，可以吗?学生很快回答“不可以”。教师当即追问：“为什么不可以?说说理由。”学生回答的要点有：“蟒蛇”令人厌恶，而“小溪”“鹅卵石”之类的景物令人喜爱，跟《我看》这首诗的情感一致；“蟒蛇”太粗了，花纹令人害怕，一点都不美，样子有点丑，“小溪”“鹅卵石”的形状优美。(教师板书：景物——色彩、形状、美感——情感一致)

研讨大约三个同学的仿写作品，教师就可以指导个别学生用一句话概述：自己仿写诗歌在选择景物时应当注意哪些方面、有哪些事项需要重视。例如学生的说法主要有：“我说不出来，但是我知道是怎么回事，我能看出来，也会用。”“选择景物，应该跟其他景物相似相关，像花和草在一起，鸟和兽在一起。”“选择景物抒发情感，心中什么样的情感就选什么样的景物，高兴喜悦的心情就选美丽可爱的景物。”然后，教师抓住学生所概述的经验，及时肯定或予以点拨：“你们的理解很深刻，在通常情况下，景物和情感就是这样的对应关系。”“你们这样理解诗歌中的景物和情感，是很对路的；像这样能够抒发心中情感的景物，有个学名就叫意象。”教师将一些学生的个体经验或认识，提炼成一种共识，及时板书并固化为学习成果。这样就可以提升学生对“意象”的理解程度，促使学生对“意象”的“原有知识及其组织的特征”的领悟，从环节一中个人化的、直观感性的层面向公共性的、理性思辨的层面跃迁。

环节三：教师指导学生反思环节一所选景物是否符合环节二对"意象"所形成的共识，再决定是否修改。同桌之间互相检验一下，需要修改的同学立即修改；不需要修改的同学，从《我爱这土地》《乡愁》《你是人间四月天》任选一首诗，仿写其中一个诗节，大概用时10分钟。最后的10分钟左右，学生自由分享，教师指导学生自评或互相点评仿写的作品，从"原有知识及其组织的特征"的角度来固化学生对"意象"的理解。这就可以促进学生大面积提高，能力较强者仿写不同的诗歌两次，并且深刻体验了"意象"的"原有知识及其组织的特征"，能力较弱者也有小幅提高，可以对"意象"的"原有知识及其组织的特征"形成初步的自我反思能力。

三个环节的学习，学生对"意象"的理解、内化和运用，是一个循序渐进、螺旋上升式的过程。学生的学习，自仿写体验开始，经过学生归纳、教师点化，再次仿写体验结束。一言以蔽之，始于仿写，终于仿写。这旨在促成学生自我体验、集体体验、教师点拨、自我归纳和自觉应用。基于知识分类的教学改进，催发语文深度教学的效果是显而易见的。

四、基于多种知识分类理论的解释

人类知识是人认识和研究的对象，不同的研究者从不同的角度出发，对知识的分类形成了不同的理论或学说。反过来说，这些理论或学说，对人类知识的研究殊途同归，常常可以彼此印证、互相融通。此前所说的教学改进，用不同的理论或学说加以解释，可进一步确认其学理性。

（一）认知心理学家安德森的知识分类学说

安德森将知识分为两类，即"陈述性知识"和"程序性知识"。前文提及的加涅、皮连生等人的研究分类，跟安德森主张的知识分类内在相通。"这两类知识并不是二元对立的，它们之间有相互促进和转化的关系。陈述性知识是程序性知识的基础和前提，而程序性知识的获得又有利于陈述性知识的掌握。"[2]在教学改进前，"意象"本是用来回答"是什么"的知识，教师就设计了下定义并明确教授学生理解定义的环节。然而，在教学改进后，教师指导学生学习"意象"，主要是通过对"意象"如何在诗歌中运用而获得具有可操作性并蕴含在实践行动中的知识，甚至更多的是只可意会不可言传的知识。因为学生无论怎样概述对所选景物的认识，都不能道尽其所选景物的具体经验和体会。诊断后的教学改进，就充分重视了对"意象"在诗歌中"怎么做""怎么运用"的程序性知识，扭转此前过于偏重“意象”在诗歌中“是什么”“为什么”的陈述性知识的现象，这就实现了教学从偏于静态性的陈述性知识传授到偏于动态的程序性知识掌握的转变。“让学生在多种问题情境中进行练习，以促使陈述性知识转化为程序性知识”[3]，使得陈述性知识和程序性知识深度融合，从而将学生拉入深度学习语文。

（二）心理学家罗伯的内隐学习学说

“内隐学习”是由罗伯首先提出来的，指无意识、自动化地获得知识的过程。“内隐学习的研究首先提出人类存在内隐学习这种无意识的认知模式，然后设计精巧的实验揭示它的本质特征，考查它与外显学习的关系、内隐知识和外显知识的联系，以及外显指导发挥作用的方式和效果”[4]，根据罗伯的内隐学习结果，可将知识分为外显知识和内隐知识。“从学习过程来看，语文内隐学习的过程没有明显的逻辑认知程序，是在无意之中以潜移默化的方式进行的。”“从学习结果来看，语文内隐学习所获得的主要是缄默知识，即‘只可意会不可言传’的知识。它储存于潜意识之中，不能有意识地加以提取，但能在适当的情境下被激活。”[5]在教学改进之前，学生所学习“意象”的定义，是毫无争议的外显知识，但是在无法调动、形成和丰富学生内隐知识的情况下，这种外显知识的学习恰似“无根”的浅表学习。在教学改进之后，学生在初次仿写中就形成了大量的内隐知识，为环节二中归纳“意象”的认识这种外显知识的学习提供了“根基”，并且可以在教师的“追问”、自我的“反思”以及再次的“仿写”等适切的活动情境中被激活。这种学习，显然已经走进了深度学习语文的境地。“语文内隐学习是脱离逻辑思维的非语言的心理过程，具有直觉感悟性。”[5]这也证实，少数学生无法说出“意象”的定义却能灵活运用“意象”，跟那些能够流畅完整地说出“意象”定义却不能运用“意象”的学生相比，前者发生深度学习语文的可能性更大。

（三）哲学家波兰尼的默会知识论学说

波兰尼认为：“人类的知识有两种。通常被描述为知识的，即以书面文字、图表和数学公式加以表述的，只是一种类型的知识。而未被表述的知识，像我们在做某事的行动中所拥有的知识，是另一种知识。”[6]能够用各种语言符号加以表述的知识，被称为明确知识；我们知道但难以言传的知识，被称为默会知识。波兰尼说：“我们所知道的要比我们所能言传的多。”[6]这意味着能够言传的那些明确知识远远少于不能言传的默会知识。若说明确知识是冰山，默会知识则是海面下的冰山底座。改进前的教学，教师对学生的默会知识重视程度不够，导致学生对“意象”这种明确知识的学习用时过多，促使学生进入语文深度学习的时间较短；而改进后的教学，则充分挖掘了学生学习“意象”过程中的默会知识，促使学生一直沉浸在对默会知识的领悟中，加上教师穿插明确知识的点拨和调节，两次仿写成为其默会知识的深化和升华之旅，学生沉浸在语文深度学习状态里。

“默会知识是自足的，而明确知识则必须依赖于被默会地理解和运用。因此，所有的知识不是默会知识就是植根于默会知识。”[6]“明确知识的接受者，只有通过默会，使知识在自己的头脑中复活”[7]，才能真正理解并能运用知识。改进后的教学，环节二虽然涉及“意象”的定义这种明确知识，但仍然植根于学生在仿写诗歌中关于“意象”所产生的默会知识，能够在头脑中复活“意象”这一知识。促进学生体验人类知识生成历程，产生领悟并加以运用，无疑是深度教学的应有之义。

斯滕伯格认为获取默会知识的三种有效途径：一是选择性地进行信息解码，即吸收与自己的目标最相关的信息；二是选择性地进行信息组合，即把零碎的信息整合到一个有意义的信息流之中；三是选择性地进行信息比较，即利用过去的信息来理解当前的信息[8]。由此分析改进后的教学，也可看出学生在初次仿写中，针对“意象”的体验与认知，吸收了与学习目标最相关的信息；由于诗节或整首诗歌都是结构化的信息，形成一个有意义的信息流，学生关于“意象”的种种感性体验和零散认识，所形成的“有效的规则只存在于个人的知识行为中”[9]，在环节一和环节三中仿写时就已被自动整合其中；环节二则是选择性地进行信息比较，利用学生过去关于景物的认知来理解“意象”。学生在明确知识层面时学习，能够进入默会知识层面的加工、关联和建构，这意味着深度学习的发生。

在社会科学和自然科学的研究中，关于知识的分类还有很多理论或学说。这些理论或学说为教育教学提供认识和研究知识的工具，语文教师在课堂教学中树立知识分类的意识，学习并掌握其相关知识，为学生学习知识而创设适切条件，教师才有可能实现深度语文教学，学生也才有可能从浅层语文学习走向深度语文学习。

参考文献：

[1] 黄方芳，庞维国. 知识分类学习论在初中文言文教学中的应用[J]. 当代教育科学，2010(18)：13–15.

[2] 骆婧婷. 初中古诗文中的陈述性知识与程序性知识——以“意象”的教学为例[J]. 中学教学参考，2018(27)：5–6.

[3] 皮连生，杨心德，吴红耘. 学与教的心理学(第五版)[M]. 上海：华东师范大学出版社，2009：96.

[4] 杨金鑫. 内隐学习研究对我国语文教学的启示[J]. 课程·教材·教法，2002(3)：41–45.

[5] 郭睿. 内隐学习——语文学习的新视野[J]. 语文建设，2005(12)6–7.

[6] 郁振华. 波兰尼的默会认识论[J]. 自然辩证法研究，2001(8)5–10.

[7] 丁际旺. 怎么想，就怎么教：从默会知识到思维教学[M]. 北京：教育科学出版社，2015：16.

[8] 覃玉荣. 默会知识与二语习得[J]. 教学与管理，2008(18)：105–106.

[9] 迈克尔·波兰尼. 个人知识：朝向后批判哲学[M]. 徐陶，译. 上海：上海人民出版社，2017：36.

语文教师阅读的效用反思与模型建构

（海南热带海洋学院附属中学，熊纪涛）

“读了很多书，为什么上不好课？”“读那么多书，为什么还是提高不了学生的语文成绩？”“看书越多，我越觉得不会上课了！”诸如此类问题，仿佛教师版的“读了那么多书，为什么还是过不好这一生？”道出了不少语文教师的心声和困境。众所周知，语文教师教人读书，理应是最会阅读的人，为什么却跳不出类似“师不会读”的悖论和怪圈？透过现象看本质，这些问题、困惑和心声都不约而同地指向了语文教师阅读的效用价值。其关键何在？一言以蔽之，语文教师阅读的效用和价值取决于语文教师阅读的具体模型。鉴于此，有必要对语文教师阅读的效用展开反思，透视其背后的阅读模型，以期自觉运用高效能的阅读模型，增进语文教师阅读的效用。

一、观察：三位教师的阅读案例

语文教师是教学生学习阅读的专业人士，但在阅读上也同样会存在一定的困难和问题。就语文教师的实际来看，主要集中在“读什么”“怎么读”和“读得怎么样”这三个问题上。“读得怎么样”，其指向即“阅读效用”。为了研究语文教师的阅读效用即“读得怎么样”，就有必要从语文教师“读什么”“怎么读”这两个前置性问题入手，这在语文教师的案例中有着非常清晰、具体的呈现。下面就是三位语文教师的阅读案例，分别呈现了“读什么”“怎么读”的情况。

案例一：W老师的阅读自述

案例背景：W老师任教于某县一中，今年秋季从初中调入高中，担任语文教师兼班主任，目前职称是中小学一级教师，获得过地市级优秀班主任、县“巾帼建功”标兵等荣誉。任教高中后，W老师顿感压力增大，对高中语文教学感到不好把握。

当事人描述：通过阅读孙绍振和钱理群两位教授的专著，我备课时，要求自己先“素读”教材，有意识地先自己解读，然后再看教参。几年过去了，觉得

基金项目：海南省教育科学规划2021年度立项课题“基于专业方法落实语文核心素养的名师课例研究”，课题编号：QJH202110105。

没什么效果。读一篇课文，思维依然是从字上滑过去，感受不到什么深刻内涵。我的困惑是，如何通过读书提高文本解读能力？

最近几年才开始读书，都集中在文本解读、教学实录等书籍上，没有读过解构主义、叙事学等西方文论以及其他领域的书。读过的书，例如钱理群的《名作重读》和孙绍振的《名作细读》《月迷津渡：古典诗词个案微观分析》等。在读书时，我很注意作者所讲的文本解读方法，例如孙教授说的还原法，在书中以文章进行方法例说的部分写得很好，但是自己拿着方法去用，效果不太好。（案例来源：《教师高效阅读秘笈》，熊纪涛著，大象出版社2021年7月第1版）

案例二：X老师的阅读自述

案例背景：X在本科毕业后到市区一所高中任教语文课，一年后考上研究生，毕业后无班主任聘其教课，就在学校科研处担任专职科研员。一年后接手一个班级，但在学生和班主任强烈要求下，只得回到科研处担任专职科研员。经科研处主任指点，发愤读书，三年后蝉联两届学校十佳教师，被评为市级骨干教师；五年后被评为省级骨干教师、省级教育科研骨干教师。

当事人描述：被人赶下讲台后，我就回到科研处，幸运遇到德高望重的吴富安主任指点：别人阻挡你教课，但阻挡不了你读书，更阻挡不了你写作。我就跟着吴主任先读《老子》，然后是《庄子》，还写了一些文章并被市社科联主办的刊物发表。后来，我感到自己读书还是要专业一些才好，就先后读了所有能够搜集到的名师教学实录，还有语文出版社的“名师讲语文”整套丛书。参加“国培计划”的经典诵读培训，我刻意买来张颂的《中国播音学》《朗读学》等专业著作，模仿齐越、夏青、鲍国安、孙道临、濮存昕等的朗诵作品，把朗读功夫提了上去。通过在职教师招考来到省城后，我参加“基于标准的教学评一致性教学设计”“课堂教学切片研究”“基于学科核心素养的学历案研制”等前沿研究和培训，一边工作，一边阅读专业著作，主要有皮连生的《学与教的心理学》、泰勒的《课程与教学的基本原理》、加涅的《教学设计原理》、布卢姆的《教育目标分类学》等专业著作，补上了课程论、教学论和教育心理学等方面的知识欠缺。为了进一步提高自己的学养，我又陆续购买并系列阅读了人民教育出版社的“汉译世界教育经典丛书”“外国教育名著丛书”和“中国教育名著丛书”，教育科学出版社的“20世纪苏联教育经典译丛”和“世界课程与教学新理论文库”，华东师范大学出版社的“教育神经科学译丛”等整套的专业书籍。我边读边用，逐一攻克了自己在教学设计、方法提炼、试题命制等专业方面的难点和制高点，同时，论文写作也越来越有深度，在《中国教育报》《中学语文教学参考》等报

刊上发表，而且近年有论文被人大复印报刊资料全文转载。(案例来源：笔者阅读成长经历的梳理)

案例三：Y老师的阅读自述

案例背景：Y老师毕业于教育学专业，在学校党组织安排下改行教语文，自己就提出不是学中文的，教学有困难，隔行如隔山。学校党组织负责人认为，大学毕业，因工作需要，“在战争中学习战争”，抓紧时间自修。若干年后，Y老师学养深湛，德艺双馨，成为全国语文教师的楷模。

当事人描述：“隔行如隔山”，这话一点不假。一捧教科书，难题来了。文言文可串讲，过去老师就这么教我们的；现代文怎么教，学生基本能看懂，教什么？首先须认真备课，读懂教材，读通教材；其次是向高手求教，向高明的老师求教。对我而言，除了上述二者外，还得老老实实打中文的底子，补先天的不足。b、p、m、f不认识，没学过，得从汉语拼音学起；只粗知英语语法，汉语语法没学过，我不得不用双倍乃至数倍的功夫学习，从语音、语法、修辞、逻辑到中外文学史，到阅读一定数量的中外文学名著，以文学史为纵线，以各个时代重要的作家作品为横线，纵横交错，再旁及其他，力求在两三年内把中文系的主要课程捋一遍，增添一点教学的底气。为此，我拼命挤时间学。那时，我一周有两个晚上政治学习，回家总到九点半以后。每天晚上九点以前备课，改作文，九点以后学习，自修，咬着牙学，天天明灯陪我过半夜。不学，上课就没有发言权。(案例来源：《岁月如歌》，于漪著，上海教育出版社2007年8月第1版)

就案例来看，“读什么”是非常清晰的，三位教师都研读了语文教学的专业书籍，均属语文教师的专业阅读，这就避免了语文教师非专业阅读而达到专业研修提升的悖论。在案例中，“怎么读”也有体现，通而观之，一是在备课时读书，或工作之余读书；二是填补知识缺口，缺什么读什么；三是读书时间较长，都坚持读书长达数年。正如列夫·托尔斯泰所说的，“幸福的家庭都是相似的，不幸的家庭各有各的不幸”，阅读的效用也类似，高效的读书都是相似的，低效的读书各有各的低效。那么，为什么W老师的阅读效用比较小，而X老师、Y老师的阅读效用比较大呢？除了个人天赋、地域环境等不可控制因素之外，属于个人可控制因素中究竟有哪些是关键的呢？同是专业阅读却效用迥异，这一反差现象令人费解深味。

二、探究：发挥阅读功效的关键

众所周知，专业人士必须读专业书、做专业事。语文教师阅读专业书籍而成长，乃是天经地义。这是语文教师阅读的基本逻辑，也是发挥阅读功效的主要逻辑。回到三个案例，问题是：同样属于专业阅读，为什么促进教师专业发展却功效迥异呢?究其原因，一个关键就在于阅读书籍的数量存在显著差异。

从案例来看，无论是X老师，还是Y老师，都阅读了大量的专业书籍，而W老师虽然也阅读了专业书籍，但其数量少得多。具体来说，X老师先读儒家道家等中国文化经典，再读名师的教学实录、专业成长等专著，接着又读了教育学、心理学乃至教育神经科学等方面的大型丛书，再加上朗读等专题研修书籍，其专业书籍的阅读数量和种类之多，恐为W老师所不及；Y老师则是为了打中文底子，将语音、语法、修辞、逻辑、中外文学史等系统阅读一遍，并且结合工作实际做针对性研读，这些书籍的数量已经不算少，更重要的是，Y老师以文学史为纵线，选择各个时代重要的作家作品，又做系统啃读，中文专业的毕业生人人深知，中外文学史上各个时代重要的作家作品的总量不低于百人百本，这是何等的海量阅读！而W老师的专业阅读，固然也有一定的数量，但相比之下，明显过少，仅处于X老师的起步阶段或中间阶段，想要达到发挥专业阅读效用的程度尚且有着不小的距离。

需要指出的是，Y老师为了“老老实实打中文的底子，补先天的不足”，阅读范围基本限定在语言学、文字学、逻辑学、文学理论、中外文学史等方面，貌似未涉猎汉语言文学专业或中文专业之外的书籍，但不要忘记Y老师是一流名校教育学专业的毕业生，上学期间对教育学、心理学等方面的著作早已研习攻读，其在教育学、心理学方面的阅读数量和质量，是远远超过大多数师范类院校毕业生所学《教育学》《教育心理学》这两门课程用书的。

从三位教师的成长来看语文教师阅读，X老师是新时期成长起来的老师，Y老师是改革开放前成长起来的老师，在语文教师阅读方面有着共性特征：首先是阅读专业书籍，其次是阅读书籍数量较多，再次是阅读书籍种类相对齐全；W老师也是新时期成长起来的老师，虽然也阅读专业书籍，但在阅读书籍的数量、种类上明显不足。透过现象看本质，可以看出“专业”“数量”“种类”至少是影响语文教师阅读发挥功效的重要因素。详而言之，即：其一，书籍是否专业，应以语文教学为核心；其二，数量是否合宜，可能需要不低于100本书；其三，种类是否完善，至少要涵盖汉语言文学、教育学、教育心理学这三类的基本书籍或经典名著，甚至还要学习管理学、传播学、社会学等种类的书籍。

三、提炼：语文教师阅读的模型

影响语文教师阅读发挥功效的因素是很多的。不过，语文教师在工作中开展阅读，是为了读用结合、学以致用，在此基础上，专业、量多、类全应当是三个主要因素。基于此，应提炼语文教师阅读的模型，形成以“是否学以致用”为逻辑、以“是否专业”“是否足量”“是否足类”为要素的逻辑架构。其中，“是否学以致用”的逻辑，从“非专业阅读”和“专业阅读”开始贯穿整个链条。系统来讲，基本类型有8种，图示如下：

第一类：截然分明的类型

在本类型中，两个亚型分别处于语文教师阅读效用的两极：亚型1-1的左侧和右侧分别呈现了语文教师阅读效用的最低水平和最高水平。亚型1-2的两侧，分别呈现了语文教师非专业阅读效用的较低水平和语文教师专业阅读的效用较低水平。

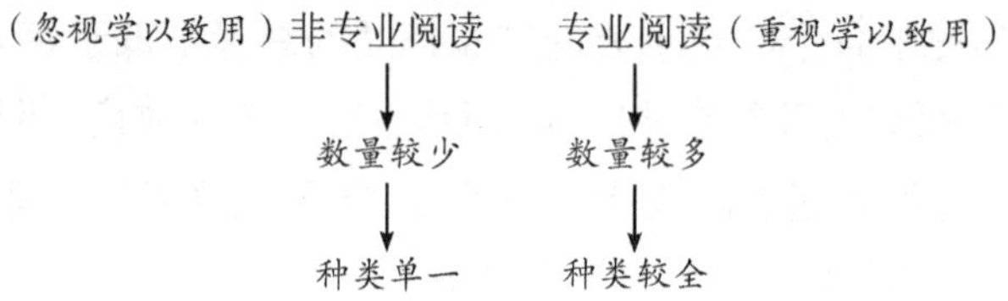

图1　亚型1-1

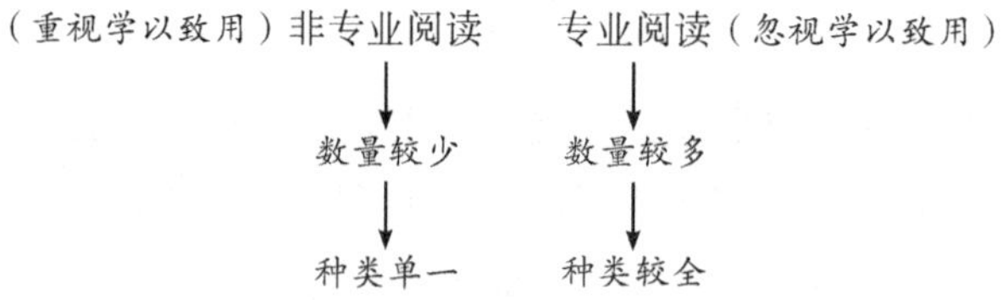

图2　亚型1-2

第二类：轻度交织的类型

在本类型中，四种亚型因逻辑和关键因素的交织状况不同，而呈现了不同的阅读效用水平：亚型2-1左侧和右侧分别呈现了非专业阅读的效用较低水平、专业阅读的效用中等水平；亚型2-2左侧和右侧分别呈现了非专业阅读的效用中等水平、专业阅读的效用较低水平。亚型2-3左侧和右侧分别呈现了非专业阅读的效用较低水平、专业阅读的效用较低水平；亚型2-4左侧和右侧分别呈现了非专业阅读的效用较高水平、专业阅读的效用最低水平。

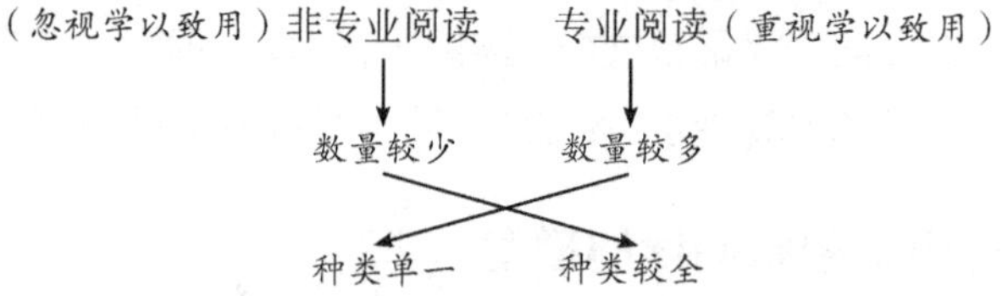

图3　亚型2-1

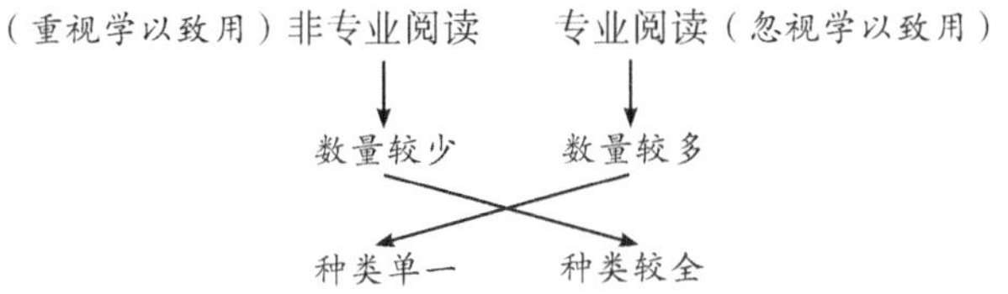

图4　亚型2-2

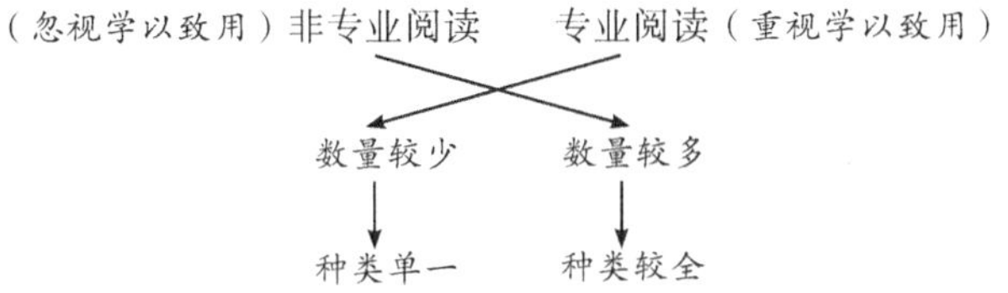

图5　亚型2-3

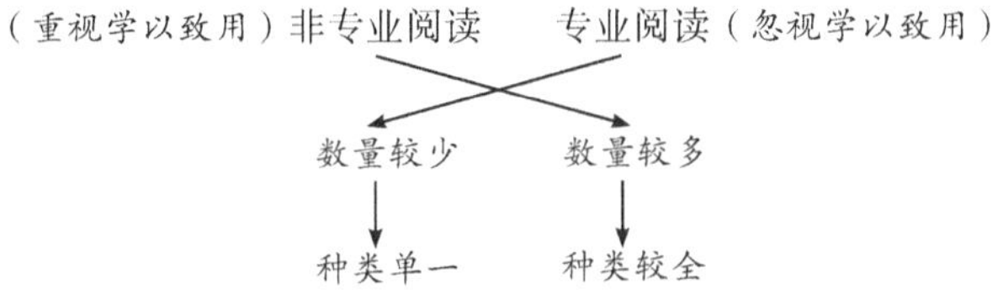

图6　亚型2-4

第三类：深度交织的类型

亚型3-1左侧呈现了非专业阅读的效用较低水平，右侧呈现了专业阅读的效用中等水平；亚型3-2左侧呈现了非专业阅读的效用中等水平，右侧呈现了专业阅读的效用较低水平。

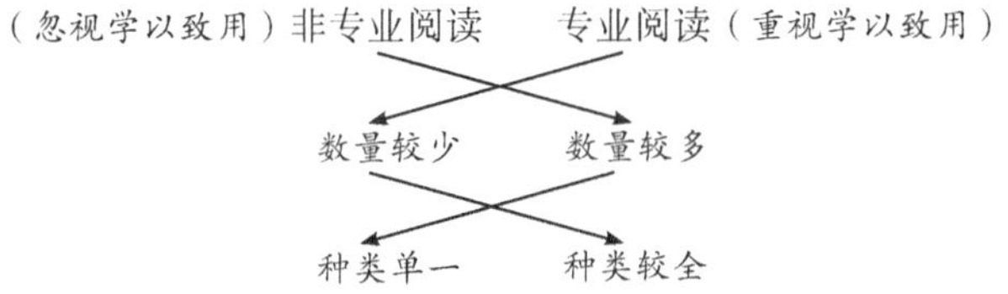

图7　亚型3-1

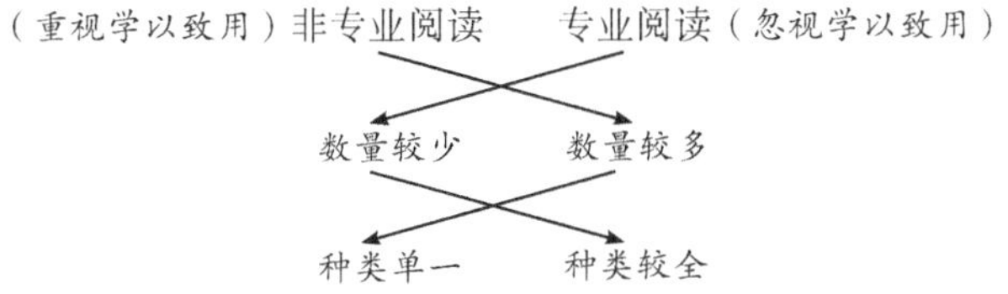

图8　亚型3-2

纵观各种类型，就两侧的比较而言，涉及了四重比较：其一，“重视学以致用”胜过“忽视学以致用”；其二，“专业阅读”胜过“非专业阅读”；其三，“数量较多”胜过“数量较少”；其四，“种类较全”胜过“种类单一”。

综合上述分析，除了两个极化水平毫无争议之外，其余模型的水平划分可能存在一定的争议，即便如此，8种模型也能够清晰地刻画出影响语文教师阅读效用的运行逻辑以及关键因素所产生的大致作用。由此重新审视三个阅读案例，分析三位语文教师的阅读模型，X老师、Y老师均为亚型1-1右侧呈现的模式，属于最高效用水平的模型；而W老师则为亚型2-3左侧呈现的模式，很难称得上是较高效用水平的模型，两类模型所造成的阅读效用差异是显而易见的。

四、验证：培养教师实践的检验

唯物辩证法认为，理论源于实践，再回到实践，在实践中丰富和发展。语文教师阅读模型作为一种理性认识和规律总结，是从语文教师阅读实践的案例中提炼出来的，其源于语文教师阅读实践，并且能够对语文教师阅读现象作出一定的解释，这是顺理成章的事情。马克思在《关于费尔巴哈的提纲》第十一条中说，“哲学家们只是用不同的方式解释世界，问题在于改变世界”。据此来看，语文教师阅读模型仅对语文教师阅读实践作出解释是不够的，问题的关键在于，能否运用语文教师阅读模型改变语文教师阅读实践，使语文教师阅读对语文教师专业发展起到更大的作用？对此，采用语文教师阅读模型培养语文教师就成为研究之必需，经过三年的实践检验，两位语文教师的阅读实践作出了回答。

中年教师M老师的案例：

M老师系笔者同事，从事高中语文教学已有十多年，但在40岁“不惑之年”之际却越发感到自己不知道怎么上语文课了。其本人认为这是常年担任高三毕业班语文教师，形成了只会上复习课却不会上语文课本新授课的思维定式。四年前，笔者介入其专业发展，从专业阅读、技能训练和日常研究等方面，跟其反复沟通、交流和确认，M老师的阅读常年是文学书籍和历史书籍，文学书籍分为中外文学名著和当代文学期刊，历史书籍则多为流行性的历史读物。按照阅读模型来看，优点是读书数量较多，不足之处是读书致用的意识不强、专业性不足、种类较单一，属于亚型3-1左侧的模式，显然处于语文教师阅读的效用较低水平。

对此，笔者建议其从语文教学法、语文课程论、汉字研究等方面入手，大量购书阅读。由于学校继续安排其担任高三语文课，M老师决定先从阅读入手开始改变，其他方面寻机而动。经过一年的犹豫反复，M老师终于购买了由王荣生教授主编的“参与式语文教师培训资源”丛书，开始阅读《语文教师专业发展十四讲》《阅读教学教什么》《写作教学教什么》等书，对书中的理念和做法甚为服膺。在研读中，又购买了王荣生教授的《语文科课程论基础》、叶圣陶先生的《叶圣陶语文教育论集》等书。过了三年，M老师走出了语文教学不知应该怎样教的迷茫境地，而且主动承担公开课教学、积极参与申报课题研究。不过，从总体来看，M老师的专业发展状态虽有改变，但速度颇为缓慢，若想加快专业发展，教育学、心理学等方面的阅读仍然不可缺少。

青年教师C老师的案例：

C教师在大四实习期间被实习学校的语文教师认为缺乏当语文教师的潜质，建议其改行不要当老师。毕业一年后，来到笔者所在学校担任临聘教师。学校举行师徒结对活动，笔者担任其师傅。在观课议课、问答交流的基础上，笔者得知其阅读范围主要是当代著名作家作品，至于语文教学法、教育学、心理学等方面的著作几乎是空白状态，跟中年教师M老师的情况类似。或许，缺乏足够数量专业书籍的阅读是很多语文教师的通病，不分教龄长短，也由此可见一斑。

鉴于C老师的具体情况，笔者建议其保留当代著名作家作品的阅读，可将此作为自身优势资源而开展师生共读活动，只需适当压缩即可。随后，笔者讲解了语文教师阅读的性质、层次、数量和种类，并列出30余种书籍供其选择，建议其从研读王荣生教授主编的“参与式语文教师培训资源”丛书开始，扩展至语文名师的课堂教学实录、语文大家名家的论著，同时力争将高中语文教材中涉及的作家作品读一遍，为开展备课、课堂教学等工作服务。经过半年的辅导，C老师以当代著名作家余华的《活着》开展师生共读活动，设计了一节关于《活着》的整本书阅读汇报课，上了一节校级公开课。半年后，C老师根据录播课的视频整理出课堂教学实录，对教学设计、课件等适当修改完善，将其上传至“一师一优课，一课一名师”平台，先后获得省级一等奖和部级奖。临聘教师上班一年左右，就在全国课堂教学评选中获奖，一时成为全校传颂的美谈，这也成为其教师专业发展历程中的关键事件。来校上班两年左右，C老师通过了公开招考，从临聘教师变成了编制内教师。经过三年的努力，笔者伴随并见证其带完三年高中语文课程，其所带班级学生的语文高考成绩位居年级前列。现在，C老师已经担任高一年级语文备课组组长，三年时间就成为了学校独当一面的语文骨干教师。学校聘任笔者担任中学语文卓越教师工作室主持人，C老师积极报名参加，笔者又建议其若有余力，可拿出读本科期间的中外文学史，选择各个国家、各个时代的代表性作家作品，逐一攻读，同时研读教育学、心理学等方面的著作。通过主动阅读和课堂实践，以期在省级课堂教学现场课比赛中摘金夺银。其实，笔者意在使其逐渐形成一套属于自己的语文教师选书、买书、读书和用书的方法论，将来通过省级优质课比赛来检验这套方法论的成效。

综合两则案例来看，中年教师M老师和青年教师C老师均为语文教师，虽然所处的年龄阶段不同，但都存在专业理论书籍数量偏少的通病，在保持文学作品阅读习惯的基础上，大力增加语文教学理论、文学理论乃至教育学和心理学等理论书籍的阅读，是非常必要的。在达到专业阅读效用的峰值以前，阅读专业书籍数量越大，其专业发展也越快。与此相印证的是，前文述及的W老师，后经笔者做针对性的指导，优化了语文教师阅读模型，在保持学以致用习惯的基础上，增加专业书籍数量、扩大种类范围，一年后通过在职教师招考调入了省城学校，三年后被评为市级名师。

上述案例和分析表明，针对语文教师阅读促进专业发展这一问题，笔者根据语文教师的意愿、学校的支持等情况，有意识地运用语文教师阅读模型，在中年教师和青年教师身上均取得了成效。相对而言，青年教师可塑性大，其成效自然也大。由此可见，在一定程度上，语文教师阅读模型能够诊断语文教师阅读存在的问题和误区，积极运用其指导语文教师阅读，能够促成语文教师专业发展产生改变。

五、余论：关于效用的研究空间

从研究性质来看，人文社会科学的研究既有质性研究也有实证研究，质性研究侧重于定性问题的思辨，实证研究侧重于定量问题的分析。事实上，在具体的研究中，为了解决问题，两者是交融使用的，只是侧重点有所不同而已，研究者也很难将两者截然分开。就教师阅读模型的研究来说，也是如此。先反思语文教师阅读效用的底层逻辑，再在诸多因素中找出能够产生高效或低效“分水岭”作用的因素，将其作为关键要素提取出来，从而研究其组合的层次和逻辑，然后架构出要素一致、逻辑一致的基本模型，最终对亚型作出区分及解释。反思逻辑、提取关键要素都偏重于思辨的定性研究，而研究关键要素的相互作用、划分亚型种类则均偏重于数量的定量研究，对具体亚型的效用水平的划分及解释明显融合了两种研究。探讨语文教师专业阅读的效用问题，可以有多种研究范式，例如程序范式、案例范式和思辨范式等。相比之下，引入要素、模型和逻辑形成系统研究的视角，以定性为主，兼顾定量，既有一定的概括性，又有一定的可检测性，在一定程度上能够满足一线语文教师阅读实践需要。

虽然观察、验证的时间已有数年，但跟语文优秀教师成长周期长达十年乃至十几年相比，仍显得非常短暂，跟踪时间足够长的历时性统计数据自然付诸阙如，同时限于笔者个人的时间、经历和资源都很有限，未能在数年内选择多个省市学校的语文教师阅读做大量样本的观察和验证，导致共时性数据统计直接缺失，这两者使得定量研究偏弱。这正是后续研究要改进的地方。

语文教师阅读效用是一个复杂性问题，对其研究也是一个系统性工程。由于不可控制因素较多，而可控制因素较少，只能选取较为有限的因素或变量加以研究，根据手头有限的案例素材进行归纳和提炼，初步建构出一个相对简便、具有一定解释力和可操作性的模型。由于语文教师阅读模型并细分模型类别的研究尚处于起步阶段，所选择的要素和划分的标准未必合理，即使选择的要素、划分的标准和构建的模型比较适宜，对具体模型的效用解释也未必毫无瑕疵。因此，在关键要素、模型类别、运行逻辑以及专业阅读与专业发展的相关性等方面，还有值得研究和改进的空间。

综上所述，语文教师阅读实践的背后蕴涵着某种模型，而对语文教师阅读模型研究是有其实践和理论价值的，这也给广大一线语文教师带来了深刻的启示：语文教师阅读应当将学以致用作为贯穿整个阅读行为过程的逻辑，始终牢牢抓住专业书籍、数量适宜和种类较全这三个关键要素。

对大多数语文教师来说，想要通过阅读促进专业发展，真正应该努力的方向是：优化中等效用水平的模型而走向最高效用水平的模型，在专业阅读之路上追求数量和质量的丰满度。一言以蔽之，语文教师阅读的行动实践应采用最高效用水平的模型，摒弃最低效用水平的模型。

基于学用课文写法的语文教学内容确定流程

——以《陋室铭》为例

（海南热带海洋学院附属中学，熊纪涛）

一、以学用课文写法为中心的语文教学设计

教学内容决定着教学方法，教学方法服务于教学内容，这是语文教学中内容与方法之关系的辩证法。问题是教学方法存在着不同的类别，既有多个学科普遍或通用的方法，也有语文学科高频或专用的方法，其选用直接影响着教学内容的落实、课堂教学的效果和学生学习的收获。一线教师的困惑和课堂教学的问题，除了教学内容不易研判确定之外，常常出在教学方法上，并非语文学科高频使用或专用的方法，把语文课上成了非语文课[1]，或者造成教师的教和学生的学明显脱节。

在语文教学中，教师若能根据教学内容选择并确定语文学科中那些高频或专用的方法，提高语文课堂教学质量是不言而喻的。也就是说，对于已经明确的教学内容，语文教师择用属于语文教学的专业方法进行课堂教学，从而提高语文课堂教学质量，是非常符合学科逻辑、教学逻辑和学生学习逻辑的。

根据义务教育语文课程标准、语文教材中的“单元导语”和课前的“预习”提示以及课后的“思考探究”“积累拓展”，再结合解读层次“写了什么内容”“什么写法”“什么妙处”“什么意图”，可以确定，“如何读懂课文大意”“如何读出课文写法”“如何品味语言特色”“如何领悟写作意图”是语文教学课堂的四个基本点，属于必选动作；“如何感悟文体功能”“如何学用课文写法”或“如何学用语言特色”等是语文教学的高难点，属于自选动作。在讨论专业方法的选择和确定时，分析四个基本点和其他高难点的内容，虽然很难将其截然分开，但亦力求做到论述思路清晰。

基金项目：全国教育科学规划 2022 年度教育部重点课题“基于知识分类学习论的语文学科核心素养课堂生成机制研究”，课题编号：DHA220509。

下面就以《陋室铭》为例，在明确其教学内容的基础上，对语文教学专业方法的选择与确定展开讨论，以期把握和提炼教学内容与专业方法的逻辑关联，为教学内容的确定建构一个明晰的流程。

二、学科逻辑：从读懂课文走向读懂内容的方法

读懂课文大意，学生一般有着自己的阅读方法和阅读经验，这也是后续教学的基础。问题是，教师能否立足于学生既有的阅读方法和阅读经验，引导学生学用更加有效、更加精粹的阅读方法？就此而言，读懂课文固然重要，但用什么方法读懂、学习运用哪些专业方法读懂，更能体现语文作为学科的当行本色。因为语文教学和语文教师的使命是引导学生在阅读技能上跟社会大众拉开距离，从一个非专业读者变成准专业读者或专业读者，而阅读技能的提高离不开阅读方法的专业和训练。

结合语文教学实际，把握一篇课文的大意，有着多种方法或方式。例如“读了这篇课文有什么感受？”“读了课文，作者想说什么？”“课文写了什么？”“请用一句话概述课文内容。”“请同学们用三两句话说出课文写了什么。”……直问、曲问、主问、分步问、疑问式、陈述式等等，其思路一致，但其角度、方法和方式不一。透过现象看本质，理解课文的梗概大意，是对课文主要内容的把握，其本质是对课文内容的缩写或简述，通过自己的言说或简要的表述证明读懂了课文，以便为后续学习奠定基础。对此，应分析《陋室铭》这篇课文的缩写难度或概述难度，以便确定缩写的具体策略和难度等级。

按照学生对其内容的理解，很难用一句话完整地表述诗人写了什么，更难用一两句话说清诗人的写作意图，因为学生对《陋室铭》的理解可能是碎片化或局部性的，而非整体化或全篇性的。从文体的角度来说，适于整体化理解或全篇性理解的语篇，多是叙事类的，其中有一个事件或故事，学生能够基于其时间、空间或人物关系等方面的发展变化而形成总体印象。就《陋室铭》而言，其显然不是叙事类语篇。除此之外，虽然有“论”或“说”，学生借此也许能够把握住“斯是陋室，惟吾德馨”这个表达主旨的语句，但尚不足以概括全文的内容。更重要的是，完全按照当今教学文体中的“议论文”来教学《陋室铭》，对这篇文言文来说，是有违“箴铭文”文体的。阅读教学的基本规律要求教师要进行“识体”“用体”的“适体教学”，而不能“悖体教学”。据此来看，不提供具有操作性的缩写支架，只发出指令要求或问题指向而开展的缩写，在文体上不适切而且学生操作难度大，所以建议采用支架式的缩写，适切于文体，同时降低难度。

支架式缩写，可以分为两步，示例如下：

第一步，转述文意。

山低谓(俗)，有仙谓(雅)；水浅谓(俗)，有龙谓(雅)；室窄谓(俗)，有德谓(雅)。

苔痕阶绿谓(雅)，草色帘青谓(雅)；

鸿儒谈笑谓(雅)，往来白丁谓(俗)。调素琴谓(雅)，阅金经谓(雅)。丝竹乱耳谓(俗)，案牍劳形谓(俗)。

南阳诸葛庐谓(雅)，西蜀子云亭谓(雅)。孔子云谓(雅)，何陋之有谓(雅)。

第二步，浓缩提炼。

《陋室铭》课文，既写了(　　)之雅，又写了(　　)之俗，形成了(　　)之写法，抒发了(　　)之情志。

经过以上两步操作，学生普遍可以悟到作者既写了多种景物、事务之雅，又写了多种景物、事务之俗，在对比的写法中抒发了心中朴素雅洁、修德自好的情志。就教师的理解而言，用马正平教授写作学研究中的赋形思维来看，《陋室铭》主要通过“雅美”与“俗陋”的“重复”与“对比”(或“渲染”与“衬托”)的写法，成就了一篇经典之作。这样不仅理解了文章大意和作者思想情感倾向，也观察和体悟到了文章的写法和意图。

三、教学逻辑：从读懂内容的方法悟出课文的写法

经过缩写法的操作之后，学生对课文的写法已经明确了。然而，这只是从整个篇章的角度而悟出的写法，至于不同语句、层次之间的写法，就未必能够意会。教师自己能够意会，若是采取直接告知式的讲述，学生只能获得一种关于语句、层次之间写法的结论，并未经历这种写法的思考发现过程。其实，这就是当前很多语文课堂中大量存在的“满堂灌”，教师对结论一讲到底，学生对结论一听到底、一记到底，丝毫没有操作把玩课文语言的机会和过程。这是一种没有“语言学用”的语文学习，久而久之就成了一种低层次、平庸的灌输式学习。课文的写法，还是要靠教师设计成活动，由学生自己发现和讲述，才可能促进学生理解前人对语言的运用，从而主动思考学习语言的运用。

关于课文中语句、层次之间关系，可以采用选点法举出其中一两处作为教学点，也可以针对整个语篇作分层将每一层都作为教学点，促使学生对课文写法产生更加具体的理解和领悟。按照这两种思路设计教学活动，其专业方法也是不同的。比如第一种思路是选点法，选择课文中一两处语句作为例子，就可以引导学生造句，通过其谈论对课文的理解而说出对课文写法的理解。比如第

二种思路是语篇分层设点教学，就可以引导删改或对比语句，通过其对语句的理解而说出对课文写法的理解。

第一种思路：研读课文后，发现课文最能凸显作者修德自好的地方，就是文中关于景物、事务的对比，蕴含着文章的写法和作者的意图。根据前述可用造句法，即选用关联词等设计固定句式，为学生搭建学习支架，方便学生表达自己对内容和写法的理解。

居于陋室：

既可以（　　），也可以（　　），还可以（　　）；不可以（　　），不可以（　　），也不可以（　　）。

请将课文所写的景物、事务，填入括号内。例如：

1.既可以(调素琴)，也可以(阅金经)，还可以(听谈笑)；不可以(往来白丁)，不可以(丝竹乱耳)，也不可以(案牍劳形)。

2.既可以(赏苔绿)，也可以(看草色)，还可以(品帘青)；不可以(无鸿儒)，不可以(有白丁)，也不可以(奏丝竹)。

经过填空，学生既能对课文中的重要语句有新的理解，也能对课文语句之间的关系有深刻的认识。当然，学生对作者所用的对比写法，也有更加具体深入的理解和感悟。

第二种思路：将整个语篇分层，分层设点，可以根据语句的关系、文章的意脉等，选用不同的方法，促进学生对不同语句的关系、层次产生进一步的认识。

1.篇首：删改法。

山不在高，有仙则名。水不在深，有龙则灵。斯是陋室，惟吾德馨。(原句)室不在好，有德则馨。(改句)

(1)可否把前两句直接删掉，将“斯是陋室，惟吾德馨”作为开篇起句？请说明理由。

(2)改句和前两句的句式逻辑一致，是否比原句好?请说明理由。

关于第一个问题，学生不同意删掉，原因是：先写山水仙龙，再写房屋和自己，这样有铺垫，可以构成类比的写法。其实，学生这种“可以意会却又难以言传”的认识，用专业术语来说就是“比兴”。对此，教师可以联系有关歌谣或《诗经》的篇章，引导学生类通地学习这种写法。关于第二个问题，经过改句和原句的比较，学生就会发现：改句跟前两句形成了排比句式，但好像跟作者没有明显的关联；而原句跟前两句在意思上有关联，但句式却不同，具有凸显“吾室”“吾德”的作用。其实，学生的这种认识，已经触及“箴铭文”文体的功能作用，因为《陋室铭》属于其中的亚类“器物居室铭”[2]，有着“警戒性”“自勉性”的作用。

删改法，可以在改句的参照对比下，促进学生对原句产生更加深入的思考，尤其是对改动点能够产生精准定向的深刻体味。

2.篇中：评点法。

(1) 第一处：苔痕上阶绿，草色入帘青。(①两句的写法是：________。②写“室”的角度：________。)

谈笑有鸿儒，往来无白丁。(①两句的写法是：________。②写“室”的角度：________。)

(2) 第二处：可以调素琴，阅金经。(写“室”的角度：________。)无丝竹之乱耳，无案牍之劳形。(写“室”的角度：________。)(“可以”两句和“无”两句，形成的写法是：________。)

请学生针对写法和角度，在括号内的横线处填入自己的见解。

关于写法，学生一眼就看出了是对比；关于角度，多数学生都能想到室内环境、室外环境以及作者的生活志趣等。由于这几处均为精美之句，也叫精句美句，使用评点法，通过聚焦文章写作的角度或方法等内容，引导学生圈点批注，能够促进学生主动思考和感悟。

3.篇尾：还原法。

南阳诸葛庐，西蜀子云亭，(和州梦得室)，孔子云：(君子居之，)何陋之有？

注：①刘禹锡，字梦得，贞元九年擢进士第，登博学宏辞科。据说，《陋室铭》为其被贬和州(今属安徽)时期所作，仍待考。②《论语·子罕篇》：子欲居九夷。或曰：“陋，如之何？”子曰：“君子居之，何陋之有？”

问：括号内的两句话，加不加上有什么差别？

两个还原之处，略有不同，前者为作者意思的还原，后者为引文的还原。作者之所以将两处都隐去，是因为“铭”刻于心，其文体功能主要是警示自己。古人写作或阅读，审美倾向于追求“文贵含蓄”，不能过分显示自己，若加上前者就变得有点“露才扬己”，再加上后者“君子”就变得直接将自己定义为君子，这极不妥切。对此，教师可以提示学生回顾《〈论语〉十二章》中论述君子的语句：“人不知而不愠，不亦君子乎？”君子就是注重自警自励的人，诚如荀子所说“古之学者为己，今之学者为人”，其实古人作“铭”也是为了修养提高自己。作者在此“引经据典”，自然蕴涵“原道、征圣、宗经”之意。使用还原法，还原后的语气顿时变得非常强烈，相形之下，原句的语气显得谦逊和自勉。由此可见，在作者语意确有省略和诗文征引明显省略的情况下，还原法是非常值得尝试的。

四、习得逻辑：从课文写法品味特色效果

采用多种方法“读出课文写法”，已经涉及课文的语言特色，但并不是专门学习语言特色。为了充分体悟《陋室铭》之雅之美，还要在具体的活动中品味其语言特色。褚斌杰先生说：“这篇八十一字的短文，向来以立意新颖，布局严整，语言精巧著称。”[2]其“语言精巧”，高度评价了《陋室铭》的语言艺术水平。这除了语意精雅之外，恐怕还得益于其“铭”句法灵活，句式精致，美感十足。换言之，“意雅”“言雅”交相辉映，是《陋室铭》语言精巧的主要成因。

1.骈句：朗读法。

山不在高，有仙则名。水不在深，有龙则灵。斯是陋室，惟吾德馨。苔痕上阶绿，草色入帘青。谈笑有鸿儒，往来无白丁。可以调素琴，阅金经。无丝竹之乱耳，无案牍之劳形。南阳诸葛庐，西蜀子云亭。孔子云：何陋之有？

教师请学生先自由朗读，再引导学生注意语速、节奏和语气，一般都能读出其押韵的特点。在某种程度上，“押韵”“韵脚”保证了其语句朗朗上口，具有非常明显的流畅感，容易入耳入心。再者，其句式多为对偶句或整句，相当整齐，再加上声韵特点，就有了骈句的句式特征。骈体文又叫四六体，就是因其语句多为四六字句，注重对偶声律，具有雅言的特质。对此，非读不能见其雅，非诵不能品其美。使用朗读法，声情并茂，可立即用声音传达其语言整中见散、声韵和美的特点。

2.诗意：集句法。

苔痕上阶绿，草色入帘青。谈笑有鸿儒，往来无白丁。

问：如果没有学习《陋室铭》这篇文言文，你会认为这是哪种文体的课文？

初中学生通常回答“诗”“诗歌”，小学生认为这就是古诗。其实，包括一些语文教师，都说自己乍一看，还真以为是一首诗呢！也就是说，在某种意义上，可以将其命名为《陋室诗》，这就是《陋室铭》的语言特色所在。所以，教师可借此语句，引导学生对其“诗意”“诗感”玩索一番。可用课件呈现《峨眉山月歌》《别董大》《送元二使安西》等诗歌，学生即可看出景情关系：先景后情，以景写人，借景抒情，明显是诗歌的作法。其实，在古代截取或集合前人诗文中的语句，然后创作而成新作品，这种方法就是截句法或集句法。从创作论的角度来说，这正是属于语言文字运用所独有的方法。

3.文感：删改法。

山不在高有仙名，水不在深有龙灵。斯是陋室吾德馨，苔痕阶绿入帘

青。谈笑鸿儒无白丁，素琴调而阅金经。断无丝竹乱耳忧，亦除案牍劳身形。诸葛草庐子云亭，孔子曾云何陋有？

问：如此删改，是否可以？请发表自己的看法。

学生朗读此改作并再读原文，经过对照阅读很快察觉：这样修改只能叫做《陋室诗》。教师追问：原因何在？学生回答课文前面的“预习”说：“铭”是文言文的一种文体，原本就跟诗歌不一样。其实，体悟《陋室铭》的语言之美，就是要能看出其通篇具有“诗质”的特点和感悟，把握住其作为“铭”这种文言文，而不同于《论语》的语录体、《世说新语》的笔记体和《爱莲说》的说体小文的特点。

综合来看，《陋室铭》的语言风格、语言特色和语言精巧，既是由其语句“声韵”“意蕴”的特质所决定的，也是由其“器物居室铭”的体式所决定的。

五、实践逻辑：从特色效果领悟写作意图

作者为什么要写作《陋室铭》呢？这涉及作者的写作意图。阅读教材，教材编写者对此并无注释或提示。也就是说，“单元导语”所言的“本单元所选的文章，从不同的角度展现了中华美德以及时代对这些美德的呼唤。阅读这些课文，可以陶冶情操，净化心灵，使人追求道德修养的更高境界”。这个意图的落实，还需要教师提供能够理解刘禹锡心境的助学资料，学生才能更好地跟古人“神交”或“读其书而想见其为人”。助学材料如下：

1.《〈论语〉十二章》：子曰：“贤哉，回也！一箪食，一瓢饮，在陋巷，人不堪其忧，回也不改其乐。贤哉，回也！”

2. 刘禹锡在文章《上杜司徒书》中说：“小人祖先壤树在京、索间，瘠田可耕，陋室未毁。”

注释：①壤树，墓地植树当作标记。②京、索，在今河南郑州荥阳。公元842年，71岁的诗豪刘禹锡病卒于洛阳，葬于荥阳。

3. 刘禹锡所写的《子刘子自传》，其结尾先说“行年七十有一，身病之日，自为铭曰”，下面就是一番感慨(此处译成白话文)：“没有早亡也不卑贱，是天生的福分啊。多灾多难，是遭遇的不好啊。天赋的才能，不让我施展啊。即使有人诽谤，我也问心无愧啊。躺在这窗子下，我到了终期啊。葬近祖坟，还像活着一样啊。灵魂无处不到，这怎能知道啊！”

阅读颜回的“陋巷”、刘禹锡家乡的“陋室”和刘禹锡自传的结尾，设想你是刘禹锡的书童(或朋友)，你又读了他写的《陋室铭》，你会认为他是怎样的人？想跟他说些什么？

学生经过阅读，能够“知人论世”，进入情境，多数人会猜测到“陋室”跟“陋巷”的一脉相承关系，认为刘禹锡是“一个有着颜回德行的人”“是一个安贫乐道的人”“是一个有着信念操守的人”“是一个自力更生、达观开朗的人”等；想跟他说“感谢”“敬佩”“修身榜样”等。其实，真正领会作者的思想精髓，就需要跟作者对话。教师应为学生架设一道穿越时空的桥梁，根据语文学科的特点，这道桥梁就是作品及其背景材料。这可称为基于助读材料的“入境法”，通过假设的方式促使学生主动代入角色和情境，产生移情体验和换位思考。教师引导学生化身为作者的亲友或熟人，在说出肺腑之言时，传达出自己对课文精髓的领悟和对作者意图的神会。

六、心理逻辑：从言语成品炼用言语图式

根据图式理论来看，传世诗文作为言语成品的经典，其主要贡献就在于创造了人类语言表达的经典图式，成为后世学习、效仿和研究的对象，也是后世创造崭新语言表达图式的资源和基础。在这种意义上，学用课文的文体，是学用其文章图式；学用课文的写法，是学用其语篇图式；学用语言的特色，是学用其语言图式。

当然，学用课文所内蕴的多种图式，有着多种多样的方法，例如续写法、扩写法等等。不过，从容易操作、便于自学以及成本核算的角度来说，仿写法是性价比最高的语文教学专业方法之一。由于课文不足百字，可引导学生仿写其首尾部分、篇中部分或整个语篇，量学力而行即可。教师可提供若干仿拟之作，供学生参考，不必拘泥于其声律、对偶和字数，仿其形或仿其意。

1.《小草铭——仿刘禹锡〈陋室铭〉》[4]：烛不在长，有芯则熔。器不在奢，有镂则工。斯是小草，惟其蓬勃。春风吹又生，清气满乾坤。晴翠点旷野，花间衬紫红。可以立悬崖，生狭洞。无凋落之惆怅，无狂飙之惊恐。志坚如磐石，心宽比苍穹。吾云：“何小之有？”（初中同学仿写）

2.《体育铭——仿刘禹锡〈陋室铭〉而作》[5]：身不在高，强壮则成；体不在胖，健美则灵。斯是文明，惟吾运动。能得健身道，生命树常青。恒作闻鸡舞，精气神鼎荣。神州腾蛟龙，华夏兴。雪“病夫”之国耻，扫文弱之旧风。华夏矗铁骨，神州志成城。问寰球：“谁敢争锋？”（大学教师仿写）

3.《手机铭——仿刘禹锡〈陋室铭〉》：机不在贵，有用则行。屏不在大，有网就行。斯是陋机，惟吾智能。屏幕多风景，软件添内容。读背有学习，应用无游戏。可以看新闻，背单词。无坏书之乱心，无网游之沉迷。深圳

华为机，北京小米牌。吾人曰："何陋之有？"（笔者、中学教师的仿写）

4.《微信铭——仿刘禹锡〈陋室铭〉》：话不在多，有情则诚。词不在美，有趣就行。思念微友，遥望繁星。临屏吟诗律，敲键书丹青。新朋《相见欢》，老友《诉衷情》。可以除寂寞，得温馨。无烦躁之绕耳，无荣辱之缠形。眼前漓江水，胸中玉镜明。我心云："何愁之有？"（改编自老年网友的仿写）

根据指导语的要求，按照给定的示例，揣摩其结构格式、操作规则和构成要素等显性或隐性的信息，完成指定的任务，这就是仿写法。由于仿写本身带有示例，其实就是学生思考和学习的支架，降低了学生迁移和拓展的难度，一线教师在操作时，注意选准仿写点，提供示例，可以指导学生仿词、仿句、仿段、仿篇，或仿韵脚、仿手法、仿写法，似可无所不仿，实行循序渐进、逐阶攀升，直至形神兼备。

七、语文教学内容确定流程的多维透视

根据教学内容而选择和确定教学方法，发现并把握两者的关联，是需要教师具有课程意识和教学自觉的。用多个维度透视语文教学内容确定流程，可发现其合理性和可行性。

就内容来说，篇章是整体，句段是局部。没有篇章的把握和理解，句段的理解将"一叶障目，不见森林"；没有句段的理解，篇章的把握和理解将"浮于表面，平面滑行"。字词不离句段，句段不离篇章，使句段篇章在"语境""意脉""意图"等方面保持一致。在解决语篇整体理解的时候，可优先使用缩写法，删减枝叶，保留主干，实现原文整个语篇内容的压缩；在解决局部理解的时候，可根据语意省略、理解的难度等情况，酌情使用还原法、删改法、朗读法等方法。

"人类的知识有不同类型，不同类型知识的学习条件不同；只有依据每类知识学习的内外条件来设计教学，才能收到最佳教学效果。"[6]就诗歌教学来说，其诗歌内容的理解，既涉及字词意思、古代文化常识等陈述性知识，也涉及如何阅读首尾、如何把握主旨句等程序性知识，更涉及使用阅读方法的时机、方式和自我反思等策略性知识。就陈述性知识的学习来说，应当使用口诀、关键词等记忆术，这就涉及利用关键词构建支架的复述法或缩写法。就程序性知识的学习来说，如何运用句式、运用修辞手法和文章写法，如何阅读语句、段落和语篇等，则是教学的重点，可以采用造句法、删改法和仿写法等方法。就策略性知识的学习来说，反思自己学习以上两种类型知识的运用方法的时机、思考角度和方式以及自我监控意识，可以参考他人反思的记录，采用仿写法，写成一段自我反思；可以根据教师提示的问题或角度，采用评点法，通过点评式的评价提高元

认知能力；还可以采用概述法，做精要的交流发言，促进班级同学形成主动反思的氛围和习惯。

从教的视角来看，教师应立足于“教是为了促进学”的目的，采用包括听说读写在内的诸多方式激发学生学习，将学生卷入学习状态中。否则，教师的教跟学生的学并未发生关联，而是相互脱节，说明教师所用方式方法不够专业、不太恰切或未能把握学情。根据学生的年龄阶段、学习习惯以及学习某类知识的所需条件，教师应当避免只用讲授法“以说为主”的方式，而应采用“听说读写”具有关联性或融合性的方式，将学生的语文学习从浅表带入深层。例如：仿写法、造句法，需要学生动手动脑，也需要学生开口发言和认真倾听，其难度相对较低易操作，就可以消除教师“一讲到底”、学生“一听到底”的现象。再如续写法、扩写法、缩写法、朗读法、集句法等，都可以改变教师“平铺直叙地讲”这种单一的教学方式和教学状态。

站在学生学习的视角，学生学习语文是要学习技能的，也是要有实效的，如果学不到技能，学习了也没有用武之地，学习兴趣的减退衰落是必然的。学习实践充分证明，学习者只有把想学的学到手、可以运用，下次学习才会有更强烈的意愿。久而久之，这样的学习是会使人上瘾的。学生学习语文，涉及知识、技能和策略，其实，这里的“知识”就是“狭义的知识”，即陈述性知识；“技能”或“方法”就是程序性知识，是用来实践操作的知识；“策略”则类似于“策略性知识”，尤其是对“知识”“技能”这两者的学习的反思和认知，就是典型的“策略性知识”。学生主动学习，既要根据教师对知识的分类而形成对知识进行分类的意识、元认知能力，也要运用教师所使用和呈现出来的技能与方法而形成自己学习语文的技能与方法，在课后自学中，将语文学习过程形成的意识、技能和方法等进行充分实践，以便促成迁移并达到熟练化自动化。

参考文献：

[1] 熊纪涛. 语文教学专业方法体系论——基于统编版初中语文教材的提炼与建构[J]. 中学语文，2021(34)：62-70.

[2] 褚斌杰. 中国古代文体概论[M]. 北京：北京大学出版社，1984：395.

[3] 褚斌杰. 中国古代文体概论[M]. 北京：北京大学出版社，1984：397.

[4] 杨韵琦. 小草铭——仿刘禹锡《陋室铭》[J]. 读读写写，2009(7)：77.

[5] 张中豹. 体育铭——仿刘禹锡《陋室铭》而作[J]. 洛阳工学院学报(社会科学版)，1999(2)：90.

[6] 黄方芳，庞维国. 知识分类学习论在初中文言文教学中的应用[J]. 当代教育科学，2010(18)：13-15，33.

师生双重视角下的“整本书阅读”个性化攻略例谈

——以统编本七年级语文名著导读为例

(黄梅县苦竹乡中学，吴再柱)

名师简介

吴再柱，男，湖北黄梅人，湖北省特级教师，正高级语文教师，黄冈市高层次人才，黄冈师范学院教育硕士研究生行业导师。在《中国教育报》《中国教师报》《语文教学通讯》《中学语文教学参考》《初中语文教与学》《教师博览》《黄冈师范学院学报》等报刊发表文章近200篇。先后出版《我教语文的感觉》《乡村教师突围》《公民教育与现代学校》《乡村少年成长密码》《特级教师陪你读名著》《卓越教师的成长特质》《从语文课标到语文课堂》等著作。

一、推动名著阅读，是一种国家意志

一个人的精神成长史，就是他(她)的阅读史；一个民族的文明程度，取决于这个民族的整体阅读水平；一个国家的繁荣程度，取决于这个国家公民的文化修养。

推动名著阅读，早已成为国家意志。随着统编本语文教材的出版和使用，这种意志便得到进一步的加强。单是初中阶段，要求学生阅读的名著就有36部，这是国家意志的一个明证。同时，中考、高考名著阅读考查的分值普遍提高，尤其值得关注的是2018年北京市高考语文卷，用“微作文”的形式来考查名著阅读(原题见下文)，更是体现了这种意志。

从下面三个题目中任选一题，按要求作答。

①在《红岩》《边城》《老人与海》中，至少选择一部作品，用一组排比比喻句抒写你从中获得的教益。要求：至少写三句，每一句中都有比喻。

120字左右。

②从《红楼梦》《呐喊》《平凡的世界》中选择一个既可悲又可叹的人物，简述这个人物形象。要求：符合原著故事情节。150—200字。

③读了《论语》，在孔子的众弟子之中，你喜欢颜回，还是曾参，或者其他哪位？请选择一位，为他写一段评语。要求：符合人物特征。150—200字。

——2018年北京市高考语文卷“微作文”（10分）

众所周知，北京高考卷往往是一种方向标。它也许影响着来年的全国卷。试想一下，如果不是真阅读、整本地阅读，写起上面这种微作文来是非常困难的。

名著阅读，利师利生；名著阅读，时不待我。本文尝试从实际操作层面对教师和学生双重视角下的整本书阅读进行简要分析。其目的是为了更好地推动名著阅读的落实和强化，也是为了名著阅读在中小学校能广泛持续地落地生根，开花结果，更是为了让更多的中小学生在名著阅读的过程中提高效率，获得益处，得到精神的滋补和情操的陶冶。

二、教师视角下的名著阅读

（一）课程视角

名著阅读是语文教学的一项刚性要求。《义务教育语文课程标准》（2011年版）指出：“（使学生）具有独立阅读的能力，注重情感体验，有较丰富的积累，形成良好的语感。学会运用多种阅读方法。”“九年课外阅读总量应在400万字以上。”其中，初中阶段阅读总量不少于260万。试想一下，如没有“量”的保障，便无法实现“质”的提升，“能力”“体验”“积累”“语感”“方法”等方面的优化便无法得到保证。

《义务教育语文课程标准（2011年版）》还指出：“培养学生广泛的阅读兴趣，扩大阅读面，增加阅读量，提倡少做题，多读书，好读书，读好书，读整本的书。鼓励学生自主选择阅读材料。”自统编本教材出版使用以来，“整本书阅读”得到了进一步重视。但是，我们必须看到，《义务教育语文课程标准（2011年版）》的“理想很丰满”，而中小学生（特别是乡村学生）实际阅读现状却依旧令人担忧。“少做题，多读书”的顶层设计并没有得到真正的落实，中小学校（尤其是乡村中小学校）基本还在延续着“只做题，不读书”或“多做题，少读书”的题海战术惯性思维。

在笔者看来，学生的名著阅读，唯有从课程视角出发，在师资、课时、策略、考查等方面齐头并进，才能逐步达到《义务教育语文课程标准（2011年版）》要求。

（二）素养视角

“素养”一词，在《义务教育语文课程标准(2011年版)》里出现频率很高，比如“语文课程应致力于学生语文素养的形成与发展。语文素养是学生学好其他课程的基础，也是学生全面发展和终身发展的基础。”语文素养，在《义务教育语文课程标准(2011年版)》里具体包括：①热爱祖国语文的思想感情；②具有适应实际需要的识字写字能力、阅读能力、写作能力、口语交际能力，也就是通常所说的听说读写能力；③提高品德修养和审美情趣，逐步形成良好的个性和健全的人格，促进德、智、体、美的和谐发展。名著阅读，它必须也必然是发展学生语文素养的一个重要手段。

随着“中国学生发展核心素养”的发布，名著阅读的价值和地位也应当随之得以提升。中国学生发展核心素养，以培养“全面发展的人”为核心，分为“文化基础”“自主发展”“社会参与”三个方面，综合表现为“人文底蕴”“科学精神”“学会学习”“健康生活”“责任担当”“实践创新”等六大素养。事实上，教材推荐(不仅仅是教材推荐)的名著里，均在不同程度上体现了这些素养。

比如《朝花夕拾》里，《从百草园到三味书屋》里关于泥墙根一带的描写，就包含着作者的审美情趣，属于一种“人文底蕴”。《阿长与〈山海经〉》中对长妈妈的人文关怀，也属于一种“人文底蕴”.《藤野先生》一文中，对“清国留学生”的批判，包含了“科学精神”“责任担当”等素养；对藤野先生朴实厚道、待人真诚、严谨治学的赞美，就包含了“人文底蕴”“学会学习”“责任担当”(社会责任、国家认同、国际理解)等素养；而作者弃医从文的选择，更是一种“责任担当”的具体表现。

再比如《海底两万里》几乎包括了“人文底蕴”等全部的六大素养。只是限于篇幅，这里不便细说。

可以说，只要稍作分析，每部名著里都会有丰富的“素养资源”可供挖掘。这些素养资源，学生在自主阅读时可以感受和感悟，教师在名著导读时更可以提示和提醒。

（三）减负视角

当前中学生的课业负担，没有“最重”，只有“更重”。这是不争的事实。作为名著阅读，我们也必须站在减负的视角去思考。个人认为，可以从两方面来谋划。一是作品数量上的精简。比如，七年级上册教材指定了六部名著，《朝花夕拾》《西游记》两本为必读书目，这是不能精简的；《白洋淀纪事》《湘行散记》两本，《猎人笔记》《镜花缘》两本，这四本选读书目，分别可以二选一。当然，如果学生本人有兴趣、有时间、有能力，这六本书都可以拿来阅读。

二是单本阅读上的减负。比如《西游记》的阅读。教材建议《西游记》这样的古典小说，适合“精读”与“跳读”并用的阅读方法。但如何精读，如何跳读，尤其是后者的取舍，七年级学生大多无法实施。因此，我们可以告诉学生，不妨从三个方面来跳读：(1) 生字词的跳读：因为该书的生僻字太多，阅读时遇到生字词，不妨跳过；有的生字词出现频率较高，可以查阅。(2) 句段的跳读：较大篇幅的环境描写、人物描写和打斗场面描写等，属于“说书人”惯用的渲染夸张手法，跳读过去，不影响对故事情节和人物形象的理解。(3) 章回的跳读：该书的第三部分(13—100 回)，叙述九九八十一难，在内容情节方面，雷同的部分有很多，读者可以跳过一些章回。再比如《白洋淀纪事》也可以通过选读部分篇目的方式，来实现减负的目的。

(四) 适度视角

减负，侧重于数量的减少；适度，侧重于深度的把握。这种适度，应符合学生的年龄特点，符合学生的阅读经验。深了，学生理解不了；浅了，阅读效果打折扣，阅读兴趣难持久。因此，从教师角度来看，在导读时应尽可能地让更多的学生能够“跳一跳，能摘到”。

比如《朝花夕拾》里，《狗 · 猫 · 鼠》《二十四孝图》《范爱农》等文章，很多学生读不进、读不懂。但如果教师能把相关文章和作者的生平经历结合起来进行导读，便降低了阅读难度；同时还能使学生更全面、更有序地了解作者的思想脉络。但笔者认为，教师对作品内涵无需过多地进行解读，学生能了解文章内容以及作者的基本思想即可。这种判断是基于学生的年龄特点和阅读经验的。

《哈利 · 波特与死亡圣器》是《哈利 · 波特》系列小说的第七本，此前有《哈利·波特与魔法石》《哈利·波特与密室》《哈利·波特与阿兹卡班的囚徒》等六本，该系列作品尽管都能独立成书，但其人物之间的关系却一脉相承。读者突然进入《哈利 · 波特与死亡圣器》，会时常感到莫名其妙。因此，教师的导读必须心中有数，铺垫有效。

(五) 共鸣视角

所谓共鸣视角，简单地说，就是教师的导读，能够尽可能地将自己对作品的理解，通过点拨、提示等形式，引起更多学生的共鸣，从而加深学生对作品的理解，对主题的把握，对养料的吸收。

比如《海底两万里》[1]里有下面一段：

我看见有四具尸体——四个男子，其中一人站在舵边，还有一个妇人手中抱着一个小孩，在船尾跳板格子上站着。这妇人还年轻。有诺第留斯号的电光的照亮，我可以看出她那还没有被海水所腐蚀的面容。她作最后绝望的努力，把小孩举在她头上，这可怜的小生命正把两只小手抱着妈妈的脖子呢！

——第一部第十八章《太平洋下四千里》

此段，笔者导读如下：

在太平洋海底，“我”目睹了一起海难事故的惨烈场面。精细、逼真的场面描写让人唏嘘不已。也是在这段描写里，年轻女子用尽最后力气，把孩子举过头顶，让人感动，这是一种人性的光辉，一种母爱的伟大。舵手的冷静与严峻，也体现了他们的一种职业精神：死亡面前，从容淡定。这段描写表现出作者对历史上所有海难的追思和哀悼，也表达了作者独有的人文情怀。

这样的点拨，期待能与更多的学生产生思想共振、心灵共鸣。

三、学生视角下的名著阅读

（一）童心视角

童心视角，与成人视角相对应。一些作品、一些内容、一些细节，也许在成人眼里很寻常，而在学生眼里很奇葩；相反，一些作品、一些内容、一些细节在儿童眼里，也许很正常、很自然，而在教师的心中，会不自觉地进行一些“深度解读”。也就是说，名著导读时，我们应当遵循顺其自然的原则。这和上面所说的“适度视角”是同理的。

喜欢“好玩的东西”是几乎所有儿童的共性。学生也许因为作品中的某一处、某一段好玩，便喜欢上了整部作品。也就是说，教师如果能把文学作品中“好玩”的内容适当“翻”出一些，让学生提前享受，也许能够达到“四两拨千斤”的导读效果。比如鲁迅的《狗·猫·鼠》，大多学生因为读不懂，故而不愿读。但是，教师可以把该文中“狗和猫便成了仇家”“猫是老虎的先生”这些有趣的童话故事讲一讲，以此激发学生阅读此文的兴趣和信心。

作为进入青春期的少年，独立性在不断增强，他们往往更喜欢自己去摸索和探索，而不喜欢成人的过多介入。这也就意味着，教师的导读点拨应能少则少，能无则无。何况，学生的阅读，教师永远是无法替代的，也是永远无需替代的。

马斯洛需求层次理论告诉我们，“尊重”“自我实现”分别为人的需求中最高的第四和第五层次。从名著阅读这一活动出发，学生更希望能把自己对作品的理解与别人分享，得到他人的尊重和赞美。因此，教师可以适当开展一些阅读交流、阅读表演等活动，这样既可以满足学生的心理需求，还可以碰撞出更多、更美的思想火花。

(二)差序视角

“差序”一词，源于《乡土中国》一书。该书中“差序格局”[2]之说，旨在描述亲疏远近的人际格局：就像水面上泛开的涟晕一样，从自己出发，不断延伸开去，一圈一圈的，按距离自己的远近来划分亲疏。

在笔者看来，包括中学生在内的所有读者，在阅读时都会有这种“差序格局”：喜欢的，不太喜欢的；能读懂的，不太能读懂的。也就是说，所有的读者，往往都会根据自己的阅历、自己的喜好、自己的基础，去选择文学作品来阅读。显然，这与我们通常所说的“必读”，包括所谓的“选读”，产生了一定的矛盾。因而，学生的阅读大多是在带有一定的强制性下去“必读”和“选读”的。教材上推荐的书目，你都得读下去，而且最好是都能读完、能读懂。

同一个班级，因为家庭教育、生活经历、学习习惯、教师教学等原因，学生之间的阅读速度、阅读品质也会有很大的差距。这就意味着，教师的导读必须因材施教、因势利导，不宜统一标准、统一要求。比如一个学期内，我们可以根据学生的实际阅读能力，分为6本、4本、2本三个层次，让学生根据各自的基础和需求去选择、去调整；同样的道理，同一部作品，我们鼓励学生整本地阅读，但也允许一些学生从实际出发，去选读部分章节或部分篇目。实践证明，这种弹性要求，更适合于学生阅读的“差序格局”。

(三)多元视角

鲁迅先生说：“一部《红楼梦》，经学家看见《易》，道学家看见淫，才子看见缠绵，革命家看见排满，流言家看见宫闱秘事。”这说的便是阅读的多元视角。

比如猪八戒，大多读者都会认为他好吃懒做，爱占便宜，贪图女色，敌我不分；但也有读者认为他性格温和，憨厚单纯，忠心耿耿，言听计从。在更多人眼里，孙悟空神通广大，最值得敬佩；但在一些孩子眼里，猪八戒蠢蠢呆呆，最为可爱。

再比如《镜花缘》，在成人眼里，人物繁多，读来麻烦；“论学说艺，数典谈经，连篇累牍”(鲁迅语)，作者有卖弄、拼凑之嫌，但在许多学生的眼里，奇人异事，奇风异俗，亦真亦幻，饶有情趣。

“一千个读者，便有一千个哈姆雷特。”尤其是对于正处于想象力丰富、创造力旺盛的初中生来说，教师应充分尊重他们的喜好和评价，不要轻易地给人物形象贴标签，给作品主题定调子。但是，这并不意味着让学生的评价天马行空、五花八门。也就是说，教师既要有开放的心胸，也要有基本的判断；既能够放得开，又能够收得拢。因此，教师的导读，必须建立在个人熟读的基础之上。否则，难于驾驭导读课堂。

（四）有用视角

实用主义，并非成人的专利。“是否有用”，往往也直接影响到学生的“是否选择”。这种“有用”，既包括心理方面的，比如，某部文学作品能满足这些少男少女们的某种心理需求；也包括学习方面的，比如，能从中“学”到一些东西，对作文有一定的帮助，对考试有实际的作用，等等。

比如柳青的《创业史》，对于当下的少年来说，想读进去，其实有点难。因为，这本书所写的内容主题，是新中国成立不久，以一个叫梁生宝的陕西青年成立互助组、合作社为线索，来表现中国农村社会主义改造进程中农民思想认识的不断转变。“阶级斗争”是本书的一个重要主题，内容也没有多大悬念。显然，这难以吸引学生的眼球。但如果我们选择从“创业”二字出发，引导学生从中获取吃苦耐劳、团结一心、百折不挠等核心价值，也许可以收到较好的阅读效果。

应试，这是无法回避的一个问题。如果只是让学生泛读，即便把整本书读完，也难说可以从容应试。因此，教师要研究命题的形式和走向，在学生阅读之后，从应试的角度进行一些梳理和归纳：这也是“刺激”学生阅读的一个好办法。

（五）简化视角

整本书阅读，当然要读完整本。但要求学生本本都读完，又没有那么多时间；本本都读懂，大多学生恐怕很困难；尤其是乡村学生，阅读的习惯、基础、能力的确较为薄弱。专家们提出可以“连滚带爬”[3]地阅读，这不失为一种解决问题的办法；但哪里该“滚”，哪里该“爬”，哪里该“立”，哪里该“跑”，需要一定的“技术指导”；同时，对于基础薄弱的学生来说，恐怕连“滚爬”的勇气和信心都缺乏：望而生畏、无动于衷、敷衍了事、装模作样的学生不在少数——这绝非夸大其词、危言耸听——只要到农村学校来做一点调查研究，便明了真实的情况。

“删繁就简三秋树，领异标新二月花。”从学生角度看，阅读内容需要简化；从教师角度看，学生负担需要减轻。这既考验教师的情怀，也考验教师的智慧。因此，本文的下一部分，笔者将个人的一些思考和实践略作呈现，期待方家的批评指正。

四、整本书阅读个性化攻略

(一)名著阅读个性化攻略概述

2017年秋季,笔者开始从事名著阅读的教学和研究,用“陪你读名著”的方式尝试了一些导读实践,完成了近20万字的导读教案,并逐渐形成了个性化的导读攻略。正如温儒敏教授提出的“一书一法”[4]。请看下表。

书名	攻略	文题
朝花夕拾	搭桥式	搭建通往《朝花夕拾》的桥梁
白洋淀纪事	选读式	选我所荐,读你所爱
湘行散记	散读式	“散读”而“聚思”
西游记	跳读式	《西游记》不妨这样“跳读”
猎人笔记	对话式	写给《猎人笔记》里的人们
镜花缘	主线式	主线不放,纲举目张
骆驼祥子	批注式	我的阅读我做主
红岩	倾听式	用心倾听英雄话语,深刻感受“红岩精神”
创业史	零整式	化整为零,化零为整
海底两万里	快读式	带着问题,有所关注
基地	概括式	概括作桥梁,天堑变通途
哈利·波特与死亡圣器	麻瓜式	你是哈利,我是麻瓜

(二)名著阅读个性化攻略例举

案例1:写给《猎人笔记》里的人们(摘选) ——对话式

《猎人笔记》[5]是俄国作家屠格涅夫的一部以猎人的身份,记述19世纪中叶俄罗斯农村生活的随笔集。它以一个猎人的行猎为线索,刻画了地主、管家、贵族、农奴等众多的人物形象,真实地展现了俄国农奴制下各阶层人民的生活状况。

该书由25篇小故事组成,每篇刻画了一两个性格迥异、生活状况各不相同的人物。篇目之间,人物之间,大多没有内在的联系。作为一本外国作品,因为文化的差异,阅读起来难免会有一种“疏离之感”。因此,此类作品,我们不妨采用一种“对话式”的阅读方法,来加深对作品的理解。

这里所说的对话式阅读,是指以第二人称的写法,读者将自己对作品中某些个性鲜明、给人深刻印象的人物的评价,或直接、或委婉地表达出来,从而增加对作品人物和对作品主旨的理性认识。

①写给雇农霍里(内容略)

②写给“县城里的医生”(内容略)

③写给护林人“孤狼”(内容略)

④写给亡者马克西姆们(内容略)

⑤写给没落贵族切尔托普哈诺夫(内容略)

⑥写给猎人——屠格涅夫

回去吧,快快回到那片无垠的原野,

那儿的泥土绵软得像天鹅绒,油黑发亮,那儿的黑麦一望无际,

静静地泛起如水的波浪,

天空中洁白透明的云朵中央,

倾泻下沉甸甸的金黄色光芒,

那是令人神往的好地方……

敬爱的屠格涅夫,请允许我也用你想要焚烧的诗稿作为本文的尾声吧。此时,我不知到底称呼你为作家,还是称呼你为猎人——其实,这又怎么能分得开、辨得明呢?

作为猎人的你,正如你所说的那样:“背着枪,带着猎犬出去游猎,本身就是一件其乐无穷的事。可能您生来不十分喜爱打猎,但您总该热爱大自然,向往自由吧。”是的,大自然和自由,本是所有人本应享受的,然而,总会有一些人,因为身份或因为身体等原因,竟然无法拥有。

比如你在《骷髅》一文中写到的露凯莉雅,这个曾经是你家所有女仆中最为美貌、能歌善舞的女子,因为摔了一跤,从此便站不得,坐不得,整天只能在床上躺着,一躺就是六七年,村里人都叫她“活尸”。尽管她不哀叹,不抱怨,但她终究是失去了享受大自然的权利。至于自由,她更不用奢想了。

比如你在《彼得·彼得洛维奇·卡拉塔耶夫》一文中写到的马特廖娜,彼得和她一见钟情,但因为她是别人家的一个女奴,而且她的女主人又是个蛮不讲理的老太婆。老太婆,不,老妖婆说,她立过一条家规,不放任何一个仆人去伺候别人;这种事不成体统,有失体面,有伤风化,败坏家风。这不完全是胡扯么?也正是这种无厘头的逻辑,让马特廖娜无法拥有自由,也让彼得最终失去爱情。

再比如你在《白氏草场》一文里写到的五个牧马少年的深夜篝火故事会。那里如此静谧,“四周一切都酣然入梦,万籁俱寂。只是有时从附近的

河流中传来大鱼跃出水面浪花飞溅的声响，岸边的芦苇被涌动的波浪轻轻地冲击着，瑟瑟作响，两堆篝火噼噼啪啪地演奏着单调枯燥的小夜曲”。孩子们如此自由自在。然而，你在文章结尾写道：“可惜的是，我必须补充一句：巴普鲁沙就在这一年夭折了。他不是溺水身亡的，是坠马身亡的。这个乖巧的孩子的死让人十分惋惜！”巴普鲁沙拥有自由，却失去了生命。

好了，不能再多作列举了。你——猎人也好，作家也罢，大部分时候你以一个游历者、旁观者、记录者的身份而存在。然而，字里行间始终保持着一种对农奴制度的批判，对苦难意识形态的同情，对地主、贵族们表面文明仁慈实际野蛮残暴本性的揭露。在我看来，《猎人笔记》貌似平和优雅，其实绵里藏针，甚至还有人称它是射向俄国社会农奴制度的“一阵猛烈的炮火”，是“一部点燃火种的书”。无论怎么评价，作为读者的我，由衷感谢您为我们留下了这一部伟大的著作，让我们在领略俄罗斯美丽风光的同时，还真切地体会到俄罗斯人民的质朴、勇敢、坚韧和乐观。

案例2：用心倾听英雄话语，深刻感受“红岩精神”（摘选）——倾听式

《红岩》[6]是一本红色经典读本。该书讲述了中华人民共和国成立前夕，重庆地区的地下党人英勇斗争的故事。阅读《红岩》，读者可以欣赏到地下工作者化装侦探、暗号接头、情报传递等跌宕起伏的情节，更可以感受到革命英雄们坚持真理、无私奉献、团结一心、尽心尽职、舍己为人、坚强不屈等“红岩精神”。这，应当是阅读该书与其他名著的不同之处。

言为心声，革命英雄的话语，往往散发着理想的光芒；言行一致，一个真正的革命英雄一定能够言必行、行必果，百折不挠，一往无前。下面，我们试图采用“倾听式”的阅读方法，用心倾听革命英雄的话语，深刻感受他们身上所具有的理想信念。

①用心倾听英雄的话语中丰富的斗争经验(略)

②用心倾听英雄的话语中积极的担当精神(略)

③用心倾听英雄的话语中钢铁一样的意志(略)

④用心倾听英雄的话语中大无畏的牺牲精神(略)

⑤用心倾听英雄的话语中坚定的革命信念

英雄的话语里，还有着忘我的工作精神，如P85，成岗“要印得又多又快……”

有着纯粹的革命友谊，如P87，成岗“致以革命的敬礼！”对方(刘思扬)回复“紧紧地握你的手！”

有着对自由的美好向往，如P394-395，"'那时候，你画一张——'成岗抬起头来，衷心地说，'你要画一张祖国的黎明。'"

有着革命乐观主义精神，如P287-294的狱中联欢庆祝新年；

有着充满柔情的人性之美，如P222，一个新的生命降生在监狱里，狱友们对婴儿的关爱，并取名为"监狱之花"；

有着丰富的斗争智慧，如P456，华子良长期装疯，骗过敌人，刘思扬仔细观察，发现隧道里关着人，后来知晓隧道里关着许云峰；等等。

在笔者看来，以上所有的一切，更多的是因为英雄们有着坚定的革命信念。关于革命信念，在书中每一个章节几乎都有呈现。下面，略举几例。

"嗯，一直跟着妈妈。可是我从来没见妈妈流过眼泪。妈妈常常对我说：孩子，快长大吧！红军一定会回来的！血仇要用血来报，剩下孤儿寡妇，一样闹革命！妈妈说的对，现在妈妈不是又上山打游击去了！听说她现在作了司令员咧！"(第四章，P64)

这是华为对江姐说的话。在华为很小的时候，爸爸就被敌人捉去，母子俩认为爸爸早就牺牲了(其实，华为的爸爸就是华子良)。娘俩始终都有一个坚定的信念："红军一定会回来的！"正是这种信念，一个成为英雄的妈妈，一个成为英雄的儿子。

"我受谁利用?谁都利用不了我！信仰共产主义是我的自由！"他从来没有听过这样无理的话，让党和自己蒙受侮辱，这是不能容忍的事，当然要大声抗议那个装腔作势的处长。

"阶级出身不能决定一切，三民主义我早就研究过了，不仅是三民主义，还研究了一切资产阶级的理论和主义，但我最后确认马克思列宁主义才是真理。"(第十一章，P196-197)

刘思扬，乃是"资产阶级出身的三少爷"。他不必为生活所累。但他始终信仰着共产主义，坚信马克思列宁主义，坚信共产党。这便是信仰和信念的力量。也正是这种信仰和信念，后来，他在监狱里不折不挠，经受住诱惑，为解放事业献出了宝贵的生命。

英雄们的这些话语，我们可以勾画，可以批注，可以朗读，甚至可以背诵。因为这些话语，代表着无数革命先烈、仁人志士在推翻旧世界、建立新社会的艰苦卓绝的斗争中所发出的共同心声。

这些话语，在今天这个和平年代，仍然有着不可磨灭的光辉和力量。这些话语，能够时刻激励着我们尤其是青少年们，坚持理想信念，坚定意志信心，继而用以克服学习、工作、生活中的各种困难。这便是红色经典给予我们的精神养料，也是我们用这种用心“倾听”的阅读方式所收获的非物质遗产。

参考文献：

[1] 儒勒・凡尔纳. 海底两万里[M]. 北京：北京师范大学出版社，2014.

[2] 费孝通. 乡土中国[M]. 北京：人民出版社，2014：25.

[3] 阚兆成的博客. 温儒敏：让学生“连滚带爬”地读书[EB/OL]. (2016-12-22)[2019-04-01]. http：//blog. sina. com. cn/s/blog__59d698c90102x4d8. html.

[4] 温儒敏的博客. “整本书阅读”功夫在课外[EB/OL]. (2018-02-05)[2019-04-01]. http：//blog. sina. com. cn/s/blog59432ccb0102xbvn. html.

[5] 屠格涅夫. 猎人笔记[M]. 哈尔滨：北方文艺出版社，2016.

[6] 罗广斌，杨益言. 红岩[M]. 北京：中国青年出版社，2014.

从“小课题”到“大选题”

——一位特级教师的专业成长之路

（黄梅县苦竹乡中学，吴再柱）

没有比脚更长的路，没有比人更高的山，没有比自主成长更好的发展方式。回顾个人专业成长，如果能称之为小有建树的话，我认为最受益的就是不断地给自己“挖坑”：从小坑到大坑，从浅坑到深坑，从单一坑到连环坑。越过一路的“坑坑洼洼”，实现了从“小课题”到“大选题”的迈进，让自己逐渐地稳健起来、丰富起来、厚实起来，并越发宁静起来、快乐起来、加速起来。

一、关于课堂模式

小课题1：“5·3·1”课堂教学模式

大概是2000年。那时，我想寻找一条适合于农村学校也适合于自己的提高课堂教学效率的路径，但几乎无从着手。一个偶然的机会，我从一位老师那里借来一本语文名家教育文集。我无比兴奋，因为当时在我们这个偏僻的县城，更别说我所在的乡镇，根本无法买到一本教育专著。这真正是如获至宝。笔记做了整整一个本子，密密麻麻的。那可是我小课题实验的第一桶金。

获得了这第一桶金后，我便开始课堂改造。经过近两年的努力，我自主构建起一种自称为“5·3·1”的课堂教学模式，也就是在每节语文课中，有计划地将其划分为三个阶段：(1)5分钟的说话训练；(2)30分钟的导读点拨；(3)10分钟的巩固质疑。

这样的教学模式，确实调动了学生的语文学习主动性，提高了学生的语文成绩，特别是在培养学生的说话胆量方面发挥了较大作用。这些，在当时的农村学校里是难能可贵的。

小课题2：“双体互促”课题实验

2003年秋季，我接手了初二的一个班级。当时班额较大，有78个学生。通过观察，我发现，班额大，给课堂教学和班级管理带来很多困难。比如课堂不好管理，学生学习主动性很差，学生的个性发展堪忧，学生之间缺乏合作意识，等等。

于是，如何解决大班额的教学问题，如何提高教学的有效性，如何让更多学生积极参与教学活动，这些问题引起我的思考。

这时，我便策划了一次课题实验——“双体互促”课题实验。这实际上就是后来一些学校实施的小组合作学习。每组6—8名学生，所谓“组内异质，组间同质”。通过小组合作的方式，来促进学生学习的积极性和主动性，并以此完善学生的性格。

这一次教改实验，并非我的原创，是我从互联网上借鉴过来的。但当时在本地算是“第一个吃螃蟹的人”。它在优化学习态度、加强课堂互动、提高语文成绩等方面均有较大作用。

小课题3：理顺开放课堂的辩证关系

2012年，我所在的苦竹中学开始了“四学本真课堂”课改实验。我们以备课组为单位编制“导学案”，在课堂上通过学习小组的形式进行自学、互学、展学、查学等。

这期间，对于语文课堂的“放”与“不放”，我探索了很长时间。在一节校内研讨课上，我主讲了《在山的那边》一课。这节课，引起了老师们的关注和争论。

一些教师认为，“课改课”就应该把课堂完全交给学生，让学生自主发挥。但我个人认为，开放课堂在“放”与“不放”上，需要我们理顺其辩证关系，在理性的基础上来“开放课堂”。

在我看来，开放课堂应该坚持一种“中庸之道”。具体来说，至少包括以下方面：一是“放开展示，不放指导”，二是“放开体验，不放示范”，三是“放开对话，不放效率”，四是“放开课堂，不放质量”，等等。

我把这个课例，写成《理顺开放课堂的辩证关系》一文，投稿给《中国教育报》。刊发后，被许多网站所转载。这实际上是我一段时间以来实践和探索的结晶。

二、关于语文教学

小课题4：写教学反思

2003年，我正在寻求个人的专业成长路径。其时，不知从哪里看到“教学反思”这样的倡议。这让我“心动”了！

于是，我便开始了几乎每节课都写教学反思的成长之旅。有时在课堂上，我也忍不住停下来，在课本写上一两个关键词，只为捕捉那昙花一现的“灵感”；下课后，立马到办公室里写上三五句话、一两个段落。

就这样，备课本的空白处被我写得密密麻麻。到了周末，我又将其整理。此后的一两年里，我关于教学反思的几篇文章陆续发表在《湖北教育》《语文教学通讯》《中国教育报》上。这在当时的农村学校，几乎是石破天惊的。

这样的教学反思，我不光是为了发表文章，更是为了探求规律。这种成长方式非常好，发现问题和解决问题的能力逐渐提高，个人的教学素养也在反思、写作、阅读中不断提升。

小课题5：层进式阅读

在进行教学反思的同时，我看到许多学生的阅读习惯比较差，那种无效阅读、低效阅读者比例很高。于是，我不断尝试，不断完善，逐步提炼出一种“层进式阅读”的阅读方法。也就是一篇文章拿来，首先是按照学生各自的阅读习惯进行“随意性浏览”，之后根据老师的提示进行“指向性勾画”，再就是围绕一些问题进行“探究性阅读”，最后则是从语言、主题、结构等方面进行“欣赏性批注”。

这种“层进式阅读”，学生的语文学习活动明显增多，不同基础、不同个性的学生都有了不同层次的学习收获，学生的阅读兴趣和阅读能力明显增强。

而如何进行“欣赏性批注”，名副其实地让学生实现“个性化阅读”呢?我便尝试一种“素读”的方式，也就是什么资料都不参考，完全凭借自己的一颗“素心”来理解，来写批注，做一个个性化阅读的先行使者。

这样的“素读素教”，我持续了很多年，写成的一些文章登载于《语文报·教师版》《语文教学通讯·初中刊》等报刊上。

小课题6：立足于试题的研究

对于教师而言，个人认为，研究试题、原创命题是非常有必要的。因为在我看来，通过研究试题，可以在日常教学中更好地把握重点、突破难点；通过原创命题，可以感悟试题走向，把握试题细节，并以此提高教学的有效性。

解剖试题。比如“深层阅读”题，一般由四五个小题组成：(1)整体感知题；(2)局部探究题；(3)词句品析题；(4)拓展迁移题。发现了这个规律后，我们的每篇课文几乎都可以这样备课、上课了。学生平日里“训练有素”，做起试题来自然驾轻就熟了。

分析方向。也即是分析试题的总体走向。说得更明白一些，那就是试题如何跟时代接轨。我曾经买来两套全国各省市的试题汇编，用了两三个月时间，全面浏览，定点解读，之后从中发现了一些门道，写成一篇《阳光·绿色·和谐——一线教师谈中考语文试题》，投稿后发表在《语文教学通讯·初中刊》上。更重要的是，以此指导日常的语文教学是非常有益的。

原创命题。曾在差不多十年时间里，每年中考调研考试后，我总要拟出一套原创试题。比如阅读题，我都是自己找来时鲜的文章，自己命题，自己拟出参考答案。此后，便多了一双“命题的眼睛”：一篇好文章，一个好广告，一个好商标，在我眼里都可能是一道好试题。这种创造性活动，让人很快乐，也很受益。

小课题7：同步作文

如何培养学生的写作兴趣，提高学生的写作能力，曾一度困扰着我。大概是2006年，有一次九年级晚自习进行语文检测训练时，我尝试和学生一起做语文试卷。有时间空闲了，我干脆就和学生一起写作文。

记得那次写了一篇七八百字的文章，自己其实并不满意。但第二天，我把此文读给学生听时，他们听得非常认真；等我读完后，教室里掌声不断。

从此，我便开始了“同步作文”之旅。也就是与学生“同时知题，同场写作，同一要求，同步完成”。

渐渐地，我写出了一些“作文模式”。比如，写人的文章，可以“从一个侧面写人”；叙事的文章，可以“带一种感悟叙事”；写景的段落，可以“怀一种情愫写景”；议论文，可以“分一些层次说理”；等等。

个人认为，我的语文教学绩效一直较好，与这种“同步作文”有很大关系；我后来所发表的许多文章，在一定程度上也得益于我的“同步作文”。

三、关于德育管理

小课题8：德育“双六一”

我虽然没怎么当班主任，但因工作需要，我必须对德育管理有一些思考。同时，在我看来，每一位教师都既是学科教学者，也是德育管理者。

2010年，我被调到了独山中学。学校安排我主管政教(德育)。这让我有些惶恐，因为在这方面我是“一张白纸”；也让我有些期待，我可以在这张“白纸”上描绘出别样的德育蓝图。经过几天思考，我起草了一份德育“双六一”学年计划(思路“六个一”和建设“六个一”)。这份德育计划，被老师们戏称为“学校发展规划纲要”。

为进一步实现班主任专业化成长，我又起草了一份《班主任专业化成长助长方案》。它包括:(1)“每天读一些书籍”;(2)“每周做一点反思”;(3)“每月写一个案例”;(4)“每期做一个课题”;等等。实践证明,这对于提升全校班主任的综合素养是有很大好处的。当然,我自己更是从中受益不少。相关做法,在《中国教育报》《中国德育》《师者》等报刊有过介绍。

小课题9:做学生角度的德育

在日常工作中,我慢慢发现了一些问题:中小学德育的实效性并不强。我认为,如果单从学校层面来说,是德育角度出现了偏差。学校往往只是从“管理”的角度出发,而没有从“人”(学生)的角度切入。也就是说,我们大多只是在做“管理”的德育,而不是“人”的德育。于是,我和班主任们开始一边实施、一边研究着“做学生角度的德育”。

在我看来,做“学生角度”的德育,其实就是在做“学生视角、学生喜爱、学生受益”的德育,并以此促进教师也能“过一种理性基调的生活”。

“学生角度”的德育包括三层含义:(1)从目的来说,就是“以生为本”;(2)从内容来说,应做到“三贴近”(贴近时代、贴近实际、贴近学生);(3)从方式来说,要以“学生为主体”。

为实现“人人独善其身、人人相善其群”的德育目标,我将其分解为12个“月主题”:真、善、美,知、和、行,写、读、算,勤、学、问;并开展“五好”德育活动:“吃好饭,睡好觉,健好体,爱好美,读好书”。这一系列的做法,看似寻常,其实最接地气,最为有效。

这个德育小课题,我从2011年在独山中学时开始研究。2014年9月,在苦竹中学主管政教(德育)工作时,我便正好在该校全面实施。在全体班主任的努力下,这样的德育效果非常明显:学生就餐、晚寝纪律明显优化;校园卫生更加清洁;学生违纪、打架事件基本绝迹;学生辍学率直线下降,后来的一个学年里全校无一名学生流失(在农村中学,这几乎是绝无仅有的);学校安全责任事故为零。相关文章发表在《中国教师报》《中国德育》等报刊上。

小课题10:关于“特别学生”的教育

许多时候,我们关注得最多的是留守儿童,但随着工作的深入,我发现,有三类学生更需要我们特别关注:一是家庭较为特殊(如单亲、孤儿、父母离异、父母残疾等)的学生;二是身体、心理等方面较为特殊的学生;三是学习习惯较差、学习基础薄弱的学生。其实,这三类学生往往与留守儿童重合,更是加大了教育难度。为便于表述,我姑且将其称为“特别学生”。

在教育实践中,我慢慢地提炼了一套《特别学生教育“三字经”》。这对于全校对“特别学生”的教育起到了很大的作用。现摘录如下：

特别生，需费神；明底数，绘愿景；

知背景，进心灵；家校合，结同心；

扬正气，造环境；班科联，共育人；

观所好，给责任；防未然，察言行；

约法先，言必信；欲惩戒，法理情；

按程序，持冷静；常修炼，长本领。

四、关于选题著作

大选题1：乡村教师突围

2013年前后，当时的乡村教师待遇很低，许多老师几乎到了举步维艰的地步，罢课、跳槽等行为此起彼伏，甚至还有乡村教师因为家境贫寒而自杀。就我个人而言，当时也进入一个瓶颈阶段。于是，我便开始“乡村教师突围”的系统思考。

这方面的思考，其实原本持续了许多年，写了许多文章，只是相对比较零碎一些。经过几个周的琢磨、整合，萌发了出版《乡村教师突围》一书的念头。在我看来，乡村教师要想从平凡和贫瘠中实现突围，一方面需要国家在人力、财力方面的投入，另一方面则需要教师与学校的整体突围：也即是“心灵突围”“理念突围”“课堂突围”和“学校突围”。

此书在清华大学出版后，曾在全国范围内产生了一定的影响。一些学校将其推荐给全校教师阅读，网络、报刊上出现了许多读后感。该书并被选入“中国教育报2014年影响教师的100本书”“中国教育新闻网、中国教师报2014年教师喜爱的100本书”。这是我始料未及的，更是我乐意看到的。

大选题2：公民教育与现代学校

“七年求索，五易其稿，三十万字，一个梦想”，这是我对于《公民教育与现代学校》这个选题研究的一个概括。

“七年求索”。2009年暑期，我在武汉大学参加“农村教师素质提高工程”校长培训，聆听了一些专家关于办学理念的讲座。经过一些时日的思考，我萌生了“公民教育”这一“理念”。此后，我便持续进行“公民教育”这一选题的研究，一直到2016年书稿交付印刷，整整七年过去。

“五易其稿”。这不是夸张。从初稿到定稿，较大幅度的修改和调整，足有五次之多。

“三十万字”。这指的是书稿字数。

“一个梦想”。那就是“公民教育”。我所提出的“公民教育”，“是基于学生成长和学校发展的一种教育思想。学校实施‘公民教育’的目的，是为社会主义和谐社会、美丽中国培养合格公民。”

该书，我从“公民教育”“公民学校”“公民校长”“公民教师”“公民课堂”“公民家长”“公民学生”等七个方面，较为系统地进行了阐述和例证。

大选题3：乡村少年成长

我是一名乡村教师，面对的是乡村学生。他们的家境如何？他们的童年生活怎样？他们的性格为何如此？他们的学业问题在哪？他们怀有怎样的梦想？等等的一切，都值得我们去探寻。

2016年下半年，我教八年级语文，全班共52名学生。该班教师子女有六七个，各科考试成绩大多比较领先。但问题也不少，比如留守学生达到了七成以上，单亲家庭的孩子就有11个，学生成绩分化严重，等等。

2017年元旦前夕，我在课堂上提出了一个想法：大家一起来写“乡村少年说”，也就是按照老师提供的话题，各自写出成长的经历和真实的心声。我还说，将来一定要结集出版。教室里顿时一片欢声笑语。哪个孩子不希望自己的故事写进书中去呢？

于是，从那一天起，全班学生正式投入这个“乡村少年说”的写作。我将其分为“说课业”“说课外”“说师友”“说家庭”“说成长”“说梦想”六个板块，共八十多个子话题。全班分成三组，每组每周一个话题，每个话题每人写三五百字即可。写作的要求非常简单，那就是“真实”。这样的写作方式，得到了几乎全班同学的欢迎。那些基础不好、害怕作文的同学，也一个个积极参与，都认为“有话可说”。

就这样，到2017年6月份，这些话题都已写完。然后，我一一进行整理。到同年年底，这本23万字的书稿便基本成型。后来，出版社将其命名为《乡村少年成长密码》。

可以说，这本书最真实、最朴实、最厚实地反映了当代乡村少年生活、学习等方面的成长状况。

大选题4：整本书阅读

整本书阅读——“陪你读名著”是我给自己挖的又一个大坑。36部名著，光是通读一遍就不是一件很容易的事，更别说给每部名著分别写一篇5千字以上的导读文章了。

然而，这个大选题我坚持做下来了，而且做出了结果：24万字的《特级教师陪你读名著》一书已经出版！在做该选题过程中，我还在《中国教育报》《语文教学通讯》《黄冈师范学院学报》等报刊上发表了许多文章。其中在《黄冈师范学院学报》上发表的《师生双重视角下的“整本书阅读”个性化攻略例谈》一文被人大复印资料《初中语文教与学》全文转载。

2017年秋季，我主动请缨，给七年级学生开设一门“名著导读”课程。校长答应了，但我自己却犯愁了：这门课程我能教吗?这么多的书我能读得完、读得懂吗?

开弓没有回头箭，一本薄薄的《朝花夕拾》我读了两三个星期；上下册《西游记》我读了两个多月；一年下来，教案我写了十多万字；导读方式由最初的“点面式”，调整为“三步式”，最后演变成“一书一式”，初中全套正好是“36式”；早晨读，夜晚读，周末写，逢年过节在读写，疫情肆虐时仍然在读写……终于，在2020年正月初十完成了整部书稿。

清华大学附属中学特级教师王君老师在该书序言中这样写道：

> 我觉得，这本书，真是作用多多：
>
> 可以把她当作“钥匙”来读，一把钥匙开一把锁。一篇文章打开一部书，很轻巧。
>
> 可以把她当作“镜子”来读，一面镜子辉映一种阅读思想，足以反观自省，很深刻。
>
> 也可以把她当作“渡船”来读，一艘船有一个节奏，既可从流飘荡，也可激流勇进，很自由。
>
> 而且这本书，老师读，学生也可读，一册在手，名著之阅读地图在胸也！

作为全国著名的语文特级教师，王君老师给予这么高的评价，这是我没想到的。但是，把这个大选题做完了，我如释重负！

五、关于“小课题”与“大选题”

“小课题”与“大选题”有何区别?在我看来，其实并没有严格的区分，小与大也只是相对而言。大概只是因为个人投入的思考和实践，特别是所写的文字多少，最终才将其称为“大选题”或“小课题”吧。

做课题或做选题，难么?彭端淑《为学》有云：“天下事有难易乎?为之，则难者亦易乎；不为，则易者变难矣。”无论是小课题，还是大选题，一旦选定，努力坚持，则“世上无难事”。

课题从何而来?来自实践，来自困惑，来自阅读，来自培训，来自感悟，来自梦想。正所谓，问题即是课题，梦想即是选题。如果某个时刻，感觉自己有所发现，有些疑难，那就赶紧给自己挖个“坑”吧，里面一定“有戏”。

教师成长一定需要做课题吗?答案是肯定的。只是有人只做没写，有人既做又写。没有写成文字，那样做课题，是感性的，浅层的，零碎的；一旦形成文字，并不断发掘，这样“做”的方式，将让我们“做”得更稳、更深、更远!

自千禧年至今，一晃恰好二十年。从“三十而立”到“五十知天命”，从“小课题”到“大选题”，我沉浸其中，常常“发愤忘食，乐以忘忧”。这让我既收获到一种看得见的专业成长，也体验到一种看不见的职业幸福。

谈初中语文教学中的课文解读

(麻城市思源实验学校，蔡尤臻)

名师简介

蔡尤臻，男，麻城市第一初级中学教师，黄冈名师，中学正高级教师，湖北省语文特级教师，“荆楚名师”团队成员，《湖北教育》“教研名师”智库人员。论文、教案、讲课在湖北省和黄冈市多次获奖。在《黄冈师范学院学报》《中国教师报》《中国教育报》《初中语文教与学》《湖北教育》《语文知识》《初中生天地》《教师博览》等刊物上发表教学、教研论文140余篇，主编、参编精品语文教辅近200部。

人们常将教师对课文的讲解称为“讲课”，一说讲课必定是教师以讲为主，学生权当留声机而已。殊不知以讲为中心的课堂活动导致的结果是教师累得口舌生疮，学生乏得恹恹欲睡；教者吃力不讨好，学者白费时光穷应付；教师讲得天花乱坠，学生听得一头雾水：你在自我陶醉自鸣得意自觉精彩的讲授后一问学生，他们却一问三不知。真可谓癞痢剃头——两不情愿：教师怨太累，学生叹枯燥。惜哉悲哉！

一、找准解读方法，走进课文

当今社会，中国进入了新时代，教育要在践行社会主义核心价值观的总领下立德树人，立德树人主要是培养有各种素养的健全人才。《普通高中语文课程标准(2017年版)》提出：“高中阶段语文核心素养包括语言建构与运用、思维发展与提升、审美鉴赏与创造、文化传承与理解四个方面。”[1]它们是语文这门工具学科落实立德树人这一目标和全面贯彻党的教育方针的四大构成要素。语言建构与运用是基础，语文教育的根基在于语言文字及思想内容的开发，让学生在学习语文中去挖掘文章意义，从而积累并发展知识、提升阅读能力。思维发展与提升是语文教育中掌握学科知识内容时的思考力与思辨力，这种思维体验体现的是学生的情感态度和价值观，这是语文素养的形成标志。审美活动是一种人生体验，是人类生命活动和思维品质的提升，语文教育中的赏析或欣赏离不开审美，它是语文教育的高级阶段，因为它是人们获取精神愉悦的一种途径。从文化传承与理解看，语文是母语学科，它既是文化的存在，又是文化的传承，学生学习语文时在掌握文化知识的同时，也获得精神的享受和生命的成长。估计不久后的义务教育阶段的语文课程标准也应该要以此为标准进行修改，因为这四个方面可概括为语言、思维和人文修养三个层面，它们之间是递进关系，是一个学生全面发展的最好体现。因而在对课文的认知和理解时应遵循这个梯度进行分析。

对文章的解读怎样才能将自己完全融于课文，在阅读中达到与作者的共鸣，趋于作品的本意?这就要求我们做教师的要在学科核心素养的指导下，教给学生根据自己知识储备的广度与深度，走进课文，从多方面进行多角度的阅读，将自己置身于课文之中去分析课文。

1.读题目。题目就像文章的窗口一样，包含着丰富的信息，如果说文章分析是画龙的话，那么对题目的分析就是点睛。题目是文章的眼睛，有的文章透过题目能看出文章的内容或作者要表达的情感，所以题目是最好的抓手。如朱德的《回忆我的母亲》，从题目“回忆”中就可看出这是一篇回忆录，回忆的对象是“我的母亲”，文章一定会写母亲所做之事和作者所抒情之情。

2.知背景。很多文章的写作背景在课文题解中有所交代，编者在题解中将作品创作的时代背景、作者的思想感情等已明示出来，因而读文章要先看题解。如南宋爱国词人辛弃疾曾经在抗金斗争中组织义军，在前线出生入死地投入战斗，率军归宋后受到投降派的排挤而闲居农村，所以其词多为回忆过去沙场的战斗生活，表达出报国无门的悲愤情绪，风格豪放悲壮。

3.看作者。文章作者有不同的创作风格，作者生活的时代和经历、写作的习惯，可作为分析文章语言特色、写作技巧、思想内容和作者感情的基础。从作家的风格中可探其求在文章中所表达的情感，从而进行归类。如以孙犁为代表的“白洋淀”派作家的作品，一般都充满积极乐观的精神和浪漫主义气息，情节引人入胜，语言朴素且清新活泼，富有节奏感，各种描写逼真，心理刻画细腻，抒情味浓烈，富有诗情画意，有“诗体小说”之称。

4.找文眼。文章中有一些字词或句子内涵丰富，可以体现全文的思想内容和感情基调，并且还构成了全文的线索，这就是文章的“文眼”。由于“文眼”是理解整篇文章的关键，在文中牵一发可动全身，所以阅读时必须准确把握文中这样的字词或者句子，思考其对突出主旨和结构上所起的作用。如人教版八年级上册课文《美丽的颜色》课题中的“美丽”就是文眼，既写出了镭发出蓝色微光的美丽，更突出了居里夫人品格的美丽，全文也是围绕“美丽”展开叙述的。

5.辨技法。文章的意韵、主旨常借助写作技法来表现，在阅读理解和分析鉴赏时要通过其技巧去读懂文章所叙之事、所阐之理、所言之志。写作技巧包括抒情方式(直抒胸臆和间接抒情两种，借景抒情、情景交融、托物言志等属于间接抒情)、表现手法和修辞手法的运用。阅读时一要准确把握抒情方式和表现手法或修辞手法，二要结合句子和具体的词语做分析，三要就某种表达技巧去分析其表现了什么样的内容和抒发了什么样的感情或揭示了什么样的道理。

6.品语言。高尔基说：“文学的第一个要素是语言。语言是文学的主要工具，它和各种事实、生活现象一起，构成了文学的材料。”[2]语言是表达作者思想的物质载体。《义务教育语文课程标准(2011年版)》明确提出：“在通读课文的基础上，理清思路，理解、分析主要内容，体味和推敲重要词句在语言环境中的意义和作用。”[3]正确把握文中字里行间所蕴含的丰富语义是欣赏文章的基础和前提。如《芦花荡》一开头，用“天空的星星也像浸在水里，而且要滴落下来的样子”着力渲染白洋淀水澄澈洁净、星光摇曳，带给读者悦目赏心的美感，然而细读可见，这景是“敌人从炮楼”里看到的。美景的旁边是“敌人”的“炮楼”，恰恰是这种不协调的存在，让读者看到如梦如幻的美景背后，感受到那一触即发的惨烈的战争，更深切地体会到作者对白洋淀人民的顽强战斗精神的肯定和深深的敬意。这段描写把读者引到一个特定的环境和气氛之中，很自然地成了后边故事的铺垫，艺术上融情入景，寄寓着作者深沉的情怀。

掌握这些分析课文的方法，阅读每一篇文章时，找准切合自己、切合课文的方法，再来分析课文解读课文，就很容易将自己的情感融入课文之中，也就能更好地理解课文。记叙文是以情感人的，在阅读时要将自己的情感与课文中的感情进行碰撞，碰撞出的火花就是读者对课文的最好理解。议论文是以理服人的，要在阅读时理清作者的思路，将作者所言之理与现实或自身进行比较，在比较中领会作者阐述的道理。说明文是以知识授人的，阅读时要抓住文章的顺序，明白作者所介绍的知识或事理，进而弄懂这些知识或事理。文学作品是以优美的语言、深邃的内涵来感染人的，阅读时要根据不同的题材，找到恰当的切入口去同人物对话，同作者对话。如此种种，读者方能用正确的方法走进课文，方能读懂课文，方能从语言、思维、审美、文化这四个维度去理解课文，方能提升自己的语文素养。

二、走进课文，读出自己的体悟

一千个读者就有一千个哈姆雷特，说的就是不同的读者阅读一篇文章会有不同的见解、不同的认知和不同的感悟。比方说我们读鲁迅的《从百草园到三味书屋》，对文章主旨的把握就可能产生分歧：“一是用百草园的自由快乐衬托三味书屋的枯燥无味，揭露和批判封建腐朽、脱离儿童实际的私塾教育；二是用百草园的自由快乐同三味书屋的枯燥无味作对比，表现了儿童热爱大自然、喜欢自由快乐生活的心理，同时对束缚儿童身心发展的封建教育表示不满；三是通过对百草园和三味书屋的回忆，表现作者儿童时代对自然的热爱，对知识的追求，以及天真、幼稚、欢乐的心理。”[4]当然还有其他的解读。分析这个问题，要从文章整体与部分的结合上去把握其主题思想，本文内容较为复杂，理解得深刻透彻有些难度，只要能够有所理解，也就达到了走进课文的目的。

王国维在《人间词话》中说：“有我之境，以我观物，故物皆著我之色彩。”人们对事物的认知，除却对其表象进行了解，还必须通过自己的内心对其性质和存在的规律做一些探究，势必会带上自己的感情色彩，如此就更能熟知事物的来龙去脉、内外关联，这即是我们所说的“格物致知”。我们常常用“设身处地”“切肤之痛”来形容人的感受深切，倘若学习一篇课文让学生全面感知文章的内容，整体感受文章的情感，从文章中去找出自己生活中的影子，将自己与文章关照起来并融入文章当中，将文中所描述的生活或场景与自身进行联系，在引起共鸣时读出和自己思想感情相通的某些情节、人物形象和文章主旨，从而感同身受地去与文本对话，与作者对话，学生无疑在喜爱文章的同时凭着自己的领悟就很容易地去读懂文章的意思，去把握文章的主旨，去捕捉作者的情感。如果长期这样学习下去，学生必定在学习中会由积累而拓展，由拓展而贯通，由贯通而创新的。

课文好比一座色彩绚丽景致优美的花园，如果学生只是在花园外面徘徊而不对园中做实地考察，看到花园里的美景后他们也只是徒生艳羡之情了；若是教师给学生入园的门票，引领他们置身于花园中去，亲身体味各种花的颜色和芳香，去辨识各种花草的形状和名字，去感受花园得当的布置怎样令人赏心悦目……学生们势必对花园流连忘返，即使离开了花园，也会对其记忆犹新，因为他们的亲身感受让他们刻骨铭心，必定使他们经久不忘。一篇文章的阅读如果只是由教师详尽地分析，学生简单地参与问题的答问，就无异于门外观花，得到的只是文章对人的吸引力，却不能体味作者的情感，更不能说领会文章的真谛了。教师如果将自己换成是一张入门的门票，让学生走进课文后在课文中自在阅读，自由徜徉，自我欣赏，学生势必有置身于花园的感受，就能自由自在地与课文对接，与作者对话，去感受作者的情感，与作者达到感情的共鸣；去自己学习相互合作自由探究，深挖文章所蕴含的内涵；去自主领悟文章的主旨，从而真正读懂文章而非模棱两可似是而非。这样学生就能从文章中读出自己了，就能够真正弄懂文章的意蕴，就能深刻领悟文章的主旨。如学生阅读《走一步，再走一步》(部颁人教版《义务教育教科书》七年级上册)，就很容易想到自己曾经历险的情景，想到儿时与伙伴一同玩耍的趣事，想到玩伴中那些个性各异的人物，想到自己和父亲间经历的一些事，想到很多很多自己亲历的事件与亲睹的情境，这样就很自然地拓展到文章里父亲和儿子的情分了，也很容易地理解文后"我提醒自己不要看下面遥远的岩石，而是注意相对轻松、容易的一小步，迈出一小步，再一小步，就这样体会每一步带来的自己的目标"这句话的含义，即：大困难是由小困难组成的，小困难是不难战胜的，只要一步一步地战胜小困难，再大的困难也能克服。因为这种平等的伙伴式的学习让学生真正认识到了自己的重要，他们就乐于将自己与课文联系在一起，就能更容易地理解课文。

让学生在课文中读出自己，这要求语文教学必须重视"熏陶感染作用，注意教学内容的价值取向，同时也应尊重学生在学习过程中的独特体验"[5]，学生的独特体验如果不被重视、不受关注，甚至不被允许，他们断不会自主地走进课文而理解课文，更谈不上带着自己的感情去与文本对话。黄蓓佳的《心声》写的是一位与契诃夫作品中万卡有着相似命运的小男孩李京京，他强烈要求在程老师的语文公开课上朗读课文《万卡》，却因成绩较差遭到老师拒绝。小说里有这样的情节：因为父母不和，让李京京一直不能感受到家庭温暖，使他幼小的心灵蒙上了挥之不去的阴影，这些环境因素促使了他性格的形成——沉郁、倔强、认真。他对乡下爷爷和儿时小伙伴满怀真挚感情，总是沉醉在过去幸福快乐的生活之中，借此逃避灰暗的现实。所有这些有着和万卡相似的经历，因而小说《万卡》便自然触发了他的思想，引起他的共鸣，他要借朗读课文来发泄心中的抑郁，由于他的身世与作品中的万卡的身世遭遇相似，使他在阅读《万卡》时心里产生深深的共鸣。共鸣是文学欣赏中的较高境界，更是读出自己感悟的根基。李京京就是一位在课文中读出自己的典型，他的声情并茂的朗读让听课教师大为感动，也让歧视差生的程老师折服。

爱迪生说："良好的个性胜于卓越的才智。"学生个性的造就在学校离不开教师的培养。只有当学生的个性得到了充分的尊重，他们才会积极主动并无拘无束地以主人公的责任感来进行学习，他们的独到见解就会如泉水般汩汩地喷涌而出。可见这熏陶感染出来的“独特体验”就是学生的思维之门啊！

参考文献：

[1] 魏君英，陈任. 湖北自贸试验区建设背景下地方高校国际经贸人才培养问题研究[J]. 农业经济与科技，2017(9)：280–282.

[2] 陈波，张程程. 湖北自贸试验区：建设内陆型自贸试验区的探索[J]. 国际贸易，2017(6)：29–33.

[3] 王艳艳. 面向上海自贸区建设的地方高校人才培养模式构建[J]. 教育发展研究，2013(21)：69–72.

[4] 匡增杰. 上海自由贸易试验区建设背景下创新国际商务人才培养模式的思考[J]. 教学研究，2017(1)：87–91.

[5] 李富森. 中国(天津)自由贸易试验区背景下的“现代学徒制”与商贸人才培养机制研究[J]. 中国成人教育，2015(16)：56–58.

弘扬革命传统，传承红色精神

——初中语文“革命传统教育”类课文教学探析

（麻城市思源实验学校，蔡尤臻）

2011年3月，习近平在湖南调研，专程来到韶山瞻仰毛泽东故居，指出：“革命传统资源是我们党的宝贵精神财富……要把这些革命传统资源作为开展爱国主义和党性教育的生动教材，引导广大党员干部学习党的历史，深刻理解历史和人民选择中国共产党的历史必然性，进一步增强走中国特色社会主义道路，为党和人民的事业不懈奋斗的自觉性和坚定性。”初中生正是情感态度与价值观、理想信念形成的时期，更应该接受革命传统教育，实现文化的传承和理解，提升自己的核心素养，因而更要接受文学作品的熏陶和感染，特别是优良的革命传统的教育，使其成为社会主义建设合格的接班人。

初中语文课本中有30多篇课文凸显了革命传统教育主题，有的是宣扬革命前辈和先烈的英雄事迹与高尚品德，有的是对普通人群体或个人的刻画以彰显其先进性，有的是作者在特定时期或特定地域的感怀，有的是对祖国的热爱和歌颂，有的是对敌人的揭露和鞭挞……所有这些，“能让学生从革命精神中感知责任使命，在历史坐标中构筑时代担当”[1]。而且这些课文绝大部分属于名家名篇，具有可读性和教育性，兼备文学性和政治性，字里行间浸润的都是一些优良因子，散发的都是一种奋发精神，能够引领学生努力拼搏、积极进取、锐意创新，作为课文已经教育和影响了几代人。当下，更应该将此传承下来，成为我们初中生的精神食粮。

“坚持立德树人，增强文化自信，充分发挥语文课程的育人功能”[2]是语文课的基本理念之一。这些“革命传统教育”类课文是特定时期呈现出的文学作品，初中生与之相隔年代久远，读来人有恍若隔世之感，这不足为怪，那么如何通过这类课文的教学将优良的革命传统植根于学生心中、使红色精神在他们身上传承下去？我从以下几方面进行了尝试。

一、明历史，了解时代背景

一个人总是生活在自己的时代特有的现实里，身上自然带着那个时代特有的色彩与局限。一个作家生活的时代背景能在很大程度上驱使着他的创作动机，影响着他的创作意愿，决定着他的创作倾向。当然作者的创作有时还会受限于当时的时代背景。所以教师教授每篇课文，特别是离学生时代较远的文章，必须要让他们了解时代背景，只有这样，才能让他们走近作者，与作者产生共鸣。明察了历史，就能更清楚深入地理解课文内容；了解了时代背景，就更能彰显人物的高贵品质。学习者才能清楚明白地理解作者的思想感情，才能认知作者如何在艰苦的环境中树立理想、坚定斗志，在学习中自然会有潜移默化的影响。如《天上的街市》作于1921年。当时国内黑暗的现实，使年轻的诗人对“五四”以后祖国的美好憧憬归于破灭，陷入了“深沉的苦闷”。诗人由过去追求自由追求光明的热情，变成了探索缥缈的星空。诗人之意并不在于具体地描绘现实，而是以这首诗来寄托自己的理想，去唤醒当时的人们对不合理的现实世界的不满。学习本诗，对学生的理想激发大有裨益，激励学生将来投身新时代社会主义建设洪流、为实现中国梦贡献力量而发奋读书的强烈意愿。再如《红星照耀中国》写于中国国内局势大转变的关键的1936年，美国著名记者埃德加·斯诺带着当时无法理解的关于革命与战争的诸多问题，由北平出发，经过西安，冒了生命危险，进入陕甘宁边区。作者冲破了国民党以及资本主义世界对中国革命的严密的新闻封锁，和毛泽东同志进行长时间的谈话，搜集了关于二万五千里长征的第一手资料，根据材料完成了《红星照耀中国》的写作。这本书向全世界真实报道了中国和中国工农红军以及许多红军领袖、红军将领的情况，让全世界认识了中国共产党，让全世界认识了中国共产党的领袖毛泽东和周恩来。教读这部名著，能让学生学会吃苦和乐观，树立正确的苦乐观，明白幸福来之不易，就更能珍惜当今的幸福生活。

因此，引导学生对背景资料的查阅，对时代背景的认知，是学生读懂文章的第一步，并且是必不可少的一步。只有这样，才能真正将学生置身于当时的时代，去感知这类课文的思想意义，帮助学生理解课文的精髓，从而使其在学习中将塑造自身落实到他们的日常生活之中，自觉地融合到新的环境之中。

二、察地域，探究革命氛围

中国幅员辽阔，各地有各地的不同特色，各地有各地的风土人情，各地有各自独特的文化底蕴，正所谓黄土高原的厚重朴实产生了“山药蛋派”作品的通俗易懂，燕赵大地的朴实豪放造就了“白洋淀派”作品的乐观浪漫。莫言在《每一个写作者都离不开乡土》一文中这样说过：“作家文学创作的故土情结是难以磨灭的，很多作家都是不自觉地在运用乡土文学，全世界的作家几乎无一例外。”[3]诚然，地域对作家的影响是不言而喻的。有特殊意义的地方本身就具有教育作用，比如革命圣地延安。一个革命的环境一定会影响和洗礼一个作家的思想与灵魂，使其认定自己的道路，在创作中宣传革命精神。这些革命精神又会让学生在感动中吸收，坚定对中国特色社会主义道路的自信。如教学《回延安》时，因为这是一首距离学生所处年代较远的诗歌，延安是革命的圣地，党中央和毛泽东等老一辈革命家在这里生活战斗了十三个春秋，领导了抗日战争和解放战争，培育了“延安精神”。在探究“延安精神”活动中，就应该对延安的革命历史及当时人们的生产生活情况进行详细介绍，让学生通过了解延安来体会作者的情感，从而更好地感悟“延安精神”，继承“延安精神”。再如教学《安塞腰鼓》时，要让学生了解陕北是中华民族的主要发源地，曾有过秦、汉、唐的强盛，拥有雄睨世界的辉煌文明。这里是中国的“民族魂”。在今天，凝重的土地，贫困的生活，西北好像落伍了。然而这里“消化着红豆角角老南瓜的躯体”，并没有因生活的贫苦和封闭而丧失希望，复生的生命能量就在这沉重的躯壳内奔突，终有一天会喷发的。作者歌颂生命中奔腾的力量，这股力量，由西北汉子热情奔放的腰鼓表现出来，更表达了对冲破束缚、阻碍的强烈渴望，对家乡的强烈热爱之情。学生自然而然会将心中对家乡的热爱激发出来，立志学成以后回报家乡，事实上，这样的例子还真不少。

“一个作家成功的作品，往往和他们的故乡有着密切的关联，在一个作家的文字里，我们总能读出浓厚的故乡情结”[4]，同理，作家的创作往往和他生活的地方有着密切的联系，其作品中绝不可能少了这些因素。学生在不同的环境中也会生发出不一样的感慨，圣地延安能激发他们艰苦奋斗，中华发祥之地能让他们继承民族魂，外族蹂躏的土地能唤醒他们的爱国情……我党的优良传统就是这样传承下来的。

三、看内容，明了文章主旨

阅读文章，首先要整体感知内容并把握内容，只有做到这一点，才能让学生去理解文章的主旨，去感知作者的思想感情，从中接受教育。一篇内容空洞的文章就像是一架没有灵魂的躯壳，让人望而生厌。只有明白文章的内容，才能全方位地分析文章，理解文章。只有把握了文章主旨，才能辨别好坏是非，做到爱憎分明。如《说和做——记闻一多先生言行片段》一文讲的是：闻一多先生前期为了探索救国救民的出路而潜心学术，不畏艰辛，废寝忘食，十数年如一日，终于在学术上取得累累硕果。前期是做了再说，做了也不一定说；后期则投身于民主运动，敢于为人民讲话，面对凶残的敌人无所畏惧，视死如归，体现出民主战士的大勇。从内容的把握中我们就会理解闻先生在前期和后期所走的道路不同，反映了他对社会认识的变化。作为一名卓越的学者，一名伟大的爱国者，一名言行一致的志士仁人，他的救国救民爱国的思想，执着的态度，言行一致、敢作敢为的做人原则始终不变。这些品德能极大地影响和促进学生正确的人生观的形成。再如《驿路梨花》，不是按事件发生的顺序从解放军盖屋、梨花照料小屋写起，而是集中在现在的一个夜晚和早晨，在顺叙“我们”宿在小屋解除饥饿疲劳和所见所闻当中，运用插叙写过去的盖屋和照料小屋。通篇扣住小屋主人是什么人这个故事核心，先设悬念，穿插两个误会，三次深化悬念，最后才彻底解开悬念。从而构成了波澜起伏的故事情节，突出了文章的主题。反映了少数民族地区军民之间，各族人民之间团结互助的情谊和助人为乐的精神面貌，歌颂了雷锋精神，表现出社会主义新风尚在祖国处处都闪耀着灿烂的光辉。学生会明白：雷锋精神的接力传承是我们每个人的事，也只有在社会主义制度下才能发生这样的事，制度自信随之油然而生。

把握内容，可以按以下方法进行：第一，初读课文，大致了解课文内容；第二，再读课文，根据文章叙述的顺序，按内容把全文的结构划分出来；第三，精读课文，每个部分认真地阅读，把握每个部分的内容；第四，回读课文，再把各个部分的主要意思连起来。这样，课文的主要内容就抓住了。革命传统作品尤其要重视这一点，要在阅读中去接受革命传统的教育——把握内容，理解主旨，接受教育，完善自己。

四、知人物，把握性格特点

这里所说的人物，一是作者本人，二是文章中所反映或所表现的人物，即作品中的主人公，三是作者即文中的主人公。不管哪种情况，这些人物的身上都留下了时代的烙印，都有革命年代的某种特殊的精神品质，都值得学生去仔细研读和探究。在教学或学习时，要抓住在叙述中展现的人物特性，在各种描写中去分析人物的性格特点。这样就可以感知革命年代各种人物身上的品德，从而去吸收他们身上的精神营养，去学习革命前辈、先烈的革命精神，从伟人的行为中感知他们的伟大情怀，从战斗英雄的事迹中继承英勇、顽强和自我牺牲的品性，从爱国英雄那里接受爱国主义教育，从一般的革命群众身上感受其不平凡。如《回忆我的母亲》是老一辈无产阶级革命家朱德对母亲的回忆，是一篇感情真挚、文笔朴素的散文。作者从深广的社会背景中追忆母亲的事迹和对自己一生的影响。从文中我们感知到母亲是一位有着勤劳俭朴、宽厚仁慈、坚韧顽强的美德，有着支持革命的远见的家庭主妇；我们了解到朱德同志所具备的崇高品质和革命精神，与母亲的教育、影响和熏陶是密切相关的。学习这篇文章，我们更应认真学习文化知识，继承和发扬老一辈无产阶级革命家艰苦朴素的精神、宽广无私的胸怀、坚定不移的意志、心怀天下的理想，为实现新时代两个百年梦想大业而努力奋斗。

感知革命年代的革命者，一定要读懂他们，从他们身上读出英雄气概，品出卓越精神，进一步联系现实联系自身，抒发自己品鉴人物的感想，拓展自己的思维视野，向革命者学习，做一个积极进取的人。这样才算真正读懂并学习到了文章人物的精神。

五、探情怀，追溯思想根源

文章的思想感情是文章的灵魂。“阅读，是读者同作者交流思想感情的过程”[5]，体会文章的思想感情是语文教学的重要环节。阅读文章的终极目标，在于明白文中主人公的思想感情，抓住作者的情感倾向，革命传统作品更应如此。要在领会革命前辈和先烈的情怀中去感悟他们强烈的爱国主义、敢于牺牲的英雄主义和藐视困难的乐观主义精神。只有这样，学生才能和主人公对话，才能和作者共鸣，才算真正地读懂了文章。只有追溯作者的思想根源，探究作者的写作动向，才能把握革命传统作品的思想感情，从中受到教育，学到前辈和先烈的精神。如教读《沁园春·雪》时，我们要知道毛泽东同志既是一位伟大的革命家，同时也是一位杰出的诗人，他笔下的雪必定另有一番情趣。这首词的上阕描写北国的雪景，大气磅礴，气象雄浑，寓情于景，句句洋溢着热爱祖国山河的豪情。下阕议论，由祖国河山的壮丽，想到无数英雄为之倾倒，并对历代英雄加以评说而寓情于议，蕴含诗人对祖国的深情，以及充满自信的情怀。“俱往矣”由评论历史人物落到赞扬当代风流人物，使全词的思想境界达到高峰，点明主题，抒发了诗人的豪情壮志。学习时一定能激发学生的爱国热情和民族自豪感，鼓励学生为建设祖国奋发图强，将祖国建设得更加美好。再如杨振宁写自己的同学加朋友的《邓稼先》，从六个部分写出了“两弹元勋”邓稼先为了祖国的国防事业鞠躬尽瘁死而后已的感人事迹，突出了邓稼先的爱国之情。从作者来看，字里行间体现出了杨振宁对邓稼先的高度赞扬和深深怀念的感情。在教学中，应该引导学生感受这些情怀，更好地把握人物性格特征，激发他们热爱祖国的热忱，从而树立为中华民族振兴、为伟大祖国的强大而读书的远大志向。

德国哲学家雅斯贝尔斯在《什么是教育》中写道："教育意味着一棵树摇动另一棵树，一朵云推动另一朵云，一个灵魂唤醒另一个灵魂。"由此，我们可以推知：教育也可以让一种情怀影响另一种情怀，一个人物塑造另一个人物。

"革命传统教育"类课文是中华文化的重要组成部分，它们跳动着激扬的音符，吹奏着奋进的号角，流淌的是鲜红的血液，挺立的是不屈的脊梁。其教学过程是实现语文学科素养中"文化的传承和理解"的最佳手段，也是弘扬革命传统、传承红色精神的最好抓手，更是提升学生文化修养、引领学生奋然前行的重要途径。"革命传统教育"类课文的学习要紧扣"立德树人"这一中心任务，用课文来熏陶学生的思想，提高他们的免疫力，增强他们的抵抗力，从而将优良的革命传统植根于学生心目中，使红色精神在他们身上传承下去。教师在讲授这些革命传统课文时，要在突出语文学科特点的前提下，让学生潜移默化地接受革命传统教育，使其确立正确的人生观，树立崇高的理想，这才符合教书育人的要求，达到立德树人的目的。学生在理解文章的同时会情不自禁地联系自身实际，从文章中受到感染，明白读书的目的，自觉地接受革命传统教育；心怀祖国时还能放眼世界，在文化吸收中大大地增强了他们的文化自信，树立积极向上的人生理想，增强为民族振兴而努力的使命感和社会责任感。诚如此，就润物无声地达成了"立德树人"的目标。

参考文献：

[1] 胡浩. 义务教育统编语文教材突出加强革命传统教育[EB/OL]. (2018-05-16)[2020-04-10]. http://cppcc. china. com. cn/2018-05/21/content4. htm.

[2] 中华人民共和国教育部. 普通高中语文课程标准(2017年版)[M]. 北京：人民教育出版社，2017：4.

[3] 黄素龙. 一个潮汕游子的故乡情[EB/OL]. (2017-10-10)[2020-04-10]. http://stwb. dahuawang. com/html/2017-10/10/content. htm.

[4] 邱媛. 追逐那故乡的牵念——小议作家的故乡情结与文学创作[J]. 现代企业文化，2008(3)：81-83.

[5] 吴洁敏，朱宏达. 情韵朗读模式的形成和言语认知形式的深化[J]. 浙江大学学报(人文社会科学版)，2009(5)：75-82.

食古而化　培根铸魂

——初中语文文言文类课文教学探析

（麻城市思源实验学校，蔡尤臻，魏紧跟）

“语文课程对继承和弘扬中华民族优秀文化传统和革命传统，增强民族文化认同感，增强民族凝聚力和创造力，具有不可替代的优势。”[1]“坚持立德树人，增强文化自信，充分发挥语文课程的育人功能”[2]是语文课的基本理念之一。初中语文阅读课文共36个单元，其中文言文9个单元，份额达四分之一，其重要性不可小觑。在初中阶段，文言文已成为弘扬中华传统、传承民族精神的主要载体。然而在实际教学过程中，由于有些学校过于重视升学率，很多教师为了应对考试，看重的是应试分数，依照试卷的导向亦步亦趋，非常注重字词积累、文意疏通和内容解读，对文章思想内容挖掘不够深刻，对作者情感的把握有所欠缺，这样就削弱了对学生思想道德修养的提高和审美情趣的熏陶感染，没有落实“重视语文的熏陶感染作用，注意教学内容的价值取向”[3]的要求，弱化了立德树人的宗旨。

初中语文文言文涉及内容包罗万象，思想情感博大精深，选入课文的文章更是经过专家们反复厘清、多方筛选，彰显的是满满的正能量，传递的是中华民族激扬进取的精髓。鉴此，在教学文言文时，必须文情并重，以文载道，既要让学生理解基本内容和文法特点，更要对学生施以思想道德教育，使其接受文化的洗礼，感受思想的熏陶，培养其正确的世界观、价值观、人生观。

怎样才能真正体现文言文的教化作用呢?笔者认为从具体篇目之中去引导学生，对其进行思想教育更加实际和实在，可以从文章内容、主题和情感来进行教学尝试。

一、以德为宗，兴善扬美

德，道之基也。厚德方可载物，品德是培根固本的基础，是铸魂筑梦的源头。立德树人，是谓树立德业，培养人才。立德，就是要坚持德育为先，《论语》有言：

“德不孤，必有邻。”可知一个人品德何其重要。德不立，何以树人？

圣人孔夫子，一则小语录，道出颜回之品德：“贤哉回也！一箪食，一瓢饮，在陋巷，人不堪其忧，回也不改其乐。贤哉，回也！”诗豪刘禹锡，一曲《陋室铭》，唱出自己之“德馨”。同是安贫乐道，学习时可指导学生进行比较，同中求异，异中存同。对颜回来说，富贵不是其所求，仁道才是其所愿。生活的好坏，不改变其内心坚定的初衷。颜回淡泊自守，安贫乐道，坦然面对贫穷，绝不怨天尤人。刘禹锡改革被贬，加上势利知县的刁难，安然处之；身居陋室，结交雅士鸿儒，生活闲适惬意。因为他心中坚守的是道——安贫乐道。除了安守清贫，他要以古代贤人来规范自己，诸葛亮、扬子云是他的榜样，他希望自己也能和他们一样拥有高尚的德操。

理学鼻祖周敦颐，一篇《爱莲说》，礼赞君子之情操。莲是花中的君子，象征君子美好品德。学习时要求学生分析莲花具有的君子品质(身处污浊环境而不同流合污、不随俗浮沉的品质；庄重质朴，不哗众取宠，不炫耀自己；特立独行，正直不苟，豁达大度)，并对照自身找与君子的距离，向君子看齐，从而学习作者的君子风范。

《鱼我所欲也》中孟子推举的“义”随着时代的不断向前发展，其含义也在不断地变化。学习时请学生比较，不同时代“义”的含义和表现。

学生A：在孟子所处的时代，“义”可用孟子自己的一句话来说明，就是“富贵不能淫，贫贱不能移，威武不能屈”。这应该是封建社会人们所颂扬的“义”的具体表现吧！

学生B：在民族解放斗争时期，无数的英雄志士用自己的生命和鲜血换来人民的安定生活，这种民族英雄为正义事业而英勇奋斗，宁死不屈的行为不正是孟子“舍生取义”观点的最好体现吗？

学生C：在今天，许多见义勇为、舍己救人的事迹，也应属于“取义”在新时代的体现；一些正直的党员干部抵制金钱腐蚀的行为也体现了孟子“义重于利”的观点。

教师小结：属于道德范畴的“义”，含义比较复杂。在不同的时代，不同的阶级对于“义”的具体内容的规定和解释各有不同。孟子所说的“义”，自有其特定的标准，但是，见义勇为、义无反顾的精神、气节，则是历代人们所公认和肯定的中华民族的优秀传统。

陶弘景、吴均、张岱遁迹山林，旨图从自然美中去寻求精神上的慰藉和解脱。要让学生在读古人游记中去体会其情怀，学习其品德。《答谢中书书》里“自康乐以来未复有能与其奇者”一句表明因自己与谢灵运志趣相投而自豪。《与朱元思书》“鸢飞戾天者，望峰息心；经纶世务者，窥谷忘反”句中抒发了作者对政治官场的厌倦和对功名利禄的鄙视，以及希望寄情山水的思想感情。《湖心亭看雪》突出了作者遗世独立、卓然不群的高雅情趣，反映了作者不随俗浮沉的品质。

人无大德无法成就大事。中华民族具有优良的品德，只有以德为宗，才能兴善扬美，我们要将这些品德贯串在教学之中，让学生在古文学习中潜移默化浸润熏陶，真正“做到以文化人、以德育人，不断提高学生思想水平、政治觉悟、道德品质、文化素养”[4]。

二、以国为重，为国尽力

对祖国的眷恋与热爱是中华民族自古以来的主旋律，正如萧乾在《枣核》一文中所说的：“改了国籍，不等于就改了民族感情；而且没有一个民族像我们这么依恋故土的。”这种爱国主义情怀已经深植于炎黄子孙的骨髓里，成了中国的民族精神，激励着中国人民一代又一代御外抗敌、振兴中华。

选自《战国策》里的《唐雎不辱使命》和《邹忌讽齐王纳谏》包含了浓浓的爱国情。怎样体现二人的爱国，学生自会从文中进行分析。唐雎是安陵国的谋士，从题目“不辱使命”中可看出他出色地完成了出使任务。唐雎在秦国扫灭了韩、赵、魏的当口，奉安陵君之命出使秦国，面对秦王的威逼恐吓，他从容以对，与秦王展开面对面的激烈斗争，终于折服秦王，保存国家，完成使命，显示出不畏强暴、舍生取义的伟大精神，因为他心中存念的是对国家的一腔热血，骨子里闪耀的是不灭的爱国主义情感。他是为国家的尊严出使，也为民族的主权而战。邹忌是齐国的大臣，他根据平常比美的小事得出关乎国家大事的结论，以兴国为己任，机智巧妙地讽谏齐王，使齐国“战胜于朝廷”，体现了他对国家的关心，表现出赤诚爱国的情怀。在学习时要让学生感知人物品质，在感知中得到感染，在感染中激发出自己的爱国情怀。

智绝诸葛亮，一封《出师表》，表尽为臣之忠心。“三顾频烦天下计，两朝开济老臣心。”鞠躬尽瘁，死而后已是他最好的写照，其忠心是他爱国的体现。可组织学生联系课文，以“我说诸葛亮的忠”开展活动，各抒己见，老臣爱国之心会深深感动学生。

“国家兴亡，匹夫有责”是一种高尚的爱国情操。《曹刿论战》一文中曹刿在“齐师伐我”的国难当头毅然“请见”，说明他忠心爱国，“其乡人”极力劝阻，而曹刿意志坚定，决然求见庄公，急国难之所急，是难得的爱国行动。觐见时与庄公一番交谈后，曹刿又主动“战则请从”，冒着危险，亲赴战场，这是爱国的壮举。在“齐师败绩”时，他实地观察，冷静分析，指挥若定，这种认真负责的态度，源于他的忠诚爱国。战后的总结中，他精辟的分析也是让庄公明白如何去面对一场战争，他对庄公的负责，就是对自己国家的负责。曹刿的论战，论出了远谋，道出了爱国心。学习完后，可适时举办“祖国在我心中”的演讲比赛，既能深刻地理解课文的思想内容，又能切身感知爱国关系着每个人的命运。

“爱国主义始终是激励全党全国各族人民特别是新时代中国青年为全面建成小康社会、加快建设社会主义现代化国家、实现中华民族伟大复兴的中国梦而奋斗的强大精神力量。”[5]古人的爱国情、报国志，是中华民族的精神核心，无时无刻不在召唤和激励着后来者学好文化知识，投身到祖国的建设中去。

三、以民为本，与民同乐

古人推崇“国以民为本”。孟子有言：“民为贵，社稷次之，君为轻。”毛泽东同志说过：“人民，只有人民，才是创造世界历史的动力。”习近平总书记在党的十九大报告中指出：“人民是历史的创造者，是决定党和国家前途命运的根本力量。”浩渺的中华文化实际上是以“民本”一线贯之。

从《大道之行也》里倡导的“使老有所终，壮有所用，幼有所长，鳏、寡、孤、独、废疾者皆有所养”到《得道多助，失道寡助》中论述的“得道者多助，失道者寡助。寡助之至，亲戚畔之；多助之至，天下顺之”，阐释的都是“民本”思想。前者的“大同”社会是人人都能受到社会的关爱，都能安居乐业；后者的“得道多助，失道寡助”是“人和”的本质。在学习《陈涉世家》时，再联系《得道多助，失道寡助》，学生自会畅所欲言，很容易道出“天下苦秦久矣”正是“失道寡助”的绝好佐证。

范仲淹《岳阳楼记》中，把孟子“乐以天下，忧以天下”的思想进一步发展为“先天下之忧而忧，后天下之乐而乐”的远大理想，以天下为己任，以利民为宗旨。他不计个人得失，一心为国着想。这正是他民本思想的体现，这份浓厚而崇高的人文情怀，深深地扎根在读者的心中，也会扎根在学生的理想追求中。

欧阳修的《醉翁亭记》写滁人之游，描绘出一幅太平祥和的游乐图。在这幅图画中，老人小孩前呼后应，生活惬意，这实际上是在太守治理之下的政治清明的具体表现。写宴饮之乐，意在夸耀滁州物产丰富、生活富足，传达出太守与百姓一起宴饮的乐趣。这种与民同乐的游乐风习图画成了官吏为政一方的典范，寄寓了士大夫兼勤政爱民和游观之乐于一体的为政理想。它对于今天我们构建社会主义和谐社会、全面建设小康社会有着重要的启发意义和现实意义。

作为中国文人的杰出代表——范仲淹和欧阳修，两人身上都闪烁着时代进步的光芒。读后可让学生结合所学，概括体现在他们身上时代进步的光芒点，并谈谈自己从他们身上学到了什么。

以民为本才是兴国安邦的根本，正如《尚书》所言“民惟邦本，本固邦宁”。为人民服务、权为民所用、勤政为民是我党传承和践行“民本”思想的具体体现。习近平在纪念马克思诞辰200周年大会上说：“我们要始终把人民立场作为根本立场，把为人民谋幸福作为根本使命，坚持全心全意为人民服务的根本宗旨，贯彻群众路线，尊重人民主体地位和首创精神。”[6]领袖的话犹言在耳，新时代的中国，我们一定会将古人的“民本”思想发扬光大。

四、以和为贵，铸剑为犁

“和”是我国传统文化中的重要组成部分。“和为贵”“和气生财”“家和万事兴”等蕴含“和文化”意蕴的用语经常出现在我们的日常生活中。“和”就是和谐，要求人与人之间的关系恰到好处，使彼此融洽共处；“和”亦为和平，要求没有暴力行为，没有战火纷扬。“和”体现在人身上，成就了人性美；表现在物质上，造就了物态美；融汇在环境中，形成了环境美；在国与国的交往中，搭建成人类命运共同体。

要让学生从《咏雪》这篇短文中去捕捉家庭的和睦，可指导学生从两个方面去感知：谢太傅和家人聚会时气氛轻松欢快，融洽和乐，这从“欣然”“大笑”等词语感知出来；一个官宦人家“内集”且“讲论文义”，雅兴跃然纸上。融洽的家人关系，风雅的雅士风范，散发着“和”的气息。

《公输》昭示着中国人民热爱和平、反对战争的思想。墨子主张“非攻”，反对战争。可围绕墨子是怎样反战的来引导学生：一是他明确楚国进攻宋国是不义战争，于是不辞辛劳，长途跋涉赶到楚国都城，以实际行动去制止战争的发生。二是墨子站在正义一边，自始至终以主动进攻的姿态向公输盘和楚王进行了不可调和的斗争，而且理直气壮，义正辞严，终于用道理和行动说服公输盘，进而迫使楚王不得不放弃对宋国的侵略意图。

《唐雎不辱使命》中，唐雎以无畏的胆识和善辩的口才，让不可一世的秦王放弃了吞并安陵国的企图，阻止了一场灭国战争。可以开展一次“以和为贵”的综合性学习，根据搜集的关于“和”字材料来解读“和”字。

材料一：和，相应也，从口，禾声。（《说文解字》）

材料二："和"字属于通俗字体，本来应是清末名人翁同龢的那个"龢"字，这个字极妙：左边是一间屋子，里面悬有三口编钟——古来"三"即代表多也，所以那是一组编钟"象形"而不是"三张嘴"，因为下面是一个排箫：这分明表示音乐合奏——合奏第一原则就是"和"音，此古圣人之妙思也。（周汝昌《和谐之思》）

①根据以上材料可推测"和"字的本义是：音乐合奏的第一原则——"和"音。②根据以上材料和小篆的"和"字，你了解了汉字的构造特点是：通过发音、意义和形状来构造。

中国人爱好和平，小到人际相处，大到国际交往，无不以和为贵。要知道逞强斗狠不光伤及别人，也会使自己大伤元气，所谓"杀敌一千，自损八百"。当然，"和"字当先必须还应保有实力，古人的经验必须借鉴。

五、以诚为信，诚意修身

如今，一个人的征信出了问题将会受到多方限制，可见诚信这张个人名片丝毫沾不得污迹。自古以来，诚信是中国社会人际关系的精神纽带，以诚为信是指信誉靠诚实来积累实现。诚信是儒家为人之道的中心，是中华民族的优良传统；诚信是中华民族的传统美德，一直以来就有"民无信不立，政无信不威"，诚信就是诚实正直，言而有信。立身处世，修身养性，当以诚信为本。

《陈太丘与友期行》中"陈太丘与友期行，期日中"说明二人已约好时间，陈太丘的友人"过中不至"，表明其爽约。当友人责骂陈太丘时，元方把父亲的"去"与"等君久"和友人的"不至"联系起来，直斥友人的不守信。学生懂得连七岁的小孩子都知道诚信的重要，可见我们更要做一个守信的人。

讲到《〈论语〉十二章》曾子三省吾身"与朋友交而不信乎"时，布置学生联系实际谈谈古今中国人讲诚守信的故事，有谈到商鞅立木建信公布了变法的法令，有讲到湖北"信义兄弟"孙水林、孙东林接力送薪守诺20年而感动中国。从而拓展了课文的内容，也可以学习这些人高尚的品德修养。

宋濂在《送东阳马生序》中讲到自己家里贫穷，连书都买不起，只好"每假借于藏书之家，手自笔录，计日以还。……录毕，走送之，不敢稍逾约"。讲到此处，可设问"这段文字表现了作者怎样的品质？"学生自会觉得这是"讲诚守信"，正是因为作者讲诚守信，才能"遍观群书"，成为饱学之士，也成就了自己的辉煌人生。

常言道：守信走遍天下，寡信寸步难行。“诚信是一种十分重要的品德，真诚不欺骗自己，不欺骗别人，答应的事情一定要做到，不可反悔。在我国传统职业道德思想中，诚信是重要的组成部分。人们应该做到真实、诚实、守约。”[7]希望我们在学习之中秉承古人以诚为信的优良秀传统，以诚待人，以信做人。只有这样，才能融于社会，行走天下。

六、以勤为径，成就人生

“勤劳勇敢的中国人民是中华民族生生不息、发展壮大的脊梁。回望上下五千年，波澜壮阔的中华民族发展史是中国人民书写的，博大精深的中华文明是中国人民创造的，历久弥新的中华民族精神是中国人民培育的。”[8]“一勤天下无难事”，中国人民正是因为勤奋，从古至今屹立于东方，活跃在世界各地。中国人是世界上公认的勤奋代表，因为勤奋在各地得到了尊重。勤能补拙，“业精于勤”，对于个人，勤奋尤为重要，人的才能是要通过自己的努力，经过漫长的艰难过程而得来，这个过程靠的就是勤奋。

《孙权劝学》中，重点讲吕蒙在孙权的鼓励下开始学习，而对吕蒙的学习情况写得不多，可要求学生展开想象去阅读课文，从“蒙乃始就学”句中找到端倪，从鲁肃对吕蒙的“议论”来发现吕蒙的惊人长进，通过阅读再现吕蒙在学习中的勤奋程度。

诸葛亮《诫子书》的主旨是劝勉儿子勤学立志，要让学生理解句子“夫学须静也，才须学也，非学无以广才”的意思，就会发现人们的才能是从不断地学习中积累起来的，不下苦功学习就不能增长与发扬自己的才干。

《送东阳马生序》的中心句是“盖余之勤且艰若此”。可从作者怎样扣住中心来引导学生在阅读中分析文章，从宋濂的求师之难和求学之苦中突出勤苦学习，最终学有所成。也能使学生感到宋濂虽不是天才，却能取得世人仰慕的成绩，都是勤奋苦学的结果。

杜甫诗云：“富贵必从勤苦得，男儿须读五车书。”对于初中生来说，勤奋这一品质尤为重要，它是学习知识掌握知识的必要途径。求学之路是艰难坎坷的，勤奋学习是取得成绩的根源，只有不畏艰难，勇于探索，具有恒心和毅力，才能学有所成。古人的教诲，古人的事迹，会在学习古文当中时刻激励着我们，鞭策着我们。

历史蕴含着一个民族的底蕴，中华民族悠长的历史让她的文化底蕴显得更加厚重，浩渺的历史长河中沉淀的是古香古色的文明古韵，我们的先人用古奥的文字将其记载下来，用古朴的文章将其传承开去，用古雅的风范使文明的民族精神大放光芒。正是因为中国古典文化的博大精深，蕴藉丰富，让我们中华民族雄踞地球五千多年，成为世界上古老而文明的民族。正如笔者为麻城思源学校校刊写的前言："泱泱华夏，幅员辽阔；灿灿文化，源远流长。你从殷商走来，藏着甲骨的古朴；你从庙堂走来，带着钟鼎的神圣。'关关雎鸠'，吟诵风雅的古韵；'上下求索'，抒发骚人的情怀；秦砖汉瓦，昭示边塞的雄浑；魏风晋骨，彰显田园的恬适；唐诗宋词，吟哦国家的兴衰；明清小说，书写黎民的忧乐。歌不尽的中华文化，唱不完的炎黄精神。文以载道，道以育人。中华国学，博大精深，如春风风人，如夏雨雨人，如秋气怡人，如冬阳暖人。道不尽的喜怒哀乐，书不竭的聚散欢悲。舍生取义，先忧后乐，是中华民族的正气；尝药负米，卧冰怀橘，是感天动地的孝心；悬梁刺股，映雪囊萤，是刻苦自励的楷模。观今能鉴古，博古才通今。半亩方塘，映照自然和人生；万卷诗书，洗涤思想与心灵。"

"文化是一个国家、一个民族的灵魂。历史和现实都表明，一个抛弃了或者背叛了自己历史文化的民族，不仅不可能发展起来，而且很可能上演一幕幕历史悲剧。"[9]我们不能让悲剧产生：作为人民教师，必须恪尽职守，努力践行中国共产党的教育方针；作为学生，必须认真学习，用民族的灵魂指引自己的行动。"不忘历史才能开辟未来，善于继承才能善于创新。优秀传统文化是一个国家、一个民族传承和发展的根本，如果丢掉了，就割断了精神命脉。我们要善于把弘扬优秀传统文化和发展现实文化有机统一起来，紧密结合起来，在继承中发展，在发展中继承。"[10]

文言文是中华民族留给世界人民的文化遗产，"蕴含着中华民族特有的精神价值、思维方式、想象力，体现着中华民族的生命力和创造力，是各民族智慧的结晶，也是全人类文明的瑰宝"[11]。教学中，我们切不可食古不化，墨守成规，应该在这些宝贵的财富中汲取精髓，丰盈自己的知识，提升自己的德行，武装自己的头脑，做一个合格的德才兼备的传承者，培养德智体美劳"五育"并全的社会主义接班人。

参考文献：

[1] 中华人民共和国教育部. 义务教育语文课程标准(2011年版)[S]. 北京：北京师范大学出版社，2011.

[2] 中华人民共和国教育部. 普通高中语文课程标准(2017年版)[S]. 北京：人民教育出版社，2017：4.

[3] 中华人民共和国教育部. 义务教育语文课程标准(2011年版)[S]. 北京：北京师范大学出

版社，2011.
[4] 李忠军，钟启东. 落实立德树人根本任务，必须抓住理想信念铸魂这个关键[EB/OL]. (2018-05-31)[2020-04-10]. http：//opinion. people. com. cn/n1/2018/0531/c1003-30024346. html.
[5] 曲建武，胥佳明. 大学生爱国主义教育应传承五四运动以来青年学生爱国的基本经验[J]. 思想理论教育导刊. 北京：高等教育出版社，2020(7)：64-68.
[6] 习近平. 习近平谈治国理政：第三卷[M]. 北京：外文出版社，2017：136.
[7] 苗青. 优秀传统文化对高校学生教育管理的影响[J]. 思想政治教育研究，2020(12)：113-114.
[8] 中共中央宣传部. 习近平新时代中国特色社会主义思想学习纲要[M]. 北京：劳动出版社，人民出版社，2019：42.
[9] 习近平. 习近平谈治国理政：第二卷[M]. 北京：外文出版社，2017：349.
[10] 习近平. 习近平谈治国理政：第二卷[M]. 北京：外文出版社，2017：313.
[11] 中华人民共和国中央人民政府. 国务院关于加强文化遗产保护的通知[EB/OL]. (2005-12-22)[2020-04-10]. http：//www. gov. cn/zhengce/content/2008-03/28/content5926. htm.

漫步古诗苑，增强自信力

——初中语文“古诗词”类课文教学探析

（麻城市思源实验学校，蔡尤臻）

诗词之美，美在内容，“燕然未勒归无计”是报国之志，“要留清白在人间”是清廉之心，“东风不与周郎便，铜雀春深锁二乔”蕴含着人生哲理……诗词之美，美在意境，能让人领略“大漠孤烟直，长河落日圆”的壮美边关，亦可让人陶醉于“绿树村边合，青山郭外斜”的清幽田园，更可让人奔驰在“沙场秋点兵”的杀敌战场……诗词之美，美在人心，在品味诗词之中体验沉静或激越，在思索感悟之余获得智慧与宁静。“诗在天地间的地位，是表示‘诗在天地之间是核心和中心’，是事物的根本所在，所以诗是‘君德、百福、万物的始祖和本源’和‘万物的主宰’”[1]。

“中华优秀传统文化是中华民族的精神命脉，是前人留给我们的宝贵精神遗产，需要好好继承发扬。其中最重要的一部分就是先人正面的思维方式、生活态度和价值追求，这是传统文化的核心精神，是五千年文明史中蕴含的正能量。”[2]古诗词在中华优秀传统文化中有着举足轻重的地位，所承载的中华民族核心精神比比皆是，在教学中我们必须予以重视，要让学生从古诗词中吸收营养塑造出精神骨架，汲取精髓内化成民族精神。

“坚持立德树人，增强文化自信，充分发挥语文课程的育人功能”[3]是语文课的基本理念之一。初中课文中的古诗词，上至中国最早的诗歌总集《诗经》，下到清末秋瑾的《满江红》，时间跨度两千多年，涵盖了中国各个朝代。这些被选进课本中的古诗词形式多样，有律诗、绝句、词和曲；内容深广，有的描写田园的恬适，有的醉情山水的优美，有的展现边塞的雄浑，有的吟哦国家的兴衰，有的书写黎民的忧乐，有的抒发诗人的悲欢……在教学古诗词时，必须以诗载道，既要让学生理解基本内容和诗词技法，更要对学生施以思想道德教育，能让他们在读懂古诗词的基础上吸收正能量，接受文化的洗礼和思想的熏陶，以达到培养其正确的世界观、价值观、人生观的目的。这样才真正体现出古诗词的教化作用。如何真正让学生掌握课本中的古诗词，可以从内容主旨和鉴赏方法两个方面来进行指导。

一、探内容主旨，增强文化自信

阅读古诗词，可以在审美享受中不知不觉受到感染，对提升我们的情操、气质和人格境界，增强我们的自信力，都有着深远的感化和教育意义。这个过程正如杜甫描写的那场春雨“润物细无声”。“应通过优秀文化的熏陶感染，促进学生和谐发展，使他们提高思想道德修养和审美情趣，逐步形成良好的个性和健全的人格。”[4]

（一）怡情山水，亲近自然

孔子云：“智者乐水，仁者乐山。”山水之美，让人心旷神怡，山的灵性和水的神韵足以陶冶人的性情。古之文人墨客，无论擢升还是贬谪，都喜欢亲近大自然，从山水中去获取灵感，都陶醉于寄情山水，都乐意让山水来怡情养性，从自然之中寻觅到自己的精神家园，正所谓“山光悦鸟性，潭影空人心”。

曹操在《观沧海》（七年级上册）中居高临海，大海动静有致的壮阔景象尽收眼底。这么壮丽的山河，一下子激起了诗人要统一国家的强烈愿望。作者以沧海自比，借助丰富的想象，以大海吞吐宇宙的气势，来表现自己宽广的胸怀和豪迈的气魄。当让学生畅谈自己如果置身此景中的情感时，他们不仅表达了对祖国大好河山的热爱，还谈到要树立领土和领海主权意识。陶渊明在《饮酒》（其五）（八年级上册）中抒写自己在晚霞和山岚交相辉映之中采菊东篱，遥望南山，沉醉其中，归隐田园后的悠然自得跃然纸上。学生会从诗中感受到作者悠闲的心境和对宁静自由的田园生活的热爱。无论是曹操以大海涵养情怀，还是陶渊明因自然美激发对生活的热爱，都使学生领悟到作为初中生，不光要读万卷书，还要行万里路，从大自然中去学习知识、学会热爱生活。

（二）报效国家，热爱祖国

对祖国的眷恋与热爱是厚植在炎黄子孙的骨髓里的基因，是中华民族自古以来的主旋律，正如习近平总书记2018年5月2日在北京大学师生座谈会上讲的：“做到‘利于国者爱之，害于国者恶之’。爱国，不能停留在口号上，而是要把自己的理想同祖国的前途、把自己的人生同民族的命运紧密联系在一起，扎根人民，奉献国家。”这种爱国主义情怀已经成了中国的民族精神，激励着一代又一代的中国人民御外抗敌、振兴中华。

李贺的《雁门太守行》（八年级上册）前四句写日落前的情景，写出了敌军兵临城下的紧张气氛和我军战前的严阵以待，渲染了阴寒惨切的战地气氛；后四句写唐军将士夜袭敌营，报效朝廷。要求学生联系全诗分析“报君黄金台上意，提携玉龙为君死”的含义，他们很容易捕捉到句中将士们以死报国的决心。苏轼的《江城子·密州出猎》（九年级下册）通过描写一次壮观的出猎场面，以出猎之行，抒兴国安邦之志。让学生赏析诗中典故，既能使他们弄清什么是典故，更可知道“持节云中，何日遣冯唐”是借汉文帝派遣冯唐去云中赦免魏尚罪名的典故，抒发自己渴望杀敌卫国的雄心壮志，表达为国效命的坚定决心和爱国情怀。辛弃疾的《破阵子·为陈同甫赋壮词以寄之》（九年级下册）追忆了自己当年在起义军中火热的战斗生活，抒发了词人渴望杀敌报国的雄心壮志。可让学生分析“了却君王天下事，赢得生前身后名”句里的情感，学生会从字里行间捕捉到作者高涨的爱国激情，因为句意表达了自己生前死后都要留下为国家建立不朽功勋的美名。还可与辛弃疾的另一首诗《南乡子·登京口北固亭有怀》（九年级下册）进行比较，其思想感情可谓一脉相通，学生在比较中更能清晰地感知辛弃疾的爱国热情。秋瑾的《满江红》（九年级下册）表达了作者匡国济世的凌云志向，面对清政府的腐败无能和国家被列强瓜分的危机，作者为国忧虑，渴望自己像男儿一样能为挽救民族出力，抒发了她决心为国捐躯的豪情壮志。学后可联系《木兰诗》（七年级下册），讨论当今社会“妇女该如何发挥自己半边天的作用”，女生自会有话可说。

“实现中华民族伟大复兴的中国梦，是当代中国爱国主义的鲜明主题。要大力弘扬伟大爱国主义精神，大力弘扬以改革创新为核心的时代精神，为实现中华民族伟大复兴的中国梦提供共同精神支柱和强大精神动力。”[5]总书记的话时刻激励着我们，作为中学生更应铭记于心，在古诗词的学习中培养自己的爱国情怀。

（三）浪迹天涯，记住乡愁

“乡愁就是你离开这个地方就会想念这个地方”[6]，乡愁是一种带点甜味的离情别绪。家乡是梦的港湾，亲人是情的牵挂。思亲怀乡本是人之常情，对于那些贬谪的官员和失意的文人，这种情感尤为突出。秋风落叶的景象最能勾起游子的乡愁，战争离乱的惨状定会唤起离人的思亲。在乡愁里，有熟悉的土地，有温馨的回忆，有昔日的朋友，有美好的故事。

崔颢《黄鹤楼》（八年级上册）的尾联“日暮乡关何处是？烟波江上使人愁”，徘徊低吟，情景交融，那弥漫在长江之上的浩渺烟波，正是诗人乡愁的形象化表达；那逐渐深浓的暮色，也不断强化着诗人挥之不去的思乡之情。这思乡之情从诗中何处能感知到，学生会从收篇的“愁”字谈些感想：表达了日暮时分诗人登临黄鹤楼的心情，表现了缠绵的乡愁。唐肃宗至德二年(公元757年)春，因“安史之乱”，身处沦陷区的杜甫目睹了长安城一片萧条零落的景象，百感交集，便写下了《春望》(八年级上册)，“烽火连三月，家书抵万金”是该诗的名句，表达了诗人什么样的情感呢?学生联系诗人所处的时代背景和全诗的意思自然能得出战争给人民带来的巨大痛苦和人民在动乱时期想知道亲人平安与否的迫切心情。温庭筠的《商山早行》(九年级上册)描写了旅途中寒冷凄清的早行景色，抒发了游子在外的孤寂之情和浓浓的思乡之意，流露出人在旅途的失意和无奈。让学生从“因思杜陵梦，凫雁满回塘”一联中去体会作者的乡情，可从衬托手法上分析：作者以春天来了故乡杜陵凫雁自得其乐来衬托自己离家久远，辛苦奔波，其思乡之情悠长绵绵。培根固本是立德树人最基础的组成部分，只有记住了乡愁，人才不会忘本，才守得住初心。

(四)同情百姓，关注民生

“长太息以掩涕兮，哀民生之多艰”，自古至今，诗人常怀关注民生的情怀。他们明白“民乃国之本”的道理，时刻提醒着统治者要关注民生。

杜甫在《石壕吏》(八年级下册)这首杰出的现实主义叙事诗中，写了官差到石壕村趁夜征兵抓人，连给朝廷献出三个儿子且年老力衰的老妇也未能幸免，被强行抓去服役的故事，揭露了官吏的残暴和兵役制度的黑暗，表达了作者对安史之乱中人民遭受苦难的深切同情。白居易的《卖炭翁》(八年级下册)，通过外貌、心理和行为的刻画，描写了一个在深山烧木炭的老人谋生的艰难，炭被官差抢走的遭遇，揭露了“宫市”掠夺人民的腐败本质，在抨击统治者的同时更表达了作者对下层劳动人民的深切同情。要求学生讨论后找出两首诗中同情人民的句子，学生找到了如下诗句：“三男邺城戍。一男附书至，二男新战死。存者且偷生，死者长已矣”“夜久语声绝，如闻泣幽咽。天明登前途，独与老翁别”“满面尘灰烟火色，两鬓苍苍十指黑。卖炭得钱何所营?身上衣裳口中食。可怜身上衣正单，心忧炭贱愿天寒”。作为新时代中学生，古诗词里对民生的关注更能让他们真正明白“以人民为中心”的意蕴，从现在起筑牢为民服务的思想，甘当一心为民的孺子牛。

(五)笑对失意，乐观进取

辛弃疾在《贺新郎·用前韵再赋》写道：“叹人生，不如意事，十常八九。”人生于世，不可能总是一帆风顺，坎坷和挫折常常如影随形。面对失败，一蹶不振只能打倒自己，百折不挠才能顶天立地。

仕途不顺的李白，一首《行路难》(其一)(九年级上册)，给读者服了一剂兴奋剂，诗人在抒怀才不遇之情时，于悲愤中不乏豪迈之气，在失意中仍怀乐观豪情，在“行路难”的沉郁中振起，坚定了“长风破浪会有时”的信心，重振扬帆沧海的勇气。贬谪蜀地的刘禹锡，一曲《酬乐天扬州初逢席上见赠》(九年级上册)，给读者注了一针强心针，将自己遭贬二十三年视若平常之事，这种豁达显示了“诗豪”冲天的豪气，感伤中不失沉雄，凄婉中尤见苍劲，尤其是“沉舟侧畔千帆过，病树前头万木春”一联表达了自己在困厄中的豁达襟怀，让人不得不折服于诗人的高洁情操。被贬且与弟弟分隔多年的苏轼，一支《水调歌头·明月几时有》(九年级上册)，给读者喝了一碗润心汤，词人由思念弟弟苏辙心中郁闷到心胸开阔，唱出了“但愿人长久，千里共婵娟”这一流传千古的放达宽慰之语，乐观旷达的情怀感染着每一个心有郁结的读者。这三首诗同为一篇课文，可以让学生进行比较，分析它们不同中的相同点。三首诗中笑对失意、乐观进取无不感染着每一个读者，激励着每一个人积极进取。作为正处在花季的初中生要时刻看到社会的阳光面，弘扬人生的积极面；要知道青春无敌，去笑对困难，勇往直前。

(六)契合心灵，珍重友情

在中国，古有留下“高山流水”佳话的伯牙与钟子期的知音之谊，后有鲁迅与瞿秋白的“人生得一知己足矣，斯世当以同怀视之”的同志之情。自古至今，朋友之间以“义”为重，以义择友方为君子之交。友情不仅是深千尺的桃花潭水，友情更是寄与明月的愁心和关切。

李白在《闻王昌龄左迁龙标遥有此寄》(七年级上册)里“闻道龙标过五溪”写王昌龄“左迁”赴任路途险远，显出诗人对诗友远谪的关切与同情；“我寄愁心与明月，随君直到夜郎西”寄情于景，对诗友进行由衷的劝勉和宽慰。全诗通过对景物的描写，把友情抒发得真挚感人。岑参《白雪歌送武判官归京》(九年级下册)最后几句，写傍晚送别友人踏上归途，尽管依依不舍，毕竟是分手的时候了。尤其是“山回路转不见君，雪上空留马行处”，用平淡质朴的语言表现了将士们对战友的真挚感情，字字传神，含蓄隽永。学后让学生进行“什么是真正的友情”语文实践活动，他们一定会发表很多独到的见解。友情是钱财上的淡如水，友情是情感上的重如山；真正的朋友虽远隔千里但情意相通，是王勃笔下的“天涯若比邻”；真正的朋友虽意见相左但意趣相融，是李白笔下的“未语可知心”。学生从古诗词的交友当中学会结交真正朋友。

二、寻解读方法，提振学习信心

“诵读古代诗词……注重积累、感悟和运用，提高自己的欣赏品位”[7]是课标的明确要求。如何在古诗词教学中将新课标的要求落在实处呢?学习方法很关键。只有学生掌握了解读古诗词的方法,就会觉得古诗词的学习并不是难事,学习知识的信心就会陡然提振。

(一)看题材

题材往往决定诗歌的主要内容和主题。教师可以引导学生对学过的各类题材的古诗词所表达的主题思想进行归类,然后让学生从具体的古诗词之中进行分析。初中课本的古诗词题材类别见表1。

表1　初中课本古诗词的题材类别

题材类别	内容和主题
边塞征战	①对祖国美丽壮阔的边塞风光的热爱与赞美;②抒发渴望建功立业、报效国家的豪情壮志;③写戍边将士的乡愁、家中思妇的愁怨。
山水田园	①表达对归隐生活、闲适恬淡的田园生活的喜爱、向往;②赞扬乡民淳朴、好客,表达对田园生活的向往;③表达对官场仕途的厌倦,对现实的不满甚至愤怒。
赠友送别	①离别时的不舍和伤感;②别后的孤寂和思念;③对友人的劝勉和安慰;④借送别表达自己的志向或抱负。
思乡怀人	①羁旅愁思,思亲念友;②边关思乡,闺中怀人。
咏史怀古	①表达像古人那样建功立业的志向,抒发对古人的缅怀之情;②抒发昔盛今衰的感慨,暗含对现实的不满甚至批判,多借古讽今;③忧国伤时,揭露统治者的昏庸腐朽,同情下层人民的疾苦,担忧国家民族的前途命运;④悲叹年华消逝,壮志难酬。
爱国忧民	①山河沦丧、归家无望,对国家、民族命运的担忧;②忧国之痛,以死明志,为国捐躯的豪情;③不畏挫折,为国效力的奉献精神。
即景抒情	①对大自然的热爱和赞美;②青春易逝的感伤;③年华消逝,壮志难酬的悲哀。

在上面的归类中,根据内容和主题,以“边塞征战”为例,学生会举出王维的《使至塞上》(八年级上册),从题目中的“塞上”和“大漠孤烟直,长河落日圆”句中看出这是一首典型的边塞诗。提到《送友人》(八年级下册),学生从题目和句子“此地一为别”立马知道这是一首送别诗,作者通过送别环境的刻画、气氛的渲染,表达出依依惜别之意,特别是尾联“挥手自兹去,萧萧班马鸣”,写尽离情别绪。若是《登幽州台歌》(七年级下册),学生会将其归为咏史怀古系列,从中看出诗人孤独遗世、独立苍茫的落寞情怀,抒发了诗人“生不逢时”的抑郁、悲愤之情。

(二)读题目

题目就像整首诗词的眼睛,如果说诗歌鉴赏是画龙的话,那么对题目的分析就是点睛。有的诗词透过题目就能知道诗人所写的内容或所要表达的感情，题目是最好的切入点。古诗词的题目往往能揭示诗歌写作的时间、地点、对象、事件、情感、主旨等。

例如白居易的《钱塘湖春行》(七年级上册)开门见山，点明诗中描写的地点以及当时的季节，还有诗人往钱塘湖的目的。全诗以“行”为线索，紧扣“春”这一季节特色，通过白居易行游钱塘湖，从“孤山寺”起，到“白沙堤”终。以“春”为着眼点写出了自然界的美景。最后两句中的“最爱”两字充分表达了诗人对西湖美景的迷恋。这就教给学生在分析诗题时要抓住关键字。诸如《渡荆门送别》(八年级上册)、《长沙过贾谊宅》(九年级上册)都可叫学生从题目上做一番分析。

(三)知人世

古诗词的背景往往在题解和诗词的序言中有所反映，读诗词题解和序言不可忽视。有些诗歌题解中写明作品创作的时代背景等相关信息，序言中写作缘由和背景也往往尽在其中。通过明辨诗人，可以知道他们不同的创作风格和流派，从而确定作者的朝代、生活经历、写作风格，为后面分析语言、表达技巧、思想内容和诗人的观点态度做铺垫。从作家的风格，探求在诗词中所蕴含的作者情感，从而进行归类。

例如《野望》(八年级上册)是隋末唐初诗人王绩辞官归隐的作品，此诗描写了隐居之地的清幽秋景，在闲逸的情调中，带着几分彷徨、孤独和苦闷，王绩归隐后从田园中找不到精神慰藉，只能将孤独无依的情思寄托在古代隐士身上。这种心情必定与辞官归隐有关。可让学生了解陈子昂后分析《登幽州台歌》(七年级下册)的思想感情。

(四)找诗眼

诗词中有一些字词或句子不但内涵丰富，体现了全诗的思想内容和感情基调，而且还构成了全诗的线索，这就是“诗眼”。由于“诗眼”是理解整首诗词的关键，在诗词中牵一发而动全身，所以解题时必须准确把握诗词中这样的字词或者句子，思考其对突出主旨和结构上所起的作用。对诗歌赏析来说，抓住了诗眼就可以说抓住了全诗的灵魂和精髓。

例如杜甫的《茅屋为秋风所破歌》(八年级下册)中的“安得广厦千万间，大庇天下寒士俱欢颜”，作者将自己的痛苦遭遇和全天下人民的苦难生活联系起来，一下子拓升了诗歌的思想境界，增加了全文的思想含量，堪称全文的诗眼。可布置学生找找《望洞庭湖赠张丞相》(八年级下册)的诗眼，他们弄清这是一首干谒诗后，容易找到诗眼是“欲济”二字。

（五）辨技法

古诗词的意境、主旨常借助诗词的艺术手法来表现，在理解赏析时要通过其写作技巧来读懂诗词所言之志。写作技巧包括抒情方式（直抒胸臆和间接抒情两种，而间接抒情又包括借景借物抒情、情景交融、托物言志、托物寓理等）、表现手法（小中见大，化虚为实，虚实结合，托物寓理，以动写静，声色结合，多角度描写，以乐写哀，对比映衬等）、修辞手法（如对偶、比兴、拟人、夸张、双关等）。学习时一要准确指出抒情方式和表现手法或修辞手法，二要结合诗句和具体的词语作分析，三要就某种表达技巧去分析其表现了什么样的内容和抒发了什么样的感情或揭示了什么样的道理。

例如杜甫的《望岳》（七年级下册），运用借景抒情的方法，借观泰山之景抒发作者豪情：通过描绘泰山雄伟磅礴的景象，热情赞美了泰山高大巍峨的气势和神奇秀丽的景色，流露出了对祖国山河的热爱之情，表达了诗人不怕困难、敢攀顶峰、俯视一切的雄心和气概，以及卓然独立、兼济天下的豪情壮志。如此借景抒情的古诗词，课本中还有很多，要求学生举例分析，他们必定会举出《关雎》（八年级下册）、《渔家傲・秋思》（九年级下册）等诗词。

（六）悟意境

“意”就是情意，就是主观的思想感情；“境”就是境界，就是立体感的艺术图画。所谓“意境”，可以说是诗人的主观思想感情与诗中所描绘的生活图景有机融合而形成的一种耐人寻味的艺术境界，是诗人强烈的感情和生动的客观事物的交融。理解赏析时要体味诗歌的意境之美，从而去欣赏诗人所绘之景和所抒之情。

赏析诗歌意境，一要注意物象的特点，二要注意作者在描摹的事物中所寄托的情感，抓住物与志的“契合点”。要将诗词的语言化为生动具体的画面，进而唤起自己的情感，这样才能将景与情融为一体。

例如陆游的《游山西村》（七年级下册）通过丰收之年农村一片宁静、欢悦的气象以及山间水畔的景色描写，绘出了一幅农村风俗画卷。全诗把秀丽的山村自然风光与淳朴的村民习俗和谐地统一在完整的画面上，构成了优美的意境和恬淡、隽永的格调。并让读者从中领悟到蕴含在诗句中的生活哲理。可让学生分析《天净沙・秋思》（七年级上册）里多个意象所构成的意境。

（七）品语言

语言是文学的第一要素。诗词语言更值得仔细玩味。其题型有：一是对词语的表达效果或蕴含作者的思想感情进行分析，二是描述名句所展现的画面，并揭示诗句的含义，三是解释某一联的意思，并分析其情与景的关系。名句是整首诗(词)精华所在。它们往往在景、情、意(理)方面有被人们称道的地方。根据具体的句子，可三者皆说，也可侧重一个方面。

例如张养浩的《山坡羊·潼关怀古》(九年级下册)里"峰峦如聚，波涛如怒，山河表里潼关路"句中"聚""怒"两词，化静为动，尽得风韵：静止的山着一"聚"字，表现出峰峦众多，聚集到一起的动态；"怒"赋予河水以人的情感和意志，将波涛汹涌澎湃的气势写了出来。

理解赏析古诗词，先要知其意。读古诗词，要能做到逐字解释，明白每个字的意义，进而理解句子的浅层与深层意思，终而清楚整段整首诗词的内涵。

理解赏析古诗词，还要明其理。很多古诗词中包含着一定的道理，阅读时要明白作者所讲的道理，要能剖析诗词中所包含的哲理，体会其情趣和理趣。

理解赏析古诗词，更要通其情。《毛诗序》说："诗者，志之所之也，在心为志，发言为诗，情动于中而形于言。""诗言志"即"诗是抒发人的思想感情的，是人的心灵世界的呈现"，阅读时要和作者引起共鸣，情感相通，方能对诗词融会贯通。

中国诗词，天地诗心。迩可事父，远可事君。文能在朝辅政，武能上马建功。居庙堂之高心怀黎民，处江湖之远耕织不辍。浸润山水田园，雅趣顿生；置身边塞大漠，回肠荡气；婉约并非沉沦，豪放不是粗犷。灿烂书写辉煌曾经，如光似火温暖心扉。

"文化自信，是更基础、更广泛、更深厚的自信，是更基本、更深沉、更持久的力量。坚定文化自信，是事关国运兴衰、事关文化安全、事关民族精神独立性的大问题。"[8]

中国诗词是我们提升文化自信的一个良好通道，在这个通道中我们在学习知识时也会信心百倍，因为我们接受了很多精神营养。

中国古代诗词是几千年文化长河中璀璨夺目的珠宝，入选课本中的这些古诗词更是这珠宝中的精华，极具先进性。只有先进的文化才能引导先进的思想，才能锻造健全的人格。作为中学生，既要有诗心，也要有诗情。有了诗心，就会有纯美的心灵，就会有不凡的涵韵，就会有崇高的理想；有了诗情，就有了审美的眼光，就有了丰富的情感，就有了飞扬的文采。只有这样，我们才在顺境中不骄不躁，在逆境中乐观向上，享受诗意的人生。

参考文献：

[1] 柯汉琳. 论"诗心"[J]. 中国文学批评，2019(2)：70-79.

[2] 莫砺锋. 在读诗读人中感受万千气象[N]. 人民日报，2019-12-17(20).
[3] 中华人民共和国教育部. 普通高中语文课程标准(2017年版)[S]. 北京：人民教育出版社，2017：4.
[4] 中华人民共和国教育部. 义务教育语文课程标准(2011年版)[S]. 北京：北京师范大学出版社，2012：2.
[5] 习近平. 大力弘扬伟大爱国主义精神，为实现中国梦提供精神支柱[EB/OL]. (2015-12-30)[2021-10-10]. http://www.gov.cn/xinwen/2015/12/30/content__5029655.htm.
[6] 习近平. 乡愁就是你离开这个地方就会想念这个地方[EB/OL]. (2015-01-21)[2021-10-10]. http://news.cctv.com//2015/01/21/VIDE1421843935926681.shtml.
[7] 中华人民共和国教育部. 义务教育语文课程标准(2011年版)[S]. 北京：北京师范大学出版社，2012：16.
[8] 习近平. 习近平谈治国理政：第二卷[M]. 北京：外文出版社，2017：350.

兼收并蓄，吸收国外先进文化

——初中语文“外国作品”类课文教学探析

（麻城市思源实验学校，蔡尤臻）

管子曰：“海不辞水，故能成其大。”大海可以容纳千百条河流，因为有接纳百川的气度和容量。中华民族是一个包容的民族，能容纳各个国家的长处，能和自己政见不一的国家保持对话与沟通，增进了解，学习其长处，紧跟世界步伐以至引领时代潮流。再进一步，能够吸纳国外先进文化更是我们彰显文化自信底气的表现。

同在一片蓝天下，共处一个地球上，人类已经成为一个不可分割的命运共同体。作为中国人，我们既要弘扬自己的民族精神，也要吸纳国外的先进文化，只有这样，我们才不会落伍于世界，才不会被别人欺侮，才能永远屹立在世界东方。

“义务教育阶段的语文课程，应使学生初步学会运用祖国语言文字进行交流沟通，吸收古今中外优秀文化，提高思想文化修养，促进自身精神成长。”[1]在学习的进程中，“理解多样文化。通过学习语言文字作品，懂得尊重和包容，初步理解和借鉴不同民族、不同区域、不同国家的优秀文化，吸收人类文化的精华”[2]。

初中课本里编辑了20多篇外国作品，应该说都是一些文化精华。这些文章有小说、散文、诗歌、童话、寓言、传记、随笔、杂论……都是很有代表性的作品，其内容要么意味隽永，要么哲思绵长，要么情意深广……这些“西餐”食材天然，营养丰富。阅读这些外国作品仿佛是享受丰盛的营养大餐，带给人们的除了文字的愉悦外，更是一次次精神的熏陶、灵魂的洗礼，给读者无尽的沉思和启迪。

“不同历史和国情，不同民族和习俗，孕育了不同文明，使世界更加丰富多彩。”[3]中华文化之所以生生不息并不断发展壮大，在世界各种文化中独树一帜，一个重要原因就在于它能兼收并蓄地吸收和借鉴国外优秀文化成果。这也符合毛泽东思想：“对于外国文化，排外主义的方针是错误的，应当尽量吸收进步的外国文化，以为发展中国新文化的借鉴；盲目搬用的方针也是错误的，应当以中国人民的实际需要为基础，批判地吸收外国文化。”[4]对外国作品进行教学，可从文章内容、主题和情感来尝试。

一、用情怀提升格局

雨果说过：世界上最宽广的是海洋，比海洋更宽广的是天空，比天空更宽广的是人的胸怀。山不辞土，故成其高；海纳百川，有容乃大。胸怀窄狭的人势必鼠目寸光，只能看到眼前的利益；胸怀宽广的人定会放眼全球、心怀天下。一个人格局的高下取决于胸怀是否宽阔。

雨果就有这样的情怀。中国被掠夺，中国人谴责强盗、控诉掠夺是理所当然的。但作为一个战胜国的外国人，雨果并没有因此而高兴，反而在《就英法联军远征中国给巴特勒上尉的信》(九年级上册)中，颇具国际情怀地从其正直的人道主义者的立场出发，谴责自己的朋友，指责强盗政府，怒斥英法联军。在讲授时，可以围绕"雨果这样是否不够'爱国'"这一问题举办一场小型辩论会，让学生各抒己见。他们会在文中找到"治人者的罪行不是治于人者的过错；政府有时会是强盗，而人民永远也不会是强盗"理由，阐述以下观点：以正当的理由为人民辩护正是作者爱国的表现；作者敢于对政府的错误进行批判，是为国家的长远着想，也是爱国的体现；作者的爱国主义并不是站在狭隘的民族观上，而是站在人类文化历史角度上看待劫掠圆明园问题，是人道主义的体现，与爱国主义并不相悖，从而认识到什么才是真正的爱国。在辩论中，学生从雨果正直的良知和公正的立场中切身地感知到他胸怀的宽广。

自古以来，诗人们睹雁伤情或托雁寄怀，引发的是无尽伤感，而利奥波德在《大雁归来》(八年级下册)中抒发出来的是人文情怀，赞美大雁是具有灵性的候鸟，是报春使者，善群居，重友情，有很强的联合观念。课前布置学生课外上网搜寻关于"大雁"的图片、成语、古诗句、歌曲等资料，以备上课时开展"我来说大雁""我来吟大雁""我来展大雁""我来唱大雁"等语文实践活动，学生在参与活动和搜集资料的过程中，必能激起他们的学习兴趣，更能激发他们关注大雁、关注动物和自然的热情，并从大雁身上得到启发：回归自然，与自然平等和谐相处，享受大自然带来的诗意和乐趣。

情感丰富才可博爱天下，胸怀宽广才能心容万物，有这样情怀的人定然具备大格局。作为一个初中生，一定要从现在开始，树立远大的世界观。

二、以精神锻造品格

东汉王符《潜夫论·卜列》中说："夫人之所以为人者，非以此八尺之身也，乃以其有精神也。”精神对于人来说其重要性可见一斑。人的精神力量来自他的精神在现实生活中产生出的功效，通往精神的途径，需要不断地探索寻找，才能对精神力量的到来有所感悟。精神的外在表现就是品格的形成。

《植树的牧羊人》(七年级上册)中支撑着牧羊人的是热爱大自然和充满自信、持之以恒的精神；莫顿·亨特是一位擅长写励志类文章的作家，他的《走一步，再走一步》(七年级上册)通过描写“我”遇险和脱险的情景，给人以战胜一切艰难险阻的信心。《庆祝奥林匹克运动复兴25周年》(八年级下册)阐述了奥林匹克精神的内涵与价值，畅想奥林匹克美好前景，确信奥林匹克精神必将如阳光普照大地，必将拥有沉甸甸的收获。三篇文章都谈到信心，可见，信心是战胜困难的法宝，正如国家前总理温家宝所说：信心比黄金更重要。可以在班级举行“以微笑面对生活”为主题的演讲比赛，下面是活动过程中的一些问题。

1.为营造活动氛围，请你拟一条简洁优美、富有感染力的标语。(至少运用一种修辞方法)

2.小明同学面对困难、逆境时，总是缺少意志力，总是害怕失败，常常退缩，小组同学想写一封信规劝他。你认为下面名言警句中哪三则可以作为规劝的材料?①胜人者力，自胜者强。②失败是成功之母。③顽强的毅力可以征服世界上任何一座高山。(狄更斯)④人誉之，一笑；人骂之，一笑。(齐白石) ⑤苦难对于天才是一块垫脚石，对能干的人是一笔财富，对于弱者是一个万丈深渊。(巴尔扎克) 可以用来规劝李松同学的三则名言警句是________。(只填序号)

(答案示例：1.阳光拨开阴霾，微笑驱散烦恼。2.②③⑤)

《伟大的悲剧》(七年级下册)写的是英国探险家斯科特等五名英雄挑战南极的故事，最后在饥寒交迫、体力不支的情况下，于返回途中与严寒搏斗，全部牺牲在茫茫的冰雪之中。文章颂扬的是一种人类勇于探索的精神，为事业而献身的崇高精神和强烈的集体主义精神。课中可让学生讨论：如何看待失败的斯科特?他们一定会从斯科特对科学的探索精神和爱国精神推出：斯科特不仅是英国人的骄傲，更是全人类的骄傲；他虽然牺牲了，但他的探索精神永远激励着人们。

学习《美丽的颜色》(八年级上册)，要紧扣题目设题：“美丽的颜色”有什么深刻含义?以问题引导学生自读课文，从文中去寻找答案。学生容易找到题目的表层意思，即镭发出的蓝光。如果深读课文，从文章叙写居里夫妇在简陋的棚屋中花四年时间提取镭的过程，从居里夫妇辛苦忙碌的身影中，就会感受到科学研究的艰辛，更领略到科学家坚守与乐观的精神，就能明白“美丽的颜色”的深刻含义：居里夫人热爱科学、不懈追求、淡泊名利的态度和精神。从而在学习中也树立了自己战胜困难的信心。《动物笑谈》（七年级上册）和《蝉》（八年级上册）虽然是动物学家的作品，其共同之处是作者勤于观察、善于观察，这是一种实事求是的科学精神，可与《美丽的颜色》归为一类。学习了这类文章，主要是让学生体悟科学精神，课后开展“走进科学”综合性学习活动，或策划一期以“科学的精神”为主题的黑板报，一定会激发学生追寻科学的热情——这种精神正是求学者必须具备的良好品格。

正能量精神对品格的形成具有积极的意义，只要我们多多从课文中吸取这些精神，用它们来熏陶自己，我们一定会成长为一个具有优良品格的人。

三、让教养沉淀修为

《三字经》有言：“养不教，父之过；教不严，师之惰。”人与其他动物的根本区别就在于有无教养。教养是指一般文化和品德的修养，属于道德范畴。教养是社会影响、家庭教育、学校教育、个人修养的结果，尤指在家庭中从小养成的行为的道德水准。可见，教养是通过教育的教化而来，教养是一个人全部习惯的集中反映与表现，反映在生活中的方方面面，教养的深度势必影响修为的高度。

诺贝尔文学奖得主罗素，胸怀博大精深，心中充满正义、良知、睿智、温情，《我为何而生活》（八年级上册）是他晚年为自传写下的序言。他关爱人类，反对战争，反抗独裁，追求和平。文章热情饱满地概述了支配他一生的三种强烈的感情，表达了他执着追求挚爱与知识和关心人类和平与安宁的决心。为什么活着，最能激发学生的兴趣，可要求学生结合自身情况谈谈“你为什么而活着”的话题，以此启发学生思考活着的目的，培养学生正确的人生观世界观。

利哈乔夫的《论教养》（九年级上册）是对青少年进行思想品德教育的好范文。文章透过众多“有教养”及“无教养”的现象进行比较、分析，给我们指出了什么才是真正的教养。通过学习这篇文章，学生懂得了有教养的重要性，知道如何才能做到有教养，也一定会去做一个有教养、有风度的人。课后拓展时让学生畅所欲言，举出身边“无教养”的各种表现，并结合自己的实际，说说如何做一个“有教养”的人，相信作者的观点一定会在谈论中潜移默化地浸润到学生的灵魂深处。还可以进行拓展训练：一个讲礼貌的人，是不是就算是个“有教养”的人?学生能够根据文中谈“风度”的意思进行拓展阐述：礼貌显示在外表，是可以装出来的，而教养是一种素养，是由环境、教育、经历等结合而成的发自内心的内在素质。有礼貌可以讨人喜欢，但礼貌可能是虚伪的；而教养不仅指外在行为，而且还包括人的内涵。

“腹有诗书气自华”，多读书是提升教养的主要途径。培根的《谈读书》（九年级下册）开始阐述了读书的正确目的：怡情、博采和长才；接着主张采用的不同的读书方法；最后谈了读书的作用：读书能塑造人的性格和弥补精神上各种缺陷。教师可以顺着作者的读书观，让学生各抒己见来进行评价，谈谈自己对读书有什么看法。他们会在讨论读书与修为的关系时明白为什么要读书的道理，自然也就爱上读书。

教养决定着修为，凡是有教养的人，其个人修养定能达到较高的高度。初中生正是培育教养的重要阶段，教师一定要让他们懂得读书是提升自身教养的途径，教育学生争做有教养的人。

四、借思辨激发睿智

20世纪中叶，“思辨性思维作为一种认识世界和认识自我的思维模式和能力，逐渐在西方国家以学术的形式被广泛地讨论和研究，并成为西方国家人文教育必不可少的一种思维能力和思维训练”[5]。初中课文里的外国作品有很多富含哲理的文章，颇具思辨性。学习这些作品，犹如同哲人对话，我们也会变得睿智起来。

学习两则伊索寓言《赫耳墨斯和雕像者》《蚊子和狮子》（七年级上册）时，可让学生合作探究找出两文相同点。通过交流探讨，学生会深切地体会到即使取得大的胜利也不能骄傲，要始终谨慎从事，否则可能在小处受到挫败。谦虚使人进步，骄傲使人落后。希望通过两则寓言的学习能端正他们在学习生活中对待谦虚和骄傲的态度，相信学生必定择谦虚而弃骄傲。

初中生的理想生活一定是美好的，然而实际生活中充满着坎坷与荆棘。学习《假如生活欺骗了我》（七年级下册），学生会用积极乐观的人生态度去对待生活：生活中不可能没有挫折，面临挫折要正确地对待，要镇静，要坚信未来是光明、美好的。学习这首诗，对深处逆境的学生必能大有裨益。人生的选择就如对道路的选择，道路走错了可以回头重来，人生回头往往要付出巨大的代价。学习了《未选择的路》（七年级下册），学生从诗中能读懂：人生只能选择一条路，如果选择了就不能回头，因此必须慎重，不能随波逐流。

不同科学领域之间是相互关联和相互影响的。《恐龙无处不在》（八年级下册）通过南极洲恐龙化石的发现来证明“板块构造”理论，是将生物学与地理学联系起来；《被压扁的沙子》通过“被压扁的沙子”来探讨恐龙灭绝的原因，是将天文学与生物学联系起来。学习这两文后，可以让学生举出自己所学科目之间的联系，他们有的举出语文中议论文的行文思路和数学几何题的证明方法思路是一致的，有的举出英语语法和语文语法有很多相通之处，有的举出物理中的透镜和平时的发散思维或聚集思维有相同之点。他们会从学习作者的思维方法中去留心生活，思考自然和社会。

《谈创造性思维》（九年级上册）围绕“怎样才能成为一个富有创造力的人”这个中心从多层面展开论述，其写作目的就是想告诉人们每个人都拥有创造力，希望大家能成为有创造性的人。可以借此联系当下“大众创业，万众创新”的形势，让学生开展怎样“做新时代富有创造力的人”的综合实践活动，他们会说：“知识日新月异的时代，也是一个充满竞争的时代，一个国家要在竞争中立于不败之地，就需要培养和造就一大批基础扎实、综合素质高、勇于开拓创新的创造型人才。”

置身于阳光之中，人就备感温暖；沐浴在哲思里面，人就会变得睿智。

五、剔糟粕纯净灵魂

“一切外国的东西，如同我们对于食物一样，必须经过自己的口腔咀嚼和胃肠运动，送进唾液胃液肠液，把它分解为精华和糟粕两部分，排泄其糟粕，吸收其精华，才能对我们的身体有益，决不能生吞活剥地毫无批判地吸收。”[6]很多叙事性的外国作品在向我们展示真善美的同时，也将假恶丑无遗地暴露出来。教学中，要求学生分清是非，辨别真伪，剔除糟粕，吸取精华。

如何对待现实生活中的诱惑和虚荣？《皇帝的新衣》（七年级上册）是很好的教材，文章围绕“新衣”展开情节，全国上下各色人等在骗局中害怕被认为不称职或愚蠢而或瞒或骗，唯有小孩戳穿骗局。作品将昏庸的皇帝及大小官吏虚伪、奸诈、愚蠢的丑恶本质揭露得体无完肤，人云亦云的群众也是被动行骗者。在学习中，这些反面教材自然遭到唾弃，无私无畏的小孩肯定成了学生心目中的英雄，学生一定会学做一个无私无畏、有责任心、真诚、率真的人。

莎士比亚诅咒金钱有这样的名言：“金子，黄黄的，发光的。宝贵的金子！只这一点点儿，就可以使黑的变成白的，丑的变成美的，错的变成对的，卑贱变成尊贵，老人变成少年，懦夫变成勇士。”可见，在资本社会中，金钱是撬动人际关系的杠杆。学习《我的叔叔于勒》（九年级上册）时，通过“金钱，共同面对的话题”的讨论，来增强学生对金钱全面理性的认识，树立正确的钱财观，让他们摒弃人世间的虚伪、自私、贪婪、冷酷。

《变色龙》（九年级下册）通过奥楚蔑洛夫的自我表演，随机应变，将其溜须拍马、谄上欺下、见风使舵、趋炎附势的形象刻画了出来。在教学中，让学生体会奥楚蔑洛夫身上的“变”与“不变”的关系——“变”只是表象，“不变”的是性格——围绕“狗的主人是谁”而变色。从而认识到“变色龙”形象的可悲可憎，进而思考应做一个怎样的人，形成正确的价值观和积极的人生态度：呼唤良知、诚信，增强明辨是非的能力，追求平等、公平和公正。

我们在学习外国作品中应该采取扬弃的做法：既要抛弃其消极因素，又要保留并发扬其积极因素。吸纳其优良品质和先进的思想，以求取长补短；去除其卑劣的人性和阴暗的思想，以期完善自己。

“他山之石，可以攻玉。中国共产党历来强调树立世界眼光，积极学习借鉴世界各国人民创造的文明成果，并结合中国实际加以运用。”[7]我们要批判地吸收外国文化中一切有益的东西，为我所用；要善于从外来文化中汲取有益养分，兼收并蓄，博采众长。在新的时代条件下发展社会主义先进文化，应坚持洋为中用，以我为主，为我所用，吸收和借鉴世界优秀文化成果。

“我们要促进和而不同、兼收并蓄的文明交流。人类文明多样性赋予这个世界姹紫嫣红的色彩，多样带来交流，交流孕育融合，融合产生进步。”[8]博大精深的中华传统文化，注入外国文化的缜密思维和极富创新意识的精髓，正如中医的标本兼治佐以西医的快捷高效，定会结出理想的硕果。在世界文化日益融合的今天，努力学习、借鉴国外优秀文化的养分，对我国社会主义精神文明建设不可或缺。

浸润在蕴藉丰富的中华文化之中，辅以优秀的外国作品滋养，我们一定会在学习中厚植自己的文化根基，提升自己的精神涵养，将自己锻造成一个思辨睿智、胸怀宽广、灵魂纯粹、品德高尚的人。

参考文献：

[1] 中华人民共和国教育部. 义务教育语文课程标准(2011年版)[S]. 北京：北京师范大学出版社，2012：2.

[2] 中华人民共和国教育部. 普通高中语文课程标准(2017年版)[S]. 北京：人民教育出版社，2017：7.

[3] 习近平. 习近平谈治国理政：第二卷[M]. 北京：外文出版社，2017：544.

[4] 毛泽东. 论联合政府. 毛泽东选集：第3卷[M]. 北京：人民出版社，1991：984.

[5] 什么是思辨性思维[EB/OL]. (2016-12-29)[2021-12-03]. http://www.360doc.com/content/16/1229/07/34346368618569060.shtml.
[6] 毛泽东. 新民主主义论. 毛泽东选集：第2卷[M]. 北京：人民出版社，1991：667.
[7] 习近平. 习近平谈治国理政：第三卷[M]. 北京：外文出版社，2017：437.
[8] 习近平. 习近平谈治国理政：第二卷[M]. 北京：外文出版社，2017：524.

迷失的语文教学

（浠水县教育局教研室，周旺平）

名师简介

周旺平，男，现任浠水县教科院副院长，正高三级教师，湖北省特级教师，黄冈市高层次人才并入围市杰出人才，黄冈师院兼职硕士生导师，“国培计划”主讲教师。首创“问题作文”理论，先后荣获“全国中语先进工作者”“省优秀工作室”“黄冈名师”等称号。在《中学语文教学参考》等核心期刊上发表论文450余篇，多篇转载并获奖，出版《新语文教育研究》专著，主持国家级课题6项，其中2项获省科研成果奖。

当今教育改革轰轰烈烈，然而一谈起语文教学，目睹语文教改之现状，有识之士莫不扼腕叹息。且看当下语文教学改革现状：新词潮语迭出，模式层出不穷，样式花样翻新，方法五花八门，课堂热闹非凡……面对教改大潮，有的教师追潮逐流，疲于奔命，莫衷一是，无所适从；有的东施效颦，机械模仿；有的畏怯教改，“谈改色变”……而效果质量呢，说“误人子弟”，可能有争议；说“不尽如人意”，大概应该是共识。这就不禁要问：语文教师到底怎么了?语文教学究竟路在何方?本文试就这一问题做一探析。

一、文本解读云里雾里

近年来，过热追捧“多元解读”，过分珍视“独特体验”，导致目前语文教学文本价值取向曲解或误解，甚至出现政治化、功利化、模式化、浮躁化倾向。文本解读出现的另一个奇怪现象，就是一部分学术视野较宽的语文教师对文本深层解读、创新解读屡见不鲜，所上语文课迷失在哲学、美学、生命教育等学科丛林中。这些教师要么遵循所谓知人论世法，在背景资料和作者身世中考古式地找寻解读依据，要么喜欢用自己的生活阅历和专业背景代替适合中学语文教学的文本解读。如：韩军对《背影》生命哲学的解读，郭初阳对《愚公移山》愚公形象的颠覆理解，干国祥对《斑羚飞渡》个体生命尊严与意义的挖掘，熊芳芳对《我很重要》美学维度的重视[1]。这样的文本解读是否偏离了语文教学正道，失却了语文教学的味道?不能不使人产生质疑。

文本解读应遵循:文本中有无依据;社会生活中有无依据;是否是语文的解读。如莫怀戚的《散步》谈的是亲情、生命,还是责任?《邹忌讽齐王纳谏》是教育学生如何当好君主,还是让学生明白人要有自知之明,善于向别人提出建议?郑振铎的《猫》是写的猫,还是写的人?第三只猫的悲剧告诉我们:要做一个严于律己、知错就改的人,还是向人类宣示:生活中不要学第三只猫,要做一个受大家接纳及欢迎的人,要不断反省自己不足,完善自己,协调好自己与他人的关系,才能避免不受冤屈或少走弯路?《陋室铭》是安贫乐道,还是排遣心中的郁闷?沈石溪《斑羚飞渡》是种族延续精神,还是环保问题?沈从文的《云南的歌会》美的是歌声、是人,还是整个地域特色的乡土风情?这些多元解读都要尊重文本,解读的定位务必要在语文的范畴内,在文本和生活中查找出依据才行。居然还有专家撰文解读朱自清《背影》中"望父买橘",曰:父亲这是违反交通规则,不守交规的表现,甚至还呼吁把《背影》逐出中学语文教材。这样的解读与语文相去甚远,其实属于社会学范畴的研讨,绝不是语文式的解读。

适合教学的文本内容虽然丰富,但误读文本、糟蹋文本的不良趋势必须加以遏制。教学之文本解读应换位思考,多站在学生的角度,尊重学生的认知,顺应学生的学习习惯。学生当前的文本解读状况怎样?学生读文本一般会采用何种路径、有何种习惯?学生读文本最容易出现什么纰漏,遭遇哪些困惑?受困的内因到底是什么?在此种背景下,我们应采用何种手段引导学生深入阅读分析?教师若转变固有思路,换个角度看文本解读,课堂教学目标定位也许会柳暗花明,课堂效率定会不断提高。如教学《乡愁》,是把习得余光中诗歌语言艺术作为解读的核心目标,还是在情感渲染中,一味让学生沉浸在乡愁之中不能自拔,抑或勉强学生体会父母背井离乡不得不在外打拼的无奈?用张志公先生一句话,"阅读教学就是语文老师领着学生走进去走出来"。"走进去"就是要理解把握文本,尊重作者的思想,"走出来"就是指从文本中受到启发受到教育,应用于学习、生活。教学《乡愁》亦如此,既要走进去,体味台湾与祖国分离的苦痛,更要从中走出来,昂扬乐观地面对人生的生离死别。

丰富的文本内容自然就会产生多样的教育教学价值,在这种"丰富"和"多样"面前,我们如何爬梳剔抉、择善而行,或者说我们确定何种核心价值来教学,所有语文教师面对阅读教学文本时,必须要解决这样的问题[2]。"弱水三千,只取一瓢饮。"如《孔乙己》这篇小说鲁迅说是写"社会对苦人的凉薄",茅盾却认为是揭示科举制度对读书人的戕害。这实际是作者想要表达的主题和文本本身蕴含的主题的一种交锋，不存在谁对谁错，我们确定“教学价值”的时候，一定要关注到儿童的认知能力水平。如教学《大海的女儿》，八岁学生可以读出对人鱼的同情，十八岁可以读出爱情，二十八岁可以读出亲情，三十八岁就天眼顿开，发现是写灵魂的文章，五十八岁、八十八岁还可以读出什么样的精彩呢？孩子和成人的感悟不一样，我们教学中的文本解读要多从学生的角度去粗取精、去伪存真。

选择适合学生的教学不可能穷尽文本所包含的所有价值及教学元素，必须要有所取舍，不然那样的教学是无法想象，也是难以实施的。在多年教学实践中，笔者不断研究探索，逐渐感悟和摸索出了文本教学价值如何最大化的问题。对中学语文教学来说，“文本教学价值”具有一定的隐蔽性，最大化虽是一个相对概念，但在教学目标设定科学、合理的前提下，用最少的教学消耗，实现语文教学目标语言和人文的共振发展，圆满甚至超额地完成教学任务，就可以说实现了“文本价值”相对的“最大化”。“文本价值最大化”必须紧紧围绕本体性语文来实现，这无疑对语文教师素养提出了巨大挑战，这既是语文教师的一种能力，也是语文教学的一种境界。

二、优课展示乱花迷眼

不少语文优课展示发生“异化”，借班上课，假自主、假民主，依照教案演“教案剧”，或课堂充斥着多彩图片、精美卡片、原始实物以及千奇百怪的精彩表演等活动，有时甚至令人目不暇接。这样的优课，学生主体及教师主导地位尽失，课堂主角重心偏离；这样的优课，教师也很少让学生品味语言，即便偶尔使用文本，也是蜻蜓点水式感受文本语言，隔靴搔痒式思考文本语言，浮光掠影式领悟文本语言，在教学将收场时不疼不痒地让学生齐读两遍课文，草草收兵，感觉无非走过场一般，仅仅完成教学环节而已。也有部分教师开课伊始或单刀直入，或中间开花，或围点打援，或反面敷粉，学生课文还没有充分感知理解，就急功近利地迁移这、联系那、谈体会、作探究、忙延伸、搞表演，把学生的阅读引向迷途，原本奉献的“美丽课”“优质课”“创新课”蜕变成了“扯白课”。也有一些教师把教材后的练习设计抛在一边，自己独辟蹊径，另起炉灶，设计一些看似实践性、研究性比较强的问题，凸显自己高超的教学设计水准或故作高深的理论功底，从而彰显自己的教学个性和风格。这种舍弃教材固有资源的发挥，导致避直就曲的高耗低效，离本色越来越远，离朴实、真实、扎实越来越远，以至于学生对课文内容囫囵吞枣、似懂非懂。

“课似看山不喜平”，语文优课展示当前涂脂抹粉、穿靴戴帽之所以十分流行，与有些语文“名师”故作高深、自娱自乐的课堂表演不无关联。语文课堂充斥话剧、小品、歌唱，有时是声光电齐上，配乐朗读牵强附会，图片出示喧宾夺主，视频片段震耳欲聋，乍一看宛如“快乐大本营”，弄得学生眼花缭乱、心浮气躁。语文课浮华的背后，孩子又怎能虔诚地在文本中吮吸作品“精神的雨露”？众多语文“名家”精彩表演之后，听课老师只能露出迷离彷徨的眼神，泛出一脸怯怯的羞涩，“拔剑四顾心茫然”“欲登太行雪满山”。语文教学发展至今，不应该变得乱花迷眼，也不应忍辱负重，更不应在纷扬的争辩中找不到回家的路。

笔者曾观摩市级优课，有人执教《愚公移山》，教者别出心裁出题讨论，曰：“愚公愚不愚？你怎么看？”教师本意想抛出思辨性话题，以此展开互动对话，让师生的对话更富有创意。这样的问题让学生群情激奋，见仁见智，有学生对搬山嗤之以鼻，认为愚公搬山是蛮干，绿水青山就是金山银山，应该合理开发利用，成立旅游公司，脱贫致富；有学生认为愚公还可以劈山凿洞，大可不必千里迢迢搬山运土；也有学生认为愚公可以搞山林经济，栽果树，植野菌，卖特产。遗憾的是开课教师根据“答案是多元”的理论，一概给予肯定，还不失时机地赞美学生的创新精神。愚公精神珍贵之处，在于坚信美好的梦想在一代又一代人的努力下定能实现，可惜这种精神在沸沸扬扬的课堂“廉对话”中灰飞烟灭。当学生的认识剑走偏锋时，老师如果还一味赞赏肯定，只能让教学走入歧途，导致主题跑偏十万八千里，学生还意识不到。此时，教师该“干涉”的要干涉，该“纠偏”的要“纠偏”，该“约束”的要“约束”，该“主导”的要“主导”。再如有教师教《看云识天气》，其中有这样一个教学片断：学习是为了实践，我们现在来试试，看看能不能做到看云识天气(师语)。这是什么云？预示什么天气？(出示大量图片)，与其说这是一节语文课，不如说是自然课或科学课。更有甚者教学《背影》时，为让学生体味父亲买橘子的艰难，硬是自己模仿文中父亲，把桌子当栅栏，爬桌子演绎真情，结果搞得学生哄堂大笑。也有教师教学《狼》这篇课文时，以身示范，大胆表演一番狼的狡诈及屠户的果敢，实则滑稽至极。

实现语文教学华丽的转身，要跟表演式教学“说再见”。语文教学必须瓦罐煨汤，温火慢炖，图解代替不了对语言文字的触摸，它看似赏心悦目，却香水有毒，将我们对语言文字的感受能力扼杀；分析代替不了对语言文字的咀嚼，它看似洞隐烛微，却如一把锃亮的钢刀，将本色语文支分族解得鲜血淋漓。口如悬河式宣讲、大密度地触屏显示、虚张声势的小组合作……只能作为一种辅助，无法真正走进语文！“读品”“品读”，含英咀华，领略文字背后的东西，这才是我们语文教学的永远追求。语文课决不能在喧闹形式中作茧自缚，也不能在肢解文本中丧失丰富内涵，更不能在邯郸学步中迷失教学个性。新课程倡导超越教材，并不是让教师标新立异、海底捞月，甚至远离或舍弃教材。教材是教学的辅助手段，用教材教，就是用好教材这个载体，培养学生的语文核心素养及能力。用教材教，是师生共同触摸语言文字，书写、朗读、品味、鉴赏、创造；用教材教，必须紧紧抓住语言文字这个牛鼻子，积极点拨、启发、教会学生学习语言文字，理解语言文字，运用语言文字[3]。在立足教材，吃透教材基础上，充分合理利用教材现有资源，才能超越教材、超越课堂、超越教师，因为任何体验离开教材就只能是无源之水、无本之木。只有因文悟道，因道学文，才能让丰富多彩的教学活动助力高效的语文课堂教学质量。

三、技术融合毛将焉附

进入全媒体时代，互联网信息技术走进课堂、融入教学是大势所趋，语文教学如何深度融合媒体技术成为研究热点。信息技术介入课堂教学，最大的优势是打破了“教师、教材、粉笔、黑板”的传统教学格局，丰富了教学内容，增加了教学容量，让师生眼前为之一亮。坚定不移推动信息技术与教学深度融合是政策要求，也是教学实际需要，信息技术成为教学骄子，地位不可撼动可以理解。现代教学最大的亮点就是信息化教育手段被广泛地运用于教学之中，但信息技术如何服务于语文教学，如何服务于莘莘学子，如何让信息技术与教学文本深度融合，相得益彰，现状的确不敢令人恭维。说句通俗话，朴实无华的东西少，浓妆艳抹的形式多。语文教学看起来百花齐放，实际上逐渐空心化，形式主义课堂见怪不怪，“花瓶子”和噱头到处可见。一些教师运用课件是“韩信点兵——多多益善”，一些学校把触屏电视奉为西方传说中的不死鸟菲尼克斯，顶礼膜拜，用现代技术取代传统教学，谁主谁次，谁强谁弱，模糊不清。有部分教师，为了迎合潮流，搞点看点，自己不懂不要紧，花钱请人制作课件，开课时请人代替自己操作媒体，演起了双簧。也有部分教师瞒天过海，不管授课内容需不需要，适不适合，非要来个声光电组合，包装打理下课堂。这些滥用现代教学手段，甚至弄巧成拙采用信息技术的现象，既耗费大量精力和财力，又使语文课教学效率事倍功半，徒劳无功。

信息技术成为课堂教学的新宠，究其根本还是因为其信息量大，便于教师通过各种渠道获取音像、数据、文本等诸多素材。可是教师作为课堂教学的顶层设计者，要深入审慎思考，“到什么山上唱什么歌”，绝不能“眉毛胡子一把抓”，更不要“东施效颦”，结果“画虎不成反类犬”。信息技术融合课堂教学，旨在将其有效融合于学科教学过程中，营造适合学生学习和学科教学需要的、恰当的显性和隐性情景，实现“教师主导”“学生主体”“教学主线”手段的最优化，保障教育教学效益的最大化；在“求新”“求异”“求变”中激发学生学习的主动性、积极性和创造性，契合学生的认知水平和情感体验，同时凸显而不是偏离或游移学科本位、内容本体、核心素养大价值等基本特征；创新课堂教学手段不是终极目的，激发和培养学生的创造精神与实践能力，才是教育教学的出发点和归宿。

我们在遴选、制作和运用动画、音像、图表等多种媒体时，设计要巧妙，制作要精美，播放时要达到“随风潜入夜，润物细无声”之功效；画面、图片、文本要清晰，主体要突出，色彩搭配要协调，声音配合要和谐，层次要分明，界面处理要简约，图、文、声要兼美。有时，还要考虑背景颜色和布局，字体、字号、字形及位置，按钮和提示文字是否风格一致等。例如，在利用Autorware 5.0制作《春》的课件时，可将主题页的背景主色调设计成淡绿色，文本则主要用深蓝色，这样主次分明，又不易造成视觉疲劳。必要时，我们还可以借用其他专业软件进行适当的修饰，如图片类有Photo-shop、Fireworks，声音类有Soundforge、Magix，影视类有Premiere，动画类有Flash。还要注意简约至上、适可而止原则，不可大肆铺排，导致教师和学生的注意力被“绑架”。只有这样，才能使技术与艺术“秋水共长天一色”，让教师和学生的教学“落霞与孤鹜齐飞”，才能激发起学生情感，吸引其注意力，调度其学习兴趣，开阔其视野，从而真正发挥多媒体这一现代教育技术在语文教学中“建马场”“铺赛道”“驰千骏”的作用。

再以《春》教学为例，老师优雅地打开多媒体课件，甜美清脆的歌声《春天在哪里》便汩汩流出，一幅生机勃勃的春景图定格在大屏幕上。“孩子们，请问这是什么季节的景致呀？”“春天。”学生不约而同回答。“那就让我们跟随朱自清先生去感受一下《春》的美丽吧。”话音未了，老师轻击鼠标敲出课题。另一位教师却这样导课：她在黑板上写下“春”字问，“同学们，你心中的春天是什么样的？”“温暖的、舒适的……”学生纷纷作答。“谁能用一两句话描述一下你心中春天的景物吗？”“春天的风轻轻的、柔柔的”；“春天的花儿开得很灿烂”……“同学们的感受都很美好，那在文学大师朱自清的笔下，春天又是什么样的呢？让我们一起走进朱自清的《春》，细细地品味吧！”[4]。对比这两个课例，第一个教师多媒体运用看似精彩，实则肤浅，PPT看似漂亮，却“捆绑”了学生的想象力；后一位的导入看似老套，实则“语文”，让学生依托自己的情感体验和语文积累，借助想象，把文本语言变成情感的盛宴、心灵的舞蹈，就如爱因斯坦所言的“想象力比知识更重要”。

语文课要辩证看待现代和传统两种教学手段。首先，二者不是取代关系，而是优势互补，故不能越俎代庖。有的传统教学手段不但要继承，而且要发扬，我们不能“买椟还珠”。如黑板具有随讲随写的功能，挂图具有价廉物美的特点等等。动画不能代替文字感知，课件不能代替粉笔书写，影像不能代替意境想象，投影不能代替板书呈现。况且，字词句篇的积累，识字写字、阅读、写作和口语交际能力，不能仅靠信息技术的辅助，反而更多依靠教师用传统方法的牵引来固本培元，回归语文教学的原点，沉潜于字里行间。其次，我们也不能做固守传统教学手段的“老古董”，“叶公好龙”，应该科学地使用互联网及信息化技术媒体，让二者深度融合，让传统教学手段与现代教育技术相得益彰，为语文教学注入新鲜血液，这是教育之需，也是时代所趋。

四、诸多流派占山为王

今日语文教育界流派蔚为大观，令人眼花缭乱，但真正像蔡元培、陶行知、叶圣陶、徐特立、黄炎培、于漪、刘永康、李镇西等一代代杰出的语文教育家少之又少。像朱自清、李叔同、丰子恺、鲁迅这样有才华与学问的语文教师也是凤毛麟角。语文教学“欲渡黄河冰塞川”“一山放过一山拦”，原因何在?继往开来的语文大家没有从批判反思的角度去推进教育改革，而是在一味顽固地坚守，坚守自己的冠以某某称谓的理论，坚守自己所谓的课堂价值。他们有的很少踏入语文课堂，但热衷著书立说，热衷绕圈子，热衷跑龙套、搞培训，把阅读教学变成了哥德巴赫猜想，把本以清新的语文教学搞得懵懵懂懂、不知端倪。众多语文教学大师呈现的所谓教学效果，最终也无法验证，也许只是美丽的天上街市、缥缈的世外桃源而已。这些专家还把自己的理论偏好变成推销的欲望，大搞“皇帝的新装”，究其原因，无非是坚守既得利益，陷于功利教育不可自拔而已。就连权威课本教材，过去亦各种版本辈出，弄得老师晕头转向，这实则是各方势力争夺利益、互相斗争最后妥协出来的结果。

另一种现象是，专家祭出的各种新名词令教育工作者目不暇接，导致众多语文老师越来越迷茫，百思不得其解，越来越不会教，不想教语文，害怕教语文。一些名词术语其实不过新瓶装老酒。如“差异教育”无非就是孔子因材施教的延续，“三维目标”其实是韩愈“师者传道授业解惑也”的新解；语文与人文关系的讨论，无非是古代“文”与“道”关系的翻版。其次一些名词术语不接地气。

如风靡全国的“把课堂还给学生”是否科学斟酌过?杜郎口中学的烟消云散就是最好的见证。在“三维目标”还未彻底落实背景下,又提出“核心素养”是否如空中楼阁,有些操之过急,甚至有些急功近利,它的实践性和指导性是否有待检验?

“翻转课堂”“慕课”“裸课”“微课”“有效教育”“后茶馆式课堂”“深度学习”“绿色课堂”“生本课程”“未来教室”“全息化教学”等新词的始作俑者,也与居多流派的语文大佬有关,这些潮词以巨大的“声浪”轮番冲击着教育工作者的耳膜,与之配套的教辅等产业链亦大行其道,其实背后都隐藏着巨大的经济利益之争。新名词祭出,看久了有些扑朔迷离,有些教育新名词、新理念甚至缘木求鱼、误尽苍生,在具体实施的时候却无法下手,犹如升山采珠。对于“少教多学”课堂,更有甚者还进行了教师不进课堂的尝试……

语文教学流派诸多,一会东风压倒西风,一会西风压倒东风。而正因为如此,下一刻风会从哪个方向吹,不知道。鉴于此,对于广大基层语文教师来说,念好语文教学“字、词、句、段、篇、听、说、读、写、书”十字真经,做好语文教学“读书、写字、作文”三件事,回归语文教学“人文”“生活”“积累”“诵读”“文化”“文字”之本,扎扎实实练好语文童子功,切勿随波逐流,更不能把语文教学搞成一锅浆糊。要想使自己的语文教学有效果,也经得起中高考等评价手段的检验,就要求我们对语文有返璞归真的认识。

五、教学模式群莺乱舞

随着核心素养的提出,教学模式正逐步由统一的模式向学科模式转变,各种教学模式沧海横流、群莺乱舞,你方吹竽,我方击鼓,刹那间,课堂教学迎来了姹紫嫣红的春天。在众多语文教学模式中,一些教学魔方的确令人敬佩,如李镇西的“民主教学”、黄厚江的“本色语文”、余映潮的“板块教学”、钱梦龙的“导读模式”、张富的“跳摘模式”、魏书生的“六步教学法”、窦桂梅的“主题教学”等等,当然也有一些模式打着课改的幌子,兜售着伪经验、劣“产品”,可谓祸枣灾梨,误尽苍生。

课改就意味着要摸着石头过河,语文课改有时更是迷雾重重,偶陷泥潭有时也在所难免。不正常的是很多教育部门偏好拿来主义,把某一模式奉为圣经,用行政手段大范围推广、实验,就不能不令人深思了。网上曾流行一篇《卸磨杀驴》的讽喻红文,据说该文获得了“2016年机关单位论文大赛一等奖”,文章用驴拉磨来揶揄邯郸学步式的改革,原文片段摘录如下:

驴分了这么多类，每个类别都得具体干点工作。磨面的工作也要求不断地推陈出新，来配合宣传工作。原来老老实实拉磨围着磨转圈不行了，不符合时代的潮流。于是先向大马学习，借鉴马拉车的先进经验，大步拉磨，后来知道驴马差异太大搁置了。又学习牛耕地的方式直线拉磨，发现技术上做不到，也失败了。很多驴没办法了，就只能变着花样拉磨。有的跳着拉磨，有的爬着拉磨，有的跪着拉磨，有的打滚拉磨，折腾一天，腿都要断了。

驴拉着沉重的石磨转圈，周而复始，虽百倍艰辛，但乐此不疲。漫漫教书路其实好比驴拉磨，“备、讲、改、辅、考、评、练”的过程好比上磨磨面，下磨回圈。驴的本职工作就是每天按时默默拉磨走圈，然后卸磨回窝，磨拉好了，五谷杂粮自然蜕变成寻常百姓家餐桌上的精细面食。驴拉磨的哲学贵在发挥自身特长，咬定走圈不放松，步伐稳健均匀，坚持不懈，任劳任怨，把毕生精力献给磨面事业。教师教学波澜不惊，其实好比驴拉磨，教学常规扎实了，教学满意度自然一路飙升。但让人遗憾的是，在众多教育思潮的激荡下，各种教学模式惊艳亮相，“洪波涌起”，课堂教学也“金猴奋起千钧棒”“敢教日月换新天”。几年前席卷全国的“杜郎口旋风”，仿佛把原来的教育践踏得一无是处，教育已到了病入膏肓不改不死的地步。“学生反了！课堂散了！老师也不管了！四周全是黑板了！”如此，部分教师盲目跟风，用模式代庖创造，用模式取悦领导，用模式取代语文灵性。

语文教学需要建构发展性体系，大力推广学习语文学科模式无可厚非。模式虽是教学思想的精华，但不能一味照搬照抄，模式更不能成为有些地方改革的幌子。语文教学之路漫漫，语文教学必须走出模式魔咒，语文教师当实时丢掉模式这个拐杖，学会自己走路看风景。课堂建构不要被某种教学模式束缚手脚，或超越或完善或优化，在前人的基础上去伪存真、推陈出新。在激进的模式推广中，那种动不动威胁把“驴杀了、肉炖了、皮熬成阿胶”的愚蠢做法更应金盆洗手。“教学有法、法无定法、贵在得法”，此地经验也许是异地的教训，我们只有学会在范式中创新，在运用与超越中提升，才会从建立教学模式，掌握教学模式，到最终超越教学模式，达到“无模之至模”的境界。

六、南郭先生大行其道

多年的中高考制度已经造就出极为功利化的教育模式，导致考什么教师就教什么，怎么考就怎么教；考什么学生就学什么，怎么考就怎么学。这样的教育模式，不需要教师有真本事，一些没水平没学识的语文教师照样可以做个体面的"南郭先生"，数学式的语文课大有市场，学案式的语文课大有其人，原本张扬人文精神的课堂搞成了面目可憎的训练堂、导练堂、习题堂，学生学习语文的兴趣全无。这样的课，语文教师无须渊博的知识和高深的学问，只要会做习题、会发讲义(必须附有参考答案的那一种)、会搞题海战术就行。每天一张卷子，勤快地发，勤快地批，卷子做得越多，学生的应试能力就越强，考试成绩自然不成问题。学生的考试成绩全靠这一套，"分数"在手，谁敢不服？至于学生走出学校后的发展前途，那就不是自己的事了。语文课现已非常尴尬，语文教学让人难以直面难以释怀，语文教学误人子弟成为全社会众人皆知、众矢之的真实现状。

孔子曰："温故而知新，可以为师矣。"这是中国教育最早给教师下的定义。孔子的定义则正符合新课程背景下语文教师创新能力的要求，这里的温故，不是习故，而是在大量的知识中沉潜涵咏，然后创造新知识，能够创新知识的可以为师，"温故"可以说是对教师知识储备的要求，"知新"则是对教师创新能力的要求。《礼记·学记》中记录了孔子这句话："记问之学，不足为师。"这进一步说明孔子认为只能记诵一些知识，是不能当别人的老师的，一定要将知识融会贯通，能在温习中有所发现创新，才"可以为师"[5]，语文教师当学孔圣人。孔子的教育思想无疑是人类自己最高的几座山峰之一，但他不是险峻而高，而是平坦而高，任何人，只要愿意，都能攀上这座平坦而高耸的大山。

语文教学迷失久已！笔者疾呼，但当你迷路时，请读读孔子和叶圣陶吧！坚守语文教育的正道，就会迎来语文教学真正的春天。

参考文献：

[1] 李华平. 迷失在学科丛林中的语文课——兼评特级教师韩军《背影》教学课例[J]. 语文教学通讯，2014(10)：7-12.

[2] 胥婉婷. 初中语文如何走出文本解读的误区[J]. 新课程(中学)，2017(6)：27.

[3] 张传宗. 构建以语言为核心的语文教学体系[J]. 课程·教材·教法，2011(3)：33-38.

[4] 李继兵. 语文教学也要"反四风"[Z]. 中学语文教学参考(旬刊)，2014(6)：16-18.

[5] 李旭. 孔子：执著人生[M]. 武汉：长江文艺出版社，1993：3-4.

博采众长，弘扬社会主义精神文明

——初中语文“社会主义先进文化”类课文教学探析

（1.麻城市第一初级中学，蔡尤臻；2.麻城市第七初级中学，段新义）

先进文化是人类文明进步的结晶，是能够顺应人类社会发展规律，揭示人类社会未来发展方向，为人类社会文明进步提供强有力的思想保证、精神动力和智力支持的文化。“社会主义先进文化，就在于它坚持以马克思主义为指导，继承和弘扬五四运动以来形成的革命传统文化和中华优秀传统文化，吸收借鉴国外优秀文化成果，始终代表中国先进文化的前进方向。”[1]社会主义先进文化产生于新中国成立之初，历经七十多年，反映了社会主义建设过程中涌现出的各个阶层不同人物的积极进取、勇毅前行的精神风貌。这种先进文化就是当今习近平文化思想的组成部分，在教学中我们必须认真贯彻落实，“为学生形成正确的世界观、人生观、价值观，形成良好个性和健全人格打好基础”[2]，把育人蓝图变为现实，将学生培养成为有理想、有本领、有担当的新时代“三有”新人。

现行初中课本(统编版，下同)里有近20篇“社会主义先进文化”类课文，这些优秀作品历久不衰，教育着一代又一代青年学子。社会主义先进文化类课文的教学，要充分发挥课程教材培根铸魂、启智增慧的作用，这也是初中语文教学的价值所在，更是教师的职责所在。“教师引导学生从教材文本中挖掘社会主义先进文化因子，通过创设情境巩固之，借助社会实践活动践行之，不失为一条切实可行的路径。”[3]

一、先忧后乐，为民服务

2016年1月18日，习近平总书记在省部级主要领导干部学习贯彻党的十八届五中全会精神专题研讨班开班式上指出：“要坚持人民主体地位，顺应人民群众对美好生活的向往，不断实现好、维护好、发展好最广大人民根本利益，做到发展为了人民、发展依靠人民、发展成果由人民共享。”[4]强调的就是党员干部要以人民为中心，心中时刻装着人民。在课文《为人民服务》中，毛泽东同志说："我们想到人民的利益，想到大多数人民的痛苦，我们为人民而死就是死得其所。"五千年的华夏历史，博大精深的中华文化，从孟子"乐以天下，忧以天下"的主张，到欧阳修"与民同乐"的施政，再到范仲淹"先天下之忧而忧，后天下之乐而乐"的远大抱负，毛泽东同志所倡导的"为人民服务"就是这些言行的最好阐释。

周恩来同志为了国家的富强和人民的幸福，一生鞠躬尽瘁，死而后已，深受中国人民的爱戴。他那为人民服务的精神在《周总理，你在哪里》(九年级上册)里体现得淋漓尽致。诗歌塑造了周总理革命一生关心农业、关心工业、关心国防、日理万机的伟大形象。教授这首诗歌时，指导朗读是关键。朗读是诗歌教学必不可少的环节，是理解课文的重要手段，是获得思想熏陶的途径，是传递情感的纽带。对诗歌的朗诵既是重点也是难点。教师在指导学生诵读这篇诗歌时，要把握正确的节奏，运用恰当的语气和语调，在对高山、大海、森林、大地这些意象的理解中，通过朗读体会亿万人民无限怀念总理的深情厚谊，读出自己对总理的缅怀之情。课后还可组织学生举办一期以"颂党恩"为主体的诗歌朗诵大会，以期达到学生在朗诵中感悟诗歌感情和党的恩情的目的。

《驿路梨花》(七年级下册)文中描述的对象都是具有奉献意识并努力践行雷锋精神的普通民众。教师以"寻找小茅屋主人"为任务来开展教学，一下子就可以将学生的积极性调动起来。学生在认真研习课文后能一一列出文中出现的人物，将人物与小茅屋的关系进行研判，发现解放军是小茅屋的修建者，哈尼族小姑娘是小茅屋的照料者，瑶族猎人为小茅屋送来粮食，"我"和老余是小茅屋的修葺者。解放军是服务(雷锋)精神最初的实行者和发起者，瑶族猎人和哈尼族小姑娘是这一精神的传承者，而"我"和老余不仅见证了这种精神在少数民族居住区得到认同、传递的事实，也亲身投入其中，从而表现出社会主义新风尚在祖国处处都闪耀着灿烂的光辉。学生在交流探究中得出文中人物都是小茅屋的主人，这样的教学很容易达到预期效果。课后可以进行"寻找身边的雷锋，我为传承雷锋精神接力"的语文实践活动，要求学生利用假期时间到自己的社区、乡村去探访，对先进人物进行访谈，记下其先进事迹，交流自己的感想或启示。通过开展这样的实践活动，使学生明白雷锋是时代的楷模，雷锋精神是永恒的，人人都应争当雷锋式的好少年。

习近平总书记说："人民就是江山。"作为新时代的教师，要让学生知道人民在国家建设与发展中的重要性，从小树立为人民服务的理想。让他们明白：无论在家还是在校抑或在社会，"吃苦在前，享乐在后"就是为人民服务的具体表现。

二、心怀祖国，为国尽力

热爱祖国是根植在炎黄子孙骨髓里的基因，是中华民族自古以来的精神核心，正如习近平总书记2019年4月30日在纪念五四运动100周年大会上讲的："历史深刻表明，爱国主义自古以来就流淌在中华民族血脉之中，去不掉，打不破，灭不了，是中国人民和中华民族维护民族独立和民族尊严的强大精神动力。"[5]这种爱国主义情怀已经成了中国人厚重的民族精神，激励着一代又一代的中国人民赓续奋斗、振兴中华。

《国行公祭，为佑世界和平》(八年级上册)是很好的爱国教育题材。文章揭露了日军南京大屠杀的罪行，明确公祭的初衷是悼念死难同胞，让中国人民永远牢记南京大屠杀历史，与全世界爱好和平与正义的人们共同维护和平。教学该文时，可让学生多方查阅资料，了解南京大屠杀的历史真相，认清日本军国主义的兽性，牢记日军在中国犯下的滔天大罪，并对照当今日本政客无视历史、忘记历史的卑劣行径，彻底看清日本政客的嘴脸。课后建议学生观看电影《南京大屠杀》并写观后感，使学生明白落后就会挨打，要不忘国耻、奋发图强。

《祖国啊！我亲爱的祖国》(九年级下册)以其沉重的历史积淀，描述了祖国过去的贫穷以及中国人民千百年来的梦想与苦难，并展现了祖国让人振奋的崛起和新生，抒发了诗人对祖国的热爱和献身的决心。学习时要深刻体会诗人对祖国的深情和挚爱，进而与诗人同步共情之境。学习后可以举办一次以"歌颂我们伟大的祖国"为主题的红色诗歌朗诵会，让学生以小组为单位搜集颂扬祖国的诗歌，推荐本组朗诵能力最强的选手参加全班诗歌朗诵竞赛，评出最佳朗诵者。在提升学生朗诵能力的同时，更能激发他们对祖国的热爱。

"实现中华民族伟大复兴的中国梦，是当代中国爱国主义的鲜明主题。要大力弘扬伟大爱国主义精神，大力弘扬以改革创新为核心的时代精神，为实现中华民族伟大复兴的中国梦提供共同精神支柱和强大精神动力。"[6]作为教师要遵照习近平总书记的指示精神，充分挖掘教材中现有的爱国主义教育题材，并结合本地红色资源加强学生的爱国主义教育，让"爱国"二字入脑入心，为担负起民族伟大复兴重任打下坚实的基础。

三、英勇无畏，不惧牺牲

如今的中国正在一步步走向富强，但这不符合西方的意愿，他们不断从各个方面阻碍中国的发展，遏制中国的进步，挤压中国的生存空间，其逆历史而行的行径注定难以得逞。因为我们悠久的历史锻造了华夏子孙坚强不屈的性格和不惧牺牲的精神，这些是我们克难奋进的力量源泉。

华东师范大学陈子善教授称赞《谁是最可爱的人》（七年级下册）堪比历史文献，是真正的红色经典。遥想当年，在美国悍然发动朝鲜战争，妄图将新中国扼杀在摇篮的时候，中国人民志愿军承担起"抗美援朝，保家卫国"的历史使命，雄赳赳，气昂昂，跨过了鸭绿江。文章以典型的事例表现了我们的战士无畏的英雄主义精神、崇高的国际主义精神和强烈的爱国主义精神。学习本文后，及时组织学生观看《上甘岭》《英雄儿女》《金刚川》《长津湖》等反映中国人民志愿军与强敌进行艰苦卓绝的战斗，最后艰难取得胜利的优秀影片。中国人民志愿军以血肉之躯和浩然正气构成了坚固的卫国盾牌，战胜了武装到牙齿的联合国军，必然会感动学生，让他们在感动之中写一写观后感。有一个学生这样写道："《长津湖》里，我们最可爱的志愿军战士在冰天雪地里，缺衣少食，忍冻挨饿，为的是保家卫国，他们付出的是巨大牺牲，凭借的是抗敌的决心和坚强的意志，以令人无法想象的毅力，抗击着敌军一次又一次凶残的进攻，这种意志和毅力激发着我们为新时代立新功。"

学习《一着惊海天》（八年级上册）时，以中国舰载机首次着舰的视频导入课文，让学生在阅读课文中感受中国军力的发展和国防的强大。通过学习，我们仿佛亲历我国航母舰载战斗机首架次成功着舰的场面。这篇展示中国人民解放军在创新中不怕牺牲、勇于探索精神的文章，所报道的事件在全世界面前彰显了中国强大的综合实力，扬我国威，让人提气。读来令人心潮澎湃，振奋自豪。有这样的钢铁长城，必定会更加坚定学生对祖国的自信，同时坚信：任何侮辱和亵渎中国军人的言语和行为都将被国人所唾弃。

我们不是生活在一个和平时代，我们只是生活在一个安宁的国家。我们幸福和平的美好生活是我们最可爱的人——我们的战士为我们负重前行而创造的。我们不仅要珍惜幸福生活，更应该记住那些不惧牺牲的人，从他们身上吸取这些精神。教师除了对文章进行讲解，还可以带领学生到当地烈士陵园或革命烈士纪念馆实地参观学习，让他们带着课文中的疑问走近真正的英雄，以英雄的事迹感动学生，以英雄的精神激励学生，从而让他们学习英雄，培养自己为国担当的情怀。

四、许身事业，乐于奉献

习近平总书记在对守岛卫国32年的王继才同志先进事迹作出重要指示时

强调:“要大力倡导这种爱国奉献精神,使之成为新时代奋斗者的价值追求。”中华民族是一个崇尚奉献的民族,在浩浩的历史长河中,中国人民守望相助、勇于付出。女娲补天、大禹治水、愚公移山等经典传说故事,弘扬的都是奉献精神。奉献是中华民族的传统美德。

《邓稼先》(七年级下册)和《我一生中的重要抉择》(八年级上册)这两篇文章讲的是科学家的奉献。前者从多角度多侧面展示人物的性格和优秀品质,歌颂了邓稼先忠厚谦虚、真诚朴实的思想品格以及为了中华民族的崛起,身负重任、身先士卒、不怕牺牲的奉献精神。后者是被誉为“当代毕昇”“汉字激光照排之父”并获得国家最高科学技术奖的王选的一篇演讲稿,透过王选的抉择,我们可以清晰地看到他扶助年轻人表现出的无私奉献的崇高品质。《叶圣陶先生二三事》(七年级上册)是教育家的奉献,从几件小事中,表现了叶圣陶严谨自律、待人宽厚的节操和风范。他待人的宽厚中就包含着对青年人的奉献。

撰写演讲稿能提高学生的写作能力,演讲比赛能锻炼学生的口语表达能力。学习了“奉献”主题组文后可配合八年级下学期第四单元“活动·探究”的“学习演讲词”“撰写演讲稿”“举办演讲比赛”三大任务,及时组织学生开展一次以“无私奉献”为主题的班级演讲比赛,首先让他们阅读本单元演讲文章,再按照活动主题撰写一篇演讲稿,以小组为单位推选优秀者在全班进行决赛,评出优胜者予以奖励。这样既能增加学生的积累,还能锻炼他们的口语和写作能力,更能激发他们无私奉献的情怀,激励他们投身到社会主义事业的建设之中。

五、着眼未来,勇于探索

自古至今,中国人就具有勇于探索的精神。从嫦娥奔月、精卫填海、夸父逐日的神话中,我们的先人对未知领域就寄托着探索的怀想;我国古代造纸术、指南针、火药和印刷术的四大发明,不仅对中国古代的政治、经济、文化的发展产生了巨大的推动作用,而且对世界文明发展史也产生了巨大的影响。

“探索浩渺宇宙,发展航天事业,建设航天强国,是我们不懈追求的航天梦。”[7]杨利伟的《太空一日》(七年级下册)很好地践行了这一航天梦,让我们感受到了杨利伟一丝不苟、不怕牺牲、敢于牺牲的探索精神和拼搏勇气,在他身上凸显出来的敢于探索、勇于探索的中国载人航天精神,将是中华民族实现伟大复兴的征程中永不衰竭的精神财富。语文实践活动是积极的语文课外活动,可与课堂教学相辅相成,有利于学生在感兴趣的综合性自主活动中提高语文素养。学习《太空一日》后,让学生查找搜集我国航天事业发展历程,联系到当今的探月工程、火星探测和中国空间站等领跑世界的航天科技，在班上交流分享。学生会在了解中国航天事业发展史的过程中大开眼界，增长知识，也会提升民族自信心，更能激发对未知领域的探索。如此既强化了学生的学习能力，训练了他们的实践能力，又培养了他们的创新能力。

《在长江源头各拉丹冬》（八年级下册）将作者马丽华跟随摄制组两天的探险经历和独特感受写了出来，即使环境极端恶劣，作者尽管身体虚弱到"似乎衰竭"，她还是用笔记录了各拉丹冬的美景，从环境和感受中我们可以体会到作者的乐观与坚强。《溜索》（九年级下册）是一篇小说，飞渡峡谷的情景，表现人在自然面前接受挑战，战胜艰险；驮队的人际关系，表现在团结协作，相互信任，关心爱护，从而体现了马帮无所畏惧的探索精神，表现人敢于战胜艰险的胆识和气魄。

辩论会是锻炼学生思维反映能力、语言表达能力、辨别是非能力的活动，也是提高学生各种素养的开放性的活动。学习了"探险"主题组文后可以将学生分两组开展一次"七嘴八舌话探险"的辩论会，正方观点是"推崇探险"，反方观点是"反对探险"。双方就探险的成败得失、经验教训等方面展开讨论，借此帮助血气方刚的初中生全面深刻地认识探险：探险能丰富人生阅历，能磨炼坚强意志，能激发自立意识，但探险也是危险的，需要一定的经验，不可以盲目去探险。

时代在前进，要教育学生树立"为了未来、面向未来、创造未来"的信念，利用他们渴求未知问题和好胜心强的心理，培植他们着眼未来、勇于探究的理念，在探索中不断创新，在创新中不断奋进。只有这样，我们才能永立世界潮头，才能屹立东方不败。

六、踔厉奋发，不懈追求

梦想是领航的灯塔，指引船舶航行的方向，催人奋进；梦想是初现的曙光，照亮夜行者前行的路，勇往直前。中国历史就是一部中华民族怀揣强国之梦不懈追求的历史。每个人也都有理想和追求，都有自己的梦想，为着自己的梦想不断地追求，努力地奋斗，最终就能梦想成真，实现自己的目标。

《一棵小桃树》（七年级下册）借一棵小桃树的顽强生长，书写自己的理想和情志。作者种下小桃树，将自己的梦想寄托在它的身上，因为"它是我的梦种儿长的"。文章明写一棵小桃树的生存环境和成长经历，暗写作者自己对理想和幸福的追求。学习后可让学生回忆一下儿时类似贾平凹种桃树的事件，写一下自己当时的梦想。《台阶》(七年级下册)中父亲觉得自家的台阶低,不甘人后,立下宏愿,也要造一栋有高台阶的新屋。为此,这个要强的农民虽然也存在短视和不足,但凭着坚韧不拔的毅力和坚强不屈的精神,辛苦劳作大半辈子,终于盖起了高台阶的新屋,实现了自己的目标。正所谓"心中有梦,何惧远方"。

感悟是自己对某些问题的看法、认识和启示,是课文知识的延伸,是对已学知识的深入领会,是走进课文并读出自己的主要途径,当然也是写作练笔的好机会。谈感悟是对课本的拓展与延伸活动,能让学生在读懂课文的基础上将自己的思想与课文进行一次感同身受的对话,从而达到熏陶思想、洗涤灵魂的目的。可将《一棵小桃树》和《台阶》两篇文章进行思辨性阅读,找出两文的共同之处,写出自己的阅读感想,以此让学生明白:一个国家要确立未来的梦想,一个人要树立远大的梦想,只要不屈不挠地奋斗,定会战胜磨难,定能实现美好的梦想,创造出幸福的未来。《壶口瀑布》(八年级下册)中有很多作者的感怀,上完该课后,笔者让学生联系当下中国的国情,写出自己的感想。有的学生这样写:壶口瀑布那雄壮、浑厚、博大的气势和奋力向前的力量给我们极大的鼓舞,让我们学会以一种积极向上、不懈追求的精神面对艰难险阻。

"坚定理想信念,必先知之而后信之,信之而后行之。"[8]人类的幸福和欢乐在于奋斗,而最有价值的奋斗是为理想而奋斗。一个人只有树立了远大的理想,才能为着理想不断地奋发图强,不懈地奋力追求;一个人的理想只要是崇高而伟大的并付诸于实践,他就是一个高尚的人,是一个有担当的人。

"社会主义先进文化是党领导中国革命、建设和改革成果的思想精神结晶,凝结着中国特色社会主义理论创新和实践创新的全部经验,是一种以马克思主义特别是以中国特色社会主义理论体系为指导、充分体现当今时代要求和人类发展进步趋势的崭新文化。这种社会主义先进文化吸收中华传统文化精华和其他民族文化合理因素,是对人类创造的全部优秀文化成果的扬弃和超越。"[9]初中阶段是人生发展的重要阶段,更是树立理想、确立信仰、形成三观的重要阶段。对社会主义先进文化作品的教学,要把握文章的内容,深挖文章的精髓,紧扣时代精神。这样就可以做到以正确的舆论引导人,以高尚的精神塑造人,以优秀的作品鼓舞人,真正充分发挥课程教材培根铸魂、启智增慧的作用。这正是初中语文教学社会主义先进文化的价值所在,更是教师的职责所在。

"文化自信,是更基础、更广泛、更深厚的自信,是更基本、更深沉、更持久的力量。坚定文化自信,是事关国运兴衰、事关文化安全、事关民族精神独立性的大问题。"[10]习近平总书记在党的二十大报告中强调,我党要"以社会主义核心价值观为引领，发展社会主义先进文化”“推进文化自信自强，铸就社会主义文化新辉煌”，可见社会主义先进文化是我们提升文化自信的一个良好并行之有效的路径。在学习时我们必须坚守中华文化立场，吸取这些精神力量，筑牢信仰之基、补足精神之钙、把稳思想之舵，帮助学生扣好人生的第一粒扣子，使学生懂得：作为初中生，应该与党的路线方针保持一致，听党的话，永远跟党走；身为社会主义事业的接班人，要把自己的学习与振兴中华、实现中国梦联系起来，时刻准备着为建设富强、民主、文明、和谐的社会主义现代化国家做出自己的贡献。

参考文献：

[1] 江西省中国特色社会主义理论体系研究中心. 社会主义先进文化：马克思主义政党思想精神上的旗帜[N]. 人民日报，2012-12-26(7).

[2] 中华人民共和国教育部. 义务教育语文课程标准(2022年版)[S]. 北京：北京师范大学出版社，2022：1.

[3] 胡文杰. 在教学中弘扬社会主义先进文化[J]. 湖北教育，2023(4)：66-67.

[4] 习近平在省部级主要领导干部学习贯彻党的十八届五中全会精神专题研讨班上的讲话[N]. 人民日报，2016-05-10(2).

[5] 习近平. 在纪念五四运动一百周年大会上的讲话[M]. 北京：人民出版社，2019：3.

[6] 中华人民共和国中央人民政府. 习近平：大力弘扬伟大爱国主义精神为实现中国梦提供精神支柱[EB/OL]. (2015-12-30)[2022-11-20]. https：//www. gov. cn/xinwen/2015-12/30/content_5029655. htm.

[7] 新华网.【英雄归来】探索永无止境！习近平谈“航天梦”[EB/OL]. (2022-04-17)[2022-11-20]. ht-tp：//www. xinhuanet. com/politics/xxjxs/2022-04/17/c_1128568733. htm.

[8] 王怡. 筑牢理想信念根基——论学习贯彻习近平总书记在中青年干部培训班开班式上重要讲话[N]. 人民日报，2022-03-03(1).

[9] 王森泰. 高扬社会主义先进文化的旗帜[N]. 光明日报，2011-11-6(7).

[10] 习近平. 习近平谈治国理政：第二卷[M]. 北京：外文出版社，2017：350.

运用四个“抓手”突围自读课文教学

（浠水县教育局教研室，周旺平）

部编初中语文教材2016年9月开始在全国推广使用，与以往人教版教材相比，部编教材在编排体例和理念上与过去迥然不同。部编教材将人教版教材中“精读”换成“教读”，“略读”调整为“自读”，这是对教材课型的重大改变，课型的改变倒逼教师教学方式和学生学习方式的根本性转变。尤其要关注“自读”的价值，引导学生自主阅读，并且逐步向课外阅读延伸。过去人教版教材精读和略读两种课型在实际教学实施中教师容易混为一谈，无论精读课文还是略读课文，只是在阅读方法上彰显一定的价值，没有在学习方式或者教学方式上产生变革。

初中语文部编教材每册六个单元，每个单元约4篇课文，教材中以“*”将阅读课文分为“教读课”和“自读课”两类。自读课文每单元安排了一至两篇，占全部课文数约三分之一强。文体涵盖文言文、散文、诗歌、议论、小说、说明文等所有文学类文本与非文学类文本。同一单元所有课文“主题”几乎相同，但自读课与教读课文体分布却优势互补，不同文体的自读课分散于各个单元，编排穿插于教读课文之间。每篇自读课文除与教读课文共享单元导读外，自读课文助学系统还设置有“阅读提示”“旁批”“注释”“思考探究”“读读写写”。自读课的积极倡导者钱梦龙强调了“自读”二字内涵，主要是明确阅读的主体，教师在课堂中应为学生提供有价值的阅读指导，自读课不是简单的学生自主阅读，仍需要教师的参与，并给予有力指导与帮助。

自读课虽然是阅读课型的一种，但必须定位精准，即自主阅读。无论是任务驱动型课、寻点品读课，还是导读释疑课、成果分享课，都必须在教师的引导之下实施。“自读”是以教材中的自读篇目为内容，以教师引导为辅助，以学生自主学习探究为方式的一种课型，学生能主动把精读课学到的阅读方法和策略，应用于自读课的阅读学习中，达到知识能力的迁移与转换。可以说，“自读”课型的推出为课内阅读迈向课外阅读提供了有力支撑。从阅读方法上讲，自读是对义务教育课程标准中“精读、略读和浏览”阅读方法的深化和强化，教学中将“自读”的阅读方法阐释、穿插或贯穿，更加凸显教学活动中学生的主体性，不仅有利于学生良好阅读习惯的养成，而且对阅读方法的拓展积累有着不可或缺的意义。

部编版语文教材虽然构建了由“教读”到“自读”到“课外阅读”“三位一体”的阅读体系，但由于传统教学中教读课文的教学观念制约，使得自读课文的价值难以体现，自读课文教学中仍存在些许问题，许多教师仍忽略编者意图，用教读课文的方法上自读课文大有人在，也有一些教师不重视自读课文，让学生一读了之，敷衍了事，更有甚者自读课陷入“放羊”困境。刨其根源，大多数教师不知自读课文到底如何教，自读教学的“抓手”究竟在哪里，可谓“拔剑四顾心茫然，欲渡黄河冰塞川”。部编教材之所以将课文体例划分为精读课文和自读课文，可谓用心良苦，自读课文就是要让学生把教读课上学到的方法学以致用，真正实现“教是为了不教”。那么，如何突围自读课文教学困局，怎样引导学生自主阅读到深处，自主训练到实处？笔者认为，突出“自读”是根本，用好四个“抓手”是关键。

一、“单元导读”是制定自读目标的重要“抓手”

自读课文教学如何确定核心教学目标？研究“单元导读”是制定自读课文学习目标的重要路径。单元导读不仅内容丰富，而且指向明确，教师要强化单元整体意识，把自读课文放在整个单元体系中来考量。部编教材每个单元都设置了单元导读，导读既是教读课文的导读，也是自读课文的导读，每个单元导读均采用“人文主题”与“语文要素”双线组成，基本做到了二者的协调统一，较好地体现了“工具性与人文性统一”这一语文学科的基本属性。人文主题，指各单元课文大致按照内容类型进行组合，体现同一主题下文章内容的丰富性和包容性。各单元的人文主题涵盖“人与自然”“人与社会”“人与自我”三大板块，形成一条贯穿全套教材的显在线索。语文要素，指将“语文素养”的各种基本“因素”，包括基本的语文知识、必需的语文能力、学习策略和学习习惯，由浅入深，由易及难，均匀分布并体现在各个单元导读之中。设计这条线索的目的不言而喻，一是强调语文综合素养，二是构建以语文能力培养为主线、层级序列清晰的教科书体系结构。

自读课文老师教什么？学生学什么？围绕这个话题如何制定核心目标，老师摸不着头脑，学生更需要老师科学的指导。其实单元导读这一助学系统已经回应了这一问题，但我们老师没有引起足够重视。单元导读既为教读课文教学目标制定提供参考，同样也为自读课文教学指明了方向。学习一个单元课文，首先要有单元统一的意识，“单元导读”就是这一意识的最好体现。自读课文教学千万不能无视“单元导读”这一助学系统，相反应高度重视解读或提炼“单元导读”的信息，把握理解编者的单元设计意图，导向有针对性的核心教学目标。

阅读并提炼“单元导读”信息是完成自读课文教学目标的重要环节，教师可以利用这个“抓手”组织学生阅读单元导读内容，然后共同完成本节课自读课文学习目标的制定，为后面的自主自学定向导航。如，部编教材八年级下册五单元单元导读：

古人说，读万卷书，行万里路。旅游其实也是一种“阅读”，是认识世界的另一种方式。本单元所选的课文都是游记，通过记述游览见闻，描摹山水风光，吟咏人文胜迹，抒发作者情思。

阅读这类文章，随着作品去想象和遨游世界，可以让我们丰富见闻，增长知识，开阔眼界。学习本单元，要了解游记特点，把握作者的游踪、写景的角度和方法，并揣摩和品位语言，欣赏、积累精彩语句。

这个单元的导读潜藏着语文能力体系，展现了教材整体结构，引导着单元备课方向，充分利用这个单元导读进行自读教学设计非常必要。本导读包括两段：第1段阐述本单元的组元思路，简要说明其中蕴含的人文教学价值；第2段强调本单元的语文要素方面的要求，体现工具性目标。简单说，第一段指向人文目标，第二段指向工具目标。“把握作者的游踪、写景的角度和方法，并揣摩和品味语言，欣赏、积累精彩语句”是自读课文《登勃朗峰》以及《一滴水经过丽江》共同要完成的语文要素，起到一个统领导向的作用，这样看来，后一个目标才是本节自读课要解决的核心目标。学生阅读这一段“单元导读”时，要提炼出这一核心要素，智慧地运用这一有效信息来展开自读，并在《登勃朗峰》以及《一滴水经过丽江》自学中细化落实在具体内容上。如此，自读课文学习就不会偏离航线，学习的重点聚焦点才会了然于胸。

二、“阅读提示”是突破自读重难点的重要“抓手”

自读课文在体例上与教读课文另一个显著的区别在于：自读课文不设课后习题，代之以阅读提示这一“拐杖”。自读课文以阅读提示的形式编排，折射出自读课的定位与课型，要求教师借助阅读提示引导学生自主学习。自读课文阅读提示不仅内容丰富，而且功能性很强，有的提示文章主题，有的提示文章重点，有的提示作品内容或趣味，有的提示文本精神或思路，有的提示写作风格，有的提示阅读策略，还有的提示向课外内容拓展，甚至引领阅读的价值。这种编写体例为学生自读提供了一个破解自读重难点的重要“抓手”，教师也可以利用这个“抓手”细化、分析、设计教学环节，挖掘文本中蕴含的阅读价值，对文本独到之处进行精要指导，促进语文能力的提升。

在教学自读课文时，一定要根据阅读提示的不同，去恰当地使用，发挥它应有的助学价值。以八年级上册第七课《列夫·托尔斯泰》为例，课后阅读提示原文如下：

> 文章前半部极力描写托尔斯泰平生甚至“粗劣”的长相。作者极尽铺陈，步步蓄势，甚至用“刻薄”的语言，来“调侃”托尔斯泰的外貌。后半部分笔锋一转，透过托尔斯泰的眼睛，展示出他“天才灵魂”的深邃、伟大，字里行间洋溢着仰慕、崇敬之情。这种欲扬先抑的手法，使全文形成一种巨大的反差，带给读者强烈的震撼。阅读时要仔细体会这一写作特点。作者驰骋想象，大量运用比喻和夸张；文章语言典雅优美，文气酣畅。对一些精彩的语句，可以反复诵读，细细品味。

有兴趣的同学，可以课外阅读《托尔斯泰》全文或《三作家》全书，还可进一步阅读茨威格的《三大师》，走进伟大作家的内心世界。

该阅读提示第一段前三句，指向整体感知。引导我们整体把握课文内容，明确文本写作思路。《列夫·托尔斯泰》自读课文可划分为两个部分，作者是按第一部分刻画托尔斯泰的特征，第二部分描写托尔斯泰非同寻常的眼睛这样的顺序来组织材料的。先重点刻画托尔斯泰的外貌特征，后重点刻画托尔斯泰非同寻常的眼睛。学生阅读提示后就会对文本重点内容一目了然，同时教师也可以把阅读提示中的内容转化为学生阅读课文时思考的问题，引领学生去自主阅读课文。该阅读提示第一段第四、五句，则指向写作特色。阅读提示点出文章使用先抑后扬的写作手法，这是作者在写作艺术上的匠心独具、别出心裁，这也是文本学习的价值所在。前半部分面容的丑陋更加衬托出后半部分眼睛的精美，从而突出表现托尔斯泰高尚的精神境界和人生追求。阅读提示非常明确地提出了阅读要求“阅读时要仔细体会这一写作特点”。该阅读提示第二段，指向揣摩和品味语言。这篇文章的另一特色也正在于精彩的语句，本课的阅读提示正是紧扣上述独到之处进行精要指导，既点出了文本的精妙之处，又提供了策略、路径，以辅助学生自主展开文本阅读。该阅读提示第三段，指向课外阅读拓展。“可以课外阅读《托尔斯泰》全文或《三作家》全书，还可进一步阅读茨威格的《三大师》”，该句引导学生由教材中的单篇课文走向整本书阅读或群文阅读，扩大阅读量，培养学生阅读兴趣，有效落实“三位一体”阅读体系和“将课外阅读纳入教学计划”的理念。又如八年级上册《昆明的雨》的“阅读提示”：再找几篇如《故乡的食物》《翠湖心影》《我的家乡》等，细细品读，体会作者散文的独特韵味。进一步提示与课文内容相关的课外拓展性阅读内容，对学生进行课文阅读的价值引领。八年级上册《周亚夫军细柳》中阅读提示提出“这位将军到底是怎样的人呢?”这个问题则加强了对学生自主阅读的点拨，指导学生用批判性的思维阅读文本，感受古人的智慧与魅力。

三、“课文旁批”是巧用自读策略的重要“抓手”

课文旁批即文本旁边的批语，这是批注式阅读的一种，古人经常采用此方法来进行读书活动，是一种很好的阅读学习方法，也是教师巧用自读策略的重要“抓手”。令人欣慰的是部编教材自读课文非常注重阅读的主体性，成功引入了旁批这一知识板块，并精心设计这一教学资源，不仅为学生自读提供点拨、指导、策略，而且为学生养成“不动笔墨不读书”的阅读习惯助力导航。旁批这一助学系统地位虽然如此重要，但现实中教师无视者有之，弃之者有之，不研究者有之。自读课若想把学习的过程归还给学生，务必让学生从旁批入手，有效地利用、整合、挖掘旁批，自主思考旁批内容，对文本进行感受、理解、欣赏、评价。在此基础上，教师再以问题为导向，以交流探究为形式推进自主阅读深入，实现各对话主体间超越。

课文旁批强调启发性和引导性，旁批一般分为点评式旁批和问题式旁批。点评式旁批一般抓住文本特点，用简练的语言对文章背景，或立意，或结构，或语言，或精妙处，或表达方式，或写作特点等做画龙点睛式评点。问题式旁批一般指向文本内容，或指向写法或语言特色，或指向对文本的深度思考，或指向拓展延伸练习，问题式旁批所呈现的问题不是所有都需要学生回答，有些是为了激发学生的阅读兴趣或阅读期待，让他们带着问题浏览思考，有些则是提醒学生关注文本独特之处，在阅读的疑惑处、关键处、重点处稍作停顿，带着思考、联想或想象向文本深处溯本求源。肖培东执教文言文自读课就以“夯实学生字词基础、巧用旁批”为学生搭建支架，将思维发展贯穿于自读教学中，让学生在自我阅读体验中获得思维的多向拓展，构建了更加完整的阅读意识。

以统编教材语文九年级上册第四单元《孤独之旅》为例，这是一篇自读小说。基于自读助学系统安排，编者在《孤独之旅》中标注了十二处旁批：

(1) 交代故事发生的背景。(2) 杜雍和为什么这样做?带着疑问往下读。

(3)如何理解这句话?(4)前方会是什么样子的呢?这段文字也引起了我们的阅读期待。(5)这里的描写体现出怎样的情味?(6)想象一下这幅画面,体会杜小康此时的心情。(7)这里与前面哪些地方相照应?(8)极致的孤独,对人物来说意味着什么?(9)这里的环境描写有什么作用?(10)与之前的茫然、恐惧相比,暴风雨中杜小康的表现是怎么样的?体会他的变化。(11)这里的杜小康为什么哭了?说说你的理解。(12)暖色的结尾,充满希望。

这十二处旁批中,(1)(2)(4)(12)属于点评式旁批,分别从小说背景、小说伏笔、阅读期待以及小说结尾等方面做了提醒,如(2)杜雍和为什么这样做?带着疑问往下读。(4)前方会是什么样子的呢?这段文字也引起了我们的阅读期待。这类提示语,有助于拓宽学生的思维空间和激发阅读的兴趣。又如(12)暖色的结尾,充满希望。则引导学生想象课文描述的生动情景,体会人物的思想感情或文章的表现方法。(3)(5)(6)(7)(8)(9)(10)(11)属于问题式旁批,则围绕关键句含义、小说表达方式、小说语言、小说人物等进行设问,引导学生在整体感知的基础上有重点地深入感悟和思辨,以培养阅读能力和良好的阅读习惯。如(8)极致的孤独,对人物来说意味着什么?这类提示语,对于领会课文内容和培养阅读能力都有思考的价值。我们可以对文中十二处旁批进行巧妙地整合、提炼、探究,利用点评式旁批辅助、引导阅读,引导学生自主走进小说深处,思考杜小康的人生感悟。利用问题式旁批进行整合架构教学重点、环节、学习活动。曹文轩有这么一句话:“生成美的途径尽管千条万条,但最重要并最容易收到效果的途径就是描写风景。”文本中的(5)(6)(8)(9)(10)(11)几个旁批,经过分析、整合、探究,我们会发现它们都是聚焦在描写的艺术效果上,目的是让学生领会描写的作用,学会运用小说中的描写手段。《孤独之旅》可以说是描写的“大户”,融叙事于景物描写中,叙描结合,自然天成。文本描写的段落虽然特别多,但都是为表现人物服务。正是这些出色描写,为杜小康的成长渲染了一个宏大的环境。鸭群是杜小康成长的凭借,芦荡是杜小康心理变化的见证,暴风雨是杜小康成长的机会和舞台。随着环境变化的推进,杜小康的孤独之旅也在发生着变化,由最初的茫然恐惧到不再害怕、不再恐惧,开始平静下来,到杜小康在暴风雨中拚命地寻找鸭子,最后鸭子找到了,杜小康忽然觉得自己长大了。描写在这里起着推波助澜的作用,问题式旁批在这里为我们提出了很有针对性的阅读提示。因此我们可以围绕问题式旁批,从描写着手,引导学生“感受孤独”“品析孤独”“评价孤独”,分析孤独产生的心理因素、社会环境与自然环境,对学生人生带来的启发和思考,从而自然渗透挫折教育,达到适应孤独、迎战孤独的目的。当然，除用好旁批之外，我们还可以要求学生自己做批注，鼓励学生把阅读所得、所感、所疑用文字或符号书写或标注在书眉页侧。

四、"课文注释""读读写写"是落实自读双基的重要"抓手"

魏书生说："语文课主要教自学能力，学会运用教材注解，学会查工具书。"借助课文注释读文本可以培养学生良好的阅读习惯，也是必备的语文能力。自读课文注释有的是标题注释，有的是作者作品注释，有的是文本中汉字、词语、短语注释，有的是知识性注释。纵观初中部编本教材，凸显出自读课学习中"放手"的教学方式，特别是文言文自读课文，其课文下注释更详细，更具有指导学习价值。八年级上册第三单元导读就明确提出本单元目标"借助注释和工具书，整体感知内容大意。反复诵读，借助联想和想象，进入诗文的意境。积累常见的文言实词、虚词"，这就需要学生在本单元文言文自读课文学习中，利用好注释助学系统，养成借助注释和工具书自主阅读课文的好习惯。如本单元自读课《与朱元思书》的课下注释就丰富且全面，一些关键性的文言实词"缥""邈""鸢""柯""嘤""泠""转""纶"等都进行了语音与语义的详细注解，学生借助注解完全可以了解文言大意。自读课文教学一方面要注意引导学生充分利用这些注释理解课文，另一方面还应要求学生对注释中的重点词语解释或语法现象进行圈点，或归类积累，或默而知之。

除文言文自读课文外，其他自读课文后面都安排有"读读写写"，这是部编教材助学系统对汉字书写和文化传承的高度重视。教师一般比较重视自读课文文本研究，而往往容易忽视课文后的"读读写写"的作用。部分教师在小学教学中舍得用足够的时间来让学生识字写字，但到了初中阶段，无视汉字书写的语文教师大有人在。其实这些"读读写写"环节设置不仅能够有效引起学生识字的兴趣，而且能够强化学生书写意识和扩大识字量，对于初中阶段的识字写字作用不言而喻。"读读写写"不仅仅是读读记记，"读读写写"指既要读还要书写，更要记在心中。"读读"，还蕴含着四个不同层次的含义，即读准、读懂、读会、读熟。"写写"还包含着规范、工整、美观、识记四个不同层次的含义。"字如其人，人如其字"，老祖宗留给我们的汉字文化既要传承，更要弘扬。在电脑时代，我们更要用好"读读写写"，既要多写字，又要写好字。写好字是学好语文的"敲门砖"，也是今后我们走上工作岗位的"软实力"。

总之，"授之以鱼，不如授之以渔"，自读课文要真正自读起来，教师必须充分利用助学资源，挖掘助学系统中的各种元素，用好四个"抓手"，找准法，导好法,用好法。

参考文献:

[1] 张春梅. 用好旁批教“自读”——肖培东老师《一棵小桃树》课例研习[J]. 中学语文教学参考,2018(17): 76-77.

[2] 肖培东. 让学生真正“自读”起来[EB/OL]. (2017-10-03)[2021-02-01]. http: //blog. sina. com. cn/s/blog_6590e3830102xdcb. html.

[3] 苗新坤. 意识建构:自读教学的价值旨归——肖培东自读课教学《周亚夫军细柳》浅析[J]. 中学语文教学参考,2020(5): 13-15.

实施“大文本”阅读　实现语文知识结构化

（麻城市思源实验学校，肖仲兵，夏雄纠）

名师简介

肖仲兵，男，湖北麻城人，麻城市第一初级中学高级教师，学校学生成长中心主任。主持专题讲座十余场，曾荣获“黄冈市心理健康教育先进个人”称号。主要研究方向为中学语文课堂教学和学生心理健康教育。曾两次获得黄冈市语文优质课一等奖，在《语文教学与研究》等核心期刊上发文二十余篇，获奖论文百余篇。

在初中语文教学实践中，文本解读作为教师日常的案头工作，虽然属于“预教学”环节，却关联着课堂教学的成败。随着教学改革不断走深走稳，文本解读几经迭代升级，方向和特点逐渐明朗。早期的文本解读就是读教参，教师唯教参是瞻，人云亦云地教授统一答案，这种教学眼中没有学生，是“死”的教学。十多年前，有些老师遵循“互文本”阅读理论，积极探索极具个人风格的文本解读，如干国祥老师主讲的《斑羚飞渡》，郭初阳老师主讲的《愚公移山》等。这些课例课时长达百分钟，内容解读个人化，难免有些拓展过度。在认真扬弃“互文性阅读”理念后，结合自身的知识储备和教学经验，笔者逐渐有了自己的“大文本”阅读教学雏形。“大文本”阅读不是根据文本的体量来界定的，是以文字文本(课文)为圆心，关联、置换、创编出新的或图文或表演等形式的多文本，几种文本共同作用于某个语文任务的解决，从而帮助学生搭建知识网络的高效教学模式。

“语文课程的知识不是静态的各学科知识的简单叠加。”[1]《语文课程标准(2022年版)》提出语文知识“结构化”的新说法，这是语文教学的行动指南，将会深远影响教师的教育观念和教学行为。实践表明，“大文本”课堂教学兼具文本解读适度个性化和趣味化特点，凸显了新课标“结构化”理念，能够有效帮助学生深度学习。

一、跨媒介多形态建构“大文本”，破解知识结构化难题

江苏的王崧舟老师说过：“语文教学的最难处也是最具魅力处，恰在于教

学内容的不确定性。”[2]教学文本具有的开放性质和自建功能，为建构“大文本”语文课堂提供了可能。“大文本”教学类似于刘英老师所言：“置于众多相关文本群中，在不同文本映照下，引导学生发掘文本的隐秘意义，以获得深刻多元愉悦的阅读体验。”[3]“大文本”教学具有三大特征。

（一）“大文本”教学框架明晰

“大文本”教学分为三个层级，即基于整个语文知识体系建设的大文本、基于某个大概念形成的大文本、基于某篇课文深度理解的大文本。本篇谈及的就是第三层级的“大文本”教学实践。这种“大文本”教学思想类似于纪录片拍摄思维，即先确定一个任务，然后对知识进行组合，形成知识图谱，最后长成“知识树”，这就是一个知识结构化的过程。形象地说，以前的语文知识像是建筑的砂石和泥浆，结构化要求语文知识必须布满钢筋网格，为语文大厦的建立夯实基础。

（二）“大文本”教学具有三性

一是开放性。“大文本”教学改变了以文字文本为单一载体的教学生态，引入多文本，建构大文本，形成文本互助群；打破就文本而谈文本的教学模式，借助互联网，串起听说读写，耦合小组学习，开展有趣有效的学习。二是丰富性。“大文本”教学文本信息量大大增加，不再是纯知识点的记忆与背诵，更多的则是知识的钩沉、佐证、推演、比较、改编、质疑等。三是高效性。“大文本”教学实现了新课标指导下的跨学科、跨媒介与社会实践课的无缝衔接和深度融合。这种学习能够实现情景教学，甚至是沉浸式学习，实现知识的网状连接，建立信息编码能力，形成情感的自我熏陶，建构学研相长的模式。

（三）“大文本”教学形态多样

“大文本”教学可以把非文字的内容在任务驱动下组合成大一点的主题单元，如知识背包、文坛趣事、典故遗珠、科举之考、咬文嚼字、诗人朋友圈、人文大走廊等等；也可以就某一节课教学重难点的教学环节进行互换互补创新，如文字转画卷、诗词换体裁、课本演话剧、补全典故等形式。结构化理念下的大文本教学形式大变，信息大量，趣味大增。

二、躬耕“大文本”阅读课堂，启开结构化教学新一页

坚持裸读、珍视初见、全息检索、媒介互融、知识组网、信息链接、课程结构化和学习高效化是笔者躬耕“大文本”阅读的教学实践，主要以三种形式进行：换文本、补文本和创文本。不论哪种形式，都是以教材文本为基础，实现多文本

互证互解，组合创建主题化“大文本”，多种形式去解决某一个难点任务，或是助力某一大概念的建立。

(一)换文本阅读(多种文本，换“味”思考)

索斯尔斯指出，每一篇文本都关联着若干文本，并对这些文本起着复读、强调、浓缩、转移和深化的作用。优秀的老师可以就文本“不确定性”做文章，改换文本形式，引入类似文本互相佐证。

经典课文《五柳先生传》是笔者儿时的教材，30年过去了，我们能否给学生一个别样的“五柳先生”?笔者设计了这样一个课堂环节：请同学们收集五柳先生信息并制作成人物卡片，大家想想可以怎样设计?同学们交上来“陶渊明卡”，类似于校园超市出售的明星卡，很好地串起了经典文本和学生的兴趣点。这是第一次的文本改换，文字版变为卡片版。随后笔者追问：老师有访谈他本人的想法，于是文本换为人物访谈。至此，文字文本、卡片文本、访谈文本三本辉映建成“大文本”，共同作用于陶渊明性格的解析，建构立体而又充满张力的群文阅读场。

张岱的《湖心亭看雪》，读雪读四季，玩雪玩天地，千古妙人妙文。“雾凇沆砀，天与云与山与水，上下一白。”此处白描极具国画神韵。笔者想到了柳宗元的《江雪》，正好用这个熟悉文本作为“梯子文本”，由易到难分层分级理解“目标文本”。为此，笔者进行了两次文本转换。首先是读教材文本看插图，其次是引入《江雪》一诗，借助想象力帮助学生理解“千山鸟飞绝，万径人踪灭”与原文“湖中人鸟声俱绝”形似的景致，和“孤舟蓑笠翁，独钓寒江雪”与原文本“独往湖心亭看雪”神似的意境。最后是悟得张岱的“我自寂寞”和《江雪》藏头诗“千万孤独”的同工之妙。文字文本、插图文本、《江雪》古诗、PPT文本、张岱轶事五种资源指向张岱一人，读看听赏熔为一炉，“大文本”科学建构，几次文本互换互证，帮助两位大诗人穿越时空，完成了一次西湖偶遇、雪中畅谈。

王绩《野望》乃现存唐诗最规范的五言律诗，笔者教授该诗的时候，巧妙地使用了“以诗解诗”的教法，大胆进行了近代诗和长短句的二次置换，效果很好。《野望》从五言律诗变为现代诗，从唐代闯入新千年，慢慢离学生更近，便于学生准确理解诗意。《野望》从现代诗变装为古词，从现代回到宋朝，便于学生领会诗境。两次文本转换都在诗歌体裁之间转换，既反复鉴赏诗人诗情，又巧妙体验了诗歌体裁的三种形式。

(二)补文本(补漏文本或增容文本)

新课标明确指出，课文前插图、文中典故、文后书法皆可开发。这就意味着，

“诗史互通”“诗史互文”可作为“大文本”教学的切入点。

1.补漏文本之典故补全。《五柳先生传》结尾突然提及的黔娄之妻，学生很是陌生，教者一言带过，这种对文本信息的看不见，是对教学效果的折损。《烈女传》记载：其父官拜“太祝”，家境殷实有教养，气质如兰，与族裂嫁黔娄为妻。荆衣布钗，田间地头，性洁操端。可见“施女士”不慕荣利，德行优良，女性楷模，其言语力量千钧，掷地有声。另有故事可以佐证这一点。黔娄离世，曾子吊唁，欲牵扯亡人身上敝席。黔娄之妻正色正言说，我先生一辈子端正，不必搞这些歪歪斜斜的事情。孔子弟子曾子受训不敢复言，黔娄妻的身份自不简单。道德标杆，名人身份，女性角色，那么陶渊明请她出场的几个意思不言自明。黔娄妻的人物资料作为第二文本是必要补充，很好地实现了“锦上添花”的作用。

“报君黄金台上意，提携玉龙为君死。”《雁门太守行》《登幽州台歌》写的是同一高台，李白《行路难》(其二)写道：“昭王白骨萦蔓草，谁人更扫黄金台。”诗人为何不约而同提及黄金台？黄金台，战国时期燕昭王为了尊师郭隗所建。台有黄金二十金，重赏天下贤士。后乐毅、邹衍、剧辛先后来投，燕国振兴，大败齐国。黄金台实乃招贤台，就是可遇不可求的人生机遇。这些文本未曾提及的历史故事和心理分析很有价值，让学生更进一步密接这些诗人，让诗人的内心更完美地呈现。这就是文本补全的价值所在。教材文本无法完整呈现的某些关联故事颇有遗憾，也造成学生理解的困扰，老师授课时钩沉出名人轶事，串联某些历史遗珠，补全文本的“先天不足”，这些添加的“微量元素”使得文本更有营养，学生学得更有趣味。

2.补漏文本之轶事补讲。“左将军王凝之妻”何许人也？谢道韫作为一代才女，《咏雪》一文成名，林下之风芳名远播。《三字经》赞曰：“蔡文姬，能辨琴，谢道韫，能咏吟，彼女子，且聪敏，而男子，当自警。”百字短文让学生认识一位才女，了解一个家族。补讲的故事文本的价值就体现在短文长教的教学智慧里，实现了一个意义符号对关联意义符号的隐喻和佐证。

笔者教授李白的《赠汪伦》时，自然引入李汪交好的趣闻。李白赴汪伦邀约，结果才知“十里桃花”只是桃花潭，“万家酒店”只是万姓一家酒店。面对这个“骗局”，豪爽大才子不以为怒反以为趣，欣然写下：“临桃花潭，饮万家酒，会汪豪士，此亦快事。”于是《赠汪伦》即兴写就，名噪古今。文本补漏不是简单的知识叠加，新信息都是教材文本关联派生出来的，是大文本的重要内容。

3.增容文本之诗人朋友圈。唐诗宋词霸屏义务教育全学段，初中三个年级必背古诗词85首，然而学生不曾知道这些著名诗人有否交集？他们是否同在一个朋友圈?是否有像孔子拜会老子一样的天人对话?

借助五一假期时间,笔者布置家庭作业:搜集三大诗人(李白、杜甫、王维)生平轨迹和梳理他们的交往轶事。收假以后,学生的汇报异彩纷呈。李白、王维同朝同龄却互不待见,主要因为二人信仰殊异,一道一佛不相容;杜甫小李白11岁,曾经狂粉李白,“白也诗无敌,飘然思不群”。

学生的“发现”给了我们另一个视角,把各自散落的孤星组合成耀目的星座。这是学生自主进行的文本有机重组,开发成文本序列。虽不是从无到有的创造,但却是文本的迭代升级,更加符合学生的认知能力和符合时代需要,并锻炼了学生的自学能力。

4.增容文本之探访诗人足迹。学生在古诗背诵中长大,然而他们眼睛看不见“造化钟神秀,阴阳割昏晓”的岱宗,耳朵听不见“何当共剪西窗烛,却话巴山夜雨时”的絮语,内心悟不出“山重水复疑无路,柳暗花明又一村”的道理。青春的脚步桎梏在斗室之间,完全不知道古代诗人的文学足迹有多勇敢多浪漫。

刘禹锡的作品选入人教版初中语文教材有三首诗:《陋室铭》《秋词》《酬乐天扬州初逢席上见赠》。这三篇佳作散落在不同学段,老师讲授时也是“各自为战”。笔者整合其他典籍文献,手制一份直观的刘禹锡人生大事线轴,用三节课时间陪学生“缓慢”“连续”走过刘禹锡豪迈不羁的一生。这种图表文本是对现有文本的合理整合和高效优化,接轨高中语文教学,契合系统化的学习法。当老师又增补《竹枝词》《游玄都观》等诗文后,诗豪的形象跃然纸上,从而还给学生一个完整的刘禹锡。“教师在深入研究教学资源的基础上,不仅要突出教学内容的基本结构,还要突出知识点之间的联系,呈现完整的知识框架。”[4]

在此教学模式的点燃下,有学生放弃了华东五市的旅行计划,他们准备开始一段独特的“诗人之旅”,有同学和父母协商后制定了“重走杜甫之路”的想法。第一站,湖北襄阳,游览杜家祖墓,初识杜预将军;第二站,河南洛阳,游览杜甫出生地,了解童年读书事;第三站,东岳泰山,游览华东第一峰,读《望岳》立天下志;第四站,唐都长安,游古城读《春望》;第五站,暮宿成都,游览杜甫草堂,读《羌村三首》,经历杜甫人生,读解代表作品,体悟杜甫“全人生”[5]。我们倡导学生重走长征之路,我们也要鼓励学生走一走李白之路、苏轼之路、五岳之路、三大楼之路。

5.增容文本之重组古诗词单元。谈到“乡愁”,笔者让学生开列诗单,《黄鹤楼》(崔颢)、《春夜洛城闻笛》(李白)、《泊船瓜洲》(王安石)、《天净沙·秋思》(马致远)赫然在列,笔者选补上宋代李觏的《乡思》:“人言落日是天涯,望极天涯不见家。已恨碧山相阻隔，碧山还被暮云遮。”师生合作，一个乡愁主题的任务群顺利产生。一花引得万花开，四季主题文本、报国主题文本、边塞主题文本、贬谪主题文本、唱和主题文本等自主文本相继诞生，学生把初中85首古诗词扩容到136首，极大丰富了现有教材文本，学生的语文素养得到了潜移默化的滋养。

（三）创文本（创写“我的文本”）

学生对教材文本理解后，可以适当改换文本形式，这就需要对文字文本进行个性创写。这种创写只针对部分学生，创写过程能够训练语言建构力、发展性思维、组织协调能力等核心素养。

《卖炭翁》笔者小时候熟读能诵，还对一车木炭价值几何充满好奇，对卖炭翁的悲惨遭遇心有同情。如今自己为人师再授此课，无论如何引导，学生就是平静如水不为所动。思考良久如何把学生带入唐朝长安东市的寒冬大清早，也许只有通过改写文本，我手写文本，文本中有了“我”，才能搭建“我”与卖炭翁的情感桥梁，才能激起学生同理心。于是笔者和语文学科代表合作创写《卖炭翁》短剧剧本。没想到该短剧被学校文学社集中排练公开演出，演出时全场寂然，大都泪目。

老师们教授《列夫·托尔斯泰》一文时，不约而同会抓住“托尔斯泰的眼睛里有一百个眼珠”这句话进行重点教学，然后再扩大到托老的整个面庞。课前预习时，笔者布置学生利用网络和图书搜索托尔斯泰的图像，A4纸打印好带来学校，上课时先交换托老面目图像，然后在黑板上张贴图像（要求不同样），上课完毕，公选最符合文本意蕴的图像。这次创建的是实践文本，先是百度搜索，后是票选图片，充分锻炼了学生的信息检索和梳理能力。

每一次的创写都是一次极好的体验，在任务群的驱动下，在团队的合作下，实现了语文学科的“效益转化”，是一次思维进阶的高效实践活动。

三、“大文本”教学趣化语文课堂，师生同力同举同进步

通过十年来“大文本”教学的实践探索，笔者认为，“大文本”教学具有四大功能：一是趣味性功能，多文本的引入，搞活了学习生态；二是拓宽文本内容，形成语文知识结构化的功能；三是接轨高中教学体系，给出系统学习方法的功能；四是敦促师生同力同举、教学相长的功能。“大文本”阅读教学实践契合新课标精神，既培育了学生的核心素养，同时还提升了教师的教学能力，是一项很好的“双核”同步升级的教学实践。

（一）“大文本”阅读课堂是精彩的

《五柳先生传》教授完毕，无论是“陶潜人物卡”还是“陶潜访谈录”都不同于传统的翻译作业，小组合作交上来的课堂作业富有创意、精彩纷呈。网课期间学生自制的亲情美篇图文兼美，催人泪目，学习《壶口瀑布》后改写黄河导游词，学习《美丽的颜色》为居里夫人拟写颁奖词，学习《端午的鸭蛋》后组队编写直播带货的串词。学完《荷叶母亲》后，笔者让学生收集赞美母爱的短句，张同学还自行配上了图画：一片荷叶展开倾斜，遮挡着腋下的一小片嫩叶，嫩叶正在娇羞地浅眠，旁白文字是：母亲的胳膊是用爱围成的，孩子睡在里面怎能不甜蜜？多年来“大文本”教学，听助力说，读转化为写，学生动手能力和自主学习的能力均得到了有效提升，实现了学习能力的进阶与转化，与新课标的“结构化”教学理念完全契合。

（二）“大文本”阅读课堂是思辨的

课堂成为创造性思维的产床，探究深度让人惊喜。《就英法联军入侵中国给巴特勒的一封信》一文历来不受待见，其实本文是“大文本”阅读教学的极佳载体。当教师比较了雨果版本和王英琦版本的《圆明园的毁灭》，引导学生体会了几个副词的妙用后，此时教师把权力交给学生，问“大家这时候有什么想问的？”沉默片刻后，全班炸锅了。“抢劫时我们有中国人在场吗？”“如果换成钱的话，我们被抢了多少钱？”“法国的雨果为什么帮中国人说话？”“老师我们可以写信骂他们吗？”这些问题或无知或有趣或深刻，无一不闪烁着创造性思维的火花。老师的一次放权成就了学生的深度学习，语文的核心素养在悄然默化。“大文本”阅读教学，有助于学生多角度、全方面地审视文本，提升学生综合阅读与评价鉴赏能力，培养他们开放发散的思维方式，从而帮助语文课堂在兴趣引导下愉快起步，在语文园地自由漫步，在多元活动中有效进步，在核心素养养成中步步登高。

（三）“大文本”阅读课堂是磁性的

课堂“笑”果显著，学生学习兴趣高涨。当讲到《唐雎不辱使命》联系到晏子使楚，同学们为勇气和智慧而笑；当讲到《中国人失掉自信力了吗》时，同学们为国民党的无耻和无知而笑；当老师补讲藤野先生的逸闻趣事时，同学们善意地笑了。难能可贵的是，“大文本”阅读改变了哑巴语文窘况，实施以来，笔者所在班晨读书声琅琅盖过一层楼，学生的听课笔记可作同行授课资料广为借鉴。当老师带头写作下水作文时，学生也尝试写作投稿，偶有作文见诸《中学生天地》《语文报》等。“大文本”教学的引入加大了语文课堂信息宽度，更多的资源激活了学生更大的兴趣，也间接证明“大文本”教学符合学生的认知规律。

教学相长，作为老师的我三年来围绕“大文本”坚持主题读书，记笔记上万字，上公开课13节次，专题讲座3场，自己亦是“大文本”阅读极大受益者。

“衣带渐宽终不悔，为伊消得人憔悴。”十年来，笔者的语文课堂一向热闹，师生笑意盈盈，真诚问候，互相期待：课堂预习，摇头晃脑，书声朗朗，歌声回荡；师生互动，发散思维，奋力抢答，活泼淋漓；课堂辩论，个性彰显，侃侃而谈，人人向善；实践课上，读思同步，小组交流，大胆演绎；作文赛场，赤橙红绿，泼墨挥毫，绘就明天美景。恰我班少年，指点江山，激扬文字，造就一代风流。

参考文献：

[1] 徐轶. 构建素养导向的中小学语文知识体系[N]. 中国教育报，2022-05-20(10).

[2] 王崧舟. 美其所美[M]. 上海：上海教育出版社，2019：1-2.

[3] 刘英，论初中语文互文性阅读教学的构建[D]. 苏州：苏州大学学报，2011.

[4] 陈洁. 把课堂还给学生[M]. 上海：华东师范大学出版社，2022：158.

[5] 肖仲兵. 初中古诗词编教同步刍议[J]. 语文教学与研究，2020(23)：156-157.

整本书阅读教学的评价体系建构

（通惠初级中学，冯晓波）

名师简介

冯晓波，男，1992年2月出生。浙江省杭州市萧山区通惠初级中学语文教师、教科室主任、杭州市教坛新秀、杭州市教育系统优秀团员、萧山区教坛新秀。致力于名著阅读研究，曾多次开设市、区公开课、讲座，获得浙江省教学专题论文三等奖，浙江省项目化学习优秀案例，杭州市专题论文一等奖，杭州市中学语文教学论文一等奖，在《语文学习》《基础教育课程》《语文教学通讯》《中学语文教学参考》等刊物上发表多篇文章。

一、整本书阅读教学中评价缺位的表现及原因分析

2022年新颁布的《义务教育语文课程标准》对“整本书阅读”任务群做了这样的教学提示：注意考察阅读整本书的全过程，以学生的阅读姿态、阅读方法和读书笔记等为依据进行评价。可见，在整本书阅读教学中，阅读评价不可或缺。然而就区域内的整本书阅读教学而言，笔者发现，在整本书阅读教学的三个阶段中，阅读评价的缺位现象比较明显，具体表现如下。

1.通读阶段放任自流。在整本书阅读的通读阶段，关键在于激发学生的阅读兴趣并引导学生整体感知整部作品。然而许多教师在学生通读阶段就是放任学生自己去读这部作品，没有布置高质量的阅读任务，也没有设置有效的阅读评价方式。这种放任自流的形式，显然无法激发学生的阅读兴趣，更谈不上对通读阶段的阅读评价。

2.任务设计不见踪影。在整本书阅读的专题阶段，需要教师设计聚焦的专题学习任务，并在每一个学习任务中嵌入阅读评价的方式。虽然很多语文教师能聚焦作品中的某一个点来设计专题阅读学习任务，学生也确实认真完成了该专题阅读学习任务，但由于教师没有对学生的任务完成情况做详细的评价，学生究竟收获了多少也无从得知。

3.展示方式单调刻板。在整本书阅读的展示阶段，目前语文教师主要有两

种做法：一种做法是仍旧以一份选择、填空题型为主的试题，对学生的阅读情况进行测试，并按照分数的高低来评判学生阅读这部作品的效果；另一种做法是以整本书阅读展示课的形式，分成几个小组分别展示阅读成果。整体来看，这两种方式都比较单一，且都不能真正测评出学生真实的阅读情况和阅读水平。

上述整本书阅读教学中评价缺位的表现，究其原因，通过调查分析，笔者认为主要有以下两个原因：

一是教师的评价意识不够。评价是教—学—评一体化过程中的最后一个环节，是对学生整本书阅读的整体情况进行测评和总结。就目前来看，许多教师评价意识不够，在整本书阅读教学中，教师让学生画小报、写人物传记、诗歌朗诵的表现性任务较多，却缺少建构与这些任务匹配的评价方式，导致学生在阅读过程中的“元认知”较少，具体表现为对作品基本内容的反复识记而不会监控、调整自我的阅读进程。同时，评价环节的缺失，造成整本书阅读教学没有形成教—学—评一体化的闭环。学生对自我的阅读认知不够，往往只能评价自己识记的作品内容。教师也不能及时发现、改进整本书阅读教学中的问题，整本书阅读教学质量令人堪忧。

二是教师的应试测评意识过强。整本书阅读教学已经成为各个省市区中考命题中的重要一块内容，且近年来分值有所增加。在整本书阅读教学中，语文教师常常以中考试题为导向，认为测评关注的是两本及以上的作品，不需要对单本的整本书阅读进行测评，导致对单本作品的评价重视不够，甚至评价缺位。

王荣生教授指出，评价依赖于测试。因此，这一层面的研究重心是如何测试的问题，即“用什么样的方法去测试想要测试的东西”[1]。基于以上评价缺位现象和原因的分析，笔者认为，在整本书阅读教学中，需要嵌入阅读评价，建构整本书阅读评价体系，实现真实、深度、有效的整本书阅读教学。

二、评价体系的内涵与类型

（一）评价体系的内涵

评价体系的内涵体现为评价量表的设计。有学者认为评价体系可以采用“评价量表”的形式，是“在尽量合乎真实的情境中，运用评分规则对学生完成任务的过程表现与结果做出判断”[2]。也有学者认为评价体系是指“在教学实践中，学习评价量表一般由四部分组成：任务描述（任务）、某类评价标尺（成就水平，可采取‘等级’的形式）、评价的维度（任务所涉及技能与知识的分解）和对每个表现水平构成要素的描述（具体反馈）”[3]。还有学者认为“评价量规是一种很常见的教学和评价工具，它常对学生的作品、成果或能力表现进行等级评价”[4]。

上述几位学者都从评价体系的形式上对其进行了充分的定义，具有一定的操作性。基于此，笔者认为，在整本书阅读教学中，评价体系是针对整本书阅读教学的不同阶段，对表现性阅读任务的过程或结果等级、层次做出判断，从而诊断和改进整本书阅读教学，并有效监控与管理学生阅读的个体与整体情况。

（二）评价体系的类型

“教师可以围绕阅读的主要环节编制评价量表，制作阅读反思单，引导学生从阅读方法、阅读习惯等方面进行自我反思、自我改进。”[5]48 就目前的整本书阅读教学来说，可以分成通读阶段、专题阶段和展示阶段，需要在不同的阅读阶段设计阅读任务，并嵌入相应的评价方式，建构起完整、有效的整本书阅读评价体系。笔者认为，可以尝试在整本书阅读教学中设计核查表、评分规则、评价等级表三种评价类型，开放评价的主体和形式，确保阅读评价真实有效，具体如下：

1.核查表。它常用于整本书阅读的通读阶段，关键在于引导学生初步掌握作品的主要内容，能对作品内容有一个整体的阅读印象，并起到监控与管理的作用。在学生通读《骆驼祥子》时，笔者设计了如下核查表(见表1)。

表1 《骆驼祥子》核查表

章节、页码　第____章　第____页—第____页		
阅读用时	分钟	阅读感受(2–3个词语)
核心情节(50字以内)		
主要人物		
人物性格		
对本章内容的喜爱程度	☆☆☆☆☆☆☆	

该核查表引导学生对《骆驼祥子》整部作品的感知，了解学生的阅读速度和阅读感受，且指向作品的关键情节和核心人物。教师可以根据核查表中的“核心情节”和“人物性格”两个栏目，整体了解学生的通读效果。同时，最后一栏中“对本章内容的喜爱程度”更能让教师清楚知晓学生对这部作品最感兴趣的内容是什么，且可以作为专题阅读阶段学习任务设计的参考方向。

2.评分规则。它常用于整本书阅读的专题阶段，在于对学生的学习任务做出相应的评判，起到诊断、改进、激励的作用，主要由评价维度和具体语言描述两部分组成。在《红星照耀中国》“红色人物”专题阅读阶段，笔者要求学生给作品中最崇拜的红色人物写一份“人物名片”，并设计了红色人物评分规则(见表2)。

表2 《红星照耀中国》中“红色人物”评分规则

分值 / 维度	名片格式	名片内容
5分	格式新颖，句式整齐，整体美观	以书本内容为依据，呈现人物完整的性格特点或生平经历等，并能准确体现红军精神
3分	格式新颖，句式不够整齐	以书本内容为依据，呈现人物部分性格特点或部分生平经历等，并能基本体现红军精神
1分	照搬格式，句式不整齐	没有以书本内容为依据，也无法呈现人物性格特点和生平经历，不能体现红军精神
自评		
他评		

该评分表置于阅读任务之后，可以引导学生按照评分规则的维度和具体的语言描述设计优质的红色人物名片。值得注意的是，学生写完人物名片的初稿后，可以再次参照评分规则中的语言描述，初步明确自己的层次水平，进一步修改和完善人物名片，实现评分规则的诊断和改进功能。

3.评价等级表。它常用于整本书阅读的展示阶段或专题阅读阶段，学生以小组或个人的形式展示阅读成果后，可以参照评价等级表对阅读成果作出相应的评价。例如，在《傅雷家书》整本书阅读教学中，开展“跟着傅雷学做人”的微型项目小组阅读成果展示课时，为了测评小组内学生的合作能力，笔者设计了如下评价等级表(见表3)。

表3 《傅雷家书》小组合作评价等级表

等级描述	小组成员				
	成员 1	成员 2	成员 3	成员 4	成员 5
①有小组合作的意识，勇于承担组内的责任 ②积极参与组内的活动，相互协作完成 ③尊重他人，积极沟通 ④认真倾听他人的建议，积极采纳他人合理的建议					
评价说明：请在小组成员的名字下方内填写符合情况的评价等级，优秀☆☆☆☆，良好☆☆☆，合格☆☆，不合格☆。					

“在小组合作、汇报展示中，教师应该提前设计评价量表、告知标准，引导学生合理使用评价工具，形成评价结果。”[5]在微型项目的小组合作阅读中，需要重点考查学生的合作能力，因为这关乎小组整个项目的阅读进度和阅读质

量。同时，该评价等级表中，对每个组员都要评价，能够一定程度上激发每位组员的阅读兴趣，积极完成小组中所分配的阅读任务。更为关键的是，学生的小组合作能力通过语言清楚地描述出来了，参照评价等级表对小组每位成员的合作能力作出评判。

三、评价体系的设计

整本书阅读教学中的评价体系是为整本书阅读教学观察提供有效的评价工具。具体来说，三种类型的评价设计是否具有针对性，对各等级表现特征的描述是否清晰，各等级的评价分层是否连贯，这些都直接影响到学生在任务完成过程中的自主对照，也影响到教师在对任务结果的判断上是否准确[6]。根据整本书阅读的特点，笔者认为，在整本书阅读教学中建构评价体系，需要遵循关注评价的全过程和关注评价的多元化两个原则，设计时需要紧扣“聚焦文本特质，紧扣学习目标”“关注阅读焦点，实现读写结合”“倡导师生共制，优化阅读体验”等要点。

（一）评价体系设计应遵循的原则

1.关注评价的全过程。整本书阅读教学可以分为导读阶段、专题解读和展示阶段三部分。“注意考察阅读整本书的全过程，以学生的阅读态度、阅读方法和阅读笔记等为依据进行评价。”[5]34 可见，整本书阅读需要关注、考察学生阅读的整个过程。

因此，根据课程标准中对整本书阅读考察的要求，笔者认为，在整本书阅读教学的不同阶段，都需要设计相应的评价方式，确保每一阶段都有具体可操作的评价形式，促成学生对整本书阅读的自我认知。学生可以按照各个阶段的核查表、评分规则、评价等级表，对自己的阅读效果作出评价。当学生对自己的阅读效果不满意时，还可以按照评价方式的反馈进行调整、修改，促进自我的整本书阅读元认知能力的提升。

2.体现评价的差异性。整本书阅读教学面向的是班级全体学生。不同班级的学生阅读能力有差异，同一个班级的学生阅读能力也有差异。基于此，笔者认为在设计具体的评价形式时，需要关注学生阅读能力的差异，设计具有个性化、差异性的核查表、评分规则、评价等级表。例如，在小说作品的通读阶段，教师在设计核查表时，可以在“核心情节”一栏做适当的伸缩：对阅读能力较强的学生，可以限定他们用50–70字概括；对阅读能力较弱的学生，可以限定他们用70–90字概括。这样就能很好地照顾到不同学生阅读小说作品时的能力差异。

3.提倡评价的多元化。整本书阅读评价体系侧重于过程性评价，需要发挥多元评价主体的积极作用。在整本书阅读教学评价中，笔者认为，不能局限于从“语文教师的视角”来评价学生整本书阅读的效果，还应从班级学生、学科教师、班主任、家长等多元主体入手。

不同的评价主体对学生整本书阅读的评价角度会不同。比如，语文教师的评价会侧重于阅读的方法，家长的评价会侧重于阅读的态度，班主任或学科教师的评价会侧重于阅读的兴趣。在不同评价主体的激励下，学生对整本书阅读的兴趣也会更加浓厚。需要注意的是，评价多元化也是一种很好的反馈与诊断，学生可以根据不同主体对他的评价，对自己的整本书阅读做出反思与调整。

（二）评价设计的要点

1.聚焦文本特质，紧扣学习目标。整本书阅读教学的关键在于教给学生阅读名著的策略，不同文本特质的名著需要采用不同的阅读策略。因此，在整本书阅读教学中，笔者认为需要关注作品的文本特质，不同的文本特质所设计的学习目标有所差异。

《红星照耀中国》是一部纪实文学作品，需要关注作品中的“事实”，即真实的事件和人物。笔者在“红色路线”专题阅读任务时，设计了这样的学习目标：以书本为依据解说长征路线，讲述长征路上湘江战役、四渡赤水、飞夺泸定桥三场经典的红色战役。该学习目标中的长征路线、湘江战役、四渡赤水、飞夺泸定桥都是作者斯诺在作品中写的“真实事件”，如何测评学生是否真的掌握了这些事件，可以采用写红色解说词的形式，并设计如下解说词评分规则(见表4)。

表4　红色解说词评分规则

分值 / 维度	对象	结构	亮点	语言
5分	解说词有明确的事件对象，能够围绕该对象来表述	解说词结构完整，条理清晰，包含了事件的整个过程	解说词能够体现事件的“智慧”之处	语言流畅，生动形象，有很强的感染力
3分	解说词有明确的事件对象，大致能够围绕该对象来表述	解说词结构较为完整，条理清晰，包含了事件的大部分过程	解说词大致能够体现事件的“智慧”之处	语言较为流畅，生动形象，有一定的感染力
1分	解说词没有明确的事件对象，存在多个表述对象	解说词结构不太完整，只包含了事件的一部分过程	解说词不能体现事件的“智慧”之处	语言不太流畅，没有感染力
自评				
他评				

评分规则中“对象”“结构”维度的语言描述紧扣学习目标来设计，以书本为依据来解说相关事件。同时，又要求学生有创意、有亮点，避免解说形式和内容的千篇一律。

简而言之，根据作品的文体特质来设计阅读任务和评分规则，需要紧扣专题阅读任务的学习目标。例如《骆驼祥子》中“祥子人物”专题阅读中可以设计“撰写人物小传”的阅读任务，并围绕“小说人物”的学习目标设计评分规则；《傅雷家书》中“跟着傅雷学做人”专题阅读可以设计“给傅雷写一封回信”的阅读任务，并围绕“傅雷精神价值”的学习目标来设计评分规则。

2.关注阅读焦点，促成读写结合。学生对整本书阅读容易产生倦怠的心理，尤其是与学生现实生活距离较远的作品更容易产生阅读疲劳。因此，笔者认为，评价等级表的设计要关注这部作品的阅读焦点，促成对这部作品读写能力的结合，通过评价的方式促成更有深度的阅读。

《钢铁是怎样炼成的》是一部外国小说作品，需要关注“保尔的精神成长史”，解读小说作品中核心人物“保尔”的形象，即教给学生阅读小说作品人物形象的策略。笔者在“保尔精神成长史”专题阅读时，设计这样一个学习任务：请你续写《钢铁是怎样炼成的》结局，续写“保尔”继续参加革命的内容，并提交校惠园金生文学社，准备参加《钢铁是怎样炼成的》文学沙龙会。在学习任务后面，附上如下保尔故事叙写评价等级表(见表5)。

表5　保尔故事叙写评价等级表

评价维度	评价要素	自评（★★★★★）	他评（★★★★★）
故事情节	虚构合理，新颖，情节有一定的悬念，有较强的吸引力		
人物形象	能体现原著中人物的形象、性格特征		
故事语言	语言生动、有趣，有较强的感染力		
关联度	与原著的关联度较高，是基于原著的合理续写		

与以往直接给学生的续写打一个“冰冷”的分值不同，该评价等级表将学生的作品分成五颗星等级，参照评价要素中的语言描述对自己续写的保尔故事作出星级判断。重点需要关注“情节”“虚构”“人物形象”“语言”“关联度”等要素，这既考查了学生是否掌握解读小说人物的方法，又给学生指明了写好

故事的方向和路径。总的来说，名著类小说作品中对人物、结局的续写，都可以采用这样的方式，紧扣作品的核心要点，实现读写结合。

3.倡导师生共制，深化阅读体验。评分规则的设计应该在学生的正式阅读之前，为学生指明阅读的方向。此外，评分规则的制作主体，建议倡导师生共制的形式，先教师，后学生，并在整本书阅读教学过程中不断完善与改进。学生一起参与制作评分规则，能够引领学生走向阅读的深处，为制定出更完美的评分规则而深入阅读作品。

《艾青诗选》是一部诗集作品，在推进的过程中需要关注诗歌的语言、意象等要素。在阅读展示阶段，笔者设计了“小组诗歌朗诵会”的学习任务，并呈现如下诗歌朗诵会的评分规则(见表6)。

表6　诗歌朗诵会评分规则

评价项目	评价标准	总分	自评	互评
整体把握	读准字音，流畅完整	10		
停顿把握	标点与换行处停顿正确，句内停顿恰当	10		
重音把握	重音恰当，能够突出作品主题	10		
语速把握	语速快慢适中，随情感而变化	15		
语调把握	符合作品的情感基调，富有变化	15		
感情把握	表现力强、情绪饱满，能准确把握感情基调	30		
音乐把握	配乐恰当，符合作品的主基调	10		
总分		100		

学生认为，艾青的诗歌中有较多的“意象”，在朗读时需要重点把握诗歌的情感，分值占比要较大。同时，学生根据自己的诗歌朗读的体验和经验，认为可以把“整体把握”维度删掉，增加“小组分工”维度，并调整各项分值的大小，最终呈现如下评分规则(见表7)。

由此可见，学生一起参与评分规则的制定，可使学习目标更加明确，深化学生的阅读体验，提升学生的阅读效果。除此之外，与其单纯的给小组诗歌朗诵打一个“苍白”的分数，评分规则更加清晰明了，让小组成员清楚本组朗诵的优势和薄弱之处，以便在下一次朗诵时进一步改进与优化。

表7 诗歌朗读评价表

评价项目	评价标准	总分	自评	互评
停顿	标点与换行处停顿正确，句内停顿恰当	10		
重音	重音恰当，能够突出作品主题	10		
语速	语速快慢适中，随情感而变化	10		
语调	符合作品的情感基调，富有变化	10		
感情	表现力强、情绪饱满，能准确把握感情基调	20		
配乐	配乐恰当，符合作品的主基调	5		
小组分工	小组配合默契，分工明确，形式多样	5		
总分		70		

构建整本书阅读评价体系，在整本书阅读教学的不同阶段嵌入相应的评价方式，既可以让教师更加直观知晓学生的整本书阅读情况，也可以引领学生在复杂的阅读任务中真正深入思考并解决问题，提升整本书阅读教学的质量和效率，此乃整本书阅读教学评价体系建构的价值与意义所在。

参考文献：

[1] 王荣生. 语文科课程论基础[M]. 北京：教育科学出版社，2014：19.

[2] 周文叶. 中小学表现性评价的理论与技术[M]. 上海：华东师范大学出版社，2014：53.

[3] 邵路燕，涂韶华. 学习评价量表在语文教学中的应用[J]. 中学语文，2021(26)：69-71.

[4] 荣天竞. 写作评价量表及其开发[J]. 语文教学通讯，2022(3)：80-83.

[5] 中华人民共和国教育部. 义务教育语文课程标准(2022年版)[S]. 北京：北京师范大学出版社，2022.

[6] 布鲁克哈特. 如何编制和适用量规[M]. 杭秀，陈晓曦，译. 宁波：宁波出版社，2020：59.

倾听理性的声音

——杜牧《阿房宫赋》和苏洵《六国论》"空中课堂"实录

（上海交通大学附属中学，乐燎原）

名师简介

乐燎原，男，中学语文正高级教师，上海交通大学附属中学人文课程中心主任，中国语文报刊协会课堂教学研究会常务理事，上海交通大学及华东师范大学硕士生兼职导师，上海师范大学基础教育特聘教授。部编版及沪教版高中语文教材审读、审查组成员，上海市高考语文命题组成员，上海市高级职称评审语文学科教研成果鉴定组组长。先后获上海市特级教师、上海市五一劳动奖章、上海市劳动模范、国家"万人计划"领军人才等称号。

第一课时

同学们好，今天我们学习第八单元的第16课。本课的学习，我们将继续围绕"倾听理性的声音"这一核心任务展开。

第16课的学习，老师还是从三个"得"——得"体"、得"理"、得"益"——这三个层面，跟同学们一起来学习、来研讨。与第15课一样，第16课也是两篇经典古文名篇——请同学们打开教材，翻到第148页，第一篇是杜牧的《阿房宫赋》；第150页，第二篇是苏洵的《六国论》。

一、得"体"

学习第15课时，老师提到了——在阅读古文时，了解一点文体知识，有助于我们加深对文章形式和内容的理解。在学习课文之前，我们还是先来了解一下《阿房宫赋》的"赋"和《六国论》的"论"这两种不同的"文体"。

先来看"赋"。"赋"，归属于辞赋。辞赋，是一种韵文。辞，最早源于《楚辞》，如屈原的《离骚》；赋，始于荀卿的《赋篇》。汉代以后把辞与赋统称为辞赋。赋，是介于诗歌和散文之间的一种文体。汉代的大赋以铺叙事物为主，除保留了"楚辞"一些形式上的特点之外，更多地采取了散文的手法，如宋玉的《风赋》、司马相如的《长门赋》。东汉后期又出现了以抒情为主的小赋，如王粲的《登楼赋》。魏晋以后出现了讲求声律对偶的骈文。赋体采用了骈文的形式，称“骈赋”；依然采用散文形式的，则称“文赋”。中唐以后，古文家所作的赋，逐渐以散代骈，句式参差，押韵也比较宽松。高一上学期学过苏轼的《赤壁赋》，今天我们将要学习杜牧的《阿房宫赋》，都是“文赋”的典型作品。

再来看“论”。论，这里是指“史论”，原指史学家在“本纪”“列传”之后，评述所记史事和人物的文字。后来凡是关于历史事件和历史人物的论文论著，也都称为“史论”。史论，可归为“论辩”一类。论辩，就是我们通常所说的论说文。先秦诸子著作，一般都可以认为是论文专集。本学期第一单元学过《论语》中的四子侍坐章、孟子的《齐桓晋文之事》以及庄子的《庖丁解牛》，都可以视作论说文。单篇论文则以西汉初年著名政论家贾谊的《过秦论》为最早。论辩包括两个方面：或是阐明一个道理(论)，第五单元第11课，我们学过李斯的《谏逐客书》，书，上书。与本单元第15课《谏太宗十思疏》一样，都可以归属于“奏疏”，都可以视为“论”的一类；论辩，也可以是批驳别人的言论(辨)，如第15课我们学过《答司马谏议书》一文，这篇古文从形式上说是书信体，但从内容上看，王安石回信，主要是批驳司马光强加自己的诸多罪名，则是属于“辩”的范畴。

教材第151页“学习提示”第二段明确提出要求：朗读课文，感受“赋”和“论”的文体特点，体会作者倾注其中的感情和气势。下面听老师朗读这两篇古文，请同学们把书翻到第148页，老师先朗读《阿房宫赋》。

前面说过，《阿房宫赋》是一篇“赋”，同学们听的时候，要注意作者运用铺陈排比、夸张扬厉的语言形式，进而感受其震撼人心的艺术力量。(朗读略)

接下来，请同学们把书翻到第150页，听老师朗读《六国论》。这是一篇“史论”，同学们听的时候，要注意文章是如何严密论证，阐发观点，进而感受其雄辩的力量和充沛的气势。(朗读略)

好，老师朗读了这两篇古文。第15课我们特别强调“学会倾听理性的声音”，是教材第八单元应该关注的核心任务。请同学们思考一下：你从这两篇古文中倾听到了作者怎样的理性的声音？

二、得“理”

接下来，我们来看第二个问题：得“理”。我们将这一课的两篇古文放在一起做比较阅读，逐一探讨作者理性思考的缘起、内核(即主要内容)、要旨(即主要观点和意图)以及呈现形式等4个问题。

先看第1个问题：理性的思考，缘何而起？

请同学们关注两位作者各自所处的时代。

杜牧生活在晚唐。杜牧所处的时代，政治腐败，阶级矛盾异常尖锐，加上外族纷纷入侵，更是加重了人民的痛苦。大唐帝国，日薄西山，它已经走向了无可挽回的下坡路，处在崩溃的前夕。杜牧针对这种形势，极力主张内平藩镇、加强统一，外御侵略、巩固国防。关心民苦、忧国伤时的杜牧，希望当朝统治者励精图治、富民强兵。

而现实恰恰和他的愿望相反。唐穆宗李恒以沉溺声色送命。接替他的敬宗李湛，荒淫更甚。敬宗好声色，兴土木，游宴无度，不视朝政。对于这一切，杜牧是既愤慨而又痛心的。他在《上知己文章启》中说："宝历大起宫室，广声色，故作《阿房宫赋》。"《阿房宫赋》写于敬宗宝历元年，其批判的锋芒，看似指向秦始皇以及历代亡国之君，实质上是指向当时的最高统治者。

苏洵生活在北宋。北宋第一个皇帝赵匡胤，鉴于唐末五代的藩镇割据，害怕武将拥兵自立，反对中央，因而实行了一系列防范武将军权过重、地方武装过强的措施。这些措施不但大大减弱了宋朝军队的战斗作用，而且严重削弱了抵御外来侵略的国防力量。赵宋统治者想尽办法抑制内部的动乱和镇压人民的反抗，对外则妥协退让、屈辱求和。

这种军事上的骄惰无能和外交上的妥协退让，在北宋初期就已经助长了辽和西夏的气焰。在此之后，辽和西夏更是结成掎角之势，步步要挟，随时侵犯。而北宋王朝主要的应付办法是逐年向辽和西夏缴纳绢匹银两，换取暂时的安宁喘息。

由于中央集权以及对外妥协政策而造成北宋王朝积贫积弱的局面，尖锐的阶级矛盾和民族矛盾日益严重和表面化。这个问题怎么解决，成为了当时无数爱国的仁人志士思考的一个问题。他们深感忧虑，纷纷上书，要求改革。苏洵、苏轼、苏辙，苏门三父子一同撰写了同题政论文《六国论》。他们都想从六国灭亡的教训之中，寻找到解决北宋王朝问题的钥匙。苏洵是通过名重一时的欧阳修，把自己的二十多篇著作呈送给宋仁宗，陈述他对大宋王朝内政外交各种问题的意见，《六国论》就是其中的一篇。

下面我们来看第2个问题：理性声音的"内核"——也就是两篇文章的核心内容——是什么？

了解了两位作者的写作缘起，我们不难发现，两位作者理性声音的"内核"均在文末：《阿房宫赋》在第四段；《六国论》在第四、五两段。请同学们看课文，

将《阿房宫赋》第四段、《六国论》第四、五两段放声朗读一遍。(朗读略)

接下来我们看第3个问题：理性的声音，要旨为何？

学习第15课时，同学们已经知道了《谏太宗十思疏》和《答司马谏议书》两文，其要旨，即文章的主要观点和意图，均在文章第一段鲜明地凸显出来。那么，这两篇文章的主要观点也是如此吗?《阿房宫赋》第一段的段首句是“六王毕，四海一，蜀山兀，阿房出”;《六国论》第一段的段首句是“六国破灭，非兵不利，战不善，弊在赂秦”。同学们可想一想，这是两篇文章各自的主要观点和意图吗?

联系两位作者理性思考的缘起，再从整体上把握全文内容，同学们不难发现：两位作者理性声音的要旨并非呈现于篇首，而是均聚焦于篇末：《阿房宫赋》为第四段末句“后人哀之而不鉴之，亦使后人而复哀后人也”;《六国论》则为第五段末句“苟以天下之大，下而从六国破亡之故事，是又在六国下矣”。

作者理性声音的要旨，包括文章的主要观点和作者的写作意图。歌诗合为事而作，文章合为时而著。请同学们结合写作缘起，推断一下两位作者各自不同的写作意图。

联系两位作者的写作缘起和文章的核心内容，我们完全可以推断出作者的写作意图：杜牧的这篇赋，表面上是铺写阿房宫的兴与毁，其真正的意图则是用秦骄奢致亡的故事，规劝本朝当政者，以古为鉴，明兴亡之道；苏洵的这篇史论则是点明六国灭亡的原因是赂秦，以此警告宋朝统治者，不能用贿赂的方法对待辽和西夏，要用武力，要抵抗。简而言之，杜牧是立足现实、评说盛衰，即总结秦朝覆亡的教训，意在针砭时弊；苏洵是借古讽今、以史为鉴，即探究六国破灭的缘由，旨在警示当朝。

同学们，这节课我们辨析了辞赋和史论两种文体不同的特征；通过朗读，初步体会了两位作者倾注在文中的感情和气势；并着重探讨作者理性思考的缘起、理性声音的要旨、内核等3个问题。

下节课我们将探讨作者理性的声音，在文中是如何呈现的等问题。老师向同学们推荐一下课外拓展阅读篇目。一是结合杜牧《阿房宫赋》的学习，推荐同学们课外拓展阅读杜牧的七言绝句《华清宫》(零叶翻红万树霜)《过华清宫绝句三首》，有兴趣的同学也可以读一读他的五言排律《华清宫三十韵》。二是为了更好地理解苏洵的《六国论》，建议同学们课后上网搜索并大致浏览一下苏轼、苏辙以及明代李祯的三篇同题政论文——《六国论》。

接下来布置今天的课后作业。第一项作业是熟读《阿房宫赋》《六国论》全篇。第二项作业是完成教材第152页“单元学习任务二”中的第2项任务。第三项作业是完成练习册上第16课的第1题和第2题。

今天的课就讲到这里。同学们，再见。

第二课时

同学们好，今天我们继续学习第八单元第16课。

上节课，我们着重探讨了杜牧和苏洵两位作者理性思考的缘起以及理性声音的内核、要旨等3个问题，今天我们来重点探讨第4个问题——两位作者理性的声音是如何呈现的。我们先以《阿房宫赋》一文为例，来探讨杜牧理性的声音是如何呈现的。

探讨之前，我们先来看现代著名学者钱锺书的一首七绝的后两句——“三复阿房宫赋语，后人更有后人哀。”三复，意思是反复诵读。顺着这个思路，或许有同学会问：既然杜牧是晚唐最杰出的诗人之一，那他为什么不以“阿房宫”为题材写一首诗呢?或者说，以杜牧的诗才，写一首以“阿房宫”为题的论史诗，表达《阿房宫赋》文中同样理性的声音，不是手到擒来、轻而易举的事吗?

我们再来看，金人刘仲游就写过一首七言论史绝句：“唐家帝业艰难致，终笑明皇学始皇。不戒前车成后辙，华清宫殿胜阿房。”这里不是同样可以将唐朝与秦朝进行对比，将唐玄宗与秦始皇进行对比，感叹封建清王朝的兴替盛衰，呈现出沧桑的历史纵深感，一样能让“后人”从历史中，特别是唐玄宗后期的历史中汲取教训吗?

那为何杜牧的理性的声音不用诗歌来呈现呢?一首七言绝句，二十八个字，言简意明，诗意盎然，朗朗上口，不是一样可以千古传诵吗?

或许有同学会说：绝句跟赋比起来，体制过小，格局不大，气势太弱。果真如此吗?

上节课，布置同学们课外阅读杜牧的五首“华清宫”诗。前四首是七绝；后一首是三十韵，五言排律，同学们不妨计算一下，杜牧的这首五言排律《华清宫三十韵》，足足300字的篇幅，而《阿房宫赋》全文也只不过513字，想想看，假如杜牧写一首五言排律《阿房宫三十韵》，那格局还会小，气势还会弱吗?

同学们可能又有问题要提出来了：你看，同为废墟，秦王朝的废墟和唐王朝的废墟不是同样可以作为写作素材吗?选择阿房宫或华清宫这两个标志性建筑的兴衰中的任何一个来写，不同样可以写出作者的理性的声音吗?为何诗人要舍近求远，诗赋分写呢?

这个问题真的是很有意思的。有兴趣的同学不妨课后去探究一番。

下面来看汉代扬雄的一句话："诗人之赋丽以则，辞人之赋丽以淫。"这句话的意思是说，诗人写的赋不但文词优美，而且意义严正。则，就是有法度，意义严正，不失讽喻精神；而辞人写的赋呢，不过徒有华丽的外表而已，因为过分注重修饰而失去了讽谏的意义。

有人说，拿扬雄的话做个标尺来衡量，杜牧的这篇《阿房宫赋》称为"诗人之赋"是当之无愧的。老师这里想补充一句，《阿房宫赋》不仅是"诗人"之赋，更是"士人"之赋，而《华清宫》诗，无论是绝句，还是排律，都不过是"诗人"之诗。诗人，写诗的作家；士人，即士大夫，或称儒生。杜牧身兼"诗人""士人"两重身份，虽说有时难以分开，但他写赋时，他的角色定位更多的是以士大夫的角度来写的，即没有忘记修齐治平、家国情怀、责任担当，因而他的这篇赋尚未忘记一个"则"字，即意义严正，不失讽喻精神。老师的这个想法，在此不再展开，供同学们课后讨论、探究。

《阿房宫赋》是一篇"赋"，赋的文体特点和作用，诚如《文心雕龙》里所说"铺采摛文，体物写志"。铺采摛文，就是指铺陈文采。运用大量华丽的语句，张扬文采，从不同的方面描写事物，不厌其详，不厌其细。譬如说，杜牧在文中写宫女之多，是这样来铺陈文采的：明星荧荧，开妆镜也；绿云扰扰，梳晓鬟也；渭流涨腻，弃脂水也；烟斜雾横，焚椒兰也。杜牧用明星、绿云、渭流涨腻、烟斜雾横，比喻妆镜、晓鬟、弃脂、焚椒，通过形象而又贴切的比喻，既间接地写出宫人众多，又写了阿房宫。阿房宫中下临渭水、高耸云天的楼阁，像蜂房似的布满空际的窗户，以及当窗晓妆的宫人们，仿佛都历历如见。

接下来我们再以《六国论》为例，来探讨理性的声音是如何呈现的。探讨之前，请同学们看看老师将苏洵的原文改写成的一首五言古体诗，共十二韵，如下：

隳栝苏洵《六国论》

六雄皆破灭，原本问时因。兵战聊称善，弊端为赂秦。最尤韩魏楚，议计率天真。割地求安寝，倾亡祸自身。赵燕均守土，终究两沈沦。愤叹良将殁，馀悲刺客嗔。齐邦虽远鄙，与嬴不通邻。吁骇强援失，独完志难伸。诸侯相继败，岂但疏和亲。倘若西并力，积威焉可论。天朝功赫焕，大宋势云臻。故事犹悬鉴，毋为北面臣。

你看，全诗120字，前100字概说基本内容。诗末20字道出文章主旨："天朝功赫焕，大宋势云臻。故事犹悬鉴，毋为北面臣。"意思是："尽管大宋王朝当下已是积贫积弱，但天朝依旧光华耀目；人多势众，结集迅速；前车可鉴，对北边的辽和西夏的南侵，应该起而抗争，切勿俯首称臣。"诗言其志，言简意赅，同学们想想看，作者的理性的声音，这样呈现不是也可以的吗？

同学们一定会说，理性的声音不可以这样呈现。这是为什么？因为《六国论》是一篇“史论”，苏洵撰写此文，意欲借题发挥，以古喻今，以警示宋仁宗，自然首先要把道理阐述充分，这就要求必须严密论证，强化说理，采用史论的文体形式，无疑比诗歌有更为雄辩的力量和更为充沛的气势。这是其一。

其二，同学们要注意苏洵撰写此文，其阅读对象是北宋最高统治者宋仁宗，开出的药方是对北方的辽和西夏的南侵，不要贿赂求安，而要坚决抵抗。如果像诗一样剖白心迹，直接其谬，宋仁宗肯定是无法接受的。故文末作者的意图并未直接点明，而是含而不露，意在言外，更有一种言尽而意不尽的韵味。尤其耐人寻味的，是“苟以天下之大，下而从六国破亡之故事，是又在六国下矣”一句，前车之鉴，何止当朝当代，岂非历朝历代？这样的饱含情感的结句同时又蕴含着极为理性的声音，具有一种普世性价值。

三、得“益”

最后，我们来看得“益”。与第15课一样，学习第16课这两篇经典名篇，我想同学们的收获同样是多方面的，譬如说，落实了两篇古文的相关文体、文言、文化等基础知识，学习了两篇文章各具特色的表现形式，等等。下面，老师提醒同学们重点从两个方面来思考、探究：一是如何在阅读中，进一步增强“鉴识”的本领；二是如何在写作中，进一步提升“命意”的能力。

先说第一个方面：我们以杜牧《阿房宫赋》为例，说一说如何在阅读中进一步增强“鉴识”的本领。先请同学们看《道山清话》中记载的一个故事：

> 东坡在雪堂，一日读杜牧之《阿房宫赋》，凡数遍；每读彻一遍，即再三咨嗟叹息，至夜分犹不寝。有二老兵，皆陕人，给事左右。坐久，甚苦之。一人长叹操西音曰：“知他有甚好处？夜久寒甚，不肯睡！”连作冤苦声。其一曰：“也有两句好！”其人大怒，曰：“你又理会得甚底？”对曰：“我爱他道，‘天下人不敢言而敢怒！’”叔党卧而闻之。明日以告，东坡大笑曰：“这汉子也有鉴识！”

苏轼居黄州雪堂时，有一天读《阿房宫赋》，读了好多遍；每读彻一遍，即再三咨嗟叹息，到夜半还没有睡意。两位老兵于寒夜听苏轼读《阿房宫赋》，其中一人完全不能理解，一人仅仅理解一句，即文中的“天下人不敢言而敢怒”。第二天苏轼得知这个老兵听读感言后，戏谑地大笑道：这汉子也有鉴识！

什么叫“鉴识”？所谓“鉴识”，也就是审察辨识的本领。苏轼称道“这汉子也有鉴识”，是因为该老兵能察要点、识精髓，敏锐地从文中那么多语句中抓取出较为关键的内容，自主地体会出其意味和价值。

不过，这种鉴识还只限于对文本内部的审察辨识，如果我们在阅读时，能把文中所引材料、所述语句和更多的文本资料进行对照、比较，辨同异、察原委，对文章的特点和价值一定会有更准确、更全面、更深入的认识。

这里，我们试以《阿房宫赋》一文为例，看看文中哪些说法或观点需要我们去审察、辨识。譬如说，关于阿房宫建造的时间、原因、地址及规模，历史上有不少史籍都有记载，因司马迁的《史记》成书最早，其记述也相对比较准确。我们来看《史记》中的记载：

> (始皇)三十五年(前212年)，……始皇以为咸阳人多，先王之宫廷小，吾闻周文王都丰，武王都镐，丰、镐之间，帝王之都也。乃营作朝宫渭南上林苑中。先作前殿阿房，东西五百步，南北五十丈，上可以坐万人，下可以建五丈旗。周驰为道，自殿下直抵南山。表南山之巅以为阙。为复道，自阿房渡渭，属之咸阳，以象天极，阁道绝汉抵营室也。阿房宫未成；成，欲更择令名名之。作宫阿房，故天下谓之阿房宫。隐宫徒刑者七十余万人，乃分作阿房宫，或作丽山。

将这则史料与《阿房宫赋》中的相关内容对照起来看，杜牧文中有没有值得我们去审察辨识的地方呢？

同学们从第一处画线句可知：秦始皇修阿房宫，主要是因为“咸阳人多，先王之宫廷小”。意思是说，随着国家的统一，作为国都的咸阳，因为人口日益增加，原有的宫廷已不能满足新的需要，故选址于渭水之南营建新的朝宫，可见杜牧将阿房宫的兴建完全归因于“秦爱纷奢”，其实并不符合史实。

从第二处、第三处画线句可知，秦王朝最先修建的是阿房宫前殿，规模并不宏大，到秦王朝覆灭之时，全部工程尚未完成。就算日后不断扩建，所有的宫殿楼宇全部竣工，也离《阿房宫赋》文中所说的“覆压三百余里”相差甚远，根本不符合史实；再看首句，秦始皇三十五年(前212年)才开始规划并修建阿房宫，这个时间点，距秦始皇之死不过两年，因而《阿房宫赋》文中说“宫人”们“缦立远视，而望幸焉，有不见者，三十六年”，更是离谱，也完全不符合史实。

《阿房宫赋》中这种与史实完全相冲突之处，杜牧落笔成文之前他并非不知道，但他依然选择用“赋”体，运用这种极其夸张扬厉的方式来表情达意，其主要目的是突出秦王朝的荒淫无度、穷奢极欲，为文末的议论张本。

再譬如说，战国时的六国，拥“五倍之地，十倍之众”，却亡于秦国。杜牧认为是由于六国之君未能“各爱其人”，苏洵则认为“弊在赂秦”。你怎么看？这个问题，建议同学们课后结合“单元学习任务二”中的第2项任务来进行“鉴识”。

接下来我们看能够得“益”的第二个方面——如何在写作中，进一步提升“命意”能力。下面，我们具体以《六国论》为例来进行思考与探究。

南宋魏庆之在《诗人玉屑·命意》中说：“诗以意义为主，文词次之；意深义高，虽文词平易，自是奇作。”命意，也就是我们通常说的“立意”。这里虽然说的是诗歌创作的命意，但文章写作亦同此理。文章写作最要紧处便是立意。优秀的作者都会在其作品的“意深义高”上惨淡经营，苦心孤诣。

秦灭六国，结束了春秋战国以来诸侯国长期割据争战的局面，完成了统一大业，这在中国古代历史上是一件大事，是历代文史学家关注的焦点话题和热门话题，仅宋代的“三苏”就每人各自写了一篇同题政论文——《六国论》。

一门三父子，都是大文豪。同写六国论，老苏誉最高。同学们想想看：为何父子三人的同题作文《六国论》，父亲苏老泉完胜才华横溢的两个儿子，最终成为久负盛名的传世名篇。

同学们或许会说，姜还是老的辣！不错，当时苏轼、苏辙还比较年轻。苏轼的《六国论》认为六国久存是因为诸侯卿相皆争养士，而秦朝速亡是没有重视养“士”，突出强调了“士”安邦定国的重要作用。苏辙的《六国论》则是阐述六国相继灭亡的原因是不能团结一致，共同抗战，灭国是咎由自取。后来，明代李祯也写了一篇《六国论》，他认为六国破灭是不施仁政，但李祯的这篇仍旧没有超越苏洵，这是什么原因呢？

苏洵的《六国论》不同于苏轼、苏辙、李祯的三篇。苏洵写作目的不在于总结六国灭亡的教训，而是借题发挥，警告宋朝统治者勿蹈六国灭亡的覆辙。借古喻今，以谈论历史供当今统治者借鉴，这是苏洵高出其二子及李祯的地方。

从历史情况看，六国灭亡的原因并不是“赂秦”。六国的失败，主要是政治上保守，因循守旧，不重视改革，不能坚持“合纵”政策去对付秦国的“连横”政策，被秦国远交近攻的手段各个击破。另一方面，秦孝公任用商鞅变法，使秦国国力大增，具备了统一中国的实力。加上战国长期的战乱，民不聊生，由分裂到统一，符合人们的愿望。

秦国统一六国，是历史发展的必然趋势。苏洵对此并非不知。然而，苏洵用意却不在此。上节课我们已讲到了，他的意图是点明赂秦是六国灭亡的原因，以此警告宋朝统治者，不能用贿赂的方法对待辽和西夏，要用武力，要抵抗。六国最后全部破灭，这是一个惨痛的历史教训，也是后代当国者应该吸取的历史经验。苏洵在第四段末句说："为国者无使为积威之所劫哉！"——治理国家的人不要在强大敌人的威力面前被吓倒！这是一个发人深省的警策句，也是一个意味深长的忠告语。

通篇《六国论》，照理说，到第四段就可以结束了。但是苏洵绝不仅仅是为了评论历史，他的文章的全部锋芒几乎无不处处针对现实，是想以古代社会治乱、国家兴衰的历史经验教训作为处理当前国家的重大问题的借鉴。文章只写到第四段，显然是不够的。必须有第五段从古代历史引渡到现实政治，才见出它的主题的深刻意义。

第五段完全说的是宋朝的对外政策。宋朝与六国诸侯的情况已是云泥之别，不可同日而语。倘若宋朝"以天下之大"继续向辽和西夏政权屈服，一味妥协退让，不敢进行斗争，这就连六国也不如了，不用说它最终也必然会落得六国破灭一样的后果。

明代何仲默说过："老泉论六国赂秦，其实借论宋赂契丹之事，而卒以此亡，可谓深谋先见之识矣。"的确如此，苏洵此文，见识深远，眼光犀利，议论深闳，足警世人，无怪乎此文近千年来盛传不衰。

由此看来，要使文章"命意""意深义高"，要求作者必须对社会生活有敏锐的感知能力和超强的透视能力，能够对写作素材进行分析综合，概括抽象，从中发掘出最本质的意义并加以表现，从而写出"意深义高"的优秀作品。

最后，我们简要小结一下：通过对《阿房宫赋》和《六国论》这两篇经典古文的学习和研讨，我们辨析了辞赋和史论两种文体不同的特征和作用；特别是着重探讨了两位作者理性思考的缘起，以及理性声音的内核、要旨、呈现形式等问题；进一步思考了如何在阅读中增强鉴识本领，并初步探讨了如何在写作中提升命意能力的一些方法；认识了文章对当时现实的关注，分析了其借古鉴今、针砭时弊的特点，并体会了古代仁人志士的家国情怀。

接下来布置今天的课后作业。第一项作业是背诵《阿房宫赋》《六国论》全篇。第二项作业是完成教材第152页"单元学习任务二"中的第3项任务。第三项作业是完成练习册上第16课的第3题至第8题。

今天的课就讲到这里。同学们，再见。

注：上海教育"空中课堂"教学指导：范飚、程元、顾燕文、祁敏、上官树红。课中部分图片、视频、音乐、文章等，作品来源于相关专著、网络资源等，因时间仓促，任务紧急，未能一一标注。特此鸣谢！

教学情境的界定、设置与反思

（浙江省桐乡市高级中学，杨大忠）

名师简介

杨大忠，男，全日制历史学博士，浙江省高中语文正高级教师，桐乡市高级中学教师发展中心主任，第六届“圣陶杯”全国中青年教师课堂教学大赛一等奖获得者，浙江省水浒研究会副会长。在《明清小说研究》《语文建设》《中学语文教学》等期刊发表论文220余篇，其中核心期刊、大学学报与人大复印资料120余篇。著有《水浒论议》《语文深度解读论》《施耐庵驳议》和《木心十七讲——〈温莎墓园日记〉解析》四部专著。

自《普通高中语文课程标准(2017年版 2020年修订)》(以下简称“新课标”)颁布以来，创设教学情境就成为教学中一个不可或缺的重要环节。虽然很多语文教师同仁按照自己的理解对教学情境进行过阐释，但在教学实践中，“情境”仍旧是一个很难界定的概念，这很容易导致教学情境的误用、滥用现象。正因为概念模糊，才需要对“情境”重新作出具有可操控性的具体界定。有些同仁几乎将所有教学环节的设计都说成是创设情境，对此，笔者要说的是：并非所有教学环节的设计都可以归结为创设情境，情境有其自身特点。那种将课堂教学环节大而化之都说成是教学情境的说法是不能成立的，教学情境有其创设的条件和要求。创设情境的目的，是在原有教学内容的基础上，教师给学生搭建合理的教学支架，提供适切的教学条件，促使学生的原有知识产生积极的迁移并得到提高，从而拓展学生的阅读视野，提升学生的语文素养。这也是创设情境的意义所在。

一、情境界定与设置的缺陷

新课标肯定了创设“情境”的价值：“根据学生的发展要求，围绕学习任务群创设能够引导学生广泛、深度参与的学习情境。”[1]“真实、富有意义的语文实践活动情境，是学生语文学科核心素养的养成、发展和实现的载体。”[2]由此可见“情境”必须具备三个特点：1.它是随着新课标积极提倡学习任务群教学的要求而出现的；2.需要“学生广泛、深度参与”；3.必须是具有“真实、富有意义的语文实践”活动。应当说，这三个特点的阐释并不严谨：在新课标出现之前的传统单篇课文教学中，课堂教学以教师讲授的单向输出方式为主，作为接受主体，学生当然也会“广泛、深度参与”教师掌控的课堂活动；单篇课文教学模式当然也少不了“真实、富有意义的语文实践”活动，否则怎么可能存在那么多年。由此可见，创设情境也是单篇课文教学的特征。既然如此，在新课标积极推行有别于单篇课文教学的学习任务群教学模式的情况下，有什么必要积极提倡创设情境呢？

新课标中“情境”定义的模糊，导致在具体教学活动中，很多教师创设的所谓情境简直让人匪夷所思。创设情境是学习任务群教学的重要环节，但何为“情境”？教学情境有什么具体特质？如果这些问题弄不明白，在课堂教学中创设的所谓情境往往就是无源之水。

对情境创设的理解，往往会出现如下问题：

（一）过于理论化导致在教学实践中无法找到具体抓手

例如，有学者认为：“情境设计绝不是为了应对新课改而在教学中增加的一个‘标志性’环节，而是人与自身生存环境浑然一体关系的迟到认可以及所采取的积极改善行为。”[3]就教学行为而言，按照这种说法，之前教与学的关系尚做不到“浑然一体”，但还有提升的潜力与空间，如果新的教学手段能积极提升教学效果，进一步拓展学生的阅读视野，培养学生的高阶思维能力，这种教学手段就是创设情境。这种将教学手段的完善全部大而化之地归结为创设情境的说法，完全看不到情境的特质与核心理念，极易导致情境创设的模糊进而泛滥。像这种过于理论化的定义，我们在具体教学实践中该如何操作？

（二）具体特征阐释不清，空泛虚无

曾有学者探索过设置任务情境的原则：“如何设计一个整合性的任务情境？这是学生面对问题将要展开的一系列语文学习行为表现，我们可以将其称为项目、专题、议题，当然也可以将其称为问题，只是这个‘问题’比较上位，有一定复杂度，而不是课文串讲时你问我答的那种问题。”[4]那么，设置出“上位”“有一定复杂度”、非“你问我答”的问题就是创设情境吗？“上位”的标准是什么？“复杂”到什么程度才叫“有一定复杂度”？师生讨论问题，传统方法常常采用“你问我答”的方式，现在把这种方式变换一下就是创设“情境”？如果这种说法能成立，涉及的是“情境”的表象还是实质？以上说法，对语文教师而言，可谓空泛虚无。

赵晓霞、王光宗在《学习情境：撬动语文学习任务群的支点》一文中引用了美国学者恰瑞罗特对“情境化教与学”的看法，然后依据理论溯源的方法认为，学习任务群教学中的“学习情境”可以分为两类：“真实情境”和“认知情境”。具体来说，“研究性学习、基于问题的学习、项目式学习的理论基础都属于‘真实情境’。”“通过‘大概念’引领的深度理解、迁移和应用，发展学生语文言语实践能力，培养其语言建构与运用的核心素养”就是“认知情境”[5]。但该文对“教学情境”的两种分类与阐释过于模糊和空泛。就拿所谓“真实情境”来说，该文认为，“研究性学习”“基于问题的学习”“项目式学习”都是适合于学习任务群教学的创设情境方式。其实，除了学习任务群教学，以上三种学习方式还可以在其他语文教学模式中实施，谁能说单篇课文教学就不能采用“研究性学习”“基于问题的学习”“项目式学习”的方式?既然如此，将以上三种“学习”方式看作是情境的特征显然是不合适的。至于说通过“大概念”引领来培养学生“语言建构与运用的核心素养”就是“认知情境”，这也让人无法领会。什么叫“‘大概念’引领”?“大概念”之“大”体现在哪里?“‘大概念’引领”在教学中如何操作?通常所说的“大概念”教学，就是按照具有共性的驱动性专题来重新组合不同单元中的文本进行教学的过程，这种过程其实就是突破课内文本原有组合的另一种群文阅读教学方式，怎么成了认知情境?说“认知情境”着重培养学生的“语言建构与运用”能力，而按照“大概念”操作方式进行的教学活动，对学生能力的培养应当是全方位的，“思维发展与提升”“审美鉴赏与创造”“文化传承与理解”等语文素养的培养往往与“语言建构与运用”能力的提升是相辅相成的，难道这三者就不属于“认知情境”的培养方向?

(三)虽有情境创设的实例但无具体阐释

有些同仁虽然创设了教学活动中的具体情境，遗憾的是却没有阐释理由。如教授《中国建筑的特征》，纪秋香老师认为：“可根据文章对中国建筑的特征概括分类及阐释说明来创设学习情境，让学生完成编制表格的学习任务。”[6]依据教学要求编制表格，将课文中的相关内容纳入表格中，以使学生更加直观、深透地掌握文章内容，深入理解课文，这是课堂教学正常的教学流程，也是“创设学习情境”的产物，但成为情境的依据是什么，却没有作出解释。针对统编教材入选课文经过删改的现象，郑昀、徐林祥老师认为：“通过引入原稿，建构与选文进行对比的学习情境，教师就可以提出‘经过删改后的选文是否更能发挥文本的经典价值’这一小组合作探究任务。”[7]这也属于教学情境之下的任务驱动。很多经典课文，像《我的叔叔于勒》《装在套子里的人》《林教头风雪山神庙》

等，课文和原文出处相比，都有删减内容。两相比对，鉴别优劣，也是提高学生语文素养的教学手段，很多语文教师都尝试过这种教学方法，也的确属于教学情境创设下的问题与任务。但原因何在，郑、徐两位老师也没有说明。

正因为对“情境”的定义不明确，过于空泛抽象，或过于理论化，才导致教学中创设情境没有清晰的执行思路，进而导致很多教师几乎把所有教学因素与环节都纳入创设情境的范畴，情境成了可以装盛任何教学环节的容器。黄厚江老师将动辄标榜情境的做法斥之为“盲从”心态：“明明就是一个考试题目，一定要穿衣戴帽，说这是什么情境。”[8]“现在，又出现了许多和教学活动近似的说法，有的叫学习任务，有的叫学习项目，有的叫学习情境。”将“考试题目”“和教学活动近似的说法”一律称为“情境”，可见“情境”概念的随意性。分歧的存在，恰恰说明了“情境”定义的模糊性、不确定性。在语文教学中，没有哪个概念可以囊括所有教学环节，如果要说有，这样的概念必然是假概念。新课标提到了三种“情境”：“个人体验情境”“社会生活情境”和“学科认知情境”。相对而言，前两者尚可联系学生的自我认知和社会阅历，这是设置教学情境的外在客观因素；至于内在的“学科认知情境”，新课标是这样阐释的：“学科认知情境指向学生探究语文学科本体相关的问题，并在此过程中发展语文学科认知能力。”[9]所谓“探究语文学科本体相关的问题”，这种说法实在过于笼统，使人无法清晰捕捉到“情境”的内涵，也抓不住阐释“情境”的具体方向，导致所有教学环节都能披上创设“情境”的外衣，其实质仍旧和过去的一些教学概念没有两样。试图提出一个不清晰的概念，一劳永逸地解决教学问题，显然是徒劳的。

二、情境的界定与创设

不可否认，教学“情境”的定义非常复杂，否则不可能出现上述分歧。在对“情境”的定义没有取得共识之前，言必说情境是非常草率的，哪怕直觉告诉我们，有些关于“情境”的实例可能是没有问题的。在笔者看来，只要获取一个对“情境”公认的概念，以此推进语文教学的深化就可以了；至于“情境”在语文教学中的其他具有操作性的阐释，尚需等待同仁的探索，以使将来大家都能获得共识。

笔者对“情境”的阐释是：情境就是为了能够更加直观、深刻地理解文本思想内涵而对文本中的具体场景进行的拟真再现，或者是师生依据自身语文素养对文本中的某类知识进行直观的归类总结，或者是利用现代化的网络媒介对文本知识进行编辑、推送的手段，亦或是以文本为基础将文本内容与课外相关知识进行对照、比较，从而在更高的知识层面培养学生发散性思维的教学手段。

依据以上定义，教学“情境”应当具有以下特征：

（一）拟真性

按照第三版《现代汉语规范词典》的解释，“情境”指“某一段时间和空间许多具体情形的概括”。《教育大辞典》认为：情境教学是“运用具体生动的场景以激发学生主动学习兴趣，提高学习效率的一种教学方法”[10]。综合以上两种说法，如果落实到语文教学中来，教学“情境”应当是课文中描述的特定时间和空间的具体情形，尤其是场景在课堂中的拟真再现。这恐怕是所有同仁对教学“情境”都能接受、认可的定义。

新课标要求教学情境需要“学生广泛、深度参与”并且是具有“真实、富有意义的语文实践”活动，这是教学情境的两大特征。如果学生参与不“广泛”，没“深度”，场景设置不“真实”，没有什么“意义”，这样的“情境”就不能称为情境。鉴于教学情境的这些特征，在语文教学中重现课文场景是很不容易的。

创设情境最典型的做法，就是学生广泛参与，将课文描述的具体场景以直观呈现的形式充分展现出来，进而达到对课文内容深度理解的教学目的。这就是情境的拟真性。如教授《雷雨》，教师可以引导学生充分揣摩周朴园和鲁侍萍的言语、神态、动作，辅以舞台说明，创设小剧本让学生表演，从而理解周、鲁二人复杂的内心世界。这种创设的拟真情境，就体现出对剧情的深度还原和对文本的深度发掘，进而加深对课文内涵的深度理解。

拟真性情境的创设，打破了教师传授、学生识记的传统教学模式，将教学范围扩大到课堂之外，契合了新课标“语文学科核心素养是学生在积极的语言实践活动中积累与构建起来并在真实的语言运用情境中表现出来的语言能力及其品质”的要求[11]。但拟真性情境不同于社会实践。曾看到有名师为了使学生深度理解《背影》中父亲替“我”买橘子的场景和深意，将公开课开设地点放置到某火车站台，然后让班级某体型偏胖的同学模仿父亲过站台的场景。这不是语文课中的情境再现，而是实实在在的社会实践活动。

拟真情境的创设对语文教学有一定的意义，但要注意，单元课文中的拟真情境，有时真不是能够创设出来的；如果强行“创设”出来，这种情境与学生脑海中浮现的心像、场景是吻合一致的还是大相径庭的？须知学生的生活阅历、社会经验与思考问题的方式方法都存在个体差异，如果教师创设的所谓情境与他们所想不一致，会不会破坏他们原先的想象进而引起对创设拟真情境的反感，削减对单元教学的兴趣？这样的拟真“情境”，就违背了新课标的规定：情境必须是“真实的”“富有意义”的。创设拟真情境，一定要慎重，要综合种种教学条件看看创设的可能性是否存在。任海霞、管然荣就说：“比如学习一首诗，为了所谓的‘情境’，又是布景，又是音乐，又是电影，声光电一样都不能少；难道没有这样的‘情境’就读不懂了或即使懂了也事后都‘忘得干干净净’吗？”[12]对语文教学来说，师生共同阅读、体味既是对文字、语言的识记，更是对作品的内涵意蕴深刻咀嚼进而涵泳性情的美好过程。这个过程绝不是创设什么“具体”拟真情境所能代替的，因为课文的思想和灵魂是不可能以外在形式所能“拟真”起来的。“如果一味地依靠所谓‘情境’读书，那不是读书，而是玩耍，是提升不了阅读力的。真正的阅读教学，应该是一种排除一切热闹的精神吸氧所。”[13]

(二)归纳性

这里所说的“归纳”，就是情境创设需要师生利用自身原有的知识储备与学识素养，按照某种分类标准，对文本中的相关知识进行相应的归类与总结。创设这种情境的目的在于更加直观、明晰、有层次、有梯度地呈现某类知识，以便更加深入地提升后续的理解能力。如前文提及的纪秋香老师根据《中国石拱桥》对中国建筑的特征概括分类及阐释，让学生完成编制表格的学习任务，就是此类情境的创设。

高中新课标积极提倡群文阅读教学，而群文阅读教学的一大特征就是按照某种或某类标准构建学习任务群。与单篇课文教学相比，群文阅读教学容量大，线索多，内容复杂，理解艰深，为了能够较为清晰地呈现、比较多文本中的各类要素，通过梳理、统筹、归纳的方式来加深对文本的理解，就成了创设教学情境的意图与目的。

如高中语文必修下册第六单元的《祝福》和《林教头风雪山神庙》构成群文阅读教学，祥林嫂和林冲既有共性又有差异，两人在文中人生经历的差异与其思想的转变也有着密切的关系。祥林嫂和林冲的共性与差异，可以通过表1的归纳得到直观呈现。

通过制定图表的方式对课文内容进行归纳总结，图表的制定就是创设学习情境，填写图表意味着情境任务的完成，这是教师引导学生在原有知识层次的基础上进一步提升对课文内涵精深了解的重要手段与途径。单元“群文”组合的特征，又进一步加深了制定、填写图表的难度，这就要求师生打破固有的单一思维的局限，从更开阔的视角发掘“群文”的共性与差异，在增强学生整理、归纳、总结能力的同时，又很好地增强了学生思维的深刻性、批评性和敏捷性，从而体现出创设教学情境的价值与意义。

表1 祥林嫂和林冲的直观比较

主要人物	人生经历	思想变化	人物结局	主题思想	人物共性
祥林嫂	为守节逃到鲁镇栖身鲁府—被婆婆绑回强卖给贺老六—夫死子丧—再来鲁府—遭鲁镇人嘲讽奚落—捐门槛但改变不了失节的罪过—被鲁府赶出去成为乞丐—询问灵魂有无的问题—孤单死去	逃出卫家山,可见守节意愿强烈—改嫁寻死,可见愿意“从一而终”—生活幸福,暂时忘却礼教的束缚—重来鲁镇,意识到“从一而终”的可贵—试图重新做人,但精神上被摧毁—做了乞丐,对礼教产生疑惑—寻不到灵魂有无的答案,惨死祝福之夜	怀着对封建礼教是否合理存在的疑惑,在祝福之夜孤零零地爬向坟墓。	通过祥林嫂悲惨的人生遭遇,控诉了封建礼教残害妇女的罪恶本质。	通过祥林嫂和林冲思想的变化、人生经历的转变与恶化、悲惨的结局,揭示出封建社会的罪恶本质。
林冲	沧州巧遇李小二受到热情接待—小二夫妻偷听酒店密谋—林冲寻贼未果—管营差遣林冲去草料场—差拨带林冲去草料场并和老军交割—林冲买酒回来发现草厅倒塌—夜宿山神庙得知火烧草料场真相—愤而杀贼—林冲出逃	忍气吞声,逆来顺受,期待有朝一日重回东京—得知奸贼到来,义愤填膺,试图杀贼雪恨—寻贼不着,心里懈怠—草料场落脚,重新燃起生活希望—得知阴谋,梦想破灭—杀贼出走,希望彻底断绝	所有生活之路被断绝后,最终被逼上梁山。	林冲由最终的满怀希望到最终愤而杀贼,反映出封建社会“官逼民反”的必然性	

(三)拓展性

拓展性,也叫扩散性,是指在解析文本的基础上,教师利用自身综合素养提出对文本内容进行深度拓展的有效问题,使学生在解答问题的过程中提升其语文素养。这种教学手段也是教学情境的创设手法之一。它可以促使学生调动已有的学科认知经验提升核心素养,达成认知迁移,并使学生在今后学习过程中遇到相似情境时能够举一反三,建构新的认知体系,促使思维能力实现螺旋式提高。

拓展性情境具体来说又可分为两种形式:向外拓展型和向内拓展型。向外拓展型是指突破文本内容,将设计的问题内涵扩大到文本内容之外。

如教授《林教头风雪山神庙》,教师可以设计以下情境任务:

传统观点认为,林冲和林娘子之间伉俪情深,是和谐爱情的典范。但从课文《林教头风雪山神庙》来看，全文根本没有提到林冲对娘子思念的描写；即使林冲在山神庙里听到岳父张教头屡次拒绝高衙内向娘子求亲之事，文中也没有写到林冲对娘子的感激之情。如果林冲真和娘子伉俪情深，小说中这样描写正常吗?联系《水浒传》中林冲的完整故事，分析林冲对娘子的态度，据此回答传统观点正确与否，写一篇1000字左右的评论文字。

以上情境任务，课文《林教头风雪山神庙》中是找不到答案的。这就需要学生在通读《水浒》尤其小说第七至第十二回的林冲故事后详加分析才能寻找到答案。这种突破文本寻找答案的情境任务就是向外拓展型。

再如教学《子路、曾皙、冉有、公西华侍坐》，可先引用程颐、王阳明和朱熹对该文的评价后，然后设计一个“学习情境”：“今天，夫子之叹你也看到了，请反复诵读涵泳，尝试用典雅的白话(散文、诗歌等文学形式)描绘(写出)这段‘暮春之游’，然后和同桌探讨更支持谁(程颐、王阳明和朱熹)的看法，说说理由，最后用自己的话概括孔子的人生理想，推荐给好朋友。”[14]这也是向外拓展性教学情境任务的创设，原因就在于这是立足文本辅以文本之外的知识才能解答的问题。

向内拓展型的情境任务，就是在文本解析过程中，将文本中很难发现的文本“缝隙”通过问题的形式呈现出来，让学生在文本内寻找答案，在解决问题的过程中培养学生敏锐的学术眼光，提升认知迁移能力和事态还原能力。同样以《林教头风雪山神庙》为例，教师可以设置如下情境任务：

酒店密谋，关系到林冲的生死与安危。请依据课文中的情节暗示、事态逻辑和人物举动，将陆谦、富安、管营和差拨四贼在酒店的对话还原出来。

设计向内拓展型的情境任务，就是螺蛳壳里做道场，切口小但拓展深，是分析文本时极易被人忽略的问题。解决类似情境任务，要尽可能充分考虑课文中的多重因素，尽可能最大程度还原事态场景，才能使答案最大化地贴近文本中固有的场景与状态。

(四)完善性

创设教学情境是新课标的要求，但由于各人对情境的理解不同，设计的教学情境往往有一定的分歧，甚至产生了围绕同一材料却出现“情境”各不相同的说法。如赵洁老师教授《赤壁赋》，设置了这样一个“情境任务”[15]：

1101年，就在常州，在苏轼去世前两个月，你遇到了这位66岁的老人。关于《赤壁赋》，如果你可以向他提一个你最想问的问题，你会问他什么？

如此教学设计，是较为典型的情境任务或问题情境，但张克中却认为这只是一个“局部情境”，尚有完善的余地，如果在以上问题的基础上加上一问“请你向全班同学解释为何要问他这个问题”，就成为一个“主要情境”了。不能否认，这个问题显然更有深度，更适于探索《赤壁赋》的思想内涵，但围绕同一段材料却出现了“局部情境”和“主要情境”两种说法，后一种说法比前一种说法更加完善，可见教学情境的设计是可以精益求精的，教师在创设情境时要力求完善，力争教学效果的最大化。

三、创设教学情境的反思与建议

新课标背景下，创设情境的教学环节不容忽视。为减少和避免在创设过程中出现缺陷，需要理论工作者和一线教师在具体实践中不断修订完善。教学情境的创设，要有理有度。有的同仁极力主张所有教学环节都要创设情境，甚至在教学中形成“情境链”，使情境创设一环套一环。如“在阅读教学中，教师要把所有学习活动引入情境链中，让学生在丰富的情境中主动学习知识和技能，在真实的学习活动中体验合作与交流。”[16]这种把创设情境想当然地看作所有教学流程的设计与完善，是对“情境”的错误理解。在实际教学中，怎么可能处处都需要创设“情境”?毕竟“情境任务”总要以设置问题的方式来呈现，如果语文教学只是以解决一个一个情境任务为主体模式，即教师设置各类问题，然后引导学生一一解决，这种程式化的课堂还有活力与生气吗?设置问题、解决问题只是课堂教学方式之一，除此之外，像教师解说文本背景、引导学生鉴赏文本中的精彩片段或者总结课文的价值意义等，学生根据自己的理解在课堂上阐述自己的讲解、向教师提出疑惑甚至修正教师的错误等，都是丰富多彩的教学活动的多样体现。语文课堂教学手段本应该是丰富多彩的，绝非程式化所能统括。创设不同的所谓情境任务，然后一个一个对此加以解决，这种程式化的课堂，会让学生感觉语文的乏味与无趣，感受不到语文课的魅力。

语文教学是一个复杂而灵动的过程，教学内容的预设、生成、复习、巩固，教学过程的逐步推进，教学评价的及时、到位等，既错综复杂又生机盎然，最终指向是使学生获得语文素养的提升。教学中创设情境，是为了更深入地理解文本，更显著地提升学生的语文素养和知识的迁移能力。鉴于在情境创设过程中出现的种种问题和情境的具体特征，创设情境需要遵从以下建议：

1.对“情境”的内涵要能充分理解，在掌握情境具体特征的基础上，创设出适切的“情境”，促使学生高阶思维的提升；

2.“情境”的创设要适时适度，不能为了情境而情境，否则就误解了“情境”在语文教学中的积极作用；

3.创设情境只能作为课堂教学的锦上添花之举，处处都依靠创设情境进行教学是舍本逐末之举。

需要强调的是，教学情境的创设，是有一定条件的，创设课堂教学情境并不是容易的事，不能大而泛之地将所有教学流程与设计都归于“情境”。“语文课堂教学并不是每一节课都需要设计真实性问题情境。如果每一节课都要求教师设计情境，那么就有可能出现对知识点进行情境包装的现象，产生大量的‘伪情境’”[17]。“情境”的创设，既要顾及个人体验和社会生活对学生的影响，更要关注语文学科的独有特征。

参考文献：

[1] 中华人民共和国教育部. 普通高中语文课程标准(2017年版 2020年修订)[S]. 北京：人民教育出版社，2020：42.

[2] 中华人民共和国教育部. 普通高中语文课程标准(2017年版 2020年修订)[S]. 北京：人民教育出版社，2020：48.

[3] 尹逊才，沈盼盼. 高中语文教师情境设计存在的问题及诊断[J]. 语文建设，2022(3)：12–13.

[4] 蔡可. 任务情境：设计学生语文学习的路线图——以统编高中语文教材必修上册第二单元为例[J]. 语文建设，2022(3)：4–8.

[5] 赵晓霞，王光宗. 学习情境：撬动语文学习任务群的支点[J]. 中学语文教学，2021(7)：4–5.

[6] 纪秋香. 创设学习情境：促进有意义的学习[J]. 中学语文教学，2021(7)：9–12.

[7] 郑昀，徐林祥. 指向语言的语文学习任务群有效学习情境的创设[J]. 中学语文教学，2021(7)：13–17.

[8] 黄厚江. 新课程背景下教学能力发展的重点[J]. 中学语文教学，2022(4)：5–7.

[9] 中华人民共和国教育部. 普通高中语文课程标准(2017年版 2020年修订)[S]. 北京：人民教育出版社，2020：48.

[10] 顾明远. 教育大辞典[M]. 上海：上海教育出版社，1999：364.

[11] 中华人民共和国教育部. 普通高中语文课程标准(2017年版 2020年修订)[S]. 北京：人民教育出版社，2020：4.

[12] 任海霞，管然荣. 课文尚需“篇篇读”——对“大概念大单元”教学的认知与反思[J]. 中学语文教学，2021(4)：8–12.

[13] 任海霞，管然荣. 课文尚需“篇篇读”——对“大概念大单元”教学的认知与反思[J]. 中学语文教学，2021(4)：8–12.

[14] 赵晓霞，王光宗. 学习情境：撬动语文学习任务群的支点[J]. 中学语文教学，2021(7)：4–5.

[15] 张克中. 学习任务群你：语文教学的依据与难题[J]. 中学语文教学，2022(4)：29–33.

[16] 胡庆芳，杨翠蓉. 有效情境创设的40项设计[M]. 上海：华东师范大学出版社，2017：25.

[17] 尹逊才，沈盼盼. 高中语文教师情境设计存在的问题及诊断[J]. 语文建设，2022(3)：12–13.

线上教学的英语绘本故事教学设计优化

——指向英语学科核心素养培养的多元互动课堂实践

（湖北省武昌水果湖第一小学，白云）

名师简介

白云，女，正高级教师，湖北省特级教师，现任新疆博州英语教研员（援疆）。全国首届中小学外语教学名师，全国“十佳”外语教师，全国最美教师志愿者，全国中小学外语教师园丁奖获得者，教育部“国培计划”中小学英语教师优秀工作坊坊主，新疆名师工作室主持人，湖北省国培专家库专家，华中师范大学硕士研究生导师，部级优课、省级优课评审专家，湖北好人，湖北省骨干教师，湖北省教改先进个人，湖北省优秀英语教师，武汉市英语学科带头人，武汉市“新时代巾帼英雄”，武汉市优秀教师，武汉市高效课堂先进个人。

2020年，特别的学年，特别的课堂，我们不因疫情而驻足，我们的课堂是阵地。教育部发出“停课不停学”的强音，笔者主动请缨，承担武昌区在线空中课堂的微课制作，创作了这节绘本教学战“疫”微课。我的初心，就是在这个不一样的春天，在武汉市空中课堂将这段视频传播给孩子们，希望孩子们了解新冠病毒，科学预防，共同筑起抵御疫情的强大信心，更加热爱我们的城市——武汉。在这个携手并进的征程里，在这个共克时艰的日子里，让我们的孩子们快乐学习！

发展学生学科核心素养，是国家深化教育改革和课程改革的重点。核心素养如何落到实处，走进课堂实践，英语专家王蔷教授在谈到核心素养导向的学习方式时指出，“走向整合、关联、发展的课程，实现对语言的深度学习，即语言、文化、思维的融合”[1]。笔者开展了以核心素养发展为导向的英语多元互动课堂实践的探索。本文将以《The Novel Coronavirus》自编绘本教学为例，探讨如何在英语课堂上落实英语学科核心素养的培养。

一、创编适合开展核心素养培养的绘本

2020年开春，一场突如其来的新冠病毒疫情阻挡了春季开学的步伐，我们

被迫“宅在家中”。疫情带来的紧张担忧，长期居家的不自由感，以及延期开学后的学业困难，让学生在疫情肆虐期可能产生焦虑与恐慌。我鼓励孩子们取材于生活中的新冠病毒，查找资料，拿起画笔，录制视频，发挥想象，创编我们自己的绘本故事。

《The Novel Coronavirus》是一个关于新冠病毒的科普绘本，介绍了病毒名称的由来、感染后的特征、病毒传播的途径、预防病毒的举措和人们如何与病毒作斗争等科学知识。我们选择这篇绘本进行线上微课教学，从故事的创意到绘本的绘制，都由我们共同完成，我们建立微信群，沟通、讨论制作微课，将面授改为线上混合式翻转课堂教学模式。该绘本中不仅有“新冠病毒”的知识介绍，更有充满“爱和温暖”的人文关怀，展示了孩子们从刚开始的“害怕恐惧”到之后“勇敢面对”的情感历程。通过绘本学习培养学习策略，提高学习能力和语言能力，使学生乐学盼学，教师和学生在活动互动中自我完善，亲自体验，在实践中体味学习的快乐，品尝成功的喜悦，使核心素养落实到学生。

二、基于英语学科核心素养确定教学目标

《新课程标准》指出：“指向学生英语学科核心素养的英语教学应以主题意义为引领，以语篇为依托，整合语言知识、语言技能、文化知识和学习策略等学习内容，创设具有关联性、综合性和实践性的英语学习活动。”[2]因此，教学目标的制定务必能够反映出学生对文本主题意义探究的结果。同时，教学目标的制定还要体现核心素养四要素的相互渗透、关联融合、协调发展。根据绘本与学情分析，结合新冠病毒的实际教学内容与学生的实际情况，确定本节课的教学目标为：

1.语言能力

(1)能理解、感知新冠病毒知识，了解其特征、症状进行简要的英文描述。

(2)能结合自身实际，列举疫情期间预防病毒的措施，学会自我防护。

2.学习能力

(1)通过绘本阅读活动，能掌握一定的阅读技巧，如速读、预测，获取细节信息。

(2)通过观看视频、阅读语篇、活动体验，获取与新冠病毒相关的信息，能运用英语句型描述新冠病毒。

(3)通过小组合作学习，能培养沟通、交流、思辨的能力。

3.思维品质

(1)通过小组合作读、演结合的学习形式，能在不同的阅读活动和过程中初步掌握和学习使用一定的阅读技巧，学会解决阅读过程中遇到的困难和问题，如猜词义、提出问题等。

(2)通过KWL教学法，构建思维导图，能形成一定的阅读策略，进行归纳总结，比较异同，体验梳理、比较、概括信息的思维过程，获得相应思维品质的发展。

4.文化品格

(1)正确认识病毒，感受绘本中传递的爱与能量，形成面对疫情时乐观和勇敢的积极情感态度。

(2)通过学习和感知新冠病毒，培养跨文化意识，培养对家乡武汉的热爱和对全民众志成城，家国情怀的认同。

三、组织有效的多元互动在线课堂，落实英语学科核心素养培养

绘本故事来源于生活，以图文并茂的形式提供给读者真实的、直观的视觉冲击和体验。教师通过绘本教学对学生进行教育和引导，鼓励孩子联系实际生活去思考，提高语言表达能力，培养孩子的逻辑思维、思辨能力和情感能力。

根据学生的年龄特点和认知水平，教师在本节课中积极探索学生交流对象的多元，听说读写技能转化的多元和评价方式的多元，学生的互动体验表现在语言、文化、思维层面的相互理解和互助合作、交流沟通。教师始终围绕新冠病毒这一主题，通过绘本故事，新闻纪录片，学生实录科普良好的卫生习惯，科学的抗疫知识等一系列语言情景设计多样化的课堂活动，激发学生的学习兴趣，参与语言实践。层层启发学生已有的语言知识储备，引导学生在学习过程中学会综合运用语言的交流能力。

实施班级“云管理”，把每一个50人的班级变成8人左右一组的几个小群，每组一个组长。再建立一个组长群，老师把当日任务发到组长群里，再由组长转发到自己的小组群里。班教师在每一个群里，协助组长管理小组群。设置组长为管理员，方便组长管理小组群。课前学情预知，课后总结分析。

(一)热身阶段——导入话题，诱发兴趣，激活学生的思维

在热身环节，教师围绕话题设计趣味性与思维性并重的教学活动，激发学生的学习兴趣，营造一种和谐、宽松的课堂氛围，让学生“在乐中学，在学中乐”。在注重核心素养落实的课堂，教师会更关注学生学习的体验，用心设计学生喜闻乐见的学习方式，采用线上互动工具：QQ、微信、钉钉、视频中的互动等通过

英语趣配音，采用小组比赛的形式，开展游戏闯关的活动，鼓励学生赢得“抗疫小能手”称号。充分利用多媒体信息技术，及时动态评价。从一节课的导入开始，把学生带入到“用英语”的教学活动中，完成交际活动，培养学生的综合运用语言的能力。

[教学片段1]

导入环节，师生共同观看白老师精心制作的英文趣配音《武汉加油　我们等你》，简洁明了出示本课学习主题，唤起学生情感认知，激发学生阅读绘本的主观意愿，调动学生参与阅读的积极性和主动性。阅读前激发学生动机的方法灵活多样，教师可以根据绘本内容和学生年龄特点，创设合适的情境，调动学生情绪，产生情感共鸣。

T：Boys and girls，let’s enjoy a short video. I have a question for you “When and where did the video happen?”（师生观看视频）

Ss：The video just happened in Wuhan in this winter holiday.

T：Yes，what do you think of this winter holiday?

Ss：It’s too long / boring / …

T：This winter holiday，we can’t go anywhere，just stay at home. Do you know why?

Ss：Because of a new virus.

T：同学们，你们好！窗外春风又绿，柳树吐芽，一切都生机勃勃的样子。可我们都无法出门。武汉怎么了?冠状病毒对武汉施了魔咒，这个病毒可厉害了，我们正确对待别心急，科学预防很重要。所谓知己知彼，百战不殆。今天，白老师就以图文故事的形式，带领同学们揭穿这个新冠病毒的面目，从而保护好我们自己！我们团结起来，打败这个我们共同的敌人——冠状病毒！

T：Today we will talk about Coronavirus.“图片环游”　在教师的指导下，请学生看图片观察、预测绘本的内容。

随后，教师运用“教学助手”中的课堂互动板块，将全班学生分成六个小组，在学习过程中，运用多媒体软件，进行及时的评价点赞，采取自主评价、教师评价和同伴评价相结合的多元评价方式。

T：In this lesson，you can get some stars. If you finish the tasks，so you can draw stars on your note book.当你完成相应的任务时，可以得到一些星星，请大家把这些星星画在自己的笔记本上。

教学分析：绘本教学的课堂导入形式多种多样，笔者选择了《武汉莫慌　我们等你》英语趣配音，是因为片中描述的一些场景，如："晚上七点，像凌晨三点；不吵，不堵车，武汉，像被按下了暂停键；热闹被病毒藏起来了，每个人和每个人，都隔开了很远……"实现了英语学习与生活体验的有效对接。让被疫情影响出行、长期待在家中的学生感同身受，能够尽快带动他们进入绘本主题的学习。该视频煽情却不悲情，蕴含温暖和力量，情感渲染恰到好处，不会导致教学氛围过于沉闷和学生学习情绪低落。更为重要的是，这段视频也是学生主动思考和不断分析与综合的过程，有效地训练了学生的观察与发现、比较与分析等思维能力。

（二）认知阶段——围绕话题，分层解读，提高学生的语言能力和学习能力

在认知环节，教师不仅要关注对绘本故事文本表层信息的提取，更要引导学生挖掘绘本故事文本的深层含义，对绘本故事进行深度的解读与分析，在提升学生语言技能的同时发展其学习能力。

读是绘本教学的核心部分。教师可以传授有效的阅读技巧，引导学生对绘本内容进行深入理解，最终实现培养阅读能力的目的。在教学过程遵循"听说领先"的原则，由听到读到演。通过游戏闯关让学生了解更多有关新型冠状病毒的知识，通过感知、体验、实践、参与和合作等方式激发学生的学习兴趣，调动其学习积极性，使他们在学习过程中自然习得，在听、说、读、写、演、做等活动中，发展学生综合运用语言的能力。

T：Before learning，let's think with the KWL Chart.

本节课白老师使用了K-W-L Chart(KWL表)，大大提高了学生的阅读技能和兴趣。

K=What do you know about the Coronavirus?

W=What do you want to know about the Coronavirus?

(Where? How? Why? What?)

L=What have you learned?

（设计意图：在阅读前，学生通过KWL chart学习策略来对新冠病毒做一个简单的了解，打开思维。它是以学生为中心，基于建构主义教学方法而设计的，用于学习过程中，学生或者一组人在思考或讨论某个主题时的思考范式。）

线上互动答疑：开展游戏闯关的活动，鼓励学生赢得"抗疫小能手"称号。借助支持网络互动交流的学习工具，进行答疑解惑。如QQ群、微信群群电话、UMU、班级优化大师等。学生可以线上组建学习小组，进行老师与学生之间、学生与学生之间的互动。教师在线答疑可以及时关注学情，适当补充点拨，有针对性地进行个别辅导。学生在线上学习时，应及时记录听课中的疑难问题，应用截图工具，直接上传至答疑网络平台。

1.Round One 第一关：认识新冠病毒我能行

[教学片段2]

T: What do you know about Coronavirus?关于冠状病毒，你知道什么呢？

学生讨论：冠状病毒真是令人讨厌的大魔头，可把我们害惨了！我们有很多人被它害得失去了生命。我们被它害得不能上学，不能出去玩，只能待在家里！

出示绘本："Coronavirus!" I thought, "what a strange name!" My name is Coronavirus because I look like a crown.我是冠状病毒，我的形状像个王冠。

(你看，这个病毒坏蛋都当自己是戴着王冠的皇帝呢!)

T: What do you want to know about the coronavirus?关于冠状病毒，你想知道什么呢?开展"阅读圈"活动，将学生分组，为其分配明确的学习任务和角色，让学生先独立完成任务，然后合作完成对文本语言、内容的理解和深层次意义挖掘的方式。

We are going to learn some thing about the novel coronavirus this lesson. Here are some questions about the virus: What is the novel coronavirus?什么是新冠病毒?What will people be like if they get infected?如果人们被感染了会是什么症状?How can we protect ourselves?我们该如何保护自己?How do people fight with the virus?人们如何与病毒作斗争?(PPT依次展示绘本框架)

T: Now let's enjoy this picture book. The novel coronavirus was first discovered in Wuhan in December, 2019.(观看绘本故事及视频)

T: What is the novel coronavirus?什么是新冠病毒?

Look at the virus, it looks like a crown. The complete name of the virus is the 2019 novel coronavirus.

教学分析：教师组织引导学生自主学习，给学生留出了比较宽裕的探究式自主学习空间。这种空间对于发展学生的核心素养非常重要。教师预先建构绘本教学的知识框架，出示"什么是新型冠状病毒?当我们的身体感染病毒后会有什么症状?我们如何保护自己或者他人?"等问题，帮助学生理清学习思路。同时，通过绘本故事、视频动画等形式，罗列部分重点单词，帮助学生降低学习难度。教师不是对绘本里的语言知识"满堂灌"，也不是逐句讲解或者全文翻译绘本，而是更多地把发现绘本中故事和知识的任务交给学生，也把真实阅读的过程“还原”给学生，让他们体会阅读的乐趣，实践阅读策略，学习文本里的内容，丰富自己的认知和经验。

2.任务驱动，小组合作，大胆创新。在任务驱动的教学模式中，设计什么“任务”十分关键。它将决定学生是主动积极地去学习探究，还是被动消极地去潦草应付，直接影响学生的学习情趣和学习效果。

英语在线课堂上的Literature Circle活动，让每组学生共同阅读同一篇文章，并分别完成不同的阅读任务，通过小组合作学习、分享和讨论，更深入地阅读和思考文章的内容，锻炼学生研究问题并解决问题的能力。

在Literature Circle活动中，同一小组中的每个学生都有不同的分工，学生可以选择自己更擅长的任务来完成，通过合作学习和小组讨论，学习别人的阅读策略，完善自己的学习方法。同时，Literature Circle多元化的阅读任务也能有效提高学生学习兴趣，让阅读能力偏低的学生也愿意参与到活动中来。

[教学片段3]

在讲授绘本内容时，笔者依据阅读前搭建的框架，采用“图片环游”“花瓣结构图”的方法，通过教师引导、回答问题、阅读思考等任务，驱动学生主动学习绘本内容。

Task 1: Watch and find “What will people be like if they get infected? Where does the coronavirus come from?”（思考两个小问题）

对于“如果人们被感染了，会有什么症状呢?冠状病毒从何而来?”这个问题，教师引导学生观看生动的故事视频，观察图片。笔者让学生自主阅读该板块，进行图片和单词配对。基于学生已有的知识储备和生活经验，对部分新单词进行猜测和想象，能很快找出身体感染病毒之后的症状。教师采用直观教学和情境教学，示范发烧、咳嗽、呼吸困难等表演，帮助学生认知短语“have a high fever, cough, hard to breathe, die”。开展评选出“最佳演员”的活动，先感受再模仿，培养学生的语感和用英语进行交流的能力，有利于突破教学中的重点和难点，加深学生对知识的理解和记忆，准确地把握语言的运用。

Task 2: Read and think “Where does the coronavirus come from?”

结合知识点，教师创设了交流采访的活动，落实了重点和难点，让学生对所学知识点加以思考并运用，在学生的真实反应中，加以追问及引导，也从另一方面促成师生的互动交流。

学生快速阅读图片及文字，填补句子空缺。Many wild animals have lots of viruses in them. Especially in one animal. That is the bat.

教学分析：教师通过动画视频，让学生通过听、视觉刺激，先感受再模仿，培养学生的语感，再以“闲聊”的方式向学生叙述新冠病毒的名称由来、特征表现和传播途径等。英语教学不仅是语音、语调、语句的传授和训练，更应该是温馨的情感交流和智慧潜能的开发。因此，笔者在该板块设计了任务驱动教学方法，Literature Circle多元化的阅读任务把所学的新知识隐含在多个任务中，学生通过对任务进行观察、思考、分析，采用想一想、连一连、填一填等方式，在教师的引导和帮助下解决学习任务。通过认知和情感的有效结合，为学生创设了轻松愉悦的学习氛围，培养了学生综合运用英语的能力。

(三)训练阶段——激活话题，互动教学，拓展学生的思维，培养学生自主学习的能力

在学科教学活动中提炼学科核心素养，课堂教学会更加注重学科的育人目标，进一步具体化、系统化和细化，帮助学生最终形成适应终身发展和社会发展需要的核心能力和素养。通过认知阶段的铺垫，在语言训练阶段，教师从学生的角度出发，让学生通过互动，将英语“用起来”。英语的教育学习，最终目的是学生在活动中愉悦、自然、顺畅地完成认知和内化，从而提高对英语这门语言的综合运用能力。为了有效帮助学生把这节课习得的语言知识自然地转化为语言能力，在教学实践中采用的是多样化、多角度、生活化的“互动”教学。

绘本教学不仅要考虑绘本自身的特点，更要遵循学生心理规律，从学生已有的生活经验出发，创设生活化的情境，选择生活化的内容，设计生活化的活动，借助任务学习单引导学生立足于自己的生活，追求正确、积极的情感体验。

[教学片段4]

T: Hubei has the largest number of infected people especially in Wuhan.我们有抗疫一线的医护人员牺牲了，还有很多很多无辜的人，被人传人而感染，甚至死亡。所以，无论付出多大的代价，我们一定会战胜你们！因为邪恶永远无法逃过正义的制裁！ Beat the virus！

Round Two 第二关：How can we protect ourselves?防护措施我会做

“大家来找茬”的多元融合游戏活动，设置自主学习任务清单，梳理关键信息，鼓励学生制作自己的思维导图：以学生自主学习为主，教师指导为辅，提供学习时间表和自主学习任务清单来开展学习。采用同伴互评促进学生之间的相互学习，既可以相互评阅，相互学习，还能免除学习的孤独感。

T: The virus is dangerous. How can we protect ourselves? Let’s look at these pictures.(引导学生看图说话)

S 1: Wear a mask when you go out.

S 2: Wash your hands.

S 3: Drink lots of water.

S 4: Do not go to crowded areas.

T：They are all good ways to protect ourselves and others. Excellent！

教师针对我们的城市“WUHAN”创意了防护措施我会做：I told my students: Remember touse“WUHAN” to protect yourself from the novel coronavirus：

W is for Wash. Wash your hands frequently.勤洗手。

U is for Use. Use face masks properly.正确使用面罩。

H is for Have. Have your temperature taken regularly.定期检查体温。

A is for Avoid.Avoid large crowds.避开人群。

N is for Never. Never go out without any protection.没有任何保护就不要出门。

T: Besides them，can you think about other ways to protect ourselves?(学生联系生活实际，补充预防措施)

S 1: When you want to sneeze or cough，then you have to hide your mouth and nose behind you relbow.

S 2: Don’t share food.

S 3: Do exercise every day.

Fight Virus，it’s up to you and me！ 抗击病毒，人人有责！

播放我们班学生视频My student Lina，show me a video about how to keep safe from the novel coronavirus. Let’s enjoy it together. Can you make a video like Lina?

教学分析：在会话训练过程中，学生自主使用ipad中的在线课程，根据自己的需要，有针对性地选取不同的板块。学生很清楚地知道要通过勤洗手、戴口罩、打喷嚏遮捂口鼻等方式保护自己或者他人。基于学生已有生活经验进行的英语学习，能够让学生快速记忆单词和句型，Wear a mask when you go out, Wash your hands, Do not go to crowded areas等虽然都是属于新授内容，但是学生也能较好较快地掌握。Literature Circle多元化的阅读任务，通过小组合作学习、分享和讨论，更深入地阅读和思考文章的内容，锻炼学生研究问题并解决问题的能力。

学生通过同班同学Lina微视频全方位地认识防护措施我会做，并通过视频中的词汇和句型标注，储备英语语言知识并介绍防护措施，允许学生有不同的观点。同时教师注重话题的深入，比如从学生自己谈论到互动交流等等，激活学生的思维。话题的深入改变学生的思维方式。通过依托生活中结构化的情境以及生活经验，为新知的构建搭建了平台，学生已有知识结构得以同化或提升，从而使得思维发散成为可能，学生思维开阔了，也能更积极地投入课堂学习中去。

（四）应用阶段——延伸话题，综合运用，学以致用

“核心素养”是指学生应具备的适应终身发展和社会发展需要的必备品格和关键能力。在学习英语中，关注学生知识、能力与情感态度的发展，培养学生的实践创新和科学精神，发展学生的核心素养。在应用阶段，教师引导学生创编并展现，延伸生活中新闻知识，小组合作探究生活中的“防疫卫士在行动”主题，引导学生讨论“How do people fight with the virus?”（人们如何与病毒做斗争?）延伸生活中更多的话题并通过创编表演的形式，培养学生对英语节奏的敏感度，培养听、说能力，增强对字、词、句的理解，扩大词汇量。在这个阶段，教师的控制力基本为零，以学生自主讨论交流为主，通过讨论交流，学生学会表达和倾听，合作与共享，而且分享了彼此“活学活用”的乐趣，向自己的小伙伴介绍自己关注的人物是如何与病毒做斗争。这不仅是创造性思维的培养，更充分体现了英语学习的乐趣。

［教学片段5］

Round Three 第三关：防疫卫士在行动

T: How do people fight with the virus?亲爱的孩子们，疫情凶险，我们之所以还能安居家中，离不开千千万万奋斗在不同岗位的逆行者，为我们的健康生活而努力。

S s: There are many ways to cure the sickness.

T: Many brave doctors and nurses are helping sick people.

S 1: Brilliant scientists are working on new medicine.

S 2: Factory workers work around the clock to make new masks.

S 3: Janitors are helping to clean the walls, door handles, and floors.

S 4: Kind people are donating masks and gloves. A lot of help is on the way.

……

T: Yes. Brave people are working together in this fight. One day, everything will be all right.亲爱的孩子们，不仅医生是战士，你们每个人都是在战斗！现在

我想引用钟南山对青少年的寄语送给大家：用知识缝制铠甲，不远的将来，各行各业都将由你们披甲上阵。希望你们不惧艰辛，勇敢前行！有效的情感教育，往往不是教师直接“教”的结果，而是通过学生自主体验、自主感悟而获得的。有效的情感教育，能够帮助学生形成健康的心理状态。

Round Four 第四关：在线测试

使用“一起作业网上平台”，学生参加线上测评，检查线上学习的效果，及时将学习达成效果反馈给老师，再适时请教教师，有针对性地查漏补缺。

Now, let's judge. True or false.现在让我们一起来判断对错。

系统自动批阅，同时进行数据的统计，短平快反馈学生共性问题，快速提高教师线上授课的效率。

1. The novel coronavirus is very big.(　　)

2. The novel coronavirus live with wild animals.(　　)

3. Do not go to crowded areas.(　　)

4. Do not wear a mask when you go out.(　　)

读后环节是教学的巩固与拓展，教师除了要关注语言知识和语言意义之外，更要关注文本本身的育人价值，挖掘对绘本的深层理解。

教学分析：在这部分教学中，笔者先简单总结了新冠病毒的危险性以及传播速度快等特点，询问学生们是否害怕。在得到了肯定的答复后，笔者依次展示各行各业工作人员如何保护我们，如：医生辛勤工作、科学家研发药物、工人制作口罩、司机传送物资等，消除学生的紧张感和恐惧感。在这场举国战役中，无数人进入我们的视野，用他们的善与爱感动着我们。

笔者把绘本第一幅图和最后一幅图放在一起比较，学生通过观看图片、阅读文字，发现绘本中的孩子们从刚开始的“小害怕”(a bit scary)转变为“大勇气”(a lot of courage)，学生们积极的情绪情感得以进一步升华。最后，师生一起大声朗读绘本中的句子“Together, We are together”，感受里面蕴含的勇气和力量，更坚定了学生们战胜病毒的信心和决心。通过层层递进的情绪渲染，我们感受着爱，也传递着爱……在这个携手并进的征程里，我们共同筑起抵御疫情的强大信心。

以德育为魂，塑造良好品格，增强文化意识：关注学生身心健康，培育学生坚韧一致、勇于担当的品格和爱国主义的家国情怀。

[教学片段6]

T：亲爱的孩子们，新冠病毒还在肆虐神州大地，特别是我们的湖北，武汉。抗击疫情已经取得了阶段性的胜利，但我们绝对不能松懈。我们和家人做好自己的疫情防护，就是对这场抗击疫情战役最大的贡献。Wuhan, my home town武汉，我的家乡Wuhan, the city I love. Wuhan is a heroic city. 84岁的钟南山曾坚定地说："武汉本来就是一个很英雄的城市，武汉，是能够过关的。"(PPT呈现新闻图片及美丽的武汉城市照片)They are all the heroes in the heart of Chinese people. I am so proud of them. Don't give up. We are always together! We are together! We are the birds with nine heads, and we will always be strong!武汉加油，湖北加油，中国加油！同学们，我们一起，加油！ Dawn is breaking and we are seeing light coming through.

T: OK, let's come back to the content.回到我们今天所学习的内容Coronavirus。

What have you learned?你今天收获到了什么呢?可以是知识上的，也可以是我们感受到了众志成城的中国力量！

S 1: The ways to fight against viruses.

S 2: How to form good health habits.

S 3: Protect the environment and nature.

S 4: Wuhan, the city I love.

S 5: Beat the virus.

……

T: Pretty good. Now, please make a poster for the novel coronavirus after class. If you have difficulties, you may ask your parents for help or you can search the information on the Internet. Next lesson, we will share our proposals, OK?

S s: OK.

T：亲爱的孩子们，谢谢你们，谢谢你们克服了很多困难继续学习，你们认真学习的样子最美。白老师希望你们，能够做像钟南山、张文宏教授一样的人，出类拔萃，勇于担当。病毒无情，武汉有爱！亲爱的孩子们，行动起来，从我做起，从现在做起，相信武汉和我们永远在一起！相信你能，我能，"武汉一定能！"我们情相依，心相连，共同筑起刚强的防疫线，我们武汉人紧紧团结在一起！相信疫情过后，我们都在成长！相信，待乌云散去，武汉终会变成我们熟悉、美好的样子。

教学分析：生活即教育。空中课堂"战疫"这堂微课通过绘本故事，培养学生积极健康向上的生活态度，将德育教育润物细无声地渗透在课堂中。学生在经历了绘本的感知和情境的渲染后，对绘本阅读的情感体验达到了高潮。所以读后环节，笔者设计了倡议书的环节，通过让学生思考倡议书中可以放哪些内容，对绘本进行整体理解和巩固，帮助学生再次梳理了文章脉络和框架结构。教师的教学是开放的、多元的，学生的思维是灵活的、发散的。在积极思考的过程中，学生生成了很多绘本之外的内容，例如养成良好的卫生习惯、保护环境、爱护自然、责任与担当等，这样的语言输出有思维生成，有超越文本之外的价值。

“英语学科核心素养”引导着每一位英语教师重新审视英语学科的内涵，英语课程教学设计应以德育为魂，以能力为重，以基础为先，以创新为上，注重在发展学生英语语言运用能力的过程中，帮助他们学习、理解和鉴赏中外优秀文化，培育家国情怀，坚定文化自信，拓展国际视野，增进国际理解，逐步提升跨文化沟通能力、思辨能力、学习能力和创新能力，形成正确的世界观、人生观和价值观。

疫情给学校开学按下了暂停键，网络平台无疑为特殊情况下的学校工作提供了很好的技术支撑。一夜之间，“未来”似乎就这样猝不及防地来到了我们面前，信息技术可以让我们仰望星空，也可以让我们脚踏实地。创建多元互动在线课堂，提升学生语言能力，丰富学生人文体验，促进学生思维发展，帮助学生走向学习自治，为学生终身发展服务。通过以核心素养发展为导向的英语多元互动在线课堂实践，使学生通过学习理解、应用实践、迁移创新等一系列融语言、文化、思维为一体的活动，获取、阐释和评判语篇意义，表达个人观点、意图和情感态度，发展逻辑思维和批判性思维，提高英语学习的能力和实际运用语言的能力，从“英语学科教学”转向“英语学科教育”，让“核心素养”真正落地。

参考文献：

[1] 王蔷. 从综合语言运用能力到英语学科核心素养[J]. 英语教师，2015(16)：6-7.

[2] 中华人民共和国教育部. 普通高中英语课程标准(2017 版)[S]. 北京：人民教育出版社，2017：5-7.

如何把开学第一课上得引人入胜

(1.湖北省武昌水果湖第一小学，白云；
2.新疆博尔塔拉蒙古自治州博乐市教育局，虞京军)

九月，是播撒希望的季节，一个新的学年将至，步入讲台的新教师和老教师都不可避免地会遇到同一个问题：如何让课堂变得生动有趣，让学生爱你的课呢?开学第一课显得尤为重要。怎么样的课算是体现核心素养的课呢?我探寻着如何将“英语教学”转向“英语教育”。我力争把“有意义”的事情做得更有“意思”。我使出了浑身解数，精心打扮我的“开学第一课”，力求让学生们感受“English is so easy, English is so fun！”。

一、巧借音乐，引人入胜

课堂伊始，我会表演唱一首英语歌曲：“How do you do? Boys，girls. How do you do? It’s there anything that we can do for you. We are glad to welcome you. And we hope you like us，too. How do you do? Boys，girls. How do you do?” 创设轻松的英语学习氛围，朗朗上口的旋律和肢体表演，师生互相问候，真正做到寓教于乐，学生也体会到学习英语的乐趣。托尔斯泰说成功的教学所需要的不是强制，而是激发学生的兴趣。

疫情期间的点点滴滴，凝集成特殊时期的国家记忆。这对正处在拔节孕穗期的青少年学生而言，是一套特殊的成长教材，是一段浓烈的青春记忆。在这场举国战役中，无数人进入我们的视野，用他们的善与爱感动着我们。课前，我选择了一首中文歌曲《听我说谢谢你》，并将它译成英文*Listen to me say thank you* 制作了微课并发给学生学唱(见图 1)，大胆地运用到孩子们的英语教育教学活动之中，致敬最美的人。开学第一课齐唱歌曲：*Listen to me say thank you*：“I want to thank you，because of you，love is always in my heart. Thank you for spreading happiness.” 孩子们学会感恩生活，感受到爱，用最美的歌声来传递人间的爱。

图1　水果湖一小好声音比赛

教师在教学中不仅关注语言知识和语言能力的培养，而且特别重视将生命、健康、感恩等教育要素融入其中。

二、活用游戏，妙趣横生

新学期的第一节课，教师要有一个漂亮出彩的亮相。我戴着魔法帽，通过变魔术的游戏活动，夸张地说出魔法咒语“Abracadabra”，当我喜欢吃的水果西瓜掉落到我手上时，我期待学生们一声“哇”，当我拿出西瓜，走向学生，要跟学生进行交流互动时，我希望听到的是学生一声“哦”！老师变魔术，课堂气氛瞬间被点燃。Learn about me. T：I' m your new friend. What do you want to know about me?我将自己的姓名、爱好、暑假生活等用图片以思维导图的形式展现出来(见图2)。

图2　教师“我”介绍(结合语音知识和白老师的实际情况)

T：Look，this is me. What can you think about me?并以此为切入点，用英语自我介绍，寻找与孩子们的共同话题，激发孩子们想表达的欲望，并开展听说后的游戏活动：If you think it is true，say：“Yeah，Yeah，Yeah”. If you think it is false，say：“No，No，No”，拉近师生关系。

三、分享学习方法，豁然开朗

第一节课，我对孩子们说，每个小朋友都希望爸爸妈妈和老师夸自己学习好，是个聪明的孩子，那么怎么才能学好英语呢?其实“聪明”这两个字已经给了我们答案，你看“聪”字的左边是个“耳”，右边上面的两点就像一对眼睛，中间是个“口”，下面是个“心”。这是告诉我们，学英语，一要用耳朵多听，听是攻克英语堡垒的突破口；二要用眼多看、多阅读，注意观察；三要用口多说，认真模仿、出声朗读，大胆地说；四要特别注意用心用脑，学习中要多动脑筋思考、勤记忆。这些学习的好习惯，一定要从小就养成。而由“日”和“月”组成的“明”字，告诉大家，学英语是个循序渐进的过程，需要日积月累的坚持和努力。小朋友只要记住这些道理，积极参与教材上的听、说、读、写、演、唱、玩等各种活动，就一定能够学好英语。好好学习，天天向上，大家都能成为聪明的好孩子。

四、猜谜故事，兴趣盎然

Look at the cartoon and answer why the thief runs away. You may give your answer in Chinese or English.(看卡通，简要回答为什么小偷逃跑了。)(见图3)

1. 2. 3.

图3 “OICU”英文故事

小偷为什么会逃跑呢?玄机肯定出在那个人读出的4个英文字母上。借助字母与单词的同音关系，转换过来就是：Oh, I see you.噢，我看见你了！做贼心虚者听到这句话岂敢不逃?我用自己的肢体语言表演出来，当我看到孩子们哈哈大笑，我知道孩子们明白了。

我可爱的学生也分享了一个趣味故事：邓小平爷爷去美国访问，美国记者用英语刁难邓爷爷，问了第一个问题：Who is the first president in America?谁是美国的第一任总统?邓爷爷是四川人，他想，陌生人见面第一个问题一般是，你姓什么?他用地道的四川话说：“我姓邓。”美国记者竖起了大拇指，“Yes, Washington is the first president in America.”孩子们捧腹笑着模仿“我姓邓”的语音，我也笑了，并拓展介绍华盛顿特区是美国的首都，它是以美国第一任总统华盛顿的名字命名的。相信学生，学生会创造惊喜。鼓励孩子在学习中寻找快乐，在学习中发展创意，在学习中体会学习的幸福感！（见图4）

图4 Happy英语课堂

五、奖励机制，迸发激情

我对学生说："我是最好的英语老师，你们是最好的学生。学校之所以让我来教你们，是想让我们给全校做示范。"我让每一位学生在英语书的空白扉页上开辟"Join in 我参与，我快乐"学习档案，我制定了丰富多样且操作性强的奖励机制，学生通过自己的努力，积极参与英语活动，认真完成英语作业，可以得到老师的专属印章，学期末评选出"Super Star 超级明星"，成为"英语免试生"，并颁发荣誉证书(见图5)。通过奖励机制的教学评价激起学生的主体参与性，让学生在课堂中体验成功的喜悦，获得进取的力量。叶圣陶先生说："鼓励学习，无需外求，就在指导学习之中使学生收到鼓励，可能最有实效。"

图5　白老师自制学生喜报

六、沟通家长，赢得信任

加强家校联系，赢得家长的信任。第一节英语课后，我在班级QQ群写下这样一段话："新学期，一起加油！没有完美的老师，也没有完美的家长，因此我们相遇，一起经历、一起修行和成长(见图6)。支持你孩子的老师，就是在支持你孩子的成长，接纳你孩子的老师，其实也是在爱你自己的孩子。这是一场因爱和信任的邂逅，让我们彼此之间的爱与信任流淌起来吧，因为我们成就的是孩子的未来！"有家长回复："相信这学期是完美的开始，谢谢白老师！""是的，一起加油一起成长，谢谢白老师！""孩子昨天回家就大大赞扬了新来的白老师。很幸运，孩子在英语启蒙阶段碰到这么优秀的老师，我们信任和支持老师们，我们一起为孩子的未来加油。""昨天武腾飞回家很兴奋地说，你猜我们新的英语老师叫什么?白云，就是蓝天上的白云，还是十佳老师呢，从没看他这么夸一位老师，我说那你要好好学，他说一定，自己回来听录音学习英语，多谢白老师。"教育是人与人之间的感情交流和思想碰撞，这是教育的美丽所在！

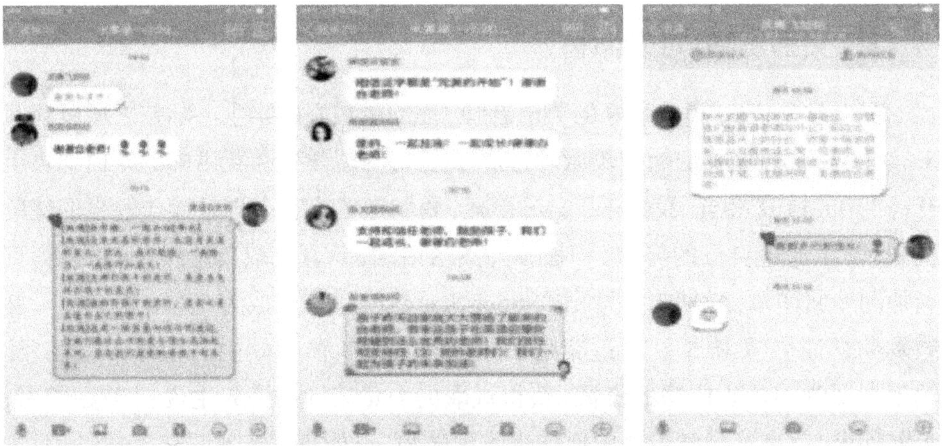

图6　家校沟通，共育学生成长

核心素养可以让我们仰望星空，也可以让我们脚踏实地。我一直在努力：让课堂变得生动有趣，让学生爱上我的课。让一切有意义的事变得有意思，把一切有意思的事变得有意义。教育是一段温暖的旅程，与学生同行，共同成长！

初中英语写作教学中学生文化品格的培养

(湖北省启黄中学，曹玉珍)

名师简介

曹玉珍，女，正高级教师。自1993年开始任教以来，长期担任英语教研组长、备课组长和班主任工作。2000年获黄冈市第三届初中英语课堂教学技能比赛一等奖，2003年被聘为黄冈市中考命题英语学科成员，2004年被评为“市级骨干教师”，2012年被评为“湖北省中学英语学科优秀教师”。2013年被评为“黄冈市教育科研学术带头人”，2016年被评为“黄冈名师”。

2014年4月教育部颁布的《关于全面深化课程改革落实立德树人根本任务的意见》中提出了“核心素养”的概念，指出研制与构建核心素养体系是推进课程改革深化发展的关键。核心素养实际上是关于“培养什么人”“如何培养人”的问题。为了适应时代的要求，党的十八大首次提出把立德树人作为教育的根本任务。基于这一根本任务，教育部于2016年6月正式发布了《中国学生发展核心素养》架构模型。这标志着我国基础教育正式由素质教育迈入全面培养学生核心素养的新纪元。根据修订后的《英语课程标准》的定义，英语核心素养是指“能根据自己的意愿和需求，通过口头或书面形式，实现理解、表达和交流”的基本素养。它被概括为“语言能力”“文化品格”“思维品质”和“学习能力”四个维度[1]。

由此可见，培养学生文化品格是时代的要求，是教育部提出的《中国学生发展核心素养》的重要内容，是《英语课程标准》提出的学生基本素养的核心要素。程晓堂教授把其中的“文化品格”解释为“对中外文化的理解和对优秀文化的认同，是学生在全球化背景下表现出来的知识素质、人文修养和行为取向”[2]。通过学习，学生能获得文化知识，理解文化内涵，比较文化异同，吸收文化精华，形成正确的价值观念和道德情感，自信、自尊、自强，具备一定的跨文化沟通和传播中华优秀文化的能力。

具体来说，文化品格包括人文情怀、健全人格、社会担当三个方面的内容。人文情怀即以人为本，尊重、维护人的尊严和价值，关切人的生存、发展和幸福等。重视人、尊重人、关爱人、爱护人。健全人格，即能调节和管理自己的情绪；有积极的心理品质，诚实、守信，自信自爱，坚韧乐观，有效互动，建立和维护良好的人际关系等。社会担当，即积极参与社会活动，具有团队合作精神，对自我和他人负责；履行公民义务，行使公民权利，维护社会公正等。

学生的学科核心素养主要是通过学科教学来实现的，在初中英语写作教学中如何培养学生的文化品格呢？本文结合平时教学实践，主要从心理品质、人文情怀、社会担当三个方面阐述。

一、激发学生的写作兴趣，培养学生具有积极心理品质的健全人格

（一）从学生的个性爱好出发，让学生的写作生动起来

纵观当下的初中英语写作教学，老师们无一不在给学生教授写作方法。可是学生写作文是为了写而写，往往觉得写作文枯燥而无趣，因而他们是在被迫写文章。我们要从学生的个性爱好出发，培养学生的写作兴趣，让学生觉得写作是乐事。

著名教育家苏霍姆林斯基说过，世界上没有才能的人是没有的。问题在于教育者要去发现每一位学生的禀赋、兴趣、爱好和特长，为他们的表现和发展提供充分的条件和正确引导。孔子也说，知之者不如好之者，好之者不如乐之者。兴趣是最好的老师。因此，英语教学中我们应该科学有效地激发学生的写作兴趣，要根据每一位学生的基础、兴趣和特长提出不同的写作要求，制定不同的写作等级评定标准，让每一位学生感受到写英语作文是易事。

我根据每一位同学平时在英语课堂和写作中的表现，将他们分成A、B、C三个组：

A组：

特点：英语基础好，上课表现积极，写作方面表现出较强的表达能力。

我给他们的作文评定标准是：1.条理清晰；2.句子表达正确规范；3.有亮点；4.过渡自然；5.书写工整。

他们的写作必须达到这5个要求才可以给满分15分。（黄冈市中考英语书面表达满分是15分。）

B组：

特点：英语基础较好，爱好英语学习。

我给他们的作文评定标准是：1.条理清晰；2.句子基本正确；书写工整。

他们的写作达到了以上要求，即给出满分。

C组：

特点：英语基础较差，有较大提升空间，对英语学习兴趣不浓厚。

我给他们的作文评定标准是：1.能动手写一些句子；2.有老师欣赏的句子；3.尽力书写工整。

他们的写作达到上面的三个要求，我虽然不会给他们满分，但是会给他们一个优秀的分数。在学生的写作能够稳定地提高后，如果他们能够达到上一组的要求，我会把他们调整到相应的一组。这样学生有了前进的动力，他们会对自己的写作提出更高的要求，从而去努力。

下面是一名学生的习作，在新目标九年级英语课本Unit 3的写作板块中要求学生写下面这样一篇文章：

题目：Imagine you are going on a short study vacation at a school in an English speaking country. What would you like to know before you go? Write some polite, indirect questions about the following topics.

Topic	Question
The course you will study	
The time of the course	
Where and when you can eat	
Where you will stay	
What activities you can do	
Travel to the school	
Other	

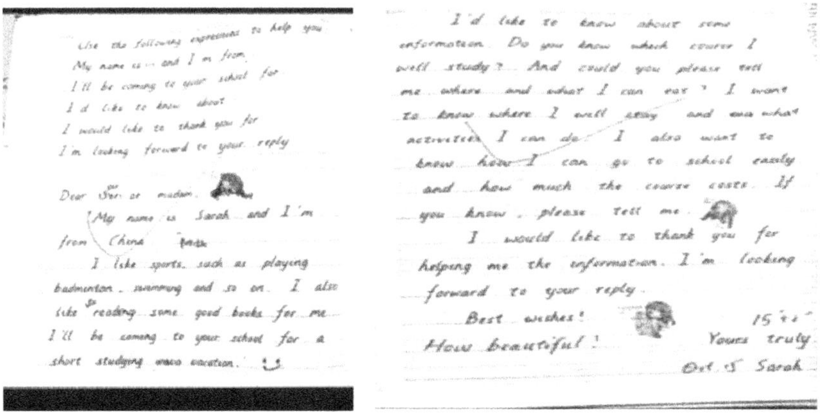

图1　学生习作

这是B组的一位同学的作文(图1)，她的作文不仅达到了之前提出的3个要求，而且在作文中贴了一些可爱的小贴画，可以感受到她不是为了写作而写作，而是开心地在写这篇文章。文章分三个大部分：1.自我介绍；2.我来贵校的目的；3.请求对方给"我"介绍一些信息。条理清晰，段落布局合理，书写美观，设计赏心悦目。虽然文中有一处错误：倒数第二段中I would like to thank you for helping me...应改为：I would like to thank you for telling me...，但是这完全不影响这篇文章的完整与优美。因此我给了她满分。还因为她漂亮的设计奖励了她2分。这位同学后来每次的作文都很认真地完成，她爱上了英语写作，基本上每一次考试作文分数都在13分以上。不仅这位同学，本班几乎全班同学到了初三都不害怕英语写作，甚至喜欢上了英语写作。英语考试中本班的英语作文平均分数大多都在10分以上。

（二）从学生的需求出发，让学生的内驱力被发掘出来

中学生生理和心理正处于自我意识逐渐成熟的时期，他们以自我体验、自我认识去探索、理解事物，喜欢主动去探究问题，积极表现自我。作为教师，我们应该从学生的心理需求出发，唤起他们的激情，发掘他们的潜能，强化他们的内驱力，使他们意识到写作是一项有创造性的审美的精神活动。

美国心理学家马斯洛在《人类激励论》一文中指出，人的需求像阶梯一样从低到高分为五种：生理需求（Physiological needs）、安全需求（Safety needs）、社交需求（Love and belonging needs）、尊重需求（Esteem）和自我实现（Self actualization）需求。学生需要被激励得到尊重，需要被肯定而达到自我价值实现。

为了激励学生，让学生体会到被尊重和自我实现，我在写作教学中采取了以下做法：

1.每一次学生的习作我都全批全改，而且经常面批作文。哪怕有个别同学一句话都没写明白，我也会给他一句一句地修改纠正，并当面指导他们如何用正确的句子去表达他所想表达的意思。学生感受到了被尊重，感受到了老师对每一位同学都是一视同仁，他们也就不好意思不完成好写作作业了。

2.收集优秀作文，发到班级群里或印发给全年级的同学学习。学生感受到了自我价值的实现，对于每一次作文都会认真去写，他们都想自己的作文成为全年级同学学习的样板作文。

（三）从学生的差异出发，调动全体学生的写作兴趣

墨子提出育人要"深其深，浅其浅，益其益，尊其尊"，做到因材施教。美国心理学家加德纳教授认为，世界上没有两个人具有完全相同的智力，每一个人都是用各自独特的组合方式把各种智力组装在一起的。

我在平时的写作教学中也很注意这种差异性，对不同的学生提出不同的要求,对不同的学生给予不同的评价,善于发现学生的闪光点,如好的开头或者结尾,甚至是某一个句子或者是过渡等。男生写作生动性欠佳,可以表扬他们表达正确,女生想象力欠佳,可以表扬她们设计美观。每一次都把每一个学生写得好的句子或者是段落都摘抄下来,在作文评讲时和全班甚至全年级的同学分享。总之,只要让所有的学生觉得自己在写作方面都有特点,有值得肯定的地方,他们就会爱上写作。

二、启发学生的爱心,培养学生尊重人、爱护人的人文情怀

《义务教育英语课程标准(2011年版)》明确规定:语言文字是人类最重要的交际工具和信息载体,是人类文化的重要组成部分。工具性与人文性的统一是英语课程的基本特点。

莎士比亚说过,慈悲不是出于勉强,它是像甘露一样从天上降下尘世;它不但给幸福于受施的人,也同样给幸福于施与的人。

教育专家朱永新先生在"国际人才高峰论坛"上的演讲中抨击了我国教育中存在的科学精神与人文情怀分离的现象,指出基础教育要重视对学生的人文情怀的培养。英语教学中我们要重视培养学生的爱心,培养学生尊重人、爱护人的人文情怀。

(一)引导学生从生活细小处培养家国情怀

《人民日报》曾撰文称,家国情怀是一个人对自己国家和人民所表现出来的深情大爱,是对国家富强、人民幸福所展现出来的理想追求,也是对自己国家的一种高度认同感和归属感、责任感和使命感的体现,是一种深层次的文化心理密码。家是人生开始的地方,国是人生理想的源泉。作为教师,要培养学生的家国情怀,让家国情怀永远传承下去,并发扬光大。

新目标七年级下册"Unit7 Is the reapost of fice near here?"中的写作板块要求学生写一篇关于自家的位置情况。目的是让学生学会运用所学的方位介词来描述路线。下面是我的七年级学生的习作(图2)。

这篇文章第二段写出了对自己学校里的房子的喜爱之情。家是最小国,国是千万家。有了强的国,才有富的家。爱国要爱家,爱家才能爱国。

(二)引导学生从内心情感处发掘感恩情怀

感恩是每个人应有的基本道德准则,是做人的起码修养。"谁言寸草心,报得三春晖。"是对父母的感恩;"感恩的心,感谢有你,伴我一生,让我有勇气做我自己。"是对亲人的感恩;西方的感恩节是感恩上天、感恩大自然给予的丰收

与好运。

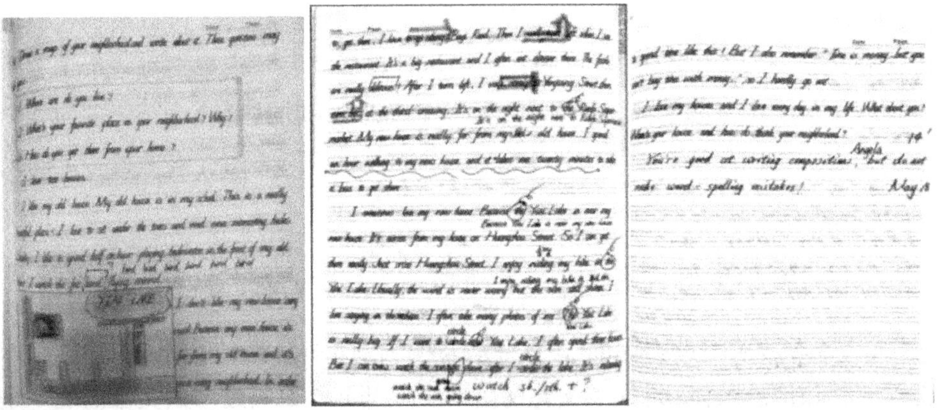

图2 学生习作

我们要教会学生感恩社会，教育学生在磨难中学会勇敢，在艰辛中学会成长，在成长中学会独立；我们要教会学生感恩岁月、感恩遇到的一切，感恩我们遇到的所有人、所有事。

新目标九年级“Unit 14 I remember meeting all of you in Grade 7.”的写作板块要求学生写一篇毕业演讲。下面是一个同学的习作：

My Speech at the School Leavers' Party

My name is LiMing. It's a great honor for me to speak here. Over the past 3 years, I have learned a lot thanks to all my teachers, my parents and my classmates.

I want to thank the teachers most. Although not all the teachers have been with us for 3 years, you have given us a lot of knowledge. You not only teach me how to learn but also how to be have well. You are like candles, burning yourself and lighting us up. You are beautiul or handsome, serious or kind, cute or fun… We'll always remeber you.

What's more, I'm also thankful to my parents for their support and what they've done for me. When they praised me, they told me not to be too proud. They told me the basic thing to be a human being. They told me their experience to let me not go the wrong way.

Lastly, I'd like to express my thanks to my classmates. You have helped me out in your way. Along the way, we studied together and ran forward together. We had met a lot of problems, but we worked together to solve the probems. Now we are setting out on our new journey. I try to keep my cool, but it's too hard not to cry. I sincerely wish all of you happiness and great success in the future.

That's all. Thank you.

这位学生在文章第二、三、四段分别表达了对老师、家人、同学的感谢。我们从他的字里行间里读出了对老师的爱、对家人的爱、对同学的爱，不仅语言优美，而且给人以深深的感动。

三、激励学生的责任心，培养学生为他人着想的社会担当精神

责任心不仅是一种心理品格，也是一种道德素质和能力要素。苏联教育家马卡连柯明确指出，培养一种认真的责任心，是解决许多问题的教育手段。跨世纪人才应是博学多才、有快捷获取信息的能力、有终生学习理念、有自我发展精神、有与人合作能力等的综合性人才。所有这一切都离不开学生责任心的培养。古罗马著名政治家西塞罗曾说，我们不是为自己而生，我们的国家赋予我们应尽的责任。责任担当精神从古至今都是中华民族走向繁荣富强的保证，在新时代社会主义进入新阶段，责任担当显得尤为重要。少年智则国智，少年强则国强，少年有担当则国有希望。我们基础教育工作者承担着教育学生具有社会担当精神的义务。

但是在日常教学中我们发现，学生面对错误时，强调理由，推卸责任的多，主动认错，勇于担责的少；面对困难时，选择逃避，绕道而行的多，直面困难，解决困难的少；面对任务，被动应付，敷衍塞责的多，积极主动，保质保量完成的少。实际上这是学生责任心缺乏的表现。究其原因，主要有以下三点：

1.社会环境的影响。如今是经济高速发展的时代，一些人对物质的追求远远大于对精神的追求，人们的人生观、价值观随之改变。

2.家庭教育的缺失。社会竞争力的增强导致家长对孩子的教育的缺乏，家长多是在物质上无限地满足孩子的要求，而无暇顾及对孩子进行思想上的疏导。

3.学校教育的偏差。由于教育评价制度的改革滞后，学校要发展还是只能靠升学率，学校无法兼顾升学率与素质教育[3]。

作为基础教育工作者，应该在教学中渗透对学生责任心的激励，培养学生良好的社会担当精神。作为英语教师，在英语写作教学中应注重对学生的团队合作、对他人负责、对社会负责的责任心的培养。

(一)发挥老师的示范作用

教师是人类文化科学知识的继承者和传播者，是学生智力的开发者和个性

的塑造者，是学生身心发展过程中的教育者、引导者、组织者。著名教育家叶圣陶先生说过，教育工作的全部工作就是为人师表。教师的示范作用对于学生的成长至关重要。

在新目标九年级课本Unit 13 We're trying to save the earth.这一单元的写作教学过程中，我给同学们举了这样一个例子：

我告诉学生，我经常在食堂看到一个老师，他买馒头时总是用筷子将馒头串起来而不是用食堂提供的塑料袋装起来带走。我引导学生把这个发现用到写作当中：To cut down land pollution，we can use the chopsticks to stick the buns instead of using the plastic bags to hold the buns.还有我每天自己带碗买饭而不用食堂提供的一次性碗筷。I prefer to bring my own bowls rather than use the bowls and chopsticks which can be used only once.学生既看到了老师的示范，又积累了写作的素材。

（二）运用学生的榜样力量

瑞士著名儿童心理学家皮亚杰(Jean Piaget)的认知理论中强调同伴对青少年认知发展的作用。他认为与同伴一起学习，相互讨论，使青少年有机会了解别人的想法，特别是当他人的想法与自己不同时，会激发他们去思考，试图通过比较、权衡进而得出自己的结论，这对青少年的去自我中心性的发展具有重要意义。

教师在平时的写作教学中要善于树立同伴榜样。如果说老师的示范可以使学生“亲其师，信其道”，那么优秀同伴则可以使其“近朱而远墨”。

举一个例子：在新目标九年级课本Unit 6 When was it invented?老师们教学语法知识被动语态的同时，依然可以在写作板块中引导学生对社会问题的关注从而进行自己想象的发明。请看一个学生的习作(见图3)。

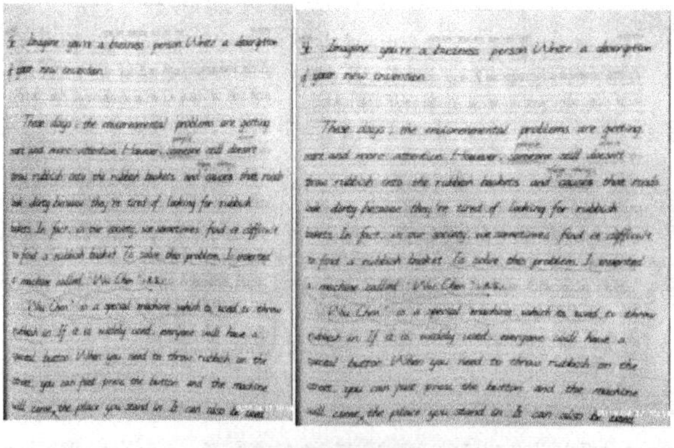

图3 学生习作

这位学生能想到用自己的发明来解决一个社会难题——街道垃圾。她在写作中表达了对环境问题的关注以及想为此做出努力的想法，体现了这位学生强烈的社会责任感与担当精神。老师将此示作优秀范文，既是对这位学生的肯定，又是对其他同学的一种激励，让他们也得到积极的暗示，即要成为一个有社会担当的人。

总之，在教学中，英语老师不仅要培养学生英语学习的能力，如保持对英语学习的兴趣，积极运用和主动调适英语学习策略、拓宽英语学习渠道、努力提升英语学习效率，多渠道获取学习资源，有效规划学习时间和学习任务，选择恰当的策略与方法，监控、反思、调整和评价自己的学习等，同时还应培养学生良好的文化品格，即积极阳光的心理品质，关爱人、尊重人的人文情怀和为自己、他人、社会负责的担当精神。

参考文献：

[1] 中华人民共和国教育部. 义务教育英语课程标准(2011年版)[S]北京：北京师范大学出版社，2011：2.

[2] 程晓堂. 英语学科核心素养及其测评[J]. 中国考试，2017(5)：7–14.

[3] 王华. 培养敢于担当精神促进学生健康成长[J]. 课程教材教学研究(中教研究)，2015(Z1)：2–3.

核心素养背景下初中数学跨学科学习探析

（黄冈师范学院数学与统计学院，王桂华，王凤，王洋）

名师简介

王桂华，女，正高级教师，湖北省特级教师，湖北名师，湖北名师工作室主持人，黄冈师范学院硕士研究生导师，主要从事中小学数学学科教育教学研究。近几年来，主持国家级项目1项，参与或主持省级3项，市级项目2项。有30余篇研究论文、案例在各级刊物上发表，30余篇论文案例获奖。

"跨学科"也称交叉学科，被人们视为前沿科学的生长点与高新技术的发源地。20世纪初一些发达国家的大学和科研机构，开始开展跨学科研究并实践[1]。20世纪80年代，我国高等教育开始开展交叉学科教育研究，随后产生了一些交叉学科课程，如生物信息工程等，后来逐步用"跨学科"一词代替"交叉科学"，并逐步在中小学教育中推行。自21世纪初启动第八次基础教育课程改革以来，我国一直都非常重视课程的综合性和实践性，持续推动学科课程的综合化和结构化[2]。2001年颁布的《基础教育课程改革纲要(试行)》要求中小学设置综合实践活动课程，这既是本轮课程改革的特色之一，也是我国基础教育推进跨学科学习的具体措施。特别是2016年以来，基于发展核心素养目标导向，《义务教育课程方案(2022年版)》要求在原来的基础上进一步加强课程综合化，刚性要求各学科课程设置不低于10%的跨学科学习，强化课程协同育人功能[3]。基于此，《义务教育数学课程标准(2022年版)》(以下简称"2022年版课标")从课程的目标、内容及教学建议等方面明确提出了实施跨学科学习的要求。

本文主要探讨初中数学的跨学科学习，分别从其内涵、价值及策略予以探析。

一、初中数学跨学科学习的内涵探析

(一)跨学科学习的内涵

不同的研究者对跨学科学习的内涵诠释不同。德国著名数学家克莱因(Klein J T)认为，跨学科学习是学习者创造性地联结某个主题的多个学科知识，对主题属性进行多维整合的过程[4]；美国学者拉德克(Lttuca L R)认为，跨学科学习的核心是知识的整合，是学生主动跨越多学科知识边界解决问题，从不同的视角看待事物，逐步形成鉴别、比较、联系、综合等解决复杂问题的能力[5]；我国杭州师范大学张华教授认为，跨学科的前提是多学科的协同，各个学科之间并不是以不同学科知识的简单叠加来指向同一问题，而是运用逻辑思维将其融合理解，具有高度的综合性[6]；北京师范大学董艳等人认为，跨学科学习是综合多种学科的内容构建新的体系或方法，以解决某个特定问题的过程[7]；还有研究者认为，跨学科学习要以学科专家思维建立起知识之间的深度联系，以协同的方式解决实际问题[8]。

上述观点都强调将不同的学科知识和方法进行整合，将“知识组织成学科”，即跨学科学习课程。在此课程中可能会产生新的跨学科概念或者方法。跨学科学习课程不是简单的知识运用，也不是简单地运用某一学科的知识或方法去解答其他学科或现实问题，而是综合运用多学科的知识解决问题，或者是在同一问题中进行多门学科的知识探究，是多学科知识或方法的融合，有专门的课程目标和性质。STEM教育、STEAM教育及我国基础教育中的综合与实践活动课程都是跨学科学习课程。如STEAM课程是五个学科的综合运用，并不是以某一个学科为载体或者重点，是一门综合性的课程。

我国中小学语文、数学、物理、化学等学科课程中的跨学科学习都是基于学科的“跨学科的学习”，有各自学科的独特育人价值和目标，是以本学科中的核心知识和方法为主，综合运用其他学科中的知识与思想方法促进课程间的综合运用和融合[9]。

纵观不同学者对跨学科学习的诠释，根据跨学科学习中各学科课程的地位及目标，跨学科学习大致可以分为跨学科学习课程和基于学科的跨学科学习两种类型，基于不同的理解，实施目标、内容及学习方式也不同(表1)。本文主要研究基于初中数学学科的跨学科学习。

表1　跨学科学习两种不同类型的对比

<table>
<tr><td colspan="2"></td><td>跨学科学习课程</td><td>基于学科的跨学科学习</td></tr>
<tr><td colspan="2">共同点</td><td colspan="2">综合运用多门学科知识和方法解决真实的实际问题，发展学生核心素养。</td></tr>
<tr><td rowspan="3">不同点</td><td>目标</td><td>综合性的课程目标，可能产生跨学科知识和方法。</td><td>实现本学科的课程目标，深化理解本学科的知识和方法，突出学科间的联系。</td></tr>
<tr><td>内容</td><td>多学科并列融合，学科边界软化，可能会产生新的体系。</td><td>以某一学科内容为核心，与其他学科有交叉重叠部分。</td></tr>
<tr><td>学习方式</td><td>主题式或者项目式学习。</td><td>以主题式或者项目式学习为主，在学科学习活动中探究。</td></tr>
</table>

(二)初中数学跨学科学习的内涵

初中数学跨学科学习是数学课程领域内的跨学科学习，其本质应有“数学味”[10]。基于初中数学学科的跨学科学习，是落实初中数学课程内容和目标，将多个学科的知识和方法融合成一个有机的整体，解决现实世界中真实问题的一种学习方式。其目的是深化或拓展学生对数学学科知识与学科方法的理解，从而达到数学核心素养落地生根的效果[11]。

1　以发展数学核心素养为目标

无论是欧盟颁布的“核心素养参考框架”(International Commission，2006)，还是我国教育部颁布的核心素养框架，需要发展的核心素养均呈现出跨学科的特征。很多学者认为，核心素养有学科素养和跨学科素养之分[12]，跨学科素养是面对超越单一学科范畴的复杂问题时，整合两门或多门学科知识、方法以促进认知发展的能力[13]。我国基础教育根据不同学段的学生和课程特点将核心素养培养落实到各学科各学段中，促进核心素养协调发展、可教可测。数学核心素养各学段表现不同，最终都是实现“三会”(会用数学的眼光观察现实世界，会用数学的思维思考现实世界，会用数学的语言表达现实世界)。初中阶段主要表现为抽象能力、几何直观等几个方面，其中应用意识、创新意识是跨学科跨学段素养，也是跨学科跨学段的行为表现，是处理现实中复杂问题时综合使用两门以上学科知识、方法以促进认知发展的能力。初中数学跨学科学习不仅要发展学生的数学学科素养，同时还要依托数学学科发展学生的跨学科素养。除此之外，要结合数学学科的本质特征，发展学生的基本素养，培养学生的理性思维。

2　问题解决融合多学科的知识或方法

现实世界中的任何事情都不是单一的，需要综合多门学科知识进行处理。初中数学课程的跨学科学习主要是以数学问题为线索，让学生在综合选用多学科的知识和方法解决系列问题的过程中落实四基(基础知识、基本技能、基本经验、基本思想)，发展四能(发现问题、提出问题、分析问题、解决问题的能力)。那么，探究的问题要能为学生提供深层次的跨学科理解，实现以知识为载体，发展能力，形成素养。例如：结合现实生活或科技问题抽象出函数、方程、不等式等数学表达形式，通过跨学科学习资源知道运动过程中的不变量、图形运动的变化特征等。

综合性问题能启发学生自觉地利用高阶认知策略与学习实践进行深度探索。学生在解决实际问题的过程中自觉地从数学的角度分析、表征并提出问题，运用数学的方式分析和处理实际问题，并运用数学的语言给出合理的说明与解释。

3　以学生探究为主的学习方式

“2022年版课标”要求改善教学方式，开展跨学科的综合性教学活动，建议初中数学以主题式学习为主，可以开展项目式学习[14]。跨学科学习注重学生的积极实践和开放生成，不管采用哪种学习方式，都应该充分发挥他们的自主性，让他们独立探究、动手实验、合作互动。在探究层面，可以结合其他学科进行测量、调查、设计和实验等探究性、社会性和技术性活动，促进逻辑思维、实践能力和创造意识的发展，同时提升他们的社会责任心，树立正确的价值观。

综合以上特征，初中数学跨学科学习可以采用三种形式开展：一是主题式学习。以数学学习主题为载体，学生自主开展探究活动。二是项目式学习。学生小组合作探究，经历方案设计、过程实施、评价交流、效果验证等全过程，解决开放式问题。三是课堂教学中渗透。在学科知识教学中，结合具体的学习内容有机融合。

二、初中数学跨学科学习的价值

数学不仅是一门基础学科，也是自然科学的重要组成部分。初中数学课程一直是我国基础教育课程改革的重要研究对象，体现和落实我国基础教育不同时期的课程改革目标和理念。“2022年版课标”中明确提出要对现实世界中的真实问题进行探索，运用数学、物理、生物、艺术等其他学科的知识与方法分析和解决问题，目标指向学生核心素养发展[15]。纵观新中国成立以来的课程改革，对比分析各阶段的教学大纲以及三版义务教育数学课程标准，我国基础教育逐步由关注知识的掌握到关注人的发展，跨学科学习也一直是中小学数学课程的重要内容和目标，并越来越得到重视。这既是社会发展的需要，也是数学本身发展的需要。

（一）初中数学跨学科学习是科技发展的需要

科技创新是国家实力的重要成分，一些重要科技问题与技术创新的突破已不纯粹属于某一学科或领域，而是涉及多个领域知识的复杂问题，几乎所有科技发展的前提和本质都是数学的发展。数学是推动其他学科发展的重要工具和方法，特别是在信息技术时代，不同学科的彼此交叉或相互渗透对于人们取得科学技术的原创性成果和重大突破具有重大意义。随着大数据分析、人工智能的发展，数学的应用越来越广泛，几乎渗透到了自然科学和生活的各个领域。

初中数学课程是学生进一步学习和未来生活的重要基础，初中阶段是学生核心素养发展的重要阶段。按照皮亚杰的认知发展的阶段理论，初中阶段正是学生形式运算发展的起始阶段和重要时期，不仅是理性思维、逻辑推理、数学抽象等数学核心能力发展的重要阶段，也是学生价值观形成的重要时期。根据当前科技发展及国际数学教育的发展，初中数学课程在不断地完善学习内容。如为了突出数学的本质，加强课程的内在联系，各种版本的初中数学教材都在尽可能地将学习内容与真实问题融合，突出课程内容的应用价值。另外，优化课程内容体系，强调课程内容的结构化，采取主题、项目、任务等方式组织学习内容，将科学技术进步的新成果纳入学习之中，以适应经济社会的发展变化，培养学生的实践能力和创新精神，为学生进一步的数学学习和科学研究奠定坚实基础。

(二)初中数学跨学科学习是学生数学核心素养发展的重要载体

核心素养是学生应具备的，能适应终身发展和社会发展需要必备的品格和关键能力。初中数学跨学科学习需要学生经历解决问题的全过程，将实际问题抽象成学科问题，在解决问题中主动沟通学科之间的联系，运用数学相关知识、思想方法、思维方式去处理现实世界中的实际问题，打破学科界限和课堂学习等局限。通过搜集整理、推理分析、交流互动、质疑反思等，逐步形成数学的核心素养，实现数学课程由知识本位走向素养立意的育人价值。初中数学跨学科学习使学生核心素养的培养和发展成为可能，是学生数学核心素养发展的重要载体。

(三)初中数学跨学科学习有助于学生理解数学本质

从数学的内部发展来说，跨学科有利于帮助学生理解、应用数学，建构知识体系。自然界是复杂多样的，有时数学本质和内在规律的揭示单靠自身往往难以做到。初中阶段的数学通过跨学科学习，引导学生采取多视角和交叉思维的方式形成较为完整的认识。例如在某地有一座很高的铁塔AB，怎样测量出它的高度呢?需要将难以进行实际测量的AB转化成较容易测量的物体作参照。学生可以在地面上放置一个平面镜E，应用物理学中的反射原理，当测量者刚好从镜子中看到铁塔顶端点A时，可以构造出两个三角形$\triangle BAE$和$\triangle DCE$，如图1所示，且$\angle 1=\angle 2$，从而可得$\triangle BAE \backsim \triangle DCE$。再根据相似三角形的性质可得$\frac{AB}{CD}=\frac{EB}{ED}$，运用测出的数据就可以计算出铁塔$AB$的高度。解决这个问题的过程是一个探索的过程，首先要建构探索思路，再选用合适的学科知识方法计算推理。在综合应用物理和数学学科知识解决问题的过程中，进一步理解三角形相似的性质，感受相似三角形在生活中的应用价值。

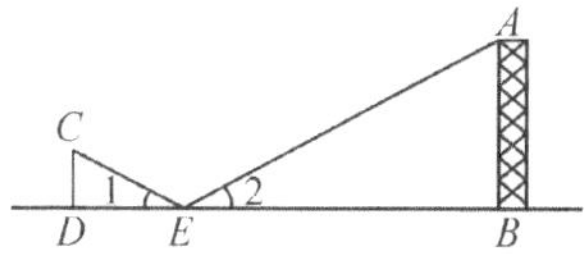

图1　平面镜的折射应用

数学与其他学科之间的交叉不仅能解决其他领域的科学问题，还可能在交叉融合中创造出新的数学概念、数学理论和方法，与实际问题紧密结合，为数学自身的发展提供不竭的动力。

三、初中数学跨学科学习的策略探析

"2022年版课标"要求在课程实施中推进综合学习，在综合与实践领域开展主题式或项目式跨学科学习，以培养学生跨学科意识和能力为目标，发展学生数学核心素养。结合当前实际，教师应将跨学科教学渗透在数学课程的日常教学之中，通过具体的教学策略提升学生的学习质量。

(一)学习内容的设计——挖掘真实情境，培养学生跨学科意识

"2022年版课标"多次强调要创设真实情境，让学生从中抽象出数学问题，综合利用数学和其他学科知识、思想方法进行分析推理。问题情境的选择与运用，应当为学生提供亲近生活、了解社会的机会。创设社会生活和科技中出现的实际问题，启发学生从不同学科联系的视角观察与分析、思维与表达、反思与诠释，进而提高学生的综合素养。

在实际学习过程中，很多学生不缺乏数学知识，但缺乏从数学的角度思考问题的思维方式和从生活中抽象出数学问题的思维习惯。教学时教师应注重引导，充分挖掘现实生活中需要多门学科知识解决的综合性问题，激发学生综合运用跨学科知识和方法的意识，提升其解决实际问题的能力。

如在学习反比例函数时，可以呈现用杠杆撬物体的情境(图2)，引导学生联系物理学中的杠杆平衡原理，动力(F_1)×动力臂(l_1)=阻力(F_2)×阻力臂(l_2)或$\frac{F_1}{F_2}=\frac{l_2}{l_1}$。启发学生思考：假设支点$O$、阻力和阻力臂不变，怎样更省力?动力和动力臂这两个量是怎样的关系?学生很快会发现，动力和动力臂是相关联的两个量。当阻力和阻力臂不变，也就是它们的积一定时，动力随着动力臂的增加而变小，动力和动力臂存在反比例函数关系。这样，将物理学科和数学学科中的知识建立联系，借助学生熟悉的杠杆平衡原理理解反比例函数；引导学生

借助反比例函数图像分析，进一步理解函数中的数量关系，领悟现实世界中的数学问题。

图2 杠杆的应用

本情境融合物理学科知识，渗透科学精神。学生用跨学科眼光分析问题，将实际问题抽象成数学问题；运用数学和物理知识进行推理，在自主探究中形成跨学科意识。

问题情境主要包括生活情境、数学情境、科学情境，能提供给学生丰富的实践机会，对引导学生关注数学价值方面，如数学美学价值、学科融合价值有积极意义[16]。教学时，要充分发挥情境的多种功能，创设综合性情境：一是问题情境应具有趣味性，能激发学生的探究欲望；二是问题情境要综合物理、地理、体育、艺术等学科领域，呈现现实生活和不同学科的实际问题，促进学生运用多学科的知识和方法解决，体会数学的科学价值；三是问题情境应承载多维目标，不仅仅是学科知识，还有数学学科的理性思维、科学精神和责任担当；四是问题情境应蕴含不同学科的核心概念，有利于启发学生思考。此外，情境不应该仅仅涉及数学的核心概念，还应该蕴含其他学科的核心概念，这样有利于学生体会数学知识之间、数学与其他课程之间、数学与日常生活之间的内在关联。而有些情境则需要进行简单的加工处理，用数学的模型或图形来替代，便于学生从数学的角度观察。

（二）学习活动的组织——综合问题驱动，培养学生跨学科学习能力

初中阶段的学生就已有的知识基础和能力，还难以达到自主综合运用各学科知识或方法创造性地解决真实问题的水平，所以，在实际教学中，需要问题驱动，引导学生从数学的角度思考、分析。通过具有探索空间的问题，启发学生从多角度分析，掌握跨学科学习的基本方法。

如在日常生活中，糖水加糖后，糖水变得更甜了，这一常见的现象中蕴含着物理的溶解、浓度和数学中的不等式等知识。在学习不等式后，教师可以设计问题，启发学生从数学的角度解释这一现象。

提问：我们都知道，糖水加糖后，糖水会变得更甜，这一现象能用数学知识解释吗？

通过问题激发学生的思维活动，引导学生从数学的角度分析日常生活中常见的现象，养成用数学的思维思考分析现实问题的习惯。

追问1：糖水变得更甜用数学语言怎么表达？

启发学生思考，将生活问题抽象成数学问题，用数学的语言来呈现和解释其中的数量关系。糖水的甜度就是糖水中糖a与糖水b的质量比($b>a>0$)，在糖水中加糖m，就是分数$\frac{a}{b}$的分子和分母都加上m，此时糖水中糖的质量与糖水的质量的比变为$\frac{a+m}{b+m}$，糖水加糖变甜，就是$\frac{a}{b}>\frac{a+m}{b+m}$。

追问2：如何证明$\frac{a+m}{b+m}>\frac{a}{b}$呢？

引导学生用数学的知识和方法进行推理分析。因为$\frac{a}{b}-\frac{a+m}{b+m}=\frac{m(a-b)}{b(b+m)}$，$a<b$，显然$a-b<0$，所以$\frac{m(a-b)}{b(b+m)}<0$，也就是$\frac{a}{b}<\frac{a+m}{b+m}$，这就说明了糖水继续加糖后，糖和糖水的质量之比变大了，也就是糖水变甜了。

用数学语言表达生活中的数量关系，“糖水加糖就更甜”就是：$b>a>0$，$m>0$时，$\frac{a}{b}<\frac{a+m}{b+m}$。另一方面，通过生活现象加深对数学知识的理解，根据糖水中加糖，糖水变甜，可以从直观推出$\frac{a}{b}<\frac{a+m}{b+m}$。

数学学习主要是解决问题的过程。跨学科学习中的问题应具有导向性，教师要善于引导学生应用数学的结论和方法进行逻辑推理，解决现实生活中和其他学科中的问题；而问题应具有层次性，由感性到理性，由具体到抽象，透过现象发现本质，通过问题逐步启发学生认识和理解现实世界中的数学模型。教师还应充分利用学生的已有经验，引导学生从不同的角度或者学科进行理解。在问题驱动下，启发学生经历运用数学抽象、逻辑推理解释、解决生活中真实问题的过程。

(三)学习方式的选用——丰富学习方式，掌握跨学科学习的基本方法

跨学科学习的特点决定了它的学习方式不拘一格，但不管哪种学习方式，需要学生自主参与，积极探索。教师应该结合日常的教学，尽可能地为学生提供跨学科学习的空间和平台。通过“综合性的小问题”与主题活动、项目式学习相结合，将跨学科学习渗透在日常学习中。在问题驱动下，进行观察分析、猜测联想、实验论证、推理论证、交流反思等方法探究。对问题产生探究兴趣，形成实事求是、理性思维等探究精神。

如在三角形全等的研究进程中，可以借用信息技术，探索三角形全等的判定。通过操作，实验证明为什么有些条件不能确定两个三角形全等。再如，学习函数时，以“体育运动与心率”（“2022年版课标”例89）为主题，综合利用数学、体育、生物等学科知识，研究体育运动规律和心率的问题。学生可以通过小组合作，采用课内课外相结合的方式，收集数据、分析数据、描述数据，选用合适的方式呈现活动结果。每组学生解决问题的方案是多元的，得到的结果也不一定是“标准答案”。

跨学科学习需要独立探索与合作探究相结合，开展多种方式的学习。主题探究、社会调查、设计制作都是较好的学习方式。社会调查时可以发挥信息技术优势，利用大数据、人工智能技术实现对数据的动态捕捉、采集和记录，鼓励学生利用技术分享跨学科学习成果。基于数学学科的设计制作可以制定好设计方案，依据数学知识推理出作品的设计思路和依据，通过动手操作或利用计算机技术实现产品设计与制作。

（四）学习评价的导向——以评促学，激发跨学科学习的动力

在“教学评”一致性的背景下，评价以全面提高学生核心素养为目标，是课程的出发点，也是课程的落脚点。目前，国际上关于评价的理念从“对学习的评价”转向“为了学习的评价”。评价的目的从评价学习成果转向诊断学生学习过程中存在的问题，进而促进学习行为和教学行为的改进[17]。纸笔测试、课内外的作业练习都是重要的评价方式。平时的课内外作业是过程性评价的重要载体，既能为学生的跨学科学习提供练习资源，也能让学生对自己跨学科学习能力有清晰的了解。初中阶段的学业水平考试是阶段性学业质量评价，对教学具有极大的导向作用。如湖北省黄冈市2023年初中学业水平考试数学试卷中有多道跨学科试题，有的是不同学科知识的综合运用，有的是现实生活中的问题，如第14题。

第14题：综合实践课上，航模小组用航拍无人机进行测高实践。如图3，无人机从地面CD的中点A处竖直上升30米到达B处，测得博雅楼顶部E的俯角为45°，尚美楼顶部F的俯角为30°。已知博雅楼高度CE为15米，则尚美楼高度DF为________米。（结果保留根号）

本题创设用航拍无人机进行实际测高的情境，渗透了当前科学技术的发展应用，也是当前现实生活中常见的情境。试题将现实中的具体实景进行加工处理，用简洁的数学图形呈现(图3)。在解决具体的问题时，首先将实际问题进一步抽象成数学问题(图4)，再选择恰当的数学知识和方法进行解答。综合运用直角三角函数等知识和方法，可以求出尚美楼的高度是$(30-5\sqrt{3})$m。充分发挥评价的导向功能，有利于促进学生跨学科学习。在平时的教学中，根据实际需要，灵活选用不同的评价方式，促进跨学科学习高质量进行。

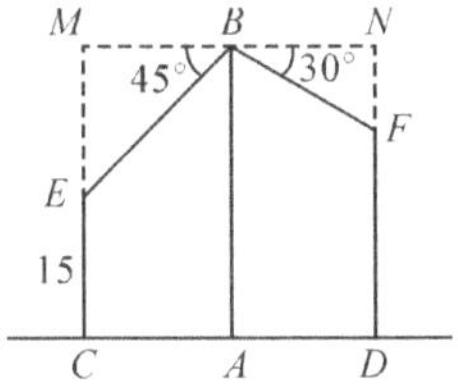

图3　第14题图

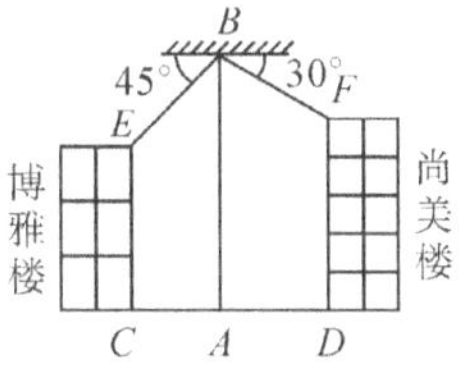

图4　第14题简图

跨学科学习是时代发展对教育的需要，也是当前课程改革的热点问题，具有多重属性。初中数学跨学科学习以综合与实践领域为主，但更需要在日常的教学中落实，突出数学课程的实践性和综合性，以核心素养为导向，落实四基，发展四能。当然，教师的教育理念和跨学科素养直接影响着跨学科学习的质量，是当前推行课程改革、落实跨学科学习需要关注的问题，有很大的研究空间。

参考文献：

[1] 张廷艳，胡娜. 中国基础教育跨学科研究二十年：总体态势、热点主题及变革趋势——基于中国知网(2000–2020年)载文分析[J]. 教育理论与实践，2023，43(5)：17–20.

[2] 张玉华. 核心素养视域下跨学科学习的内涵认识与实践路径[J]. 上海教育科研，2022(5)：57–63.

[3] 中华人民共和国教育部. 义务教育课程方案(2022年版)[M]. 北京：北京师范大学出版社，2022：11.

[4] Klein J T. Aconceptual vocabulary of interdisciplinary science[J]. Practising Interdisciplinarity, 2000：3–24.

[5] 李佳敏. 跨界与融合：基于学科交叉的大学人才培养研究[D]. 上海：华东师范大学，2014.

[6] 张华. 论理解本位跨学科学习[J]. 基础教育课程，2018(22)：7–13.

[7] 董艳，夏亮亮，王良辉. 新课标背景下的跨学科学习：内涵、设置逻辑、实践原则与基础[J]. 现代教育技术，2023，33(2)：24–32.

[8] 邵朝友，徐立蒙. 跨学科素养评价：欧盟成员国的经验与启示[J]. 教育发展研究，2018，38(6)：48–53.

[9] 刘忠林. 交叉科学时代的交叉研究[J]. 科学研究，1993(2)：9–17.

[10] 郝俊勇，王玉帆，徐畅. 语文跨学科学习：内涵特质、价值意蕴与实施路径[J]. 信阳师范学院学报(哲学社会科学版)，2023，43(1)：83-86，119.

[11] 邵朝友，徐立蒙. 跨学科素养评价：欧盟成员国的经验与启示[J]. 教育发展研究，2018，38(6)：48-53.

[12] 许红琴，陈晓波. “跨学科学习”的内涵、实施探索与价值追求——以第二学段“跨学科学习”活动为例[J]. 语文建设，2022(22)：8-12.

[13] 张玉华. 核心素养视域下跨学科学习的内涵认识与实践路径[J]. 上海教育科研，2022(5)：57-63.

[14] 杨向东. 关于核心素养若干概念和命题的辨析[J]. 华东师范大学学报(教育科学版)，2020，38(10)：48-59.

[15] 中华人民共和国教育部. 义务教育数学课程标准(2022年版)[M]. 北京：北京师范大学出版社，2022：87-88.

[16] 祝维男. 浅析数学情境试题的唤醒功能[J]. 中学课程辅导(教师教育)，2021(1)：49.

[17] 史宁中，曹一鸣.《义务教育数学课程标准(2022年版)》解读[M]. 北京：北京师范大学出版社，2022：267.

新定义试题求解障碍及其对策

(1. 武穴市实验高级中学，李秀元；2. 武穴中学，饶火云)

名师简介

李秀元，男，湖北红安人，中学高级教师，黄冈名师。长期从事高中数学教学和班主任管理工作，主要研究高中数学教学内容编排与设计、习题理论与试题设计和高考试题题型研究及解题技巧等。先后在《中学数学教学参考》《数学通讯》《黄冈师范学院学报》等刊物上发表论文50余篇。课堂教学以思维引领为主，关注知识的逻辑联系，突出大概念，训练为辅，引领学生自主归纳与总结，效果突出。

普通高等学校招生全国统一考试理科数学考试大纲(以下简称考试大纲)指出："对数学能力的考查，强调'以能力立意'，即以数学知识为载体，从问题入手，把握学科的整体意义，用统一的数学观点组织材料，侧重体现对知识的理解和应用，尤其是综合和灵活的应用，以此检测考生知识的迁移能力，从而检测出考生个体理性思维的广度和深度以及进一步学习的潜能。"[1]以能力立意的试题表现方式之一，就是每年高考不断出新的新定义试题。基于新定义而命制的试题为新定义试题。罗增儒教授将这类试题定义为"信息迁移题"，它主要包括两部分，一是给出新信息，创设新情境；二是围绕信息进行某项设问。一般地，试题往往依托教材的某个定义，定义一个新概念，或直接在高等数学与初等数学的结合部给出新定义、约定一种运算，或给出一个性质、模型，要求答题者认真阅读材料，按照新定义或新规则的指令进行判断、解题。

由于新定义试题的背景材料是全新的，考查的不仅仅是高中数学知识点，更重要的是考查学生数学思想方法的运用和知识迁移能力，有利于激发学生继续学习的潜能，培养学生创新意识和分析解决问题的综合能力。

本文将对新定义试题求解现状予以简要梳理，分析其中原因，并结合案例提出相应的对策。

一、新定义试题求解现状

调研发现，对于新定义试题，学生的反映不一，效果也不是很理想。刘慧敏等人分别做了调查分析，他们认为，学生做新定义试题是有差异的，这种差异表现在校际之间、男女之间、年级之间及学生层次之间[2]。新定义试题命题角度不同，学生求解的难度系数也就不同。一般地，基于教材某种运算而命制的新定义试题，如基于集合运算而定义的差集、商集，难度比较小，绝大部分学生的得分情况比较理想；基于某种条件判断的新定义试题，如凹函数、凸函数、正对数等，由于条件解读需要较强的数学运算能力和逻辑判断能力，难度略大，学生得分情况差异较大，基础好能力强的学生明显高于一般学生；至于围绕新的问题情境或某些思想方法而命制的新定义试题，大部分学生就显得有些力不从心。总体来说，新定义试题中，运算型比判断型得分高，简单运算型比复杂运算型得分高，数学情境型比生活情境型得分高，情境简单型比情境复杂型得分高，直接型比转化型得分高。

二、新定义试题求解障碍分析

新定义试题求解障碍，既来自学生层面，也来自教师教学方式层面。学生并不是对所有的新定义试题感到恐惧，无所适从，只是对那些新情境下较复杂问题感到恐慌，由于做题时间有限，需要阅读、理解、提取信息和转化，这才是他们不愿意面对的问题。教师层面则与教师对数学概念的教学方式有关。

（一）新定义试题求解障碍学生层面原因分析

就学生个体来说，新定义试题的求解障碍往往是多方面的，主要表现在以下几个方面。

1.学生阅读能力不足

“阅读是一种多维思考方式。”[3]新定义试题毕竟不同于课本概念，需要提供一些全新的背景材料(往往是少量的、简明的和直接的)，通过阅读，学生从中提取有用的直接信息，这个过程即为数学抽象。《普通高中数学课程标准(2017年版)》(以下简称《新课标》)在数学学科核心素养的水平划分中，对数学抽象的水平二界定为：能够在关联的情境中抽象出一般的数学概念和规则，能够将已知数学命题推广到更一般的情形，能够在新的情境中选择和运用数学方法解决问题[4]。数学考试大纲也提到，“抽象概括能力是对具体、生动的实例，经过分析提炼，发现研究对象的本质；从给定的大量信息材料中概括出一些结论，并能将其应用于解决问题或做出新的判断”[1]。如何抽象?首先是建立在阅读的基础之上,明白试题的主要意思,然后进行综合提炼和数学理解。现实情况如何,调研发现,学生不愿意读题,读不懂题意,无法从一堆材料(信息)中提出数学问题。造成这种局面的原因《普通高中数学课程标准(实验)解读》(以下简称《课标解读》)作出了解释:“在中学数学教学中,教师为学生想得非常仔细,学生就养成了过于依赖教师的习惯,无论是整个知识结构,还是要注意的一些问题,都等着教师来讲、来安排,他自己不知道怎样去安排自己的学习,更不会反思自己的学习,也就更难说对数学本质的认识和理解了。”因此,“发展独立获取数学知识的能力比数学能力本身更为重要”[5]。可以说,现在的学生数学阅读能力是相当弱的,往往只是停留在认字的阶段,缺乏好奇感和深入解读的意愿。阅读能力弱,直接导致理解能力不足。这与教师平时的教学方式密不可分,章建跃博士说:“数学根本上是教概念的,数学教师是玩概念的。”但仅仅停留在教师自己“玩”概念是远远不够的,如果教师能把自己玩概念的方式方法教给学生(光靠感受是远远不够的,需要体验与尝试),学生通过阅读,能自己独立玩概念,那么面对新定义问题就不至于有多大的障碍了。

2.学生转化能力缺陷

数学问题一般分为数学知识直接应用和数学能力考查两大类,后者需要转化。在中学数学解题过程中,对同一问题的不同数学解释,就是转化。转化的实质就是调动数学语言的各分支系统,解释(理解)数学问题,并把其纳入相应的分支系统中。数学转化包括语言转化(如将一般文字语言转化为数学语言,将数学语言转化为自己的语言,图形语言与数学符号语言相互转化等等)和方法转化(等价转化,化归,一般与特殊,高维与低维,数与形等)。

转化作为解题手段,是数学解题的一个重要环节,它是培养学生思维灵活性和辩证思维的有效手段。所谓“多题一解”“一题多解”“举一反三”等能得以实现,靠的是挖掘数学问题的本质联系和解决数学问题的基本方法。同时,也有利于培养学生的同构思想,便于学生对所学知识系统化,形成有个性的优化数学解题模式,使之成为学生继续学习的有力工具。转化的本质就是化繁为简、化生为熟,即将陌生的复杂情境转化为熟悉的简单模型或应用,把不熟悉的背景转化为熟悉的方法和题型。中学生数学解题现状不容乐观,学生比较善于处理多次训练后的试题(题海战带来的模型识别起到关键作用),对于不太熟悉或者陌生的试题,分析解决问题的能力就非常欠缺,要么理解不了题意(阅读和理解能力),要么不知如何转化题意,好不容易转化出基本题型,找到了处理问题的基本方法，结果又困死在解题的路上。

3.计算能力不过关

《新课标》对计算能力表述为："数学运算是解决数学问题的基本手段，主要包括理解运算对象，掌握运算法则，探究运算思路，选择运算方法，设计运算程序，求得运算结果等。数学运算版块教育的目标是通过数学课程的学习，进一步发展数学运算能力；有效借助运算方法解决实际问题；通过运算促进数学思维发展，形成规范化思考问题的品质，养成一丝不苟、严谨求实的科学精神。"[4]数学学习离不开计算，但受教学内容和课时的影响，现实中很难去专门训练学生的计算能力，基本上都是在解决问题的过程中体现思路探究和程序设计，计算过程往往一笔带过，久而久之，学生也变懒了。学生独立解决计算问题时，受书写习惯、动手速度、思维严谨性等的影响，往往错误百出，如运算法则使用不当(属于识记内容)、运算程序出错(明明是除法硬是算成了乘法，造成诡异的结果)、运算过程中的遗漏与看错等等，使得计算结果很不理想。

4.学生意志品质较差

很多学生愿意或善于处理基于过去解题经验的数学试题，进行直接运算或判断。由于新定义试题往往依赖一定的陌生新颖问题情境，涉及较多文字和新的符号，甚至出现一些生僻字(如2015年湖北卷中的"鳖臑")，这会转移学生的注意力，淡化学生对问题本质的理解。如果试题稍偏难，所述关系再复杂一些，对意志力不强、缺乏探究精神的学生而言，几乎就是灾难，导致他们采用主动放弃或者随便选择的处理方式。

(二)新定义试题求解障碍教师层面原因分析

对教师而言，学生求解新定义试题的障碍，主要来自教师的教学模式。"数学教学模式"是指"在某种教学思想与教学原理的指导下，围绕一个特定的数学教学目标形成的相对稳定的规范化教学程序与操作体系"[6]。刘秋香等人认为，理论演绎法与总结归纳法是构建数学教学模式的常用方法[7]。布鲁斯·乔伊斯等认为"教学模式就是学习模式"。当我们在帮助学生获取信息、形成思想、掌握技能、明确价值观、把握思维方式和表达方式时，也在教他们如何学习。事实上，教学的终极目标就是提高学生的学习能力，使他们将来能够更加便捷有效地进行学习，使他们一方面获得知识技能，另一方面掌握学习的过程。"教学模式发挥效用的关键是使学生成为更强的学习者。"[3]这与新课程改革的要求是一致的。《普通高中数学课程标准(2017年版)解读》(以下简称《新课标解读》)认为："丰富学生的学习方式、改进学生的学习方法是课程标准的基本价值取向，数学课程结构与内容的调整和变化，旨在促进学生学习方式的变化。”“学生的数学学习活动不应只限于对概念、结论和技能的记忆、模仿与接受，独立思考、自主探索、动手实践、合作交流、预阅读自学等都是学习数学的重要方式。教学应根据不同内容，采用不同的教学和学习方式。”[8]

《新课标解读》在对“教师经常采用的课堂教学方式”的调查显示：67.9%的教师选择以教师讲授为主，74.2%的教师选择师生共同探究，48.9%的教师选择教师指导下的小组合作学习，31.2%的教师选择学生自学[9]。相对于2001年的调查结论“基本以讲授为主”，这个比例虽然有些变化，但“讲在数学的学习中依然占据绝对地位”[10]。一般地，数学概念的教学，基本以老师讲解为主，从概念的引入、生成，到理解概念、辨析概念，最后进行概念应用、巩固与升华，很少有依据提纲的阅读自学方式，甚至是完全的自学探讨方式。教师对概念的讲解，一方面能促进学生对概念的快速理解，另一方面可培养学生逐步形成研究新事物的范式。但持续的强化，容易形成学生学习的惰性。由于是包办，学生很难从接触新事物的过程中提出自己的认识和想法，无法抓住重点和核心。一旦面对新的概念，缺乏引导就会一筹莫展，这也是导致新定义试题得分偏低的原因之一。

三、新定义试题求解障碍突破

要突破新定义试题求解障碍，必须从高中数学的概念教学改革着手。高中数学概念颇多，邵光华、章建跃博士等从来源上将概念分为两类，一类是对现实对象或关系直接抽象而成的概念，另一类是纯数学抽象物，概念具有判定特征、性质特征、过程性特征、对象特征、关系特征和形态特征等六大特征[11]。因此，概念的教学应结合概念的特点进行，不应该是一致的、统一的。罗增儒教授认为，概念教学应从概念的名称、定义、属性、示例等四个方面展开研究与学习。弗赖登塔尔则认为，数学概念的学习，实质就是学习“数学化”。邵光华、章建跃博士认为，应从直观化、正反例对比、同类概念对比、变式、概念精致与多元表征等角度进行概念教学。而核心数学概念的教学，必须实现从工具性理解到关系性理解的过渡。重点考虑概念的来源、概念的作用(新知识的诠释、旧知识的翻新)、与相关概念间的关系等，并更要突出概念形成的过程性。

《新课标解读》指出：“数学教学中应强调对基本概念和基本思想的理解和掌握，对一些核心的概念和基本思想要贯穿高中数学教学的始终，帮助学生逐步理解。由于数学高度抽象的特点，注意体现基本概念的来龙去脉。在教学中要引导学生经历具体实例抽象数学概念的过程，在初步运用中逐步理解概念的本质。”[12]因此，开展核心数学概念教学要注重知识发展过程，抓住问题本质，突出核心内容，以问题引导教学，实现知识的学术形态向教育形态的转变。

纵观近几年的高考试题，我们发现，部分省市(如江苏、上海、北京等)在命题时，喜欢以新定义试题的方式，考查数学基本思想方法的运用，全国卷偶尔也会涉及一些新定义试题。在新定义试题的突破上，一般采取下面的流程。

(一)完成整体阅读，剔除背景资料，提炼核心要素

作为切入点，新定义试题往往以实际问题为背景，既增加了文字阅读(新课改高考命题要求)，又加强了数学与生活的联系，让学生体会到学习数学的作用和数学知识的用途。解答新定义试题，首先通过整体阅读，初步明确材料的主要内容，然后进行材料内容的删减，剔除背景资料，提炼出主要的有用信息。

案例1 用a代表红球，b代表蓝球，c代表黑球，由加法原理及乘法原理，从1个红球和1个蓝球中取出若干个球的所有取法可由$(1+a)(1+b)$的展开式$1+a+b+ab$表示出来，如：“1”表示一个球都不取，“a”表示取出一个红球，而“ab”表示把红球和蓝球都取出来。依此类推，下列各式中，其展开式可用来表示从5个无区别的红球、5个无区别的蓝球、5个有区别的黑球中取出若干个球，且所有的蓝球都取出或都不取出的所有取法的是(　　)

A. $(1+a+a^2+a^3+a^4+a^5)(1+b^5)(1+c^5)$

B. $(1+a^5)(1+b+b^2+b^3+b^4+b^5)(1+c)^5$

C. $(1+a)^5(1+b+b^2+b^3+b^4+b^5)(1+c^5)$

D. $(1+a^5)(1+b)^5(1+c+c^2+c^3+c^4+c^5)$

材料将取球方式与多项展开式的项对应起来，形式新颖，形象直观。读懂展开式各项的含义成为解决问题的关键，这个材料就是问题核心，需要重点阅读，深入理解，对号入座。忽视材料阅读，缺乏理解，就意味着无法解题。

案例2 “和谐”是近年来网络上比较流行的名词之一，社会上的很多现象都被冠以“和谐”之名。在数学中也同样存在着关于“和谐”的概念，例如：对于定义域为D的函数$f(x)$，若存在闭区间$[a,b]\subseteq D$，使得函数$f(x)$满足：①$f(x)$在区间$[a,b]$上是单调的；②$f(x)$在区间$[a,b]$上的值域为$[3a,3b]$，则称区间$[a,b]$为$f(x)$的“和谐区间”。由上面的描述，判断下列函数中存在“和谐区间”的是________。(填所有满足条件的函数序号)

①$f(x)-\dfrac{1}{x},x>0$；②$f(x)=x^2,x\geqslant 0$；③$f(x)=\dfrac{4x}{x^2+1},0<x<1$；④$f(x)=e^x$

关于“和谐”的一段文字对本题的求解没有任何意义，因此阅读后需要剔除，以排除干扰(如2015年高考湖北卷以《九章算术》中的鳖臑和阳马为载体，用生僻字成功将学生的注意力吸引住了)。类似的试题一般直接定义，如：

函数$f(x)$的定义域为D，若满足：①$f(x)$在D内是单调函数；②存在区间$[a,b]$，使$f(x)$在区间$[a,b]$上的值域为$[\frac{a}{2},\frac{b}{2}]$，那么就称函数为“减半函数”(有的题目说是半保值函数)。若函数$f(x)=\log_c(2c^x+t)$ $(c>0,\ c\neq 1)$是“减半函数”，则t的取值范围为(　　)

A. $(0,1)$　　B. $(0,1]$　　C. $(-\infty,\frac{1}{8}]$　　D. $(0,\frac{1}{8})$

(二)转化问题的表征形式

所谓表征，《现代汉语词典》解释说，“显示出来的现象，表现出来的特征”[13]。表征是认知心理学的术语，是指信息记载或表达方式，能把某些实体或某类信息表达清楚的形式化系统，以及说明该系统如何行使其职能的若干规则。转化问题的表征形式，就是先用自己的语言表达题意，然后借助常用的数学知识、数学概念等，去重新认识、翻译新定义。

案例3　已知$f(x)$定义域为(a,b)，如果$\forall x_1,x_2\in(a,b)$，$\lambda\in(0,1)$都有$f\left(\frac{x_1+\lambda x_2}{1+\lambda}\right)<\frac{f(x_1)+\lambda f(x_2)}{1+\lambda}$，则称$f(x)$为“周函数”。下列函数中，是“周函数”的是________(填序号)。

①$f(x)=e^x$　②$f(x)=\ln x$　③$f(x)=3x^2+5x-\pi$　④$f(x)=\sin x$

认识题目中的不等式$f\left(\frac{x_1+\lambda x_2}{1+\lambda}\right)<\frac{f(x_1)+\lambda f(x_2)}{1+\lambda}$的含义，通过代入函数式显然是不现实的，我们需要知道它表达的真实意图，考虑到$\left(\frac{x_1+\lambda x_2}{1+\lambda}\right)$和$\frac{f(x_1)+\lambda f(x_2)}{1+\lambda}$的结构形式，联想定比分点公式，设点$P(x_1,y_1)$，$P(x_2,y_2)$，$P_1P_2$的定比分点为$P\left(\frac{x_1+\lambda x_2}{1+\lambda},\frac{f(x_1)+\lambda f(x_2)}{1+\lambda}\right)$，则$f\left(\frac{x_1+\lambda x_2}{1+\lambda}\right)<\frac{f(x_1)+\lambda f(x_2)}{1+\lambda}$揭示了函数$f(x)$为$(a,b)$内的凹函数(虽然凹函数也不是高中数学基本定义，但平时解题经常遇到，学生并不陌生，而且也没有必要给出这个名词，关注图像就好了)，于是，所谓的“周函数”其实就是凹函数，只要确定给出函数的图像，问题就得以解决。(参考答案为②③)

(三)应用基本数学解题方法求解新问题

新定义问题经过转译，最终成为一道用高中数学方法可以解决的数学问题。用基本数学方法解决常规数学问题，是新课标提到的“四能”之一。解题的目的，既是为了巩固对知识的理解，积累解题经验，强化解题方法，发现解题规律，掌握解题策略，形成解题意识，也是为了培养坚忍不拔、锲而不舍的意志品质。

案例4 “横看成岭侧成峰，远近高低各不同。”同一事物从不同角度看，我们会有不同的认识。据此，请解决以下问题：设函数 $f(x)=ax^2+(2b+1)x-a-2$ $(a,b\in\mathbf{R}, a\neq 0)$在区间[3, 4]上至少有一个零点，则$a^2+b^2$的最小值为________。

虽然没有明显的定义，但试题前的文字，提示了解决问题的方向——转换角度，即对方程 $f(x)=ax^2+(2b+1)x-a-2=0$和符号a^2+b^2要重新定义，换个角度看待。这是核心，需要把握，否则，试题求解会落入俗套(线性规划)，造成求解困难或不便。这也是试题阅读所需要的结果。

把等式$f(x)=0$看成关于a, b的直线方程$(x^2-1)a+2xb+x-2=0$，由于直线上任意一点(a, b)到原点的距离不小于原点到直线的距离，即$\sqrt{a^2+b^2}\geqslant\dfrac{|x-2|}{\sqrt{(x^2-1)^2+(2x)^2}}$，所以$a^2+b^2\geqslant\left(\dfrac{x-2}{x^2+1}\right)^2=\dfrac{1}{\left(x-2+\dfrac{5}{x-2}+4\right)^2}$，而$y=x-2+\dfrac{5}{x-2}$为[3, 4]上的减函数，所以$\dfrac{9}{2}\leqslant x-2+\dfrac{5}{x-2}\leqslant 6$，故$\dfrac{1}{\left(x-2+\dfrac{5}{x-2}+4\right)^2}\geqslant\dfrac{1}{100}$，当且仅当$x=3$时取等号，故$a^2+b^2$的最小值为$\dfrac{1}{100}$。

案例5 定义：对于实数m和两定点M, N，在某图形上恰有$n(n\in\mathbf{N}^*)$个不同的点P_i，使得$\overrightarrow{P_iM}\cdot\overrightarrow{P_iN}=m(i=1,2,\cdots,n)$，称该图形满足“$n$度契合”。若边长为4的正方形$ABCD$中，$\overrightarrow{BC}=2\overrightarrow{BM}$,$\overrightarrow{DN}=3\overrightarrow{NA}$，且该正方形满足“4度契合”，则实数$m$的取值范围是________。

所谓“4度契合”，其实就是在正方形的边上恰有4个点满足$\overrightarrow{P_iM}\cdot\overrightarrow{P_iN}=m$，于是，原问题也就是在整个运动过程中确定方程$\overrightarrow{P_iM}\cdot\overrightarrow{P_iN}=m$只有4个解的条件。

如果以P点所在线段分四种情形，依次确定解的个数，然后汇总，确定方程只有4解的条件，解法虽然简单直观，但过程麻烦，不符合小题解法的简洁性与快捷性。因此需要转换角度，利用几何直观来确定问题的解。以AB为x轴，AD为y轴，A为原点建立平面直角坐标系，则$M(4,2)$，$N(0,1)$。

设$P_i(x, y)$，则由$\overrightarrow{P_iM}\cdot\overrightarrow{P_iN}=m$可得$(x-2)^2+\left(y-\frac{3}{2}\right)^2=\frac{17}{4}+m$，它表明$P_i$的运动轨迹是以$\left(2,\frac{3}{2}\right)$为圆心，$\sqrt{\frac{17}{4}+m}$为半径的圆，按照题意，只需该圆与正方形相交于4个点即可，如图示，当圆的半径为$r_1=2$或介于$r_2=\frac{5}{2}$，$r_3=\frac{\sqrt{41}}{2}$之间时，即满足题意，此时实数的取值范围是$m=-\frac{1}{4}$或$2<m<6$。

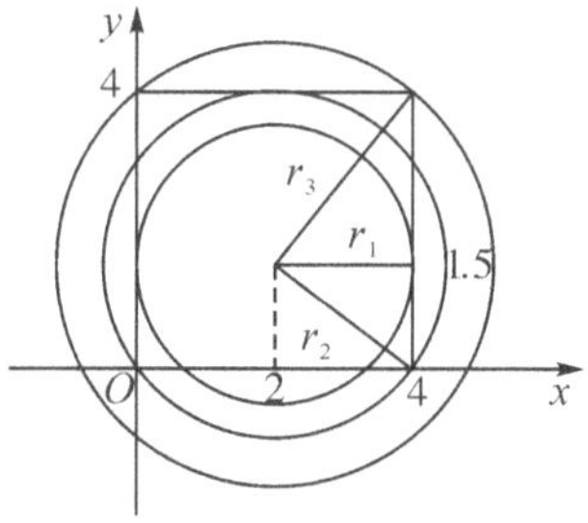

图1　案例5的解

案例6　定义“正对数”：$\ln^+x=\begin{cases}0,0<x<1\\ \ln x,x\geqslant 1\end{cases}$，现有四个命题：

①若$a>0,b>0$，则$\ln^+(a^b)=b\ln^+a$；

②若$a>0,b>0$，则$\ln^+(ab)=\ln^+a+\ln^+b$

③若$a>0,b>0$，则$\ln^+\left(\frac{a}{b}\right)\geqslant\ln^+a-\ln^+b$；

④若$a>0,b>0$，则$\ln^+(a+b)\leqslant\ln^+a+\ln^+b+\ln 2$。

其中的真命题有________(写出所有真命题的编号)

本题定义了一个新的运算：正对数，考查的是对数运算法则，代数式大小比较和对数函数的性质，思想方法上主要是分类讨论和特殊化。由于讨论层次多，有一定的难度。

当$a=b$时，不等式显然成立，且当$0<a\leqslant b$时，$\ln^+a\leqslant\ln^+b$。

对于①，当$0<a<1$时，$0<a^b<1$，$\ln^+a=0$，$\ln^+(a^b)=0$，等式成立；当$a\geqslant 1$时，$a^b>1$，$\ln^+a=\ln a$，$\ln^+(a^b)=\ln a^b=b\ln a$，等式也成立。故①正确；

对于②，取$a=e$，$b=\frac{1}{2e}$，则$\ln^+(ab)=0$，$\ln^+a=\ln e=1$，$\ln^+b=0$，等式不成立。故②不正确；

对于③，当$0<a<b<1$时，$0<\frac{a}{b}<1$，$\ln^+(a^b)=0$，$\ln^+a=\ln^+b=0$，不等式成立；当$0<b<a<1$时，$\frac{a}{b}>1$，$\ln^+(a^b)=\ln\frac{a}{b}>0$，$\ln^+a=\ln^+b=0$，不等式成立；当$0<a<1\leqslant b$时，$0<\frac{a}{b}<1$，$\ln^+(a^b)=0$，$\ln^+a-\ln^+b=-\ln b\leqslant 0$，不等式成立；当$0<b<1\leqslant a$时，$\frac{a}{b}>1$，$\ln^+(a^b)=\ln\frac{a}{b}>\ln a$，$\ln^+a-\ln^+b=\ln a$，不等式成立；当$1\leqslant a<b$时，$0<\frac{a}{b}<1$，$\ln^+(a^b)=0$，$\ln^+a-\ln^+b=\ln a-\ln b<0$，不等式成立；当$1\leqslant b<a$时，$\frac{a}{b}>1$，$\ln^+(a^b)=\ln\frac{a}{b}>0$，$\ln^+a-\ln^+b=\ln a-\ln b=\ln\frac{a}{b}$，不等式成立。故③正确；

对于④，当$0<a<1$，$0<b<1$时，$0<a+b<2$，$\ln^+(a+b)<\ln^+2=\ln2$，$\ln^+a+\ln^+b+\ln2=\ln2$，不等式成立；当$a\geqslant1$，$0<b<1$时，$a+b>1$，$\ln^+(a+b)=\ln(a+b)<\ln(a+a)=\ln a+\ln2$，$\ln^+a+\ln^+b+\ln2=\ln a+\ln2$，不等式成立；同理，当$b\geqslant1$，$0<a<1$时，不等式也成立；当$a\geqslant1$，$b\geqslant1$时，$a+b\geqslant2$，$\ln^+(a+b)=\ln(a+b)$，$\ln^+a+\ln^+b+\ln2=\ln a+\ln b+\ln2=\ln(2ab)$，而$2ab-(a+b)=a(b-1)+b(a-1)\geqslant0$，即$2ab\geqslant a+b$，所以不等式成立。故④正确。

案例7 设P_1，P_2，…，P_n为平面α内的n个点，在平面α内的所有点中，若点P到P_1，P_2，…，P_n点的距离之和最小，则称点P为点P_1，P_2，…，P_n的一个“中位点”。例如，线段AB上的任意点都是端点A，B的中位点.则有下列命题，其中的真命题是________。(写出所有真命题的序号)

①若A，B，C三个点共线，C在线段上，则C是A，B，C的中位点；

②直角三角形斜边的点是该直角三角形三个顶点的中位点；

③若四个点A，B，C，D共线，则它们的中位点存在且唯一；

④梯形对角线的交点是该梯形四个顶点的唯一中位点。

借助距离概念，定义中位点，考查的是距离和的最小值求法，一般用到三角形两边之和大于第三边等知识。

对于①，点P必在线段上，且C为中位点，故①正确；

对于②，点P在斜边上，且中位点为直角顶点在斜边上的射影点，故②不正确；

对于③，若四个点A，B，C，D共线，则它们的中位点是线段中间两点连线段上的任意一点，即中位点存在但不唯一，故③不正确；

对于④，设O为对角线的交点，则$PA+PB+PC+PD\geqslant AC+BD=OA+OB+OC+OD$，故④正确。

案例8 设$f(x)$是定义在$(0,+\infty)$上的函数，且$f(x)>0$，对任意$a>0$，$b>0$，若经过点$(a,f(a))$，$(b,-f(b))$的直线与x轴的交点为$(c,0)$，则称c为a，b关于函数$f(x)$的平均数，记为$M_f(a,b)$。例如，当$f(x)=1(x>0)$时，可得$M_f(a,b)=c=\frac{a+b}{2}$，即$M_f(a,b)$为a，b的算术平均数。

(1) 当$f(x)=$________$(x>0)$时，$M_f(a,b)$为a，b的几何平均数；

(2) 当$f(x)=$________$(x>0)$时，$M_f(a,b)$为a，b的调和平均数$\frac{2ab}{a+b}$。

(以上两空各只需写出一个符合要求的函数即可)

作为新定义问题，本题以开放性形式出现，给出结果，需要学生提供满足条件的函数式。确定函数，一般不会超出中学阶段的函数类型，但也不能漫无目的一个个地试，我们需要根据结果推理出符合条件的函数，考查的是学生的推理论证能力。

设$0<a<b$，若$\frac{a}{b}$为正数a，b的几何平均数，则$c=\sqrt{ab}$，且三点$(a,f(a))$，$(\sqrt{ab},0)$，$(b,-f(b))$共线，故$\frac{f(a)}{a-\sqrt{ab}}=\frac{f(b)}{\sqrt{ab}-b}$，化简得$\frac{f(a)}{\sqrt{a}}=\frac{f(b)}{\sqrt{b}}$，由于$f(x)>0$，设$\frac{f(a)}{\sqrt{a}}=\frac{f(b)}{\sqrt{b}}=k_1(k_1>0)$，则$f(a)=k_1\sqrt{a}$，$f(b)=k_1\sqrt{b}$，故$f(x)=k_1\sqrt{x}$ $(k_1>0)$；

若$M_f(a,b)$为正数a，b的调和平均数，则$c=\frac{2ab}{a+b}$，且三点$(a,f(a))$、$\left(\frac{2ab}{a+b},0\right)$、$(b,-f(b))$共线，故$\frac{f(a)}{a-\frac{2ab}{a+b}}=\frac{f(b)}{\frac{2ab}{a+b}-b}$，化简得$\frac{f(a)}{a}=\frac{f(b)}{b}$，设$\frac{f(a)}{a}=\frac{f(b)}{b}=k_2$ $(k_2>0)$，则$f(a)=k_2a$，$f(b)=k_2b$，故$f(x)=k_2x(k_2>0)$。

任意取正数k_1和k_2，就可以得到满足条件的函数。

虽然新定义试题有难易之别，但总体来说，解题方向上是行得通的，没有超出学生的能力范围和接受水平，难度是可控的。即使部分难题只有少数学生能顺利求解，但也正好甄别出学生数学素养的高低，体现了高考试题的选拔功能。

参考文献：

[1] 教育部考试中心. 2019年普通高等学校招生全国统一考试大纲(理科)[M]. 北京：高等教育出版社，2018.

[2] 刘慧敏. 中学生解决数学中新定义问题困难的调查研究[J]. 理科考试研究(数学版)，2018(4)：30–35.

[3] 布鲁斯·乔伊斯，玛莎·韦尔，艾米莉·卡尔霍恩. 教学模式(第八版)[M]. 北京：中国人民大学出版社，2016.

[4] 中华人民共和国教育部. 普通高中数学课程标准(2017年版)[M]. 北京：人民教育出版社，2018.

[5] 数学课程标准研制组. 普通高中数学课程标准(实验)解读[M]. 南京：江苏教育出版社，2004.

[6] 傅海伦. 数学教育发展概论[M]. 北京：科学出版社，2001：76.

[7] 刘秋香，徐丹，傅海伦. 对数学教学模式的再认识[J]. 教育科学研究，2013(10)：51–55.

[8] 史宁中，王尚志. 普通高中数学课程标准(2017年版)解读[M]. 北京：高等教育出版社，2018.

[9] 史宁中，王尚志. 普通高中数学课程标准(2017年版)解读[M]. 北京：高等教育出版社，2018.

[10] 邵光华，章建跃. 数学概念的分类、特征及其教学探讨[J]. 课程·教材·教法，2009(7)：47–51.

[11] 吕世虎，钟志勇. 高中数学课程实施现状研究[J]. 数学教育学报，2001(4)：88–92.

[12] 数学课程标准研制组. 普通高中数学课程标准(实验)解读[M]. 南京：江苏教育出版社，2004.

[13] 中国社科院语言研究所词典编辑室. 现代汉语词典(第7版)[M]. 北京：商务印书馆，2017：88.

核心素养理念下的初中物理课堂教学策略

（麻城市思源实验学校，夏雄纠）

名师简介

夏雄纠，男，正高三级教师，湖北省特级教师，黄冈名师，名师工作室主持人。湖北省教育学会中学物理专业委员会第七届理事会理事，湖北工程学院、黄冈师范学院“国培”项目授课专家，孝感市教科院教师培训授课专家，湖北省中小学教师高级专业技术职务评审专家、长江文库专家委员会专家，黄孝咸三市中考命题组成员，黄冈市中小学教学测量与评价项目专家，全国初中应用物理竞赛优秀辅导教师。在国内核心期刊上发表论文10余篇，主持3项省级、市级重点课题研究。主编30余部教材、教参及教辅读物。提出“探物明理·逐本溯源”教学主张、“清风物理·生态课堂”教学理念、“疑—悟—创”教学法及课堂教学新模式。

2014年4月24日，教育部印发的《关于全面深化课程改革　落实立德树人根本任务的意见》中有个词引人关注：核心素养体系。2016年2月，在中国教育学会公布的《中国学生发展核心素养(征求意见稿)》中提出：“核心素养是学生在接受相应学段的教育过程中，逐步形成的适应个人终身发展和社会发展需要的必备品格和关键能力。”2020年10月13日，中共中央、国务院印发了《深化新时代教育评价改革总体方案》，要求落实立德树人根本任务，发展素质教育，培养德智体美劳全面发展的社会主义建设者和接班人。教育不仅要使学生顺利完成学业，更要培养他们适应社会的本领，培养他们的担当精神和社会责任感[1]。要遵循教育规律，从以知识为导向的应试教育向以素养为导向的素质教育转变过来。

人的核心素养，是知识与技能，过程与方法，情感、态度与价值观的综合反映，是个体在面对复杂的、不确定的现实问题时，能够综合运用学科观念、思维模式和探究技能等发现问题、解决问题的综合关键品质。核心素养从人的全面发展、适应社会角度出发，是可学、可教、可测的必要素养，解决的是“培养什么样的人”的教育问题[2]。“核心素养”又被称为“21世纪素养”。

中学物理学科的核心素养主要包括物理观念、科学思维、科学方法、科学态度与价值观等几方面的要素，学生在学习阶段这些关键的能力得到了提高，将会使他们在今后的生活和工作中获得终身发展所需的必备品格与关键能力。培养学生物理学科的核心素养，是物理教学之魂，是物理课程的核心价值所在。课堂是学科教学的主阵地，在物理课堂教学中培养学生的核心素养，是学生终身发展的基础，是发展素质教育的具体体现。笔者结合多年的教学实践，就课堂教学中如何落实核心素养目标要求提出几点策略，供同仁们思考。

一、巧设物理问题情境，激发学生探究兴趣

教学活动应当是引起学生的学习兴趣、维持积极的求知状态、促进综合能力得到发展的行为。根据中学生心理发展规律和认知理论，初中生正处于青春发育期，他们的心智尚未成熟，绝大多数学生注意力不能持久保持。因此，物理课堂教学过程中，应当不断地设置新的物理情境，使他们不断地发现问题，激发他们分析问题并解决问题的动机，引发学生积极思考，从而使他们获取新的知识和技能，形成新的能力。例如，在“声能传递能量”的教学活动中，教师以多媒体情境展示：把石头扔进水里形成一圈圈的波纹，水面的树叶也随之起伏。提问：扔石头的能量通过水波传递给了树叶，声波与水波类似，也是一种波，它可以传递能量吗?这样以问题情境入手，将学生引入学习的过程。再如，在探究照相机成像规律的教学中，教师展示下列情境：早晨父母送我们上学，汽车到达小区门口，当汽车靠近智能停车系统的摄像头时，显示屏会显示汽车的像越来越大；当车牌的像达到一定大小时，就可以自动识别出来，从而判断是否放行。进而引出探究照相机成像时物距、像距和像的变化规律。又如，在《流体压强与流速关系》的教学中，教师提出问题：同学们，在生活中经常会发现，当汽车高速驶来的时候，扬起地上的树叶，落叶不仅没有远离汽车，反而飘向汽车，同学们知道为什么吗?学生讨论、汇报结果后，顺利把学生引入探究活动之中。

只有让学生作为一个独立意识的主体置身教学活动中，而不是作为被动接受知识的“容器”，他们才能产生探究的欲望、获取新知的热情与责任感，从而独立地解决问题，这样其创造性思维才能得到发展，能力才能得到提高。教学情境的设置可巧妙地运用日常生活中的事例，广泛搜集资料，采用多种教学手段，恰当地将理论知识与生活实际联系起来，这样既能激发学生学习的兴趣，扩展他们的视野，又能实现其知识能力的相互渗透、相互提高。情境的设置还可通过实验、制造“问题”等手段引发认知冲突，引起学生追本求源的好奇心。也

可创设悬念，激发学生欲罢不能的探究欲。还可让学生“设身处境”地参与活动，卷入思考，引起争论，调动自主参与的积极性。学生在学习过程中遭遇到了未能“知其所以然”的问题情境，触发了他们欲入其境、欲求其因的强烈心理张力，这样的学习才会变得有趣、有劲，这样得来的知识和技能才是终身受用的本领。

二、优化物理概念教学，培养学生思辨能力

物理概念是在人们头脑中对于客观事物的本质属性和共有特征的反映，是对物理现象的思维抽象。初中物理概念的教学可归纳为以下基本环节：创设情境，获得感知——借助具体事例，从物理概念体系的发展过程或解决实际问题的需要引入概念；思维加工，形成定义——运用分析、比较、综合、概括等思维手段，去粗取精，去伪存真，归纳客观事实共有的物理特征，明确其本质属性，给出准确的物理语言描述(文字的、符号的)；基础练习，熟悉概念——以实例为载体分析关键词的含义(恰当使用反例)；联系实际，解决问题——用概念做判断的具体事例，形成用概念做判断的具体步骤；变通拓展，形成结构——纳入概念系统，建立与相关概念的联系。例如，在磁场的教学中，教师设置以下活动：用手推动悬挂的铁片，铁片会运动；用磁体去靠近悬挂的铁片，铁片也会运动，进而得出磁体与铁片之间有力的作用，且磁体周围存在一种特殊的物质，这种物质的性质就是对放入其中的磁体产生磁力作用，我们把这种物质命名为磁场。然后用自制的风力演示仪，通过布条的受力情况，知道风的存在；根据布条的排列情况，用带箭头的曲线表示风；将小磁针放到条形磁体的磁场中，观察小磁针的运动状态的变化，运用类比的方法感知到磁场的存在，且磁场也有方向，磁场的方向可用能自由转动的小磁针N极的指向来表示。再比如，在理解“比热容”这一物理概念时，教师设计了两项探究活动：将质量相同的海绵和纱布浸没在水中，使他们充分吸水，比较海绵和纱布的吸水能力；加热质量相同的水和食用油，使它们升高相同的温度，比较它们的吸热能力。归纳总结，大量的研究数据表明，物质的种类不同，吸热能力不同，它反映了物质的一种特性，物理学中用“比热容”来表示物质的这种特性。这样既理解了物理概念，又发展了学生的思维能力。

研究表明：初中生存在大量前概念，在遇到问题时，习惯用日常概念代替科学概念。由于他们在建立科学概念的过程中经常受前概念的影响，他们没有经历从日常概念到科学概念建构的认知发展进阶过程，缺乏对物理概念意义和含义的深层理解。概念教学中创设物理情境、对感知进行思维加工时，应凸显并

概括、抽象出事物“本质属性”“共有特征”；进行基础性练习，其层次要有递进性，不要急于拔高和拓展；实践应用所联系的情境应吻合概念内容，注重学生的体验，避免过度开放和综合。

核心素养中物理观念的建构，要求学生对物理学科中一些核心概念与重要规律应当掌握和理解，这些原理和规律是人们认识世界过程中对事物本质属性和本质特征的抽象和概括。在目前的初中物理教学中，许多教师以考试为目标导向，教学中只注重“关键考点”，通过“刷题”“补课”等手段进行大量的强化练习，学生不断地承受机械的重复，长期经历碎片化的训练，难以形成有意义有组织的物理概念体系，他们往往只触及“关键考点”之外的一些表面性的事实和结论。学生不能准确理解物理概念所包含的物理意义，运用物理规律解决实际问题的能力就会有欠缺，一离开学校学生将其所学“全都还给老师了”，这样的教学何谈形成学生终身受益的能力和习惯。

在物理课堂教学中教师应根据教学目标，知识结构，学生的认知规律、心理特点等，设计一系列由浅入深的问题，将多种教学手段并用，强化学生的学习兴趣，使其树立自信心，充分发挥学生的自主意识，让他们在自主探究过程中提出问题、发现问题、解决问题，并通过老师的启发诱导，逐渐经历概念建构的过程，从而使学生头脑中形成新的物理概念，并掌握物理概念所表示的物理意义、定义、字母表示、单位、公式等这些基本要素，达到剖析、理解、运用的程度。还可通过思维导图等手段把相关的一些概念有机地联系起来，结合所学的基本规律，清晰明了地呈现出整个知识体系。

三、注重科学方法指导，培养学生探索精神

《义务教育物理课程标准》指出：“科学探究既是学生的学习目标，又是重要的教学方式。”[3]科学探究是人们采用一定的科学方法对客观事物或现象进行探索、质疑和研究的过程。科学探究活动包括科学工作者的科研活动以及学生所从事的科学探究行为。科学家的科学探究活动，研究人类未知的领域，科研方法上既严谨规范又富于创新，研究的成果往往能够深化人类对客观现实的认知并对人类的生活产生深远影响。初中物理教学的科学探究指的是学生在获取知识和技能、领悟科学观念、领悟科学方法、促进能力发展的过程中所进行的各种研究性活动。探究的对象通常是学生自己未知的，方法比较简单，往往需要教师的指导，结果一般是学生对某个事物、某种现象的新知。教材上很多探究活动，其结果对学生而言是新颖的，其目的是通过模拟科学家的探究活动获取

新知，领悟方法，发展思维，培养创新意识。科学方法是物理研究中的基本思想和方法。初中物理探究过程中常用的科学方法有控制变量法、转换法、推理法、模型法、类比法等。科学方法比科学知识对学生的发展更有价值，学生一旦掌握了思考和处理身边问题的方法，就获得了研究问题和解决问题的本领，就拥有了打开未知世界大门的钥匙，学生的实践能力和创造潜能会得到发展。科学态度与责任感具体表现为对科学研究的热情和实事求是的科学态度。学生在接触和理解科学、技术、社会和环境(STSE)的过程中，逐渐形成尊重事实、实事求是的研究态度和热爱科学、追求真理的科学精神，一定能长久地支持他们的学习、生活和工作，并能促进他们在以后的发展成长中有所成就。

中学生有着强烈的好奇心和求知欲，物理探究活动具有真实、直观、形象和生动的特点，容易激发学生主动参与、亲身实践的兴趣。看到实际的物理现象，置身于真实的物理情境，观察老师做实验，学生会产生探其究竟、发现现象背后规律的求知欲望。在科学探究活动中，通过让学生经历提出问题、猜想与假设、制定计划与设计实验、进行实验与收集数据、分析与论证、评估、交流与合作等过程，通过手、眼、耳、脑、身等多个感官的充分调动，使学生逐步掌握和运用各种科学探究方法和手段，加深对所学物理知识的理解和运用，培养学生科学的观察习惯、正确的操作方法和实事求是的科学态度，以及热爱科学、尊重科学规律、勇于克服困难的探索精神。

在以知识积累为目标导向的初中物理教学中，课堂上热衷于“表演”表面化的探究或进行虚拟探究，而对于以真实情境和客观事实为基础的科学探究被弱化了，这样的“探究”失去了科学探究的价值，学生的能力得不到发展，素养得不到提升。江苏省特级教师汤金波老师说过：“聪明的物理老师习惯通过题目变化让学生取一时的高分，智慧的物理老师是让学生全体动手实验，培养兴趣，甚至热爱上物理。”汤老师的课堂善于利用学生进行创新实验来组织教学活动，通过自己巧妙的问题设计，配上精致的追问艺术，学生的求知欲顿时被强烈地激发。笔者在日常的授课过程中，也经常就地取材利用身边的器材开展探究活动。如在进行光的直线传播规律教学时，用激光笔沿黑板边沿照射，非常清晰地呈现一条红色的光痕。再如利用大屏幕电视的玻璃外屏现场演示平面镜成像实验，操作非常方便：电源关掉可当平面镜用，电源打开可继续播放课件，互动性非常强。2020年疫情防控形势下，学生在家上网课，笔者要求学生挖掘教材上的实验题材，在家动手开展创新实验，并拍摄视频解说，收集到200多件作品，学生参与度高，探究兴趣浓厚，收获了意想不到的效果。

物理学家帕格尔斯说："没有实验的物理理论是空洞的，没有理论的实验是盲目的。"正是实验家使理论家保持老老实实的态度。美籍华裔物理学家丁肇中说过："实验可以推翻理论，而理论永远无法推翻实验。"[4]笔者从多年的教学实践中感受到，要更扎实有效地开展科学探究活动，教师要合理开发物理实验资源，如充分发挥学校实验室资源效益，用日常器具开展实验探究，开展自制教具活动，开发和利用社会资源，引进信息技术手段弥补传统实验教学不足等等。汤金波老师的成功经验是：让全体学生真正参与，开展自主创新实验。大量的教学实践证明，注重科学探究，是使核心素养在物理课堂教学中落地生根的法宝。

四、强化科学思维训练，培养学生创新能力

思维是人类特有的认识形式，是客观事物在人脑中的反映。科学思维是人类认识世界、改造世界的过程中对感官所得到的信息与材料进行加工处理的方式与途径。学生在学习、生活的过程中，对获取的物理事实进行分析和综合，通过概念、判断、推理这些形式，用归纳和演绎等方法，对感性材料进行再加工、再认识，经历从具体到抽象，再从抽象到具体的过程，再现客观事物的本质，形成对客观事物的具体认识，这就是科学思维形成的过程。许多老师急功近利，唯考试马首是瞻，将丰富的教学内容简单化为单一的题目训练，将丰富的素质要求简化为解题技术，学生成了应付考试的机器。一些老师在公开课教学中刻意"表演"，出现"虚假探究""虚假自主""虚假合作"现象，虽然按部就班"成功"地完成了一节看似完整的课堂教学，其实却缺少了真实性。在教学中应追求真实的教学，教师为学生创造广阔的思维空间，使学生暴露思维的真实。课堂上学生畅所欲言，凸显个性的真实，整个课堂氛围才轻松、愉悦，学生才能在享受中学习。

杨振宁教授谈到他成功的奥秘时曾说："要站在问题开始的地方，要面对原始的问题……"教师在课堂教学中，要善于通过具体事例的归纳概括，特别是让学生自主、探究、交流，给学生表达的机会，从表达中把握学生的思维过程，捕捉生成性教学资源，并用"你是怎么想的""你是怎么想到的""能把你的想法说得更清楚一些吗"等沟通语言促进思考，逐步培养学生通过物理现象发现物理规律、应用物理规律解决实际问题的能力与习惯。核心素养理念引领下的物理教学要求教师要全面提升学生的道德修养、知识水平、应用能力、学科素养、生命品质，这才是"教书育人"的教学宗旨；要以学生的发展为中心，充分调动

他们的自主意识，从他们感兴趣的实际问题和真实情境入手，为他们所开展的科学探究创设时间和空间，解决真实的问题；要为学生创设真实鲜活的学习情境，力避“满堂灌”，要能从学生的视角来观察课堂，重视生成与预设的完美统一。唯有如此，才能使学生学到终身受用的知识和方法，体验到科学探究的乐趣，获得能促进发展的探究能力和科学素养，培养良好的科学研究态度和科学精神，逐步形成适应个人终身发展和社会发展需要的必备品格和关键能力。

五、注重知识融合渗透，培养学生综合素养

教育必须培养全面、和谐、完整的人。北京师范大学刘恩山教授认为，“核心素养是一种跨学科素养，它强调各学科都可以发展的、对学生最有用的东西”[5]。物理教学中重视核心素养的培养，可以矫正过去“重知识、轻能力、忽略情感态度价值观的教育偏失”。对核心素养完整的理解，应包含学科核心素养和跨学科的核心素养，这两个部分的核心素养构成人的完整核心素养。知识本身是不分学科的，人类生活是综合体，问题解决往往需要知识整合和能力融通才能达成。学科间的知识需要整合，学科内的知识也需要整合。老师在课堂教学中讲知识在精不在多，它需要加工和整合。当前，在国内外比较活跃的STEAM教育，就是把科学、技术、工程和数学融合在一起[6]。

在物理学科教学中要培养学生全面、完整的核心素养，应当整合跨学科课程资源。综合实践活动和研究性课程是整合跨学科资源的有效途径。跨学科课程是基于学生的直接经验，以获取探究学习的直接经验、培养创新精神和解决问题能力为直接目的。跨学科课程(综合实践活动)的学习内容是生活世界，解决的问题是学生的心理经验和生活的关系。这就要求教师在物理课堂教学中必须注重跨学科知识的渗透，在学生的文化学习过程中要关注智力发展和道德成长相统一，教学组织形式应该潜移默化地促进学生形成合作、包容的心理品质，教学过程应该营造一种自由、民主、平等的氛围，应该有利于形成创新精神和追求真理与正义的品性。

教育无论怎么变革，核心仍然是教师。在迎接新时代、新改革、新浪潮的实践中，教师要不断提高认识，把握教育方向，创意每一节课堂，关注每一位学生，用核心素养理念引领自己的专业成长。核心素养对教师的要求是：要建立专业理想，在帮助学生健康快乐成长的同时成长自我；要拓展专业知识，不仅要有深刻的学科知识，而且还要有宽广的学科教学知识；要提升专业能力，包括课堂教学能力、教学评价能力、教育科研能力、课程资源开发与利用能力、学术交流能

力、管理能力等等；要做到观念转型，要从“学科教学”转向“学科教育”，要清楚作为“人”的“核心素养”有哪些、物理学科本质是什么，才会明白教学究竟要把学生带向何方；要形成自我风格，“给学生一杯水，教师要有一桶水”。教师不仅仅要有一桶水，而且要有源源不断的新鲜的活水，教师还应该引导学生去寻找自己生命的活水。教学风格的形成是一个教师在教学艺术上趋于成熟的标志。

为了促进核心素养的培养落地生根，教师需要持之以恒不断充电，用广博的知识和先进的理念武装自己，以确保教师能够成为学生形成和发展核心素养的得力的引导者、辅导者、咨询者以及合作者，并最终实现师生核心素养的共同提高。教师在教学中严谨的治学态度和敬业精神，在学校生活中体现的人生准则和处事规范应该成为学生的示范和榜样。

总之，核心素养理念引领下的初中物理课堂教学是促进学生成长的必由之路，是体现物理课程价值的必然选择，是促进教师专业发展的有效途径，是实现育人目标和人才战略的形势要求。教师应该用正确的教育观、学生观和发展观引领自己的教学，以身作则培养学生的核心素养。

参考文献：

[1] 喻平. 发展学生学科核心素养的教学目标与策略[J]. 课程·教材·教法，2017(1)：48-53.
[2] 杨小华. 核心素养研究进展及其前瞻[J]. 教学月刊(中学版)，2015(18)：51-53.
[3] 中华人民共和国教育部. 义务教育物理课程标准(2011年版)[M]. 北京：北京师范大学出版社，2012：6.
[4] 孙红勇. 初中物理实验教学探究[J]. 中外交流，2015(36)：178.
[5] 任用镭. 物理学科还应教给学生什么[N]. 中国教育报，2013-7-13(12).
[6] 程岭. 条件知识：核心素养视域下知识教学的关键[J]. 教育评论，2018(7)：33-36.

探物明理　逐本溯源

——基于核心素养培养的物理教学主张

（1.麻城市思源实验学校，夏雄纠；2.南京市滨江中学，吴邵）

“探究式教学”“合作学习”“自主学习”等教学方式值得教师广泛推崇。但是，如果教师对这些教学方式在理解上出现“泛化”或“神化”的偏差，导致不管对什么样的教学内容都冠以“探究”的标签，或者在探究活动中只求“主体”地位，忽视“主导”作用，只求形式，不求内涵，那便偏离了初中物理教育的本源。长此以往，学生的思维能力浅表化，核心素养得不到落实，更谈不上创新能力的发展。

在大量调研及参与区域内众多听课、磨课、赛课等活动的基础上，经过不断地思考和探寻，笔者提出“探物明理，逐本溯源”的物理教学主张。“物理”从字面上理解，即“物”之“理”。“探”就是探索的意思，“物”指的是生产、生活实际或学习活动中所经历的物理现象，“明”是明白、明辨之意，“理”即事理，指的是物理现象中揭示的物理规律，以及物理学科中包涵的物理思想。“探物明理”的含义是：物理教学既要探究自然界中的物理现象，注重科学与实际、科学与社会的联系，也要明白物理现象所揭示的物理规律，以及物理学科中蕴含的思想方法，通过一定的科学教育，帮助孩子们形成对世界的完整认识，形成终身受用的物理观念，发展学生的科学思维，掌握解决问题、改造世界的能力和本领。“探物”是手段，“明理”是目的，二者相辅相成，不可偏颇。从这个意义上讲，“探物明理”这一教学主张的提出，回归了初中物理教育的本源，并且与发展素质教育和培养核心素养的目标相一致。所以，“探物明理”是物理教学“逐本溯源”之策。

在物理教学中如何践行“探物明理”的教学主张呢?笔者根据当前物理教学现状，结合时代对教育提出的新要求，将重点放在以下四个方面。

一、关注生活，明应用之理

贴近学生生活来开展物理教学，符合学生认知特点，易于激发学生兴趣，使其掌握知识与技能，为以后的学习、生活和工作打下基础。

笔者在名师工作室的工作及区域教研活动中，提出了“清风物理·生态课堂”这一教学理念。清风源于自然，蕴含科学；清风充满遐想，令人探索。“清风物理·生态课堂”体现了“从生活走向物理，从物理走向社会”这一课程基本理念，并且将“生活物理”“探索物理”等教学理念融合在一起，还揭示了物理教学要构建生态课堂，培育和谐共生的师生关系，“清风物理·生态课堂”与“以人为本”“和谐发展”的育人理念以及核心素养的培养目标相统一。“清风物理·生态课堂”的教学实践，建立了物理与生活相联系的有效途径，为确保课堂高效率，提供了有效的可操作的具体方法和策略。在课题研究中，我们收集到大量的“清风物理·生态课堂”的实验成果(论文、导学案、创新题设计、创新实验设计等)。这些成果从实践层面诠释了“清风物理”蕴含的教育教学理念，深入挖掘了初中物理教材中“清风物理”的元素：声学、热学、力学、电学等，体现了“清风物理”与核心素养的深度融合。通过“清风物理·生态课堂”的教学实践，师生们在物理生活化方面取得了大量的成果，学生的学习兴趣浓厚了，物理课堂变得生动有趣了，学生们学习的内容变得丰富多彩了，老师们在教学中变得更得心应手了。

关注生活开展物理教学，一方面要求教师在教学内容选择上要注重挖掘生产、生活中的实例。在呈现方式上，可采用学生喜闻乐见的形式。教师还可以结合生活实际提出一些相关的小课题让学生开展调查研究。例如，通常人们看完电视节目后只用遥控器关电视机而不断开电源，电视机始终处于待机状态。在学习电能的相关知识时，教师让学生在家中用电能表、计时器这些工具测量电视机在待机状态下所消耗的电功率，然后估算一个家庭一年由此所浪费的电能。

在平常的命题中，可选取贴近学生生活实际、社会热点、科技动态等方面的素材。如下述几则实例：

实例1　在2020年抗击新冠肺炎疫情期间，深圳某公司研发一套抗击疫情的无人机巡查技术，并且成功应用到抗疫一线。如图1所示是一款无人机正在巡查作业，在无人机匀速上升过程中，对其分析正确的是(　　)

A.动能增加　　B.动能减少

C.重力势能增加　　D.机械能不变

图1　无人机正在巡查作业

参考答案　C

实例2　如图2所示，中国“人造太阳”——大型核实验装置“东方超环”

(EAST)取得重大突破，创造世界新纪录，在上亿度的高温状态下，物质呈现等离子态，它们可以被磁场约束。“东方超环”就是利用强大________所产生的强大磁场把等离子体约束住。“东方超环”的反应原理与太阳类似，通过________(填“裂变”或“聚变”)释放巨大的核能，原子核能又转化为________，从而获得上亿度的高温。

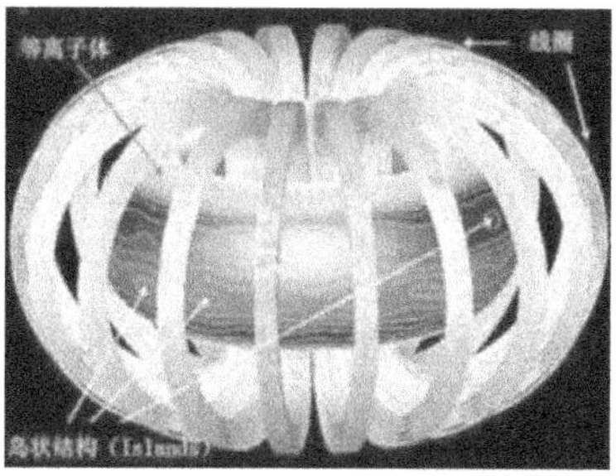

图2　大型核实验装置“东方超环”(EAST)

参考答案　电流；聚变；内能

这些题材拓展了学生的视野，激发了学生“探物明理”的兴趣，让他们从关注生活之中，明白所应用的物理原理。另一方面，要开展综合实践活动，带领学生进行社会调研，开发和利用社会资源。如参观污水处理厂、生活垃圾处理场、风力发电站、火力发电厂等，把科技展品引入学校供家长、学生参观学习。这些活动，使学生在近距离接触中学到物理知识，体验科技的奥秘。因此，关注生活是学生“探物明理”的重要方式。

二、创新实验，尝发现之理

实验是物理课程的特点，也是物理教学的基础，是落实科学素养的重要途径。正如物理学家帕格尔斯所言：“没有实验的物理理论是空洞的，没有理论的实验是盲目的。”[1]如图3所示，86.7%的学生表示喜欢有较多的动手操作或亲身实践、讨论交流或自学等的课堂教学方式，12%的学生喜欢以老师讲授为主的课堂教学方式。由调查统计可见，实验是学生最喜欢的课堂教学方式之一。

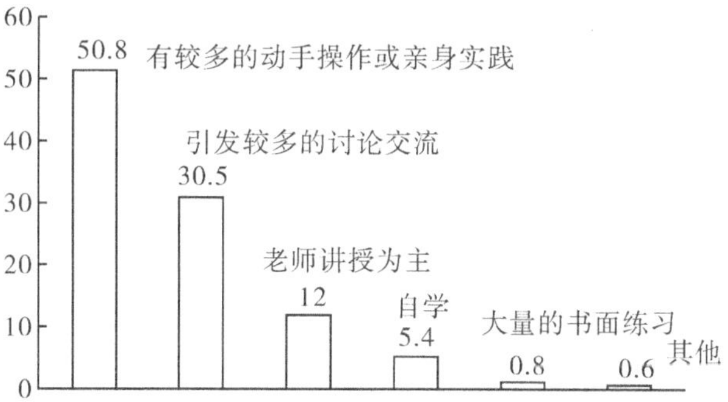

图3　学生最喜欢的教学方式调查统计

笔者工作室的很多成员在实验创新方面进行了大量的尝试。一位老师为了帮助学生理解重力方向竖直向下，设计并制作了“重力方向探测器”，轻松解决教师难教、学生难学的问题。小制作，大用途，教师教得轻松、学生学得愉快。学生既学到了知识，又陶冶了情操；既培养了协作意识，又增进了感情。另一位老师演示液体的热胀冷缩时，设计了“酒精‘爬树’”的精彩实验，抓住了学生的好奇心，激发学生的求知欲望。将一根塑料细管缠绕在绿植小树上，当滴入了红色墨水的酒精受热膨胀时，红色液体沿着细管上升，慢慢向上攀爬，一会儿到达树顶。现场演示让所有学生都十分震惊！实验采用给酒精加热来代替传统给水加热，因为酒精膨胀比水更明显。在酒精中加入了红墨水，让红色的酒精绕着绿树爬升，增加了观赏效果和现场震撼力。还有很多老师自制了大量实验教具，如“滑跃式光电显示变阻器”“低压触电实验模拟演示器”“阿基米德原理数字化改进装置”“固定在讲桌上的可升降多方位演示台”等等，在课堂教学中发挥了重要作用。

长期以来，实验成为了物理教学的薄弱环节。虽然很多老师思想上认识到实验的重要性，但是在实际教学中为省事而弱化了这一环节，采取说实验或以虚拟实验代替真实实验的做法。这是我们物理教学的误区。物理教学中要利用学校的实验条件，开发一些实验资源，使实验教学真正落到实处。实验教学的另一个误区是为实验而实验，或者是“玩实验”，只求气氛上的活跃，或者形式上的创新，而没有真正发挥实验教学的功能。

实验是科学探究的重要方式。如图4所示，物理实验的教学功能表明，实验教学对核心素养的形成起到重要作用。在物理实验中，教师要引导孩子们像科学家那样不只是观察现象，还要弄清楚现象背后的奥秘，要以“怀疑”的眼光审视所观察到的现象，并就观察所得进一步提出可以通过科学探究来解决的问题。学生开展物理实验，进行科学探究，这正是“探物明理”的自觉行动。

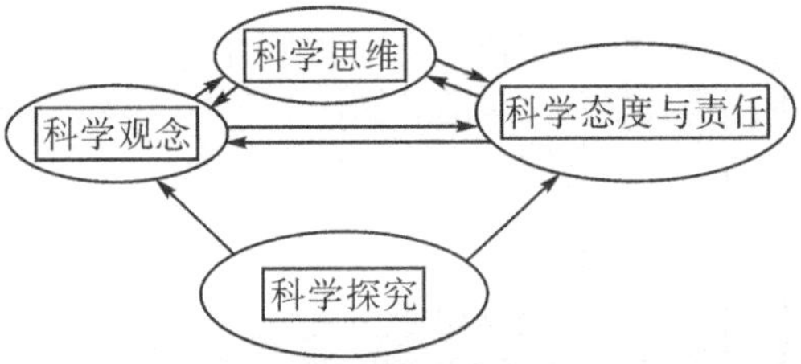

图4　物理实验的教学功能

霍金说：我们都是鱼缸里的一条“金鱼”。由于光在进入水时发生了折射，在我们看来做直线运动的一个物体，在金鱼的眼中就是沿着曲线运动的。如果金鱼足够聪明，那么，金鱼也可以在它们的世界里总结出一套物理学规律。虽然，这样的规律对于金鱼缸外的我们来说，根本就是胡说。但是，相对于更广阔

的世界而言，我们不也是处在一个我们没有观察到的“圆形金鱼缸”里吗？[2](图5)

图5　“圆形金鱼缸”中的我们

换一个角度就是另一个世界，物理实验不能缺少“学生”的视角。江苏省著名特级教师汤金波老师多年从事学生自主创新实验研究，他以丰富的实践经历表明“创新实验是点燃智慧的发动机，也是不断丰富智慧的永动机”。受汤老师影响，笔者也在不断创造条件让学生独立开展实验，让学生网购实验器材，自主完成课本实验；发动他们利用身边的器材自制教具；或者在家里创造实验条件，开展自主创新实验。特别是在2020年网课期间，学生宅居在家里完成了大量的物理创新实验，这不仅丰富了他们的网课生活，更重要的是在动手实验中体验到了“刷题”过程中无法感受到的灵感和快感。

研究表明，孩子养成做物理实验甚至创新实验的习惯，经历发现问题、分析问题、解决问题的过程，对开发学生的智力、发展学生的思维、丰富学生的智慧起着重要作用。开展物理创新实验是物理教学中“探物明理”的重要手段。

三、构建模型，悟形成之理

所谓物理模型，是人们为了研究物理问题的方便和探讨物理事物的本身而对研究对象所做的一种简化描述[3]。

例如，在研究小孔成像原理的教学中，教师可先介绍一段科学史话：两千四百多年以前，我国的学者墨子和他的学生做了世界上第一个小孔成像的实验，并解释了小孔成像的原因，早于牛顿2000多年就已经总结出相似的理论，这也是世界上对光沿直线传播的第一次科学解释。然后利用蜡烛、打火机、小孔屏、塑料薄膜光屏等器材进行小孔成像的实验探究，按图6中甲、乙、丙、丁所示的操作方法放好蜡烛、小孔屏和薄膜光屏。点燃蜡烛，调整蜡烛和屏的高度，使烛焰、小孔和薄膜光屏的中心大致在一条直线上。调整烛焰和小孔屏的距离，直到在薄膜光屏上看到烛焰倒立清晰的影像。实验中会观察到点燃的蜡烛发出的光经过小孔后，成倒立的影像。

进而引导学生思考：小孔成像的原理是什么？教师作出该装置的模型图(如

图6戊)，通过分析可知，烛焰上某点A发出无数条光线，在空气中沿直线传播，其中有条光线刚好穿过小孔，照射在光屏上形成点A的影像A′，烛焰上其他各点的光同样在光屏上都能形成对应的像点，这样在光屏上就形成了烛焰倒立的实像。由此得出，小孔成像的原理是光沿直线传播。

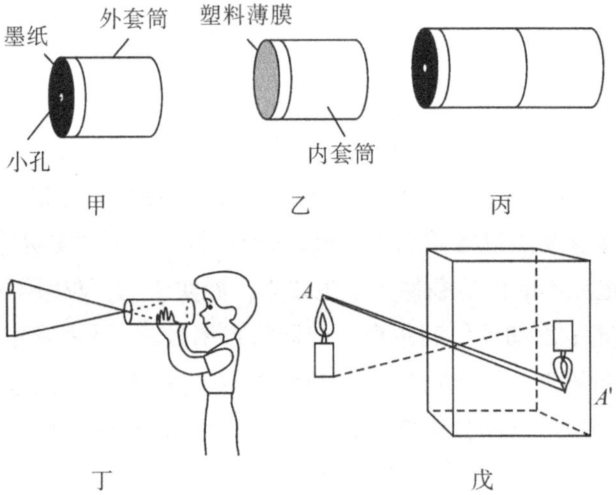

图6　研究小孔成像原理

还可进一步探究：小孔成像的大小与什么因素有关?学生提出猜想和假设：小孔成像的大小可能与物距有关，小孔成像的大小可能与像距有关……再次设计并进行实验，可探究得出："小孔成像的大小与物距和像距都有关(当物距一定时，像距越大，像越大；当像距一定时，物距越大，像越小)"的结论。然后利用光沿直线传播原理通过光路作图验证该结论是否正确。

该案例中，学生亲身体验观察小孔成像的特点，然后用作图等手段将实验情景抽象为物理模型，从而真正明白小孔成像的原理，知道了小孔成像的有关规律。这样既锻炼了学生的探究和模型建构能力，又加深了学生对物理知识的理解，使知识内化为物理观念，促进了科学思维的发展。

再看下面几则实例：

实例3　家庭电路用电器漏电时，通过火线与零线的电流不相等，漏电保护器中检测装置(如图7，在图中虚线框内，未画出)检测到这一差异后，便切断电源，起到保护作用。漏电保护器中另有试验电路，由开关S与电阻R组成，如图7所示，火线与零线间的电压为220V，导线的电阻忽略不计。下列有关说法正确的是(　　)

A.漏电时，用电器两端的实际电压低于220V

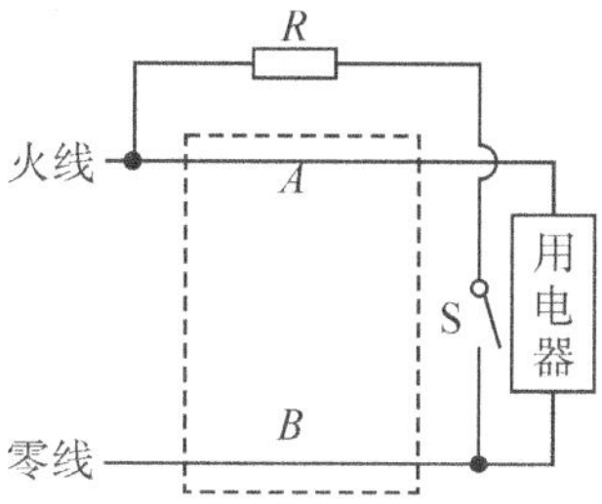

图7 漏电保护器中检测装置模拟电路

B.当开关S闭合时就能模拟用电器漏电

C.漏电时通过A、B两处的电流$I_A>I_B$

D.不论是否漏电，通过A、B两处的电流$I_A=I_B$

参考答案 B

实例4 如图8甲，2020年6月21日，我国时速600公里高速磁浮试验样车在上海同济大学磁浮试验线上成功试跑，标志着我国磁悬浮技术已达到世界领先水平。列车上电磁体始终通有直流电，铁轨上线圈通电后，电磁体和线圈会变成一节节带有N极和S极的电磁铁，列车所受磁力如图8乙所示。下列有关说法错误的是(   )

甲 乙

图8 磁悬浮列车及所受磁力示意图

A.磁悬浮列车是利用同名磁极相互排斥的原理悬浮在轨道上的

B.图中列车在磁力作用下正在向右行驶

C.要保证列车一直向前行驶，线圈的N极和S极就要不断变换，则铁轨上线圈中应通直流电

D.为了节约能源，列车行驶时应对铁轨上线圈分区段供电

参考答案 C

实例5 手机无线充电方便了人们的生活，其中电磁感应无线充电是应用最多的无线充电方案。如图9所示，它的原理是送电线圈通过一定频率的交流电，线圈的周围形成交变的磁场，通过电磁感应在受电线圈中产生一定的感应

电流，从而将能量从发射端转移到接收端。下列选项中和受电线圈工作原理相同的是(　　)

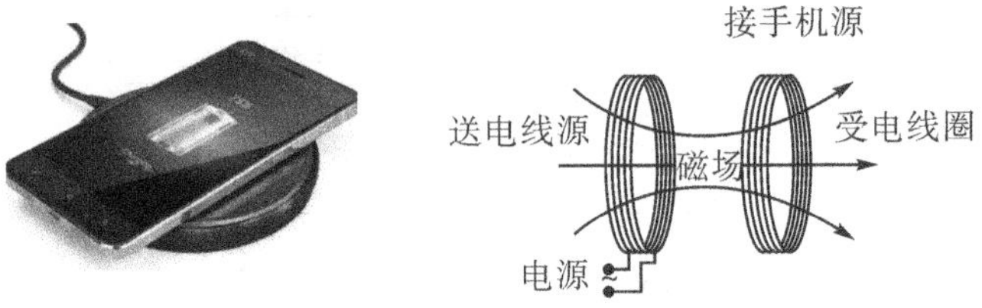

图9　电磁感应式无线充电

A.电动机　　B.扬声器　　C.电磁继电器　　D.动圈式话筒

参考答案　D

上述实例3设计了一个漏电保护器的模拟电路，学生看图便能弄清家庭电路中漏电保护器的原理；实例4将高速磁浮试验样车运行的原理，图形化为由一些磁体组合而成的简单模型，学生能直观地根据电磁铁及磁极间相互作用的规律理解这一领先技术中应用的最基本的原理；实例5展示手机无线充电的原理，即“电磁感应”，尽管该装置和教材上提供的“磁生电”实验装置有些差别，但学生根据“电磁感应式无线充电”工作原理图和图中标注，很容易弄明白该装置的工作原理。

物理模型以观察和实验为基础，采用理想化的办法来创造，能再现事物本质和内在特性。学生在分析实际问题中，建立与之相适应的物理模型，是形成物理观念、发展科学思维的重要途径。

初中物理教学中的模型有很多，例如：匀速直线运动、力的图示、重力场、连通器、杠杆、物质结构的微观模型、光线、电路图、磁感线、宇宙模型、原子模型、微观粒子模型等等。通过让具体的物理现象不断地“模型化”，并且运用分析综合、推理论证等方法，对不同观点和结论提出质疑、批判，进而抽象形成能反映客观事物的本质属性、内在规律及相互关系的概念、原理或方法，不但能为学生进入以后的学习留下发展空间，而且能帮助学生深化对科学本质的认识。构建物理模型，是科学方法教育的重要手段，也是物理观念形成、科学思维发展的有效途径，能促使学生由具体到抽象，亲身经历知识形成的过程。

四、综合渗透，达素养之理

“探物明理”这一教学主张还表现在，物理教学中必须让学生了解自然界事物的相互联系，注意知识间的前后联系以及学科间的渗透。教学中经常通过一定的载体，把教材内容进行整合，建立知识间横向与纵向的联系，把课内与课外相结合，把书本内与书本外相结合，让学生真正体会学习的快乐，能力真正得到提升。

例如，“瓶”是一种常见的生活用具，在人们的日常生活中充分展示了它的魅力，在物理教学中也有不俗的表现，无论是力、热、声、光、电都有它的身影。

“小小音乐会”：利用8个相同的玻璃瓶，向其中灌入不同高度的水，可制作水瓶琴，说明音调与频率的关系(图10)。

图10　水瓶琴

“自制温度计”：在小瓶里装满带颜色的水，给小瓶配一个橡皮塞，橡皮中插入一根细玻璃管，使橡皮塞塞住瓶口。教学中教师可以借用这一实验很好引入温度计的原理、结构和使用方法(图11)。

图11　自制温度计

“降温沸腾”：是人教版物理“科学之旅”中的实验(图12)。教师上课时不宜讲其中的原理，避免学生因为听不懂而产生畏难情绪甚至是反感。当学生有了足够的知识和能力，学完物态变化和大气压强，可以回过头来帮助学生解决以前不能解决的物体，让学生感受到自己的成长，享受学习的快乐。

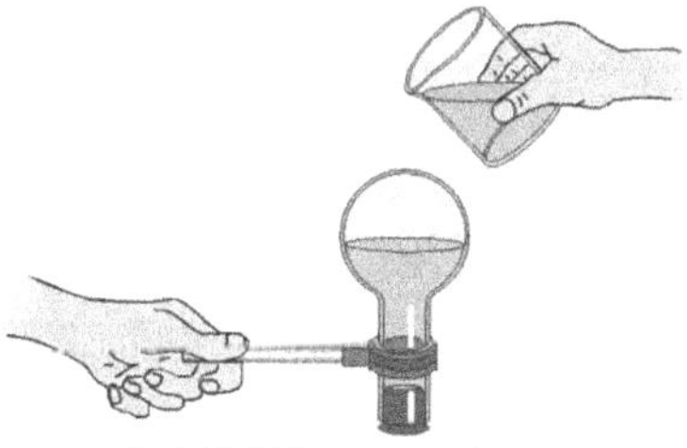

图12　降温沸腾实验

瓶子装满水就是凸透镜(图13)。将一支铅笔水平地放在空玻璃瓶的后方，透过玻璃瓶观察；将玻璃瓶灌满水后，将铅笔由靠近玻璃瓶的位置向远处慢慢地移动，同时透过玻璃瓶观察铅笔的像。与前面用凸透镜所做的实验相比，学生可更深入地体验和理解凸透镜成像的规律。

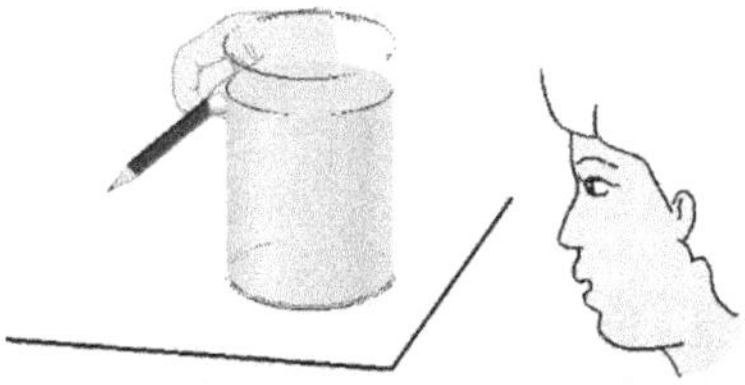

图13 透过装水的玻璃瓶观察铅笔

“喷水”实验(图14)。在瓶子不同方向开口，水都能喷射出来，说明液体内部各个方向都有压强；在不同高度开口，水喷射的距离不同，开口越是往下水喷射越远，说明深度越深液体内部压强越大。

图14 喷水实验

以瓶子为载体，还可做“瓶子形变”“自制气压计”“气体分子扩散”等很多实验。

“让我们荡起双桨，小船儿推开波浪，海面倒映着美丽的白塔，四周环绕着绿树红墙。”请结合其中的一句，找出其中包含的物理知识。思路点拨：“让我们荡起双桨”，划桨时，桨是一个杠杆；“让我们荡起双桨”，划桨时，手对桨施力，手是施力物体，桨是受力物体；“小船儿推开波浪”，船漂浮在水面上时所受浮力与重力是一对平衡力；“海面上倒映着美丽的白塔”，水面相当于平面镜，水面下的“白塔”是白塔的等大的虚像，这是光的反射现象；“四周环绕着绿树红墙”，绿树反射绿光，红墙反射红光……

物理考题中经常出现诗词、音乐、体育、科技、历史等多方面的题材，需采用物理科学方法结合数学、哲学等工具解决问题，甚至将初高中物理知识进行衔接，这些方式都是丰富学生科学思维，发展学生能力素养的有效手段。

综合渗透这一手段的运用，要求教师在物理教学中应当整合跨学科资源，注重跨学科知识的渗透，注意前后知识之间的衔接，适当延伸教材内容，关注智力发展和道德成长相统一，将物理观念、科学思维、科学方法、科学态度与责任等要素，自始至终贯穿在教学活动之中。

总之，“探物明理，逐本溯源”这一教学主张的提出，是物理学科知识建构的需要，是物理教育本源的回归，是学生学习方式变革、构建高效课堂和教育高质量发展的客观要求。呼唤“探物明理”，是走出当前教育误区、发展学生的核心素养的有效途径，只有正确处理好物理教学中“探物”与“明理”的辩证关系，才能让我们的课堂充满生命灵动，才能使我们的物理教学步入正确的轨道，才能为社会培养出更多的具有实践能力和创新精神的高素质人才。

参考文献：

[1] 张永华. 加强初中物理实验教学，激发学生探究兴趣[J]. 读书文摘，2016(17)：358.

[2] 张泉灵. 生命的后半段[J]. 党政论坛(干部文摘)，2016(1)：48.

[3] 陈晓冬. 形象化教学培养物理抽象与概括能力的初步研究[D]. 苏州：苏州大学，2016.

课程思政：化学教学的精神指向

（深圳市新安中学（集团）高中部，兰建祥）

名师简介

兰建祥，男，深圳市新安中学正高级教师，化学特级教师，获评省优秀科技教师、省优秀化学教师、市有突出贡献的中青年专家、市学术带头人、市优秀青年、市青年岗位能手、市师德标兵、市先进教育工作者、宝安教育突出贡献奖等荣誉。发表论文百余篇，出版《知识教学的精神转向》等11部专著，受聘为北师大等高校兼职导师。近五年，受邀在北师大、陕西师大等高校做报告12场次，在省内外各地做报告或主讲公开课百余场次。

在2019年3月18日召开的学校思想政治理论课教师座谈会上，习近平总书记提出思想政治理论课改革创新要坚持“八个相统一”，其中包括“要坚持显性教育和隐性教育相统一，挖掘其他课程和教学方式中蕴含的思想政治教育资源，实现全员全程全方位育人”[1]。这是自2016年12月习近平总书记在全国高校思想政治工作会议上提出“使各类课程与思想政治理论课同向同行”[1]以来，对推进思政课程与课程思政有机结合的再次强调。

最近几年，笔者作为高中化学课程教师，努力追寻用化学课程中蕴含的文化力量与精神力量去感召学生，因而非常有感于习近平总书记的两次讲话，并深受鼓舞。

一、铸魂育人：学科教育的最高价值

近代化学之父道尔顿在《化学哲学新体系》中写道：“化学不仅外化为工艺、流程、技术及其产物等器物形态，直接表现为概念、定律和理论等知识形态，更深蕴于其特有的思想、观念和方法等精神形态之中。”[2]这段话，其实道出了学科的三个构成要素，即构成该学科的基本概念，基本概念背后的思维方式，思维方式背后的基本价值诉求[3]。学科的基本概念是内容之知，学科思维是方法之知，学科的价值诉求是精神之知。无论是前些年倡导的素质教育，还是如今追寻的素养教育，其要义都是指向基本概念背后的思维方式，思维方式背后的基本价值诉求。学科思想、观念、方法与学科的精神诉求，乃是学科教学的真谛所在。我的理解是，中国的课改之路，实则是一条从学科教学转向学科教育之路，一条不断逼近学科教学指向学生精神发育之路。

心理学认为，流于浅表的信息传递容易让人疲乏厌倦，提不起兴趣，触动心灵的教育才是深刻的、最好的教育[4]。教师只有践行课程文化的精神特质，追求知识和认识之上那无限广阔的精神空间、无限丰富的人格世界、无限高尚的道德境界和无穷魅力的人性光辉，才能促使人健康幸福地度过一生，从而影响到一个国家、一个民族的未来。所以，早在2014年教师节之际，习近平总书记与北京师范大学师生谈话时讲道："一个人遇到好老师是人生的幸运，一个学校拥有好老师是学校的光荣，一个民族源源不断涌现出一批又一批好老师则是民族的希望。"[5]

二、厚植情怀：赋予知识生命的色彩

英国教育家约翰·亨利·纽曼在《大学的理念》中有着这样的阐述："任何学科的一般原理，大家可以足不出户，通过书本而知之，可是细节、色彩、口吻、氛围、生气，使得一门学科融入我们血脉的那股生机，凡此种种都要从师长那里把捉，因为学科已经在他们身上获得了生命。"[6]这段话精彩地阐释了教师的价值，指明了教学的价值取向。

如何在化学教学中对学生进行思想和价值的引领、落实立德与育人的目标？从2015年起，笔者开始专注于这个问题的理性思考与实践探索。至今已初步形成一些具体的方法认知，从中感悟出五个方面的教学引擎：即化学教学中要有审美视角，要有哲学意蕴，要有人文情怀，要有学科融通，要有生活气息。

（一）化学教学中要有审美视角

化学教学中要有审美视角，就是引领学生从科学概念走向审美情趣，从科学认识世界、理解造化中窥见大美。比如，在化学平衡概念的教学中，我与学生一起品味平衡之美：化学平衡美在和谐(反应物与产物共存)；美在包容(动中有静，静中有动)；美在自我调节(平衡可以移动)；保持平衡，就是保持和谐，保持稳定，保持美好，学会包容，学会自我调节；任何平衡被破坏，意味着美好被破坏，意味着问题随之而来……整个自然界就是一个包含生态平衡、力的平衡、心理平衡、生理平衡、溶解平衡、化学平衡等无数微平衡的巨大平衡系统！社会系统又何尝不是一个和谐的、巨大而复杂的平衡系统？！

特别有趣的是，在学习苯的分子结构与性质时，与学生共同欣赏发现美(因凯库勒梦想诞生)、线条美(有直有曲,有角有弧)、对称美(呈轴对称、中心对称)、匀称美(碳碳之间的价键相同)、和谐美(兼有饱和烃与不饱和烃性质)、简单美(一个六元环中夹杂着一个圆)、力量美(结构稳定、性质稳定)、个性美(有自己的特殊性质)、气质美(内圆外方)、价值美(具有五彩纷呈用途)、哲学美(含碳量的量变引起结构和性质的质变、外因通过内因起作用),由此感叹苯环之美是自然美在化学中的绝妙体现,是化学美与现实美的完美结合!

(二)化学教学中要有哲学意蕴

化学教学中要有哲学意蕴,就是教会学生运用量变引起质变、因果律、对立统一律、真理的相对性与绝对性、主要矛盾与矛盾的主要方面等哲学视野去理解问题,借此罗织思维的"文化经纬",解决知识存量的爆炸性增长和知识的"碎片化"矛盾,为学生奠定复杂性科学时代的认知基础。比如,在勒夏特列原理、熵增原理、盖斯定律、化学反应自发性理论等学科基本原理的教学中,我组织学生讨论这些知识原理的普适性及其中所蕴含的哲学原理,让学生领悟世界很多事情的底层逻辑是相通的,领悟大道至简的妙趣。

(三)化学教学中要有人文情怀

化学教学中要有人文情怀,就是在知识教学中以人为中心,关注人的价值和精神表现,关注学生高尚的心境、情趣和胸怀的养成。比如,与学生从共价键的形成中领悟到的人文情怀是"携手合作,共享共赢""凝聚产生力量,团结诞生希望";从离子键的形成中领悟到的人文情怀是"得与失不是敌人,而是兄弟,如影随形;得与失不是对立,而是统一,彼此依存""淡泊得失,笑对人生""电子得失乃瞬间之事,关键是守住自己的核"。给学科知识赋予适当的人文情感,触及学生的精神发育,教学就变得有灵性,从而更加生动,更加有意义。

(四)化学教学中要有学科融通

化学教学中要有学科融通,就是走出原来单一学科的局限,完成知识与思维在不同学科之间的迁移和贯通。在课堂上,我用"别后相思空一水,重来回首已三生""执手相看泪眼,竟无语凝噎"来描述盐的水解;用"此去经年,应是良辰好景虚设。便纵有千种风情,更与何人说""两情若是久长时,又岂在朝朝暮暮"来表达弱电解质的电离;用"遗传与变异"解读醇的化学性质:苯酚遗传了苯环与羟基的性质,但苯环与羟基相互影响,又导致苯酚与苯和羟基的性质有差异,此谓之变异等等。诺贝尔化学奖得主格伦·西奥多·西博格说过:"科学与诗歌在描绘自然界时是血缘相通的。""跨界"不是标新立异,不是追赶时髦,而是让课堂变得灵动而立体。因此,我给学生布置的寒暑假作业不再是所谓的

“题”，而是完全脱离常规习题形式的“化学作文”。

比如，我曾经给学生布置过如下的寒假作业：

科学美是潜藏在感性美之后的理性美。人类认识世界，可以采用科学的方法，也可采用艺术的视角。化学，是富含神韵和孵育内心澄明的自然科学。

请在寒假完成以下两篇作文：

(1)我眼中的平衡之美

(2)弱电解质——弱者不弱

（五）化学教学中要有生活气息

化学教学中要有生活气息，就是借助学生的生活背景和生活体验，在学生与文本知识之间搭建一座“桥梁”，促进学生理解知识内容及知识的意义与价值。为此，我坚持“从生活中来，向生活中去”的原则设计和组织教学，让学生感受到知识的亲切，激发学生获取知识的兴趣和欲望，并在感性上产生认同之后再在理性上建立认知。其实，化学教学的基本原则与重要艺术，应该贯穿于所有的教学之中，体现于每一节课的教学之中。

三、拔节孕穗：我的学生向着高尚成长

我任教了2015年入学和2018年入学的两届高中学生，其中2015级学生已经高中毕业。令我欣喜不已的是，这两届学生不仅对化学产生强烈的兴趣，在各类考试中也是出类拔萃，更可贵的是，他们身上似乎滋生了一种“化学气质”，这种“化学气质”就是具有欣赏化学之美的“化学眼睛”，具有运用化学观念和化学方法分析化学问题的智慧，甚至具有运用化学原理来认识或解释非化学现象的“化学智慧”！这种“化学智慧”，大概就是所谓的跨学科素养。

举几个有趣的例子。学生从“相似相溶原理”中感悟到：油与水成不了朋友，因为物以类聚，人以群分；你想要交到什么样的朋友，你得先活成什么样的人，因为当你变成了这样的人，你才会吸引同样的人。学生在讨论原电池的意义时，竟然有同学这样表达：真正的正能量不是表达在口上，而是你活成了一个原电池，只要连上你，你都能主动给人以能量，温暖别人，照亮别人。学生从化学反应中的能量变化中受到这样的启发：外界条件的变化固然改变化学反应的速率，但真正决定这一切的还是本身的实力；你能为这个世界贡献多少能量，完全取决于你的“内焓”。

在此，不妨透过学生的“化学作文”片段，去感受化学课程对学生的理想与

信仰、思想与情怀、思维与视野、人格与态度等产生的深刻浸润作用：

> 高一(2)班吴致安：其实，我们也只是这个大千宇宙中的一颗原子，我们的信念就好比是原子核，核内承载的是我们的信念。那么电子是什么？它是我们所处的环境吧，我们总会在顺境与逆境中变换。化学变化不也是一场人生哲学吗？电子只是浮云罢了，无所谓电子得与失。不畏惧人生的跌宕起伏，人生的意义一直存在那里，守住自己的核。
>
> 高一(2)班孙李金：氢原子变为氢离子时，失去了最后一个电子，除了自身的原子核一无所有。但它仍然是氢，并没有变成氦或其他元素。在这电子的得失中，它的本质并没有发生改变，也就是说，它守住了本心。氢如此，人亦应如此。人生中无论得或失，都要坚守本心，不因外物而改变，如此才能成就大事。
>
> 高二(4)班张一凡：化学反应会有平衡状态，而这种平衡也正是其美丽所在。其实，这个世界就是一个处于相对平衡状态的世界。正是因为这种平衡的存在，才使其和谐、平静和稳定。
>
> 高二(4)班陈冠妤：平衡，自古就是我中华民族所追求之状态。从源远流长的阴阳太极文化，到现代人常提起的心理平衡，往大里说，都隶属平衡，可见平衡之美深入人心。

诚然，如果教学能触动学生的灵魂、唤醒学生的灵性，这将让学生在收获学科知识与学科思维的同时，更是将学生的精神和人格引向高尚，给学生心灵埋下真善美的种子，从而留给学生一生的影响！这样的课，其意义不言而喻。好课的标准不是试卷上的一个分数，而是学生对精神力量、人生价值和生活态度的切身感悟。

四、教学设计：向着生活与生命中去

如何进行富有生命色彩的教学设计呢？依从我的经验，就是明确“一条主线”，指向“四有”。“一条主线”就是：以知识为载体，让知识教学从生活中来，向生活中去，向生命中去。写在书本中的知识，主要是一种记录和陈述，而教师所要做的不应是简单的、纯粹的知识陈述，不应仅是知识的口头传达，这当中应当融入教师的理解、教师的精神、教师的情感、态度和价值观，教师的任务就是要为知识赋予生命。真正的教育，要往生命里去，深入灵魂的每一个腹地。倘若教学触动学生灵魂、唤醒学生良知与灵性，则学生的学习和生活都会随之悦动起来，这正是教师存在的价值。正如习近平总书记所讲：“要挖掘课程中蕴含的思想政治教育资源，在教学活动中实现思想和价值的引领，形成与思政课程同向同行的育人协同效应。”“四有”就是：有知识、有方法、有生活、有意境。虽然知识本身不是教学的全部，但知识是“船”，是实现其他教学目标的载体。所以，教学中必须“有知识”。这里的知识，是指构成学科的核心知识、基本概念与原理。在教学设计中，知识不是越多越好，而是寻求精准选择、透彻讲解。“有方法”中的方法，是指学科基本概念与原理背后的思维方式。教学设计中要充分研究运用基于学科特征的思维方法、研究方法与学习方法，让学生形成对学科知识的本质理解和根本看法，增加对知识理解的深度、广度和高度，追求大道至简的认知。人类创造知识的目的，是为了改善生活，使生活更加美好和有意义，而不是为了所谓的应试。

仅仅把学知识与考试挂钩是一种价值迷失[7]。教育的外延就是生活的外延，来自生活的一切都是最鲜活的、最真切的、最贴近生命的。所以，教学设计要指向“有生活”，这将使得教学在生活化中获得永生！“有意境”是指挖掘知识背后蕴含的精神内涵，让冷冰冰的知识瞬间变得有温度，从而唤醒学生内心深处埋藏的对生命意义与价值进行探索和追寻的意识，明确人生的意义和价值，在寻常的生活中绽放生命的光彩。

作为知识分子的教师，要能够站在人类文明的精神高地俯瞰和审视我们的每一堂课。我坚信：学生的精神，正如柳树发芽，既靠内在的生长力量，也靠春风的外力。精神引领的“春风”就是“陶冶”。课程教学，关注的不仅是物性，而且有价值，有精神，有人性。化学课程也是进行思政教育的场域，可与思想政治理论课同向同行、协同作用——不仅向学生传授知识，而且向学生传递信念和价值，关涉学生的精神塑造和价值成型，让学生在成长过程中“回味无穷”，一生难忘，留给学生一生的影响。

参考文献：

[1] 吴晶，胡浩. 用新时代中国特色社会主义思想铸魂育人　贯彻党的教育方针落实立德树人根本任务[N]. 中国教育报，2019-3-19(1).

[2] 道尔顿. 化学哲学新体系[M]. 李家玉，盛更玉，译. 北京：北京大学出版社，2015：6.

[3] 钟启泉. 从“知识本位”转向“素养本位”[N]. 中国教育报，2017-11-15(5).

[4] 楚爱华. 一堂好课，应该有几“度”[N]. 光明日报，2017-6-8(14).

[5] 李斌，霍小光. 做党和人民满意的好老师[N]. 中国教育报，2014-9-10(1).

[6] 兰娜娜. 还教育以真实[J]. 教学与管理，2013(7)：45.

[7] 刘长铭. 我所理解的好课标准[J]. 教育现代化，2014(1)：17-18.

基于学业质量标准的教学设计与实施

（1.华中师范大学人工智能教育学部，广东省教育研究院，程俊；
2.华中师范大学教育学院，王后雄）

名师简介

程俊，女，广东省教育研究院中学化学教研员，中学正高级教师。广东省新一轮名教师工作室主持人，北京师范大学珠海校区兼职教师、华南师范大学硕士研究生兼职导师、广东教育学会创新教育专业委员会副理事长，获评"人民教育出版社优秀培训专家"。先后主持1项全国教育规划教育部重点课题、2项省规划课题、2项市级课题，参与多项课题。有三十余篇论文在《化学教育》等期刊发表，出版《指向深度学习的化学教学研究》专著1部、编著1部。

学业质量标准的制定是本轮新课改的创新之举，实现了学业成就评价由学科知识导向到核心素养的转变，试图改变过去教学无标准的困局。因此，关于学业质量标准的研究与使用，无疑成为此轮课程改革的重点研究课题。然而，《普通高中课程方案(2017年版 2020年修订)》颁布六年之久，全国各地被冠以学业质量研究之名的项目很多，但是拥有学业质量研究之实的成果极少。在很多一线教师或研究者看来，学业质量标准高度凝练，很难落实到具体的课堂教学中，久而久之，使得学业质量标准逐步被虚化，被束之高阁，核心素养仍然是高喊的口号，难以具体落实。

诚然，当下课标中学业质量标准的表达确有不易把握之处，但是，解读完善学业质量标准，遵循学业质量标准来进行日常教学，必定是新课程改革的应然之举，因为，当下的教育教学改革必然要走向证据性评价之路。因此，有必要认真梳理学业质量标准的内涵、功能、使用策略，使学业质量标准真正成为教学与评价的重要抓手，使基于经验的评价转向基于课程标准的评价。

一、学业质量标准是素养落地的必要工具

新课改已六年之久，核心素养的培育仍然难以在广大一线教师的常态课中

基金项目： 全国教育科学规划教育部重点项目（DHA210347）。

寻常见。在不少老师的教学设计里，一条条素养线彰显着素养的形，然而核心的问题设计与教学过程却难见素养的魂，甚至不少公开课、展示课都离素养培育有一定差距。可见，学科核心素养的落地研究迫在眉睫。

（一）素养目标凝练且内隐

素养目标是高度凝练的关键能力、必备品格与价值观。其中关键能力包含学科观念、学科思维方法等，是从结构化的学科知识中提炼出的共性的、能迁移应用的认识思路、认识视角、核心概念等，具有高度的抽象性。必备品格与价值观是人表现的品质与性格、人对事的是非判断。所以，核心素养作为人的内在品质和能力，是内隐的，其是否达成很难通过直接观测和度量评价，只能在外显的任务活动完成过程中通过行为表现特征来观察和测量[1]。

（二）素养培育应可视化

高度凝练且内隐的素养目标若要落地，需要可视化，即具体化、可操作、可评价。核心素养的维度都有其特定的意义，应有具体的形象特质和行为表征，需要关注其素养的表现性目标，即以具体的课程内容为载体，结合模块或主题教学内容，通过在具体情境中运用相关学科内容，通过各种具体任务的执行，外显为行为表现特征，从而借助这些行为表现评价学科核心素养发展水平。学业质量标准为素养的培育与测评确定了可视化的指标。

（三）素养培育应系统化

学生学科核心素养水平的达成不是一蹴而就的，是在学习的过程中逐步形成的，是一个持续进步的过程，具有阶段性、连续性、整合性等特点[2]。同一种素养，其在知识学习的不同阶段有不同的水平表现；同一个知识内容，也可能指向多个不同的核心素养。因此，必须将核心素养进行系统化设计：一是整体化、二是层级化。将素养发展具体化为各个不同学科知识阶段的学业质量水平层级，设计分层次的活动表现评价标准，使得每个阶段素养目标变得科学适切、循序渐进。很显然，能使素养目标可视化、系统化落地的必要工具就是学业质量标准。

二、学业质量标准的内涵、呈现方式与功能定位

（一）学业质量标准的内涵

《普通高中课程方案》指出："各学科明确学生完成本学科学习任务后，学科核心素养应该达到的水平，各水平的关键表现构成评价学业质量的标准。"[3]《普通高中化学课程标准(2017年版 2020年修订)》指出："学业质量是学生在完成本学科课程学习后的学业成就表现。学业质量标准是以本学科核心素养及

其表现水平为主要维度，结合课程内容，对学生学业成就表现的总体刻画。”[4]

上述文件表述都表明：(1)学业质量标准指向终态学习结果，是学生在完成学段课程学习后的学业成就表现；(2)学业质量标准反映了核心素养的培养要求；(3)学业质量标准是学科核心素养水平与课程内容的有机结合[2]。所以，学业质量标准不仅表征知识学习的质量，更是素养发展水平的体现。

(二)学业质量标准的呈现方式

学业质量标准的“质量描述”，包含情境、任务、完成任务过程中的行为表现等要素[5]。在情境中，观测学生的学习表现，并将学生的具体行为表现作为评价证据[6]，试图将学生学业成就的评价标准由知识维度转向行为表现维度。简言之，就是在什么条件与环境下，做了什么事，表现了什么水平。通过行为动词、行为要求、行为表现三个元素，共同显示行为目标，力求做到：使素养表现“够清晰”，水平特征“易辨识”，内容的支撑“可操作”[1]。

学业质量标准的“水平层级”，依据不同水平学业成就表现的关键特征，学业质量标准明确将学业质量划分为不同水平，并描述了不同水平学习结果的具体表现。《普通高中化学课程标准(2017年版 2020年修订)》中化学学业质量水平划分为4级，在每一级水平的描述中均包含化学学科核心素养的5个方面，依据侧重的内容将其划分为四个条目(每个条目前面的数字代表水平，后面的数字代表条目序号)，每个条目(按数字表示)分别对应于一定的化学学科核心素养[4]。

(三)学业质量标准的功能定位

《普通高中课程方案》指出：学业质量标准“引导教学更加关注育人目的，更加注重培养学生核心素养，更加强调提高学生综合运用知识解决实际问题的能力，帮助教师和学生把握教与学的深度和广度，为阶段性评价、学业水平考试和升学考试命题提供重要依据，促进教、学、考有机衔接，形成育人合力。”[3]《普通高中数学课程标准(2017年版 2020年修订)》也指出：“学业质量是学生自主学习与评价、教师教学活动与评价、教材编写的指导性要求，也是相应考试命题的依据。”[2]《义务教育化学课程标准(2022年版)》指出：“学业质量标准是化学学业水平考试命题的重要依据，对化学教材编写、教学和评价实施具有重要的指导作用。”[7]

可见，此轮新课改，无论是从宏观的课程方案到学科的课程标准，从普通高中到义务教育，都树立了学业质量标准作为“标准”的重要地位，即全方位全环节地指导教学评，从教材编写、课程资源建设、教师教学与评价、学生自学到考试命题，切实通过学业质量标准的使用来落实教学评各环节的一致性。

三、使用学业质量标准指导教学设计与实施

当下，虽然学业质量标准被寄予厚望，但是，在一线教学中的使用情况却并不理想。以高中化学学业质量标准为例，因其属于学段学习结果总体性表述，所以表达比较笼统，并不能直接细化为高中学段每个阶段每个课程内容的学习行为表现，所以，不能直接用来指导各章节的教学。因此，若要真正实现学业质量标准的功能价值，需要在教学设计与实施中进行具体操作转化，即将学业质量标准转化为具体每个单元每节课的教学目标、问题活动与教学行为。

(一)制定教学目标，使学业质量标准具体到每节课

核心素养落地的重要抓手，就是利用学业质量标准来指导制定各章节的教学评目标，由可见的目标指引教学评。

1.准确把握教学内容的学业要求

(1)“见树木”——以学业要求为主来制定课时或单元教学目标。在课标的各栏目要素中，对制定阶段性教学目标指导性最强的就是学业要求。相比于内容要求的输入性知识、技能、学习活动，学业要求更关注输出，即描述学生通过主题内容的学习在关键能力、必备品格和正确价值观方面的表现特征。学业要求整合课程目标、学科大概念等各维度内容，描述学生通过具体主题内容学习后应该能够解决的问题及素养表现。学业要求在表达方式上与学业质量标准有相似之处，即以一系列的典型行为动词描述在什么情况下能用什么方式完成什么任务、完成到什么程度，指向过程性学习结果。并包括基本理解、简单应用、综合问题解决等3个水平层次。学业要求是核心素养和学业质量在课程内容主题层面的具体化[8]。所以，以学业要求为主来制定课时或单元教学目标，直观、清晰。

(2)“见森林”——以学业质量标准统摄整个学段的教学目标进阶。但是，值得注意的是，仅仅以学业要求来制定课时或单元教学目标，也有局限性，因为学业要求与学业质量标准是过程性学习结果与终态学习结果的关系。如果只看学业要求，难免有只见树木不见森林的狭隘，如果教师要进行大概念统摄的整体教学设计，就既要研究当下主题内容的学业要求，又应研究在整个学段教学任务完成之后，相关内容承载的学业质量应达到的高度，建立学习进阶的路径。比如，学习沉淀溶解平衡时，要意识到它不是凭空出现的新概念，而是在学习完必修离子反应、选修化学平衡基本理论之后，在弱电解质电离平衡、盐的水解平衡之后出现的一种独特的溶液体系。所以，其学习思路和方法是可以从前面的

平衡体系中迁移而来的，只是要做好概念体系之间的辨析。那么，在学习了沉淀溶解平衡之后，再接触各种复杂的溶液体系，就都有解决问题的工具了。即之前有哪些前概念，后续还有哪些台阶，当下应该做好承前启后，形成教学目标制定的全局观。

以高二化学选择性必修1《化学反应原理》模块的“沉淀溶解平衡”主题对应的学业要求[4]和学业质量标准[4]的表达为例，对比学业要求与学业质量标准的差异如表1。

表1 “沉淀溶解平衡”主题对应的学业要求和学业质量标准表达

学业要求（具体化）	学业质量标准（统摄性）
1.能用化学用语正确表示水溶液中的离子反应与平衡，能通过实验证明水溶液中存在的离子平衡，能举例说明离子反应与平衡在生产、生活中的应用。(基本理解、简单应用)	3–2 能根据化学平衡原理，说明影响化学平衡的因素；能运用宏观、微观、符号等方式描述、说明物质转化的本质和规律。 3–4 能运用化学原理和方法解释或解决生产、生活中与化学相关的一些实际问题。
4.能综合运用离子反应、化学平衡原理，分析和解决生产、生活中有关电解质溶液的实际问题。(综合问题解决)	4–2 能选择简明、合理的表征方式描述和说明化学变化的本质和规律，能根据化学反应原理预测物质转化的产物，确定检验所做预测的证据。

可见，阶段性的学业要求与当下的主题内容(水溶液中的离子平衡)结合更紧密，而学业质量标准则上升到对化学平衡、化学变化的认识层面，可以统摄更广泛的课程内容，同时，在能力要求上更加对标并全面体现五大核心素养。所以，需要结合使用。

2.挖掘知识的地位与意义

除了参考课标各栏目表达，还应结合教材表达与教师的学科理解深度挖掘知识的内涵和意义。核心素养以课程知识转化为基础，化学知识除了其表观的符号体系，还有背后的逻辑形式及内在蕴含的意义系统，即隐藏在知识冰山之下的逻辑与理性、历史与文化、德性与人格、审美与情感、社会与生命的元素与价值等[9]。表观的符号体系当然重要，它是知识的存在形式，是理解的基础，逻辑形式是知识法则、认识方法，而意义系统是知识的内核、是内隐的，最难露出真容。但是揭示其神秘的面纱意义重大，因为它直接与学科思想方法、情感态度价值观相联结，否则，我们的教学仍然只停留在知识技能层面，还难以上升到素养培育的高度。

以沉淀溶解平衡概念为例，如果只是看到它是一种新的平衡体系，会书写平衡表达式，会解释一般沉淀生成、溶解和转化的现象，那么，其知识的韵味、教学的价值将大打折扣。因为，从其应用价值来讲，沉淀溶解平衡在自然界或人体的水溶液体系中广泛存在，近到人体结石、龋齿的形成与防治，远到溶洞中石柱的形成与溶解，到工业生产中各种沉淀的形成，从易溶物到难溶物，其应用之广泛、变换之无穷，远超我们的想象。从其在整个中学概念体系中的地位来讲，它承接离子反应基础，实现离子共存问题的真实进阶，就是真正用QC与KSP的定量问题来精准解释：离子为何少量共存、大量不共存，何时开始沉淀、何时完全沉淀，其根本决定因素是什么？面对溶解度数值的巨大差异，共不共存再不需要死记硬背，而是面对所有的物质、不同的环境，都有一个共同的尺度KSP来衡量。从这样的意义上来讲，知识的价值和意义得以充分体现，带着这样的认识、兴趣和意义感去设计教学，教学的高度和热情就大大不同。

3.制定教学目标

教学目标要以典型的行为动词，全面、简要、清晰地描述通过教学活动，预期学生能产生哪些可观察、可检测的行为变化，即学生能在什么条件下学什么、怎么学、学到什么样的水平和深广度[5]。这一目标的表述，不仅可以作为教的指南，指导学生的学习，还可以通过观察学生学习后的行为表现，测评学习目标的达成度，有利于实现教学评一体化[5]，实现教学目标导教导学导评的功能。那么，综合上述几方面的考虑，将沉淀溶解平衡两节新授课的教学目标界定为：能根据实验现象，深化电解质在水溶液中行为的认识思路，建立沉淀溶解平衡的概念；能根据认识化学平衡的一般思路与方法理解沉淀溶解平衡，提出影响平衡移动的外界因素，并能设计实验进行验证；能运用宏观、微观、符号等方式，从定性和定量的角度预测、解释、表达一般生产生活情境中沉淀的形成、溶解与转化等问题，形成合理的判断与决策。

（二）设计高质量问题，使学业质量要求融进课堂各环节

学习是通过不同性质和类型问题的解决来实现的。科学的教学目标制定之后，课堂需要通过设计高质量的问题推动实施。根据科学知识的特征及问题解决能力提升的目标，提出问题设计的两个重要因素，分别是知识选择和情境设置[10]。通过不同层级水平的知识与不同难度的情境设置，使得问题不仅具有进行深度教学的功能，也具有评价诊断的价值，能准确合理地判断出不同类别学生的学业发展水平、与教学目标的差距，进而进行有针对性地评价、反馈与指导。

1.知识选择深度化

《布卢姆教育目标分类学》（修订版）将具体知识分类为：事实性知识、概念性知识、程序性知识、元认知知识[11]。事实性知识，是学习者在掌握某一学科或解决问题时必须知道的基本要素；概念性知识，是指一个整体结构中基本要素之间的关系；程序性知识，是“如何做事的知识”；元认知知识，是关于一般的认知知识和自我认知的知识[12]。根据这一在全世界广为认可的知识分类方法，学科教学中要实现有深度的学习、实现指向核心素养的学业水平提升，就应选择有深度的知识来学习，其重点不是事实性知识，而应是概念性知识、程序性知识，特别是元认知知识。具体到学科教学，就是重视对认识问题的思路与方法的探寻、对学科思想观念的领悟。提问时，少问“是什么”，多问“依据是什么”“怎么能做到”“其本质是什么”“还可以怎么用”，深度追问“从哪里来”“到哪里去”。如在沉淀溶解平衡教学中，可以提出“有哪些因素可以影响该平衡？如何影响？为什么？如何通过实验证明？如何通过数据证明？”“下列生产生活中的问题，哪些可以用这一原理来解决？如何解决？”

2.问题设计情境化

国际大型测评项目研究发现，与回答不包含情境的题目相比，学生回答具有特定情境的题目时，不专注率和漏答率都明显降低[13-14]。因此，题干中的真实情境能够提升学生的动机和参与作答水平。究其原因，问题情境化是指问题要尽力还原生活、还原历史，还原知识发生的过程，从生活中来，又回到生活中解决问题。其意义是，让学生充分感受到知识学习的价值、问题解决的方法与乐趣，在问题解决活动的过程中感悟科学之美、之趣、之韵。问题中的情境一般分为无情境(或虚假情境)型、单一情境型(包括单一熟悉型、单一陌生型)、综合情境型(包括综合熟悉型、综合陌生型)。综合性越强、陌生度越大，问题的创新性和问题解决的难度就越大。

3.二维要素协同化

按照上述两个方面设计要素，知识选择越朝向程序性、元认知，情境越综合陌生，那么，问题的复杂性越高，问题解决需要调动的能力素养越高，学生若能实现问题解决，进步就越大。但是，在实际教学中，根据学生对知识的掌握阶段与程度，问题的整体复杂性要把握好一个度。即知识深度与情境复杂程度这二维要素，应协同考虑。

一般而言，若新知识容量大、难度大，就应降低情境的复杂程度与陌生程度，衔接已知。比如，在沉淀溶解平衡第1课时的问题设计中，因为沉淀溶解平衡是一个崭新的复杂概念，知识具有较大的难度与深度，所以，情境应该简洁。比如在$Mg(OH)_2$悬浊液中加少量水，通过手持技术数字化实验监测溶液的pH，会发现pH瞬间减小，又逐渐恢复到原有数值，三次反复，仍然如此，换$Cu(OH)_2$悬浊液也仍然如此。这就是一个典型的平衡不断被打破、又不断建立新平衡的过程。这个实验情境简单但又真实，帮助学生清晰地识别到一个全新的平衡体系，但是知识的内涵非常深刻。通过这个简单陌生情境的理解，实现了第一个教学目标“能根据实验现象，深化电解质在水溶液中行为的认识思路，建立沉淀溶解平衡的概念”。

但是，在知识应用或复习课中，由于学生已经具备了关于新知识的基本理解，问题情境就可以增加复杂性，以提升学生在复杂陌生问题情境中应用知识解决问题的能力。学科核心素养就是看学生能否运用学科内容应对各种复杂情境的问题和挑战。具有适度复杂性，才可能暴露认知障碍，暴露了认知障碍并得以解决，课堂才具备了发展人的价值。在挑战性的复杂问题解决活动中，在浓厚的学科味道中，经历了问题解决的挑战与成就感，学生才能对知识产生深刻的认同，能对学生的情感和科学精神起到激励作用，并愿意主动践行各种学科观念与价值观。

通过二维要素的协同作用，使学生面对复杂程度、新颖程度不等的问题，调用不同水平的知识、方法与能力。那么，不同学生解决相同问题、相同学生解决不同问题的行为表现和结果就都会有差异，由此就可以诊断学生的学习目标达成程度、学业表现与核心素养发展水平，使得课堂问题兼具教学评的功能，有助于实现教学评一体化。

(二)完善教师反馈与激发，使学业质量发展真实落地

研究发现，在合理的目标导向下，在优质的问题设计前提下，在教师的各种课堂教学行为中，激发与反馈最为重要。反馈，指教师即时回应学生的表现、观点或疑问，予以适当的点拨、提示或归纳。激发，指教师通过感悟、激励、追问等焕发学生更积极的学习情感、更深层次的认知探寻。反馈与激发的前提是教师五感敏锐、充分诊断，反馈与激发能保障课堂活动始终朝着教学目标实现的方向有深度地进行。

1.教师反馈与激发，建立学业发展的志趣

教学过程中，教师要有一双善于发现的眼睛，有一颗善于感受的心灵，在充分获得学生学习信息的基础上，根据教学目标进行多种形式的过程性评价，如鼓励、点评、发问、追问等。通过教师反馈或生生互评，对学生积极的学习表现与进步予以肯定，对学生的疑惑与表达予以鼓励，对方案设计进行对比和优化，让学生认知障碍得以暴露，使得关键问题得以有效解决。从情感到思维，学生都感受到被即时支持，向内看见自己学习的真实现状与认知水平，形成自我评价与反思，并获得进一步探索的热情与帮助，使思维走向持续和深入，有信心跨越学业发展的桥梁。这样的课堂，才能够真正引发学生投入的兴趣和对未来的向往。

2.教师反馈与激发，确保学业发展的方向

核心素养是生成性目标，是在教育情境和教育过程中自然生成的目标，更是表现性目标，是在教育情境中学生创造性的、个性化的表现[9]。表现性目标不是人们所期待的学生的一致的反应，而是多样化、个体化、个性化的反应”[15]。因为学生是鲜活的生命，课堂是师生、生生交互的动态过程，在交互中、在思考中会出现各种各样的疑问，提出各种各样的问题，这些问题常常超出教师的预设。所以，纵然有明确的教学目标、有贯彻学业质量要求的高质量教学问题设计，课堂未必能够朝着目标有序进行，甚至可能偏离轨道。因此，需要教师在课堂上密切观察、保持清醒、准确诊断，分清主次轻重，及时筛选引导，坚持教学目标和要求的落实，使得教学评始终朝着素养目标的轨道前行。

3.教师反馈与激发，促进学业发展的深度

教师的反馈与激发有多种形式，但是，能够引发深度学习的行为，一定导向高阶思维的培养，导向自主解决问题能力的培养。因此，课堂上教师要时刻注意把学生的思维引向深入。一是实现认知建模，即决不满足于记住已有的结论，而要引导学生思考和表达完整的认识视角与认识思路。比如学习盐类的水解，一定要学生自主书写过程性符号，并说出几类盐是否呈现酸碱性的原因。二是引导观念建构，探寻背后深层次的原因。比如，那么多盐，为何呈现酸碱性、而且酸碱性有强弱之分，其背后的推动力是强弱电解质的电离问题，是离子之间的结合能力不同，以此强化微粒观。三是加强迁移应用。因为只有在不同的变式理解与问题解决中，才能锻炼与评价学生的课堂学习成果，才能使学生的学习由课堂走向生活世界，使学生由知识接受者变为知识发现者、探索者，使当下的知识学习转化为面对不确定性未来的素养。

学业质量水平的提升，起点是学业质量标准的建立与教学目标的制定，但是还需要通过设计高质量教学问题将目标进行课堂教学实践的转化。同时，在课堂教学的过程中，需要教师有效的反馈评价与激发引导，使学生在问题解决活动中实现学科思想方法与观念的建构、实现素养的提升。

参考文献：

[1] 朱明光，陈友芳. 学业质量标准的研制思路及呈现方式[J]. 思想政治课教学，2017(1)：4-7.

[2] 中华人民共和国教育部. 普通高中数学课程标准(2017年版 2020年修订)[M]. 北京：人民教育出版社，2020.

[3] 中华人民共和国教育部. 普通高中课程方案(2017年版 2020年修订)[M]. 北京：人民教育出版社，2020.

[4] 中华人民共和国教育部. 普通高中化学课程标准(2017年版 2020年修订)[M]. 北京：人民教育出版社，2020.

[5] 王云生. 课时教学目标的确定与表述[J]. 福建基础教育研究，2021(5)：113–117.

[6] 胡久华，王磊. 2022年版义务教育化学课程标准对教师的要求及挑战[J]. 教师教育学报，2022(11)：72–80.

[7] 中华人民共和国教育部. 义务教育化学课程标准(2022年版)[M]. 北京：人民教育出版社，2022.

[8] 王磊，魏锐. 学科核心素养发展导向的高中化学课程内容和学业要求——《普通高中化学课程标准(2017年版)》解读[J]. 化学教育(中英文)，2018(9)：48–53.

[9] 郭元祥. 深度教学——促进学生素养发展的教学变革[M]. 福州：福建教育出版社，2021.

[10] 王后雄. 基于化学核心素养的高中学业水平考试命题策略[J]. 课程・教材・教法，2018，38(4)：87–95.

[11] 安德森，克拉思沃尔，史粒沙恩，等. 布卢姆教育目标分类学(修订版)[M]. 蒋小平，张琴美，罗晶晶，等译. 上海：外语教学与研究出版社，2009.

[12] 盛群力，褚献华. 布卢姆认知目标分类修订的二维框架[J]. 课程・教材・教法，2004，24(9)：90–97.

[13] Jonesl L R, Mullis I V, Raizen S A, etal. The 1990 science report card NAEP assessment of fourth, eighth, andt welfth graders[M]. Washing ton, D.C.: National Center for Educational Statistics, 1992.

[14] Silver E A, Cengiz A, Stylianou D A. Students' performance on extended constructed-response tasks[C]. Results from the 7th mathematics as sessment of the national assessment of educational progress. Reston, VA: National Council of Teachers of Mathematics, 2000: 301–341.

[15] Eisner E W. The art of educational evaluation: a personalview[M]. London: The Falmer Press, 1985.

基于化学核心素养下的教学设计的思考

——以化学新人教版教材必修一第一章第二节“离子反应”为例

（蕲春县第一高级中学，何亚龙）

名师简介

何亚龙，男，蕲春县第一高级中学正高级教师，湖北省化学化工学会教育专业委员会及学术委员会理事，黄冈师范学院、湖北大学教育专业学位硕士研究生校外导师，国培计划培训项目讲座专家。获湖北省特级教师、全国教科研优秀教师、湖北名师、湖北省名师工作室主持人、湖北省优秀教师、湖北省中学化学奖等荣誉。

核心素养是个体在学习过程中将知识与技能、过程与方法、情感态度与价值观进行有机融合而逐渐形成的，是每个人实现自我发展、自我价值，成为合格公民所必须的。2017年版《普通高中化学课程标准》中指出，培养学生核心素养就是将党的教育方针进行具体化和精细化。为了将核心素养与课程教学建立起紧密的内在联系，必须充分挖掘各学科课程教学育人价值，深入贯彻党的教育方针、坚决落实“立德树人”的根本任务。《普通高中化学课程标准》中进一步阐明了各学科要在基于学科本质的核心素养上，明确学生经过学习后所要具备的正确价值观念、必备品格以及关键能力。

很显然，作为课程之一的高中化学，在承担“立德树人”的根本任务和培养学生化学核心素养方面发挥着重要作用，并为学生的终身发展奠基。

基于学科特色，笔者将化学核心素养从五个维度进行阐述：宏观辨识与微观探析、变化观念与平衡思想、证据推理与模型认知、科学探究与创新意识、科学态度与社会责任。这些素养主要依赖于化学课程内容的“教”与“学”来实现和养成，如何在课堂教学设计中体现核心素养的培养就显得尤为重要(当然，并不是每节课都能完整体现化学核心素养的五个维度内容)，下面以化学新人教版教材必修一第一章第二节“离子反应”第1课时的教学设计为例来进行探讨。

一、研读教材内容，分析核心素养

核心素养不是直接写在课本上的，我们只有仔细研读《普通高中化学课程标准》和教材内容，才能解读出所蕴藏的核心素养。笔者经过思考和与他人的讨论，形成如下初步认识：

(一)认真分析教材

1.地位作用

通过九年级的化学学习，学生对溶液的导电性实验已有初步的接触和了解，为本节课的学习做了铺垫，使学生在知识和情感上都易于接受。通过本节课的学习，学生不仅在知识上对物质的认识、电离及表示方法、酸碱盐的本质等有了更深入的理解，而且也能逐渐培育学生学科核心素养，为第2课时的离子反应以及选修四电解质溶液的顺利学习打下坚实的基础，起到承上启下的作用。从研究方法看，它是在学习了物质的分类及转化之后的内容，是对物质分类的补充以及从本质上分析化学反应的必备技能。

2.核心素养

根据教材的地位作用以及教材内容，结合课程标准，笔者认为本课时应培养学生如下化学学科核心素养：

①宏观辨识与微观探析：通过对不同物质的导电性进行分析，从宏观、微观和符号等方面逐步建立对电离概念的认识。

②证据推理与模型认知：通过对某些化合物的水溶液或熔融态的导电性的微观探析理解电解质的概念模型；根据电离模型书写常见酸、碱、盐的电离方程式；归纳不同物质的电离方程式，认识酸、碱、盐的本质。

③科学态度与社会责任：了解模型的概念、功能、分类及发展历史；结合电解质溶液的导电问题，注意生活中的用电安全。

3.重点难点

①通过对不同物质的导电性进行分析，理解电解质和电离的概念。

②在电离的基础上，能够书写常见物质的电离方程式。

③归纳不同物质的电离方程式，概括出酸、碱、盐的本质。

(二)研讨教学方法

在九年级的化学学习中，学生知道氯化钠溶液能够导电，而蔗糖溶液不能导电，但对溶液导电的原因及本质不大清楚，对还有哪些物质能够导电也不太清楚。在本节课里教师可以充分利用学生的好奇心和求知欲，设置问题情境，精心设计实验，让学生先进行自主实验，再积极思考，在小组学习和讨论中发现问题、分析问题和解决问题。

1.问题探究法

以设置的问题为切入点，探究物质在水分子和热作用下发生的变化，解释它们导电的原因。它能够很好地培养学生发现问题、提出问题和探究问题的能力。

2.启发引导法

对于高一学生而言，知识储备和学习能力有限，采用启发引导，能充分调动学生的多种感官，为开展探究性学习创造必要的条件。

(三)指导学习策略

1.学情分析

刚进入高一的学生，尽管学习化学时间不长，基于化学学科以实验为基础的特点，学生有较强的学习兴趣，对未知事物好奇心较强，逻辑思维逐渐发展，学科核心素养正在形成，因此，在知识的学习和能力的提升上需要先借助感性材料再上升到理性思维。

2.学法指导

①先让学生进行实验探究，加强感性认识，在此基础上让学生探究电解质导电的条件。

②通过多媒体动画模拟，指导学生逐步认真观察，引导学生从微观的角度认识电解质导电的本质原因。

通过认真分析教材、研讨教学方法和指导学习策略等方面的综合分析，充分研讨本课时所应完成的学科核心素养，为教案设计打好坚实的基础。

二、完善教案设计，渗透核心素养

教案设计应该在有针对性、实用性、可操作性、开放性和有梯度性的基础上，结合本课时的内容进行学科核心素养的有效渗透。如何有效渗透，可从以下几方面入手。

(一)创设情境，激发学生主动参与

在教学过程中，如果教师能够激发学生主动参与，那么教学则成功了大半。如何让学生主动参与?精心创设问题情境很重要。一个好的问题情境应具有真实性、针对性和思考性，如此才有利于培养学生的积极情感，激发学生的思维活动。

教材第13页设置的问题是：湿手给电器通电容易发生触电事故，是什么原因?

这里设置的问题情境来源于日常生活，具有真实性、针对性和思考性。它要求学生关注日常生活细节，同时也告诫大家要注意用电安全，体现了科学态度和社会责任的核心素养。

（二）基于问题，引导学生积极探究

基于问题的探究，要求教师要善于引导学生探究，而这个探究又是基于情境问题的。教师在引导学生探究时通常采取问题探究、方法探究、实践探究、实验探究和合作探究等方式。

承接上面的问题情境，教材设置[实验1–2]：在三个烧杯中分别加入干燥的NaCl固体、KNO_3固体和蒸馏水，如图1所示连接装置，将石墨电极依次放入三个烧杯中，分别接通电源，观察并记录现象。

取上述烧杯中的NaCl固体、KNO_3固体各少许，分别加入另外两个盛有蒸馏水的烧杯中，用玻璃棒搅拌，使固体完全溶解形成溶液。如图1所示，将石墨电极依次放入NaCl溶液、KNO_3溶液中，分别接通电源，观察并记录现象。

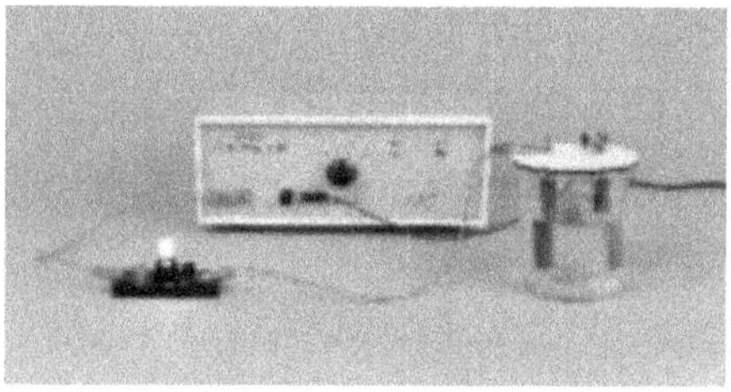

图1　试验物质的导电性

对提出的问题，这里采用了实验探究的方法，而且对实验的材料运用了对比的方法，这是很重要的一种实验探究方法。为什么NaCl固体、KNO_3固体和蒸馏水都不能导电（出于科学的严谨性，教材对蒸馏水的导电问题做了说明），而NaCl溶液、KNO_3溶液能够导电？这必然引发学生的思考：NaCl固体、KNO_3固体在水的作用下发生了某些变化，这种变化是什么？它与物质类别有什么关系？

为此设置如下实验探究：

现有直流电源、烧杯、导线、小灯泡、开关和表1中的物品，请你设计实验来验证表1中物质的导电性，并将实验结果填写在表1中：

表1　物质类别与导电关系

物质名称	铜片	石墨	蒸馏水	蔗糖	蔗糖溶液	NaCl固体	NaCl溶液	KNO_3固体	KNO_3溶液
物质类别									
是否导电									

很明显，这里的探究更广更深，包括设计实验、小组合作、实验记录、物质类别判断等内容。对于教材的挖掘，结合学生的实际情况，教师可以多做些这方面的尝试。

(三)循序善诱，指导学生归纳总结

联系初中做过的物质导电性实验，指出如果将NaCl、KNO_3、NaOH等固体分别加热至熔化，它们也都能导电。有条件可以借助多媒体，以视频的方式展示给学生看，这样感知就更全面，从而引出电解质的概念，并列举酸、碱、盐都是电解质。然后进一步解释湿手直接接触电源时容易发生触电事故的原因，这样就解决了导入时的情境问题。

对于电解质这一概念的理解与判断，既是这节课的重点又是难点，如何突破重难点?如果直接给出相关的一些条款，教师相对轻松，但学生难理解，如果死记硬背，会导致负担重且效果不佳，学科核心素养的培养也就成为空谈。为此，教师可做如下启发诱导，指导学生进行总结：

(1)铜片、石墨能导电，它们是电解质吗?

(2)盐酸能导电(HCl的水溶液俗称盐酸)，HCl与盐酸哪是电解质?

(3)已知非电解质是指在水溶液或熔化状态下都不能导电的化合物，那么一种物质不是电解质就一定是非电解质吗?

(4)SO_3的水溶液能导电(存在反应$SO_3+H_2O=H_2SO_4$)，液态SO_3不能导电，SO_3是电解质吗?

(5)Na_2O的水溶液能导电(存在反应$Na_2O+H_2O=2NaOH$)，熔融态Na_2O也能导电，Na_2O是电解质吗?

(6)$BaSO_4$难溶于水，测不出(或难测)其水溶液的导电性，熔融态$BaSO_4$能导电，$BaSO_4$是电解质吗?

(7)常见的电解质有哪些?

(8)电解质与物质导电性有何关系?

在设问的过程中，对于学生目前还没有认知的内容，可以以素材的方式进行呈现，如上述问题的(2)-(6)均有涉及，在设置问题时注意梯度性，这样不仅降低了难度，不至于让学生思维受阻，同时也有利于学生归纳总结的深入。

(四)深入思考，关注学生思维培养

在突破了电解质这一重难点和解决了情境问题后，基于实验证据提出新问题：

为什么NaCl、KNO_3等电解质在干燥时不导电，而溶于水或熔化后却能导电呢?

引导学生由宏观现象转变为微观探析,先从电流的形成出发,指出能导电的物质必须具有能自由移动的、带电荷的粒子,再推导出电解质的水溶液(或熔化而成的液体)之所以能够导电,说明在这些水溶液(或液体)中,存在着能自由移动的、带电荷的粒子。

在NaCl固体中带正电荷的钠离子(Na^+)和带负电荷的氯离子(Cl^-)不能自由移动,因此干燥的NaCl固体不导电。在水分子作用下,形成能够自由移动的水合钠离子和水合氯离子,所以NaCl溶液能够导电。

引发思考:

(1)NaCl固体中Na^+和Cl^-为什么不能自由移动?

(2)NaCl固体中Na^+和Cl^-如何排列?

(3)如何用画图表示NaCl固体中Na^+和Cl^-?

(4)NaCl固体溶于水时,水分子破坏了Na^+和Cl^-的相互作用吗?

(5)如何用画图表示水合钠离子和水合氯离子?

通电教学时,可通过动画模拟:NaCl固体 $\xrightarrow{\text{通电}}$ 灯

通电灯泡不亮,向NaCl固体中加水 $\xrightarrow{\text{通电}}$ 灯泡亮。将宏观现象与微观动态结合起来,从而形成证据推理(微观探析)到建立模型(电离)的自然过渡。

这个建构的过程,对于学生既陌生又非常重要,今后的学习、科研会经常运用这种方法(可以阅读教材关于模型的方法导引)。因此对于熔融的NaCl能够导电的问题,教师可以让学生完成由证据推理(微观探析)到建立模型(电离)的过程。基于上面的分析,推导出电离的概念就水到渠成了。

引发思考:

(1)在电流作用下,带电粒子是如何定向移动的?

(2)热作用对NaCl固体,从微观上起到什么作用?

(3)所有液态电解质均可以导电吗?

(4)可以导电的液态电解质具有什么特点?

如何用符号表示电离的过程,引导学生对电离方程式的书写(对于弱电解质的电离方程式的书写暂不作要求,不可给学生增加负担)。而从多种酸的电离方程式中进一步思考它们有何共同特点,由此归纳出酸的定义。以此类推,引导学生从多种碱和盐的电离方程式中归纳出碱和盐的定义。

这样通过对某些化合物的水溶液或熔融态的导电性的微观探析,理解电解质的概念模型,根据电离模型能够书写常见酸、碱、盐的电离方程式,并从归纳

不同物质的电离方程式中认识酸、碱、盐的本质，这些都是学生必备的化学学科的核心素养。

(五)设置练习，助力学生能力提升

为进一步将知识素养转化为能力，在由浅入深的学习过程中，教师可依据重点难点内容有目的地设置练习，以帮助学生能力的提升，学科素养的内化。

例如，在学习电解质概念时，在学生完成教材第18页的第1题、第2题的基础上再设置如下练习：

(1)下列对电解质这一概念的正确理解是(　　)

A.在水溶液或熔融状态下能够导电的物质就都是电解质

B.在水中能生成离子，从而能够导电的物质就都是电解质

C.氧化钠溶于水能生成钠离子和氢氧根离子，尽管氧化钠是化合物，其水溶液能导电，但由于水溶液中的氢氧根离子并非由氧化钠自身电离产生，因此氧化钠是非电解质

D.在水溶液或熔融状态下本身能够电离出阳离子和阴离子，从而能够导电的化合物就都是电解质

金属在熔融状态下也能导电，但不是化合物，故金属晶体不是电解质，A项错误；SO_2、NH_3不是电解质，但溶于水分别生成H_2SO_3和$NH_3·H_2O$，二者的水溶液能导电，B项错误；Na_2O属于电解质，其在熔融状态下能电离出Na^+和O_2^-，C项错误；而D项则对电解质概念做了比较详细的解读，正确。

(2)有下列物质：①铜；②氯化钠固体；③液态氮；④硫酸；⑤碳棒；⑥酒精水溶液；⑦氢氧化钡水溶液；⑧熔融状态的硝酸钾；⑨液氨

其中属于电解质的物质是________，属于非电解质的物质是________，能够导电的物质是________。(填写序号)

这道题的难度较大，涉及的内容较多，能较好地考查学生的能力。这里需要注意的是硫酸表示的是纯净物，与硫酸溶液不同。属于电解质的是氯化钠固体、硫酸、熔融状态的硝酸钾；属于非电解质的是液氨；电解质和非电解质都是化合物，所以混合物和单质就既不是电解质也不是非电解质，它们是铜、液态氮、碳棒、酒精水溶液、氢氧化钡水溶液；能导电的是铜、碳棒、氢氧化钡水溶液、熔融状态的硝酸钾。因此答案依次为：②④⑧，⑨，①⑤⑦⑧。当然，教师还可以进一步改编为：能够导电的电解质有哪些？

通过有目的地设置练习，特别是有多年教学经验，根据学生情况或以集体备课进行商讨而设置的习题更有针对性，能够较好提升学生的学科能力和

素养。

三、做好学案编写，内化核心素养

学案是教学设计不可缺少的部分，教师通过学案的编写，要凸显以学生为主体，以教师为主导，以内化核心素养为目的。根据本课时内容及课程标准要求，为简化学习内容，优化知识结构，给学生提供适当的学法指导，在学案的编写上做如下设计：

（一）课前预习导读

让学生对教材进行预习，明确学习目标，带着问题自学，发现问题，提出困惑，进行思考探究，培养学生的自学能力。

【课题名称】电解质的电离

【学习目标】

(1)掌握电解质、非电解质和电离的概念。

(2)知道酸、碱、盐在溶液中的电离，并且能够书写常见物质的电离方程式。

(3)在归纳不同物质的电离方程式基础上，概括出酸、碱、盐的本质。

【重点难点】

(1)电解质、非电解质的概念及辨析和判断。

(2)电离的概念和常见物质电离方程式的书写。

【预习要点】

(1)概念：

①在________条件能导电的，________________叫做电解质。

②在________条件下都不能导电的，________________叫做非电解质。

③________叫做电离。酸、碱、盐在水溶液中能导电，是因为它们在溶液中发生了________________，产生了________________。

④电离方程式是指________________。

(2)写出下列各电解质的电离方程式：

①H_2SO_4____。

②$Ba(OH)_2$____。

③Na_2CO_3____。

(3)从电离的角度理解酸、碱、盐：

酸是指____。

碱是指____。

盐是指____。

【疑惑记录】

通过自主学习，你还有哪些疑惑，请把它填在下面的表2中：

表2 疑惑点与疑惑内容

疑惑点	疑惑内容

(二)课堂探究导学

教师要指导学生从学情出发，引导学生自主学习，逐渐培养学生形成良好的学习习惯和学习品质，让学生由被动接受向主动探究转变，而积极的主动探究本身就是重要的学科素养。

【探究任务1】电解质的概念

问题1：现有直流电源、烧杯、导线、小灯泡、开关和下表中的物品，请你设计实验来验证下表中物质的导电性，并将实验结果填写在表3中：

表3 物质类别与导电关系

物质名称	铜片	石墨	蒸馏水	蔗糖	蔗糖溶液	NaCl固体	NaCl溶液	KNO_3固体	KNO_3溶液
物质类别									
是否导电									

问题2：为什么铜、石墨不是电解质？

问题3：为什么NaCl溶液、KNO_3溶液不是电解质？

问题4：为什么蔗糖不是电解质？

问题5：CO_2、SO_2、NH_3溶于水能导电，为什么它们不是电解质？

问题6：Na_2O、CaO溶于水能导电，为什么它们是电解质？

问题7：有些难溶于水的盐，例如$CaCO_3$、$BaSO_4$等，因它们溶解度很小，测不出(或很难测出)它们水溶液的导电性，这些物质属于电解质吗？

问题8：电解质与物质导电性有何关系？

学习小组进行合作学习，教师根据学生学习情况进行引导，最后由学生进行归纳整理：

(1)电解质和非电解质都属于化合物，因此，混合物和单质就既不是电解质也不是非电解质。

(2)酸、碱、盐、金属氧化物、水等是电解质，非金属氧化物、NH_3、蔗糖、酒精等为非电解质。

(3)从实质上讲，电解质是在一定条件下自身能够电离出自由移动的阴离子和阳离子，从而能够导电的化合物。虽然有些化合物的水溶液能够导电，但是溶液中的自由移动的阴离子和阳离子不是它自身电离出来的，而是它与水反应后的生成物电离的，因此这些化合物不是电解质。例如CO_2的水溶液能导电是因为CO_2与H_2O反应生成了H_2CO_3，H_2CO_3能够电离而非CO_2本身电离。所以CO_2不是电解质，是非电解质(如NH_3、SO_2)。H_2CO_3、H_2SO_3、$NH_3 \cdot H_2O$是电解质。

(4)Na_2O、CaO在熔融状态下，能电离出自由移动的离子，所以它们是电解质。

(5)由于$CaCO_3$、$BaSO_4$等盐难溶于水，溶液中的离子浓度很小，测不出(或难测)其水溶液的导电性，但由于它们溶解的部分是完全电离的，因此这些难溶于水的盐是电解质。

(6)化合物在水溶液中或受热熔化时本身能否发生电离是区别电解质与非电解质的理论依据，能否导电则是实验依据。能导电的物质不一定是电解质，如石墨、NaCl溶液等；电解质本身不一定能导电，如NaCl晶体等。

【探究任务2】电离及电离方程式

问题1：NaCl固体中Na^+和Cl^-为什么不能自由移动？

问题2：水分子或热作用对NaCl固体从微观上起到什么作用？

问题3：电离发生的条件是什么？

问题4：如何用画图表示水合钠离子和水合氯离子？

问题5：书写电离方程式需要注意哪些问题？

【探究任务3】从电离的角度理解酸、碱、盐

问题1：写出下列物质的电离方程式，并归纳出酸、碱、盐的定义。

(1)H_2SO_4—______________。(2)HCl—______________。

(3)HNO_3—______________。(4)$Ba(OH)_2$—______________。

(5)NaOH—______________。(6)KOH—______________。

(7)$Al_2(SO_4)_3$—______________。(8)$NaHSO_4$—______________。

(9)$Cu_2(OH)_2CO_3$—______________。

问题2：能电离出H^+的物质一定是酸吗？举例说明。

问题3：能电离出OH^-的物质一定是碱吗？举例说明。

问题4：盐电离出的阳离子一定是金属离子吗?举例说明。

(三)知识应用导练

设置的练习要结合学情、课程标准和教学内容，有梯度、分层次，要兼顾学生的差异性，要注意基础达标、能力提升和拓展探究等层次性内容的落实，难度不可太大，以考查知识的掌握运用和核心素养的形成为目的。

【基础达标】

(1)下列物质中导电能力最弱的是(　　)

A.熔融氯化钠　　B.氢氧化钠固体　　C.硝酸溶液　　D.碳棒

(2)下列叙述正确的是(　　)

A.二氧化碳溶于水能部分电离，故二氧化碳属于电解质

B.溶于水后能电离出OH^-的化合物一定是碱

C.氯化银难溶于水，但氯化银属于电解质

D.氯化钠溶液在电流作用下电离成自由移动的Na^+和Cl^-

(3)下列物质的电离方程式的书写，其中错误的是(　　)

A. $Ba(OH)_2=Ba^{2+}+2OH^-$

B. $KOH=K^++O^{2-}+H^+$

C. $HNO_3=H^++NO_3^-$

D. $Na_2SO_4=2Na^++SO_4^{2-}$

【能力提升】

(4)向氢氧化钡溶液中逐滴滴入稀硫酸至过量，则溶液的导电能力的变化情况是(　　)

A.一定逐渐变小　　B.一定逐渐增大

C.先变大后变小　　D.先变小后变大

(5)已知X为一种固体化合物，它本身不导电，但在熔化状态下或溶于水中能够导电，则下列关于X的说法中，正确的是(　　)

A. X只能是盐类　　B. X可以是任何化合物

C. X一定为电解质　　D. X可能为非电解质

(6)下列电离方程式书写正确的是(　　)

A.$NaHCO_3=Na^++H^++CO_3^{2-}$

B.$MgCl_2=Mg^{2+}+Cl_2^-$

C.$KHSO_4=K^++H^++SO_4^{2-}$

D.$Na_2CO_3=Na^++CO_3^{2-}$

【拓展探究】

(7) 现有10种物质：①碳棒；②稀硝酸；③氯化氢；④空气；⑤氢氧化钠固体；⑥金属汞；⑦纯碱；⑧硫酸钡；⑨氨气；⑩氧气

Ⅰ.按照下表中提示的信息，把它们中符合左栏条件的物质的代号填入右栏相应的位置。

表4　符合的条件与物质的代号

符合的条件	物质的代号
非电解质	
难溶于水，属于电解质	
融化条件下不能导电，属于电解质	
混合物	
本身能导电，但既不是电解质，也不是非电解质	

Ⅱ.上述10种物质中，无法填入上表的是__________，原因是________。

Ⅲ.酸、碱、盐三类物质的共同点是_________。(填写字母)

A.都能溶于水　　　　B.一定条件下都能电离

C.都含有氧元素　　　D.都是化合物

(四) 体系拓展导思

在学案的最后，教师要求学生从独立构建知识网络、体系，总结归纳方法、规律，反思学科核心素养的养成，梳理存在的疑惑问题等方面进行拓展导思。

(1) 知识体系(见图2)

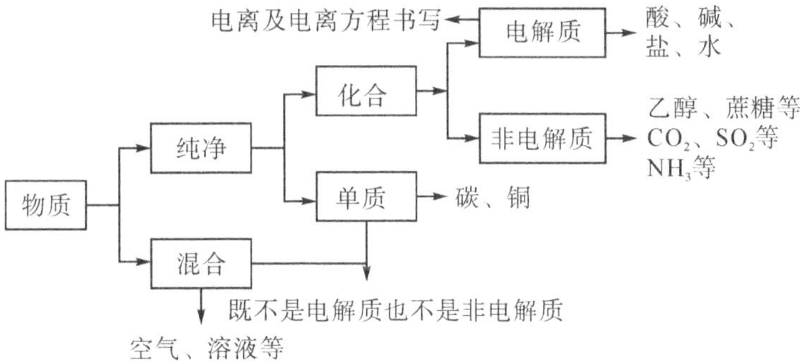

图2　知识体系框架图

(2) 方法规律

①判断是否是电解质的要点：其一，该物质是化合物；其二，它在水溶液或熔融状态下；其三，在两种状态的任一情况下能导电。关键是水溶液或熔融状态下本身能电离出自由移动的离子。

②电离方程式的书写要点：正确书写电离出的阳离子和阴离子的符号；如果某物质含有原子团，电离时原子团作为整体，不能拆开写；在电离方程式等号右侧，表示阴、阳离子个数的数字写在离子符号的前面，不能写在右下角；阳离子和阴离子所带正电荷和负电荷的总数相等。

③酸、碱、盐的电离模型。

(3)核心素养(见表5)

表5　核心素养

引入方式或途径	设计意图	核心素养
给电器设备通电时，湿手操作容易发生触电事故	电解质的电离；注意生活中的用电安全问题	科学态度与社会责任
对溶液导电性的分析	从宏观、微观和符号等不同角度认识电离	宏观辨识与微观探析
电解质的概念；酸、碱、盐的电离及电离方程式的书写	建立概念模型	证据推理与模型认知
阅读材料：方法导引	模型的概念及发展	科学态度与社会责任

(4)疑惑问题

①电解质溶液的导电能力的强弱与哪些因素有关？与电解质本身的性质有关吗？

②熔融状态(或液态)下哪些电解质可以导电，哪些不能导电，与物质类型有何关系？

③电解质在水溶液中的反应是怎样的反应，可不可以建构理论模型？

学生通过学习小组的合作学习、教师的积极引导和学生思考、探究、归纳、反思等方式完成学案，在这种学习方式下，学生逐渐变被动学习为主动探究，从而达到减负增效的目的，这样对学生能力和素质的培养与形成一定有着积极作用。

教书育人是教师的职责，学生核心素养的培养，最终要落在学科核心素养的培育上，因此基于化学核心素养的教学设计，就应该让化学课堂成为有效解决知识缺陷的阵地，成为思维交流和碰撞的场所，成为学生健康快乐成长的舞台。

美动心灵——我的美术教育教学实践与探索

（北京市八一学校，张尊高）

名师简介

张尊高，女，正高级教师，北京市美术特级教师。《中国教师报》“未来教育家成长工程”首届学员，黄冈师范学院美术学院客座教授。以新课程理念指导课堂教学，先后获得了全国课堂现场观摩课一等奖、国家级和市级优秀辅导教师等奖项。2015年编绘出版专著《中学山水画教程》，2017年出版专著《艺海寻径——我的美术教育教学研究与实践》。

从素质教育到核心素养，在“五育并举”的当下，美术教育迎来了新的发展机遇和挑战。中学美术教育教学该如何顺应新时代的要求，为培养未来复合型人才做出贡献？美术教育的本质是什么？美术教育教学的最终目的是什么？我们该怎么做？这都是每一个美术老师必须思考并付诸实践的问题。

32年的一线教学实践，让我对美术教育的意义和价值的理解更加深入，对其本质有了更深切的认识。美术教育是润泽学生心灵的教育。美术教学要走进学生的心灵，与学生的心灵共振，塑造学生健康的审美情趣、完善其人格，促进学生全面发展。

一、美育无止境——且行且思

（一）美术教育的价值是什么？

1988年我大学毕业，担任中等师范学校美术教师。我将整个身心都投入教学之中。10年的一线教学，让我爱上了美术教育，也坚定了我终生从事美术教学的信念。

1998年，我踏上海淀这块教育改革的沃土，来到八一学校，进入美术基础教育行列，是人生路上的一次重要改变和挑战。一开始并不顺利，有那么一段时间我有极强的挫败感，甚至对自己的教学能力产生了怀疑。这种怀疑直接来自一个在美术课上写其他学科作业的初三学生对我善意的提醒和反问：“老师，中考考美术吗？不考我们干嘛学？您那么认真干嘛？”面对这样的“灵魂之问”，我用美术课如何如何重要这样的道理来回答显得太苍白。是啊，美术不是中考项目，学生在备战中考的关键期为什么要上美术课？普通中学的美术课到底应该怎样上？基础美术教育的目的又是什么？这引发了我深深的思考。

我开始反思两个不同学段的美术教育之间的差异：中等师范培养的是小学教师，是偏重于学科本位的美术教育，美术技法和理论知识是主要的教学内容；普通中学的美术课并非中、高考科目，学生不重视亦可以理解。那么，基础教育中的美术教育，究竟能给学生的现在和将来带来什么呢？

带着对这些问题的思考，我开始重新评价自己，一切从零开始，重新研读教育学和发展心理学，建构对美术教育的认知。在此方面，美国美术教育家罗恩菲德的美育思想给我很重要的启发。罗恩菲德认为："艺术教育的贡献，尤其在于艺术能和谐地统整成长过程中的一切，造就出身心健康的人。""其最大的价值在于：通过美术的学习，有目的地培养人的创造潜能、道德感、审美趣味、智力、意志等素质，同时还可以进行心理疏导和艺术治疗。"他的思想使我真正意识到美术教育在儿童健康人格培养、促进身心全面发展方面具有不可替代的作用。然而，现实是普通中学的美术学科存在不被重视的现象。因此，美术教师自己先要认识美术教育的价值，并通过实施有效的美术教育去实现其价值，即通过美术教育，提高学生对自然美、社会生活美和艺术美的感受、鉴赏、评价和创造的能力，促使他们形成健康的审美情趣，完善人格，最终得到全面发展。

（二）美术教育的追求是什么？

作为一个中学美术教师，起初我的美术教育追求非常简单，就是要让尽可能多的学生爱上我的美术课，在每一个孩子心中都播下一颗热爱美术的种子，让他们的一生都和美术长相伴。

在课堂实践中，我一直在思考，什么样的美术课是学生喜欢的，如何让课堂生动有趣，使学生产生较浓厚的兴趣？带着这个问题，我开始了在初中美术课堂实践中的大胆创新。

我改变了课堂形式，分组拼桌来上美术课，让学生互相讨论，分享创作过程，促使他们相互刺激、共同成长。

春天来了，八一学校的校园很美。我将美术课堂搬到玉兰园，让学生们在《春天在哪里》的乐声中欣赏春天的校园和盛开的玉兰，朗读朱自清的《春》，分析吴冠中的《春如线》，研究毕沙罗的《花开的果园》，感受线条与色彩之美，学生以前所未有的热情随我展开了一场审美之旅。课后，他们欢呼雀跃，对下一节美术课更是满怀期待(图1)。

图1　在初中美术课堂实践中大胆创新

我鼓励学生观察大自然，对话名作，引导他们通过眼、手、脑并用的方式实现对美的理解，传达对美的感悟。同时，我针对学生的个体差异给予不同的辅导启发，一起完成了大量的美术作品。实践证明，丰富多彩的美术活动和活泼多样的课堂形式，激发了学生学习美术的兴趣，并使这种兴趣和主动意识不断转化成持久的情感态度。

(三)美术教育的本质是什么?

改变了观念的课堂，学生喜欢得不得了，我也从中找到了教学的乐趣，在美术课教学经验的基础上，我尝试开展美术教育研究。2011年，八一学校提出“学科育人”特色实践，号召全体教师重新认识自己学科的价值，并在学科教学中充分发挥育人功能。作为美术教研组长和海淀区美术兼职教研员，我深感自己肩负的重担和责任。于是，我重新梳理自己的美术教育理念，反思自己有没有从“人之根本”的角度去思考美术教育中“美”和“术”的关系和意义。作为美术教育工作者，我们应该认识到：美术教育的本质是传递美术文化和育人相统一的社会实践活动。

八一学校以“培养具有中国精神的品质公民”为育人目标，美术教师担负着为国家培养具有民族精神、创新精神和审美能力的现代公民的重任。在“学科育人”的背景下，我更加感悟到美术教育的“使命”和“初心”——以美育人、育时代新人。蔡元培先生曾强调美育如同人内心深处的信仰，美以及美的教育具有润物无声的独特力量，能深刻塑造一个人的内心世界，而这一切都源自人们对视觉形象的感知、理解和创造。

“以美育人”是美术学科值得研究的重要课题，也是我美术教育的追求和理想。这样的教育追求和理想，无时无刻不影响着我的教学策划和教学行为，改变和塑造着我的课堂和课堂上的我。

二、美育需创新——教学相长

作为一名在美术教育教学实践一线工作了32年的老师，我的工作不仅包括美术教育教学，更立足课堂展开了系列研究，探索美术教育区别于其他学科教育的规律，构建属于美术教育独特的教学模式——以美育人，形成“以美引善、以美启真、以美怡情”的学科育人思想，更立足课堂提炼出自身独特的教育主张——美动心灵。我认为，美术教育工作者需通过自己的美术课堂和美术教学，引导学生发现美、感知美、鉴赏美、创造美、传播美，并于传播中重新发现、感知、鉴赏、创造，如此循环往复，通过程式化的美育行为提升学生的综合审美能力；同时，以美浇灌学生的心灵，使其与学生的心灵产生共鸣、共振、共情，将学生对美的发现力、感知力、鉴赏力、创造力和传播力转化为学生心灵成长、人格健全的养分，唤醒、激发每一个学生心中那枚关于美的基因。而我的课堂，就是“以美育人”教学模式和“美动心灵”教育主张的具体体现。

（一）对话经典，积淀学生人文素养

艺术是真、善、美的结晶，而经典的艺术作品，尤其具有强烈的感染力和独特的艺术魅力，蕴含着深刻的精神内涵。美术鉴赏课应该成为现代中学生走近经典、欣赏经典、品味经典的一扇窗。在美术鉴赏课程学习中，学生们可以观看、聆听、触摸经典艺术作品，投入到一种沉浸式的生命体验，并将这种体验内化为对美好事物的敏感性、对美的鉴赏能力和创造冲动，生发出独特的人生感悟，形成独特的人生态度、思维能力与行动习惯。可以说，每一次鉴赏都是一次人格完善的过程。而我，也一直在课堂教学中反复探索和体会一节好的美术鉴赏课的真正含义。

1.在“摸爬滚打”中锤炼课堂技巧。记得我上的高中新课改第一节区级公开课是《中国古代人物画》，课上我选取了《韩熙载夜宴图》进行重点赏析，引出了中国古代人物画的三个重要的艺术特点。在课堂情境的创设和内容的导入阶段，我向学生展示了《韩熙载夜宴图》的仿真品。这幅长达3米多的画卷徐徐展开，引起了学生浓厚的兴趣和好奇心。为了引导学生自主探究性学习，我在鉴赏活动中设计了一系列由浅入深、由表及里的问题，让学生带着问题去探究与赏析。同时，配合有趣、精美的多媒体课件演示及美妙的音乐，营造良好的鉴赏氛围，并开展对作品主题的探讨，挖掘其内涵。(图2)

图2　在“摸爬滚打”中锤炼课堂技巧

这节课对学生的影响非常大，他们不仅学会了赏析中国传统绘画的基本方法，也感受到了中国传统艺术的精美，课后还对自己感兴趣的作品进行了深入的探讨和研究。我想，通过一节美术鉴赏课，能让学生改变一些观念，激起他们主动研究的兴趣，使之逐渐形成热爱本民族传统艺术的习惯，这一点是难能可贵的。这样的课程设置也引起了海淀区新课改美术鉴赏教学的深度研讨。

2009年10月，首都师范大学尹少淳教授带领全国各大高等院校的美术教育专家40多人到八一学校美术工作室参观、交流。听了我这节美术鉴赏课《中国古代人物画》后，尹教授组织了专题研讨会。专家们给予了我的公开课“美、趣、雅”“人课合一”的高度评价。尹教授说：“很高兴看到海淀的中学美术教师已经走进了研究型的教师队伍。但我们的眼光应该更高更远，要从大的美育观来研究美术教育。鉴赏教学蕴含丰富的美育功能，教师要带领学生从经典美术作品中挖掘其背后的人文意蕴并渗透美育，以促进学生综合素养的提高。”(图3)

图3　从创新型教师向着研究型教师转变

专家们“人课合一”的肯定和鼓励，尹教授语重心长的点评和建议，让我惊喜之余又自觉面临极大的挑战。高中阶段的学生要以培养具有审美能力、创新精神和创造能力、和谐发展的人为中心，而美术鉴赏课是对学生进行审美教育的有效途径，其重要任务就是用经典美术作品作为切入点，引导学生联系跨学科的知识，用全面的眼光来感知艺术作品中蕴含的深刻思想和完美的艺术形式，深度探索作品表象之下的文化内涵，让学生们通过对话经典、对话大师获得美的心灵的交流和感悟，积淀人文素养。

2.借力“科研实践”提升教学艺术。2009—2011年期间，我带领本校美术教研组以及海淀区一批骨干教师在教学实践中对美术理论家费得门美术鉴赏四步法的模式进行研究和借鉴，创制了一套适合于新课程背景下的费得门式美术鉴赏课教学四部曲，并形成了“体验式”“自主式”“以石击水型”“任务目标导向型”四种教学模式和多种有效教学方法。

以“自主式教学模式”中的“让我们自己来当美术鉴赏老师”自主课堂为例，学生小组合作研究备课，制作精美的演示文稿，设计丰富的课堂活动，催生了一节节生动的美术鉴赏课堂。“任务目标导向型教学模式”是以任务驱动教学方法引导学生展开探究式学习，培养学生的综合思维和探究能力，真正促进学生核心素养的培养和提高。(图4)

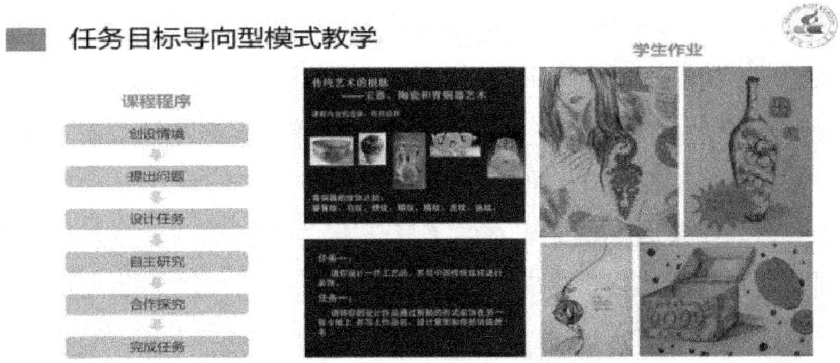

图4　借力“科研实践”提升教学艺术

灵活的教学形式可以引导学生主动探究、自主表达，培养学生的综合思维和探究能力，同时也能培养学生的合作意识与团队精神，从而实现“无形的”人格塑造、心灵滋养和精神上的充实和完善。

(二)激励创意，启迪学生创新思维

创新精神是21世纪人才必备的素养。美育是审美教育、情操教育、心灵教育，也是丰富想象力和培养创新意识的教育。美术教育应以美术的方式培养学生感受、想象和创造能力，鼓励学生用所学的美术语言不拘形式地自由表达自己的所见所闻、真情实感或思想观念，促进学生积极学习、探索美术技法。通过美术创作行为激励、唤醒和鼓舞学生的创新意识和创意思维。

为了践行以“鼓励创新、创意、创造”为目标的美术教学理念，我在课堂教学中以“赏析—感受—思考—实践”四个阶段的训练，将美术鉴赏和创意美术有效衔接。通过“对话大师”和“像艺术家一样思考”到“像艺术家一样创作”的系列课程，逐渐使学生的审美意识、创新思维、创造能力在对世界艺术精品的鉴赏、模仿与创造性的表现中，在对美术与其他各学科的综合理解中得到提升和发展。

1.在想象中生出美的翅膀。孩子们在学习、了解了西方现代各个流派和代表画家，特别是表现主义绘画和超现实主义绘画后，我鼓励他们天马行空的想象和创意，在自己的绘画作品里大胆表达和宣泄自己内心的情感，并运用自己的文学素养给作品命名。学生的美术创作虽然呈现出样式不一的形态，但都展现出丰富的想象和情趣。(图5)

图5　引导学生在想像中生出美的翅膀

为提升学生的核心素养，在主题单元式教学中，我将美术鉴赏“四部曲教学法”和“美术鉴赏体验式教学模式”结合，在四部曲后面加上“审美实践”“自我评价”两步，形成了美术鉴赏六部曲单元教学模式。例如，我带领教研组设计主题单元教学“从感知艺术之美到表现生活之美”，探索线上线下混合式美术教学。通过美术鉴赏六部曲线上线下混合式单元教学模式，引发学生通过美术作品表达对现实生活的思考，进一步提高了当下美术鉴赏教学的内涵与育人价值。(图6)

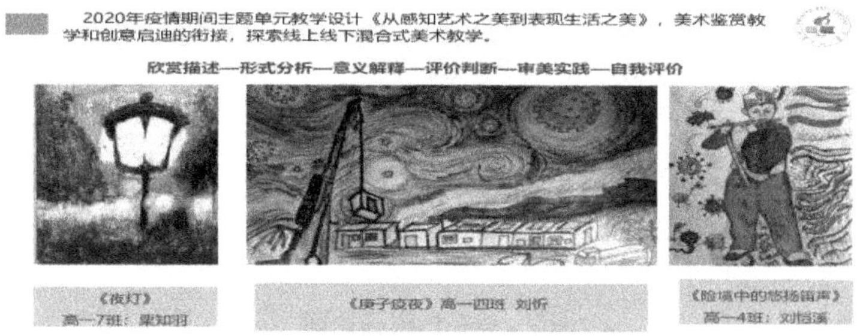

图6　探索线上线下混合式单元美术教学模式

2.给素描来点创意。每周一课时的中学美术课堂，我觉得高一年级的素描课必须来点创意才能让课堂有趣而有效。首先，通过赏析艺术家的创意素描作品，启发学生的创意思维能力。其次，在桌上摆上不同的静物，引导学生进行观察、思考、想象，完成一张有主题的素描创意作品。最后，在辅导学生完成作业期间，有针对性地启发学生的创意联想或提高学生的素描技法。如此一来，即便没有系统地进行造型和明暗练习教学，学生通过三节课的学习，也能学会素描的基本表现技法，更重要的是提升了创意表现方法和意识。(图7)

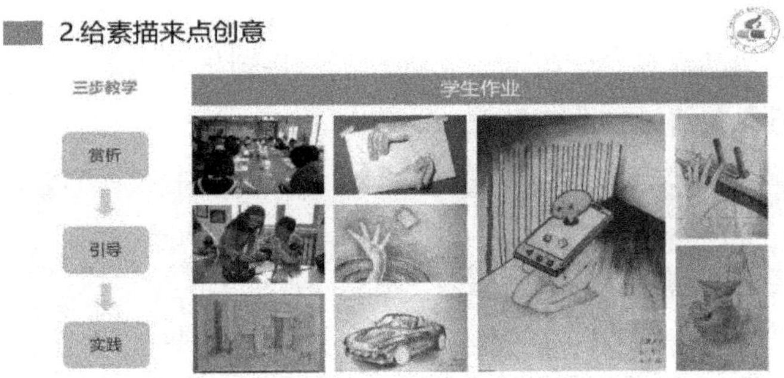

图7 给素描来点创意

(三)中国画教学，传承祖国优秀文化

从2007年开始，我针对当时大部分学生对中国传统绘画兴趣淡漠以及中国画教学比较薄弱的现实状况，在高中开设了“中国画”和“篆刻艺术”选修课，形成了以“传统美术探索与体验”为主题的课程体系。随后，在综合考虑中国画的风格、内容、形式以及高中学生在美术学习上的特点、能力等因素的基础上，我将重点放在了开发“中国山水画”校本选修课上。

1.美在诗情画意间。指导学生认识山水画所表现的意境美，感受中国山水画独特的艺术美感——“诗情画意”，是中国画教学的关键。(图8)

图8 美在诗情画意间

我改变传统的国画以临摹为主的教学方式，探索“临摹+创意”的学习模式。

课上提供优秀的山水画小品作为课稿，指导学生在理解的基础上，融入自己的体悟进行创造性的临摹，在学习技能积累的过程中体会中国画的精髓。在学生掌握山水画基本技法的基础上，探索运用“创设情境—综合分析—审美引导—示范演示—启发创意—创意实践”六阶段教学法，引导学生从品味意境、享受意境，到用笔墨大胆、自由地表现意境的一系列创作活动，帮助学生形成对中国画的精神气质与文化特点的整体了解，培养学生对中国书画独特程式的认同和喜爱。(图9)

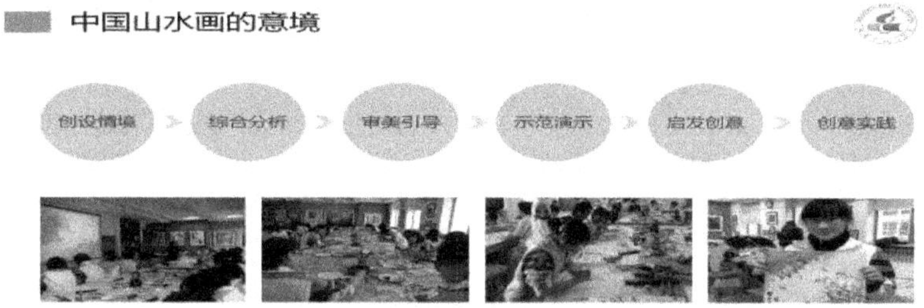

图9　中国山水画“六阶段教学法”的实践探索

2.寄情山水，“疗愈”心灵。中国山水画，以自然为本，体现中国文化中“天人合一”的理想境界，这是中国古人在大自然中找到的一种寄予情感的方式。这种情与景巧妙融合、人与自然完美结合的特殊艺术境界，非常适合缓解焦虑情绪，让学生沉静下来“卧游”于山水之中。比如，2016年我在初三年级进行的“当动漫人物穿越中国古画”创新课程，学生不仅感受到了中国山水的意境之美，也领悟到了古代山水画中所蕴含的人与自然和谐互动的哲学思想，起到了意象不到的“疗愈”效果。

为了保障“以美育人”教学模式和“以美引善、以美启真、以美怡情”的学科育人理念的实施，系统体现“美动心灵”教育主张，我带领团队建构了学校各学段的三级美术课程体系，从课程层面将美育落地，充分体现学科育人价值。(图10)

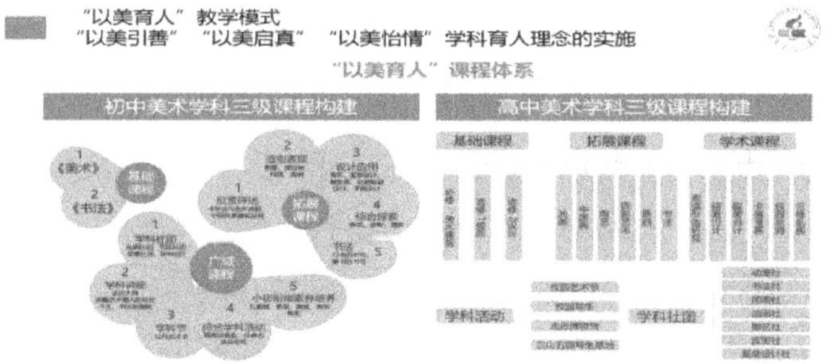

图10　建构“以美育人”各学段的三级美术课程体系

同时，以学科活动、学科社为依托满足不同学生个性化的美术学习需求。充分利用美术馆、专业院校、博物馆、公园等社会资源，组织学生开展校外美术实践活动，带领学生外出写生、研究课题，让各类美术馆、博物馆成为学生的美育实践课堂。(图11)

图11 "以美育人"教学模式中的美育实践课堂

此外，"涂鸦艺术进校园、我为校园画壁画"项目式学习的开发，2012—2016年国家级"中学专家型美术教师的培养策略"子课题的研究，以及利用近4年时间开发并运作成熟的"中国画""校园涂鸦""皮影""油画""陶艺"和后来开发的"书法""服装设计"七门高中美术校本选修课程都是我们遵循"以美育人"教学模式、践行"美动心灵"教育主张的重要成果。(图12)

图12 开发"项目式学习"和"校本选修课程"

三、美育在未来——承前启后

(一)做润泽学生心灵的美术教育

中学美术教育，不是培养"艺术家"，而是培养"审美人"。美术是润泽学生心灵的教育，美术教学应该给学生的将来带来超越学科知识与技能的幸福人生。学生通过美术的学习，除了掌握一定的美术学科知识和技能之外，还应该乐观进取、积极向上。美术教学应该帮助学生学会关注社会、尊重他人，为他们成为人格健全、生命充实的社会人夯实基础。

美术教师不仅是知识和技能的传播者，而且应该是学生的人生导师。我有很多“得意门生”走向社会后从事着各行各业的工作，他们都认为中学美术课给他们现在从事的专业很多启发和帮助，并提升了他们的生活品质，丰富了他们的精神世界。

2020年全国教育工作会议上，教育部部长提出：艺术不再是兴趣课，而是必修课！2020年10月，国务院颁布《关于全面加强和改进新时代美育工作的意见》文件，进一步强调了美育育人的功能。以往校园教育中不被重视的艺术教育学科终于在国家政策层面得到了肯定，我们迎来了美术教育的春天。如果再有学生问我：“老师，中考考美术吗?”我会说：“这个何止考?这将成为你生命中不可或缺的艺术素养，伴随各位的终身！而我，正是艺术素养的唤醒人。”我想告诉每一个人：只要享受过润泽心灵的美术教育，你就会拥有发现美的眼睛，感受美的心灵和创造美的双手，你的人生才会是幸福的人生。我希望通过润泽心灵的美术教育使每一个孩子都内心温暖、精神明亮，有民族情感，有家国情怀，有君子人格。

（二）核心素养语境下的思考与探索

在全球化和信息化的时代背景下，不同国家和地区先后提出了“核心素养”的概念，虽然各主体对核心素养的定义不同，但对其认知有两点相通之处：其一，核心素养不等于知识、技能，但包含知识、技能；其二，核心素养是应对复杂问题的能力，换句话说，是解决不确定的现实问题的能力。美术学科不仅自身需要培养学生解决生活里美术、设计、鉴赏活动中问题的能力，而且需要提升与其他学科协同解决问题的能力。尤其是在传统的美术教育教学方式与方法受到很大局限时，探索线上和线下融合教学的新路径，培养学生的核心素养，对美术学科而言是一个崭新的课题，也是值得每一个美术老师积极面对与思考的新问题。具体而言，我们面对着问题与问题情境、主题与单元课程、项目学习、深度学习、问题解决式学习、大观念与基本问题的教学、以概念为本的课程与教学等诸多新的课题。如何把这些问题弄清楚，并下沉到美术教学中，以达成培养学生核心素养之目的，是我未来一段时间需要学习和探索的。在此方面，也希望能与更多的同道组成学习共同体，一起探索核心素养本位美术教学的方式。

在美术鉴赏教学中发挥现代信息技术的功效

——《中国传统人物画》教学案例

(北京市八一学校，张尊高)

在数字时代的今天，教师积极主动探索优质的教学媒介作为教学辅导资源，运用现代信息技术优化教学过程，可以大大提高教学效率。作为一名一线美术教师，我在多年的高中美术教学中，结合美术课的规律和特点，将现代信息技术应用于高中美术鉴赏的教学研究中，深深体会到现代化教学手段在美术鉴赏教学中具有传统方式不可比拟的优势。本文以故宫博物院《韩熙载夜宴图》APP应用于人美版普通高中美术鉴赏课例——《中国传统人物画》为例，发挥教师为主导、APP为辅导的优势，带领学生一起探索与传统鉴赏模式不太一样的新媒介学习方式。

《中国传统人物画》是人美版普通高中美术必修模块《美术鉴赏》第二单元《图像之美——绘画艺术》的第一主题《程式与意蕴——中国传统绘画》内容。中国画作为中华文化的重要组成部分，有着几千年的历史，各个时期画家的经典作品为我们留下了极其宝贵的精神财富。中国画家创造出独特的表达物象和作者思想情感的形式，体现出中华民族特有的文化内涵和审美情趣。教材编写者设计本课，就是希望学生通过对中国传统绘画经典作品展开深度赏析，引导学生走进中国画，对经典作品具备一定的审美判断，了解其艺术特征，感受其艺术魅力，掌握中国画鉴赏的基本方法，提升对祖国传统文化的认知，增强民族文化自豪感。

鉴于高中生对中国传统绘画知识体系熟悉程度有待提高，我将本单元主题内容设计分三课时完成。第一课时的学习重点在“中国山水画体现了什么样的创作理念”，第二课时重点学习“中国传统人物画为什么注重传神写照”，第三课时重点学习“中国传统花鸟画由写生到写意体现了画家怎样的情怀”。这样，三课时内容既相互联系又相对独立，使《程式与意蕴——中国传统绘画》这一主题教学更饱满、更有实效。

本案例是第二课时“中国传统人物画为什么注重传神写照”的教学案例。

本课的教学对象是高一年级学生。他们在鉴赏教学时对美术作品的分析、理解、鉴别、评价等思维活动会有自己的想法和见解，具有自主意识和探究精神，并且已经具备了一定的文学、历史人文素养，这些知识都有助于完成对本课中国传统人物画的鉴赏。但有些学生认为中国传统绘画和他们的生活有一定的距离，认知较为片面、零散，缺乏系统性。因此，教师要丰富教学内容，拓展学生的思路，让学生深入感受和体验中国传统人物画作品独特的艺术特点。所以我采用“以点带面”的教学形式，着重从中国传统人物画代表作品《韩熙载夜宴图》入手，深入挖掘传统人物画主要的艺术特色、表现形式及思想内涵，使学生对中国传统人物画有较为全面的了解，从而一步步引导他们从了解到理解、从理解到喜爱，唤起学生对我国传统绘画的关注和兴趣，激起他们主动探究和学习的愿望。

2015年初故宫博物院推出的年度大作——《韩熙载夜宴图》APP，页面精美，细腻传神，将科技和艺术合二为一。这款APP的操作方法十分简单，而且随着不断的探索能够发现很多丰富有趣的操作细节。例如，动态的人物、角色生平详解、家具工具详解、手势动作详解、鸟瞰长卷、细节探索、故宫专家分析视频等等。总之，该款APP用高清文物影像、专业学术资料、丰富的媒体内容和创新的交互设计，让观众可以随时随地欣赏、探究这幅传世经典中的种种精妙之处。我认真研究后认为此APP是十分优质的教学辅导资源，决定将这款APP作为主要载体应用到《中国传统人物画》的教学中，使学生学会从多角度欣赏与认识美术作品，逐步提高视觉感受、理解与评述能力。这也正符合新课标提出的在信息化环境下开展美术教学的教学建议。在信息化环境下，要与时俱进地引导学生充分运用现代信息技术开展自主、合作和探究性学习。

一、营造氛围，激发学生的探究欲望

（一）聊画

教师与学生自由对话，了解学生对中国传统绘画的认识与感受。询问学生是否喜欢中国传统人物画。

学生回答出现“喜欢”和“不喜欢”两种声音。

教师进一步了解喜欢和不喜欢的理由。

回答“不喜欢”的同学说：看不太懂、感觉不生动。

回答“喜欢”的同学说：曾经在故宫博物院特展看过《清明上河图》《千里

江山图》原作，很震撼，特别是《清明上河图》里的众多人物，每个人物大概只有几厘米大，但是画得非常精细生动。

教师：同学们对中国传统绘画的认识各不相同。中国传统绘画历史悠久，风格独特，历代流传下来的作品不胜枚举，各种表现形式也是丰富多彩。(老师故作神秘，拿出一只装有手卷的精美画盒。)今天，老师从北京故宫博物院带来了一幅中国传世名画。你们想不想看呀？

学生一听老师带来了中国传世名画，立刻兴趣盎然，满怀期待地大声回答：想！

(二)赏画

见学生兴趣大增，老师随即从画盒拿出这幅卷轴画，请一位学生帮忙，师生共同打开这幅长卷，学生们集体发出“哇！”的惊叹声音。(图1)

图1　展示《韩熙载夜宴图》仿制品的情景

课前老师通过微信群组给学生提供了90秒的微课学习视频，学生对这幅作品已经有大概的了解。所以一下就能认出：哇！《韩熙载夜宴图》，老师这是北京故宫博物院的那幅吗？

老师和学生都笑了。

教师：当然不是。但是老师带来的这幅是高仿品，暂且代替原作来感受一下吧。

(三)识画

见到学生的兴趣越发浓烈，教师顺势提问：谁来说一说《韩熙载夜宴图》的作者是谁？

学生A：五代宫廷画家顾闳中。

教师：有谁知道这幅画的装裱形式？

学生B：手卷。

教师肯定学生的回答，并引导学生从右往左观察整个画面，过程中教师对手卷作简要介绍：手卷是古人放在案上慢慢品赏的，老师这样展示是为了让大家能看到中国传统绘画手卷的一个完整的装裱形式，大家看前面卷首部分由引首和前隔水组成，卷尾部分有后隔水和拖尾，中间就是画面主体内容。待会儿我们再放到课桌上细细品味。大家再想想：这幅作品你在别的地方看到过没有？

学生C：我们家有《韩熙载夜宴图》邮票。

教师：1991年邮电部发行了《韩熙载夜宴图》邮票，这幅画曾被现代人演绎成各种艺术形式，特别是歌剧、舞剧之类的。故宫曾上演的大型歌舞剧《韩熙载夜宴图》，这是当时的新闻图片。在生活中只要我们留意，会发现有很多精美的礼品包装和室内装饰都用到了这幅画。

教师：大家想不想多了解这幅作品？

学生兴趣盎然，齐答：想。

教师：这幅作品从中国画题材内容来分是什么画？

学生D：人物画。

教师顺势导入本课要学习的内容：一幅人物画作品，千百年来不断地被人们所追摹，这和它高度的艺术成就是密不可分的，这也正说明，中国传统人物画早在1000多年前就已经达到非常高的成就。今天我们就来学习和研究——中国传统人物画。

（教师板书课题：中国传统人物画）

【环节意图】教师以"聊画——摸底""赏画——激趣""识画——入题"三个环节，层层递进，让学生带着好奇心进入赏析传统绘画的情境。这个环节意在营造氛围，激发学生探究欲望，教师课前准备的精美高仿的复制品更富感染力，更能激发学生的好奇心和兴趣；这样既拉近了学生和中国传统绘画的距离，激发了学生了解中国传统人物画的兴趣，也为后面的自主鉴赏活动奠定了基础，并且还自然而直观地向学生介绍了中国传统绘画的一种独特而重要的装裱形式——手卷，让学生初步了解中国传统人物画的悠久历史，迅速进入本课课题。

二、探究解惑，培养学生的综合学习能力

（一）了解历史背景

教师导语：《韩熙载夜宴图》这幅作品非常特别，因为它不仅是一份交给皇帝的答卷，而且还是中国画史上默写的典范之作。我想请一位同学用一句话说

说这幅作品描绘了什么内容。

学生E：这幅作品描绘了南唐高官韩熙载在家开宴行乐的整个场景。

教师追问：主人公韩熙载是什么人？

学生F：韩熙载是南唐高官。

教师继续提问：画家顾闳中又是奉哪位皇帝的旨意而作呢？

学生齐答：李煜。

教师引导学生思考：五代南唐宫廷画家顾闳中为什么要奉旨创作这幅作品？下面我们借助故宫出品的《韩熙载夜宴图》APP来共同探究一下。（教师播放APP导入视频介绍《韩熙载夜宴图》的由来。）南唐后期，国事日渐衰弱，整个金陵城被一种萎靡的气氛所笼罩。来自北方的贵族韩熙载，仿佛受到命运的捉弄，他在南唐为官数十年之后，终于有机会担任宰相，一展抱负。但是，此时国家就要亡了，除了声色自娱，他似乎别无出路。据说南唐后主李煜对韩熙载的荒唐生活也产生了好奇，于是派宫廷画师顾闳中深夜潜入韩府偷偷观察，画下了这幅《韩熙载夜宴图》。

这个由音乐、图像、旁白组合的视频介绍深深吸引了所有学生，学生若有所思，兴趣越发浓烈。

学生G：老师，顾闳中回家以后默写画下了这幅画吗？

教师肯定学生提问并顺势介绍：是的，顾闳中果然不负皇帝所望，目识心记，回来以后，画下了这幅值得我们永久回味的传世佳作，由此可知它是以默写为基础进行创作的记实人物画作品，是我国历史上默写的典范之作。

【环节意图】在鉴赏《韩熙载夜宴图》之前，学生必须对这幅作品所涉及的一些历史背景和故事有一定的了解，教学中既要把有关的故事情节向学生作扼要的介绍，又不能以此代替对作品的艺术分析。老师运用故宫出品的《韩熙载夜宴图》APP里的视频播放，这个视频介绍时间短，但包含了对作品背景故事的完整介绍，还有音乐、图像、旁白组合的情景感染，既符合学生的欣赏水平与欣赏习惯，又缩短了铺垫时间，还让学生初步认识故宫出品的《韩熙载夜宴图》APP，调动了他们想要运用APP深入探究的积极性。

（二）探究其中奥妙

教师导语：同学们，为了让收藏在故宫里的文物“活起来”，让更多的人了解这幅传世名作，2015年初故宫博物院推出了年度大作——《韩熙载夜宴图》APP，这款APP里有高清文物影像、专业学术资料、丰富的媒体内容和创新的交互设计，而且操作方法十分简单。今天我们就用这个APP来探究这幅传世经典中的种种精妙之处，好不好？

学生大声齐答：好！（学生都跃跃欲试。）

教师引导学生尝试APP的使用，找到总览层：总览层将APP中包含的全部资料统领安排，我们要探讨的是画面的主体部分，你们看构成画面主体有几个场景？

学生齐答：五个场景。

教师追问：APP里给五个场景的命名都分别叫什么？

学生齐答：宴罢聆音、击鼓伴舞、画屏小憩、玉人轻吹、夜阑余兴。

教师肯定学生回答并布置探究任务：这五个场景就是我们要探究的内容，现在我们有五个小组，每一组承担一个场景。请同学们以小组为单位分工协作，依据教师提供给各小组的学习任务单，从画面内容、表现形式两个角度赏析之后，一起分享你们的品评结果。(图2)

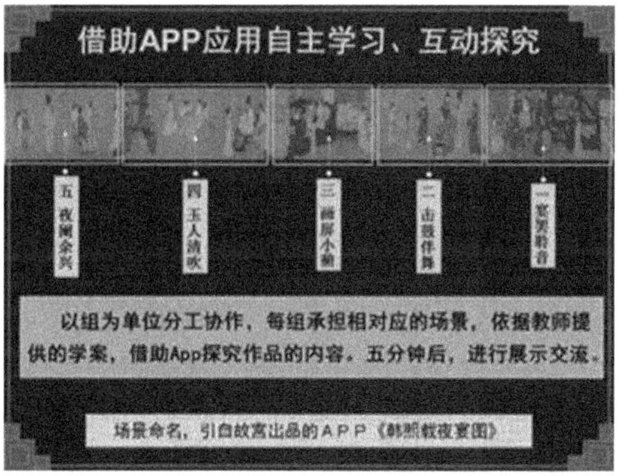

图2　借助APP自主探究

学生以小组为单位，打开平板电脑上的《韩熙载夜宴图》APP，按照学习任务单上的要求进行探究、讨论，填写任务单。教师巡回指导，答疑解惑，引导并参与学生的探究活动。(图3)

图3　学生探究活动

【环节意图】《韩熙载夜宴图》APP里图像、音乐、文字、语音、真人演绎的多方位体验，拉近了学生与传统绘画的距离感，打消了他们之前不理解、看不懂传统绘画的消极心理。老师根据教学目标精心设计的不同小组学习任务单，引导学生进行主要信息检索，开展自主、合作和探究的学习，利用通感性让学生深入挖掘传统绘画作品的内涵意义，以提升学生的综合学习能力。

(三)共享探究成果

学生自主探讨活动结束，各小组代表上台分享本小组的赏析成果。

1."宴罢聆音"小组汇报。代表发言：这个场景描绘了主人韩熙载与状元郎瓅坐在床榻上，其他宾客或坐或站，呈现出圆形构图，表现出主人韩熙载和宾客在乐声中情感交融。他们的目光都集中在弹琵琶的李姬身上，全神贯注地倾听琵琶弹奏，塌前茶几上的食物也没人在吃，可见李姬的演奏技艺高超。画面出现的所有宾客都有名字，是历史上真实存在的人物，说明画面真实再现了当时韩府家宴的情境。

教师点评：第一组同学从画面内容、构图和细节方面进行了描述和分析，能从宾客听的神情和茶几上摆放的食物等细节看出李姬的技艺高超，证明研究非常细致。我们也来听一下李姬的琵琶弹奏，教师用APP体验层中的真人演绎，师生共同体验李姬引人入胜的高超的琵琶演奏技巧。

学生入神观看、倾听，仿佛融入画中，一幅情景交融的课堂气氛。教师进一步引导提问：大家再仔细观察众宾客在听琵琶演奏时的神情是一样吗？

学生齐答：不一样。

教师：韩熙载什么神情？

学生H：好像有点郁郁寡欢、心思重重，手往下垂着，我感到他很颓废。

教师追问：状元郎瓅呢？

学生I：看上去心情较为愉悦、轻松，坐姿也很放肆，和主人韩熙载的神情完全不一样。

教师再次追问：你觉得画家这样表现想让观众识读出什么信息？

学生J：韩熙载年长，虽身处夜宴，但还是深深地为南唐担忧，而状元郎瓅还很年轻，涉世未深，无忧无虑。

教师肯定学生回答，进一步引导学生分析其他人神情，自然而然总结出核心问题：画中每个人物的眼神、表情、手势、动作等都传递着信息。在这一场景中，画家紧紧地抓住"聆音"的"聆"字，把握不同宾客的身份、地位、年龄，表现出各自不同的表情、姿态。一方面体现了画家高超的画艺，另一方面也体现了中国古代人物画的一个非常重要的特点，那就是“传神写照”，也就是中国古代人物画对于人物的描绘，不仅仅满足于外形的肖似，而是更着重对人物性格及内心世界的揭示。这幅作品里反反复复出现了40多个人物，每个人物都值得我们仔细推敲。

教师板书：传神写照

2.“击鼓伴舞”小组汇报。教师导语：刚才“宴罢聆音”小组从画面内容、构图和细节方面进行了描述和分析，那么我们这组请从人物神态做重点分析。

学生代表：这一场景观舞时宾客神情各异，两个深色衣服的男子在配乐和打节拍，状元郎璨离舞女最近，毫无顾忌地观看舞蹈。我们看到这个画面出现了一个非常特殊的人物，和状元形成了鲜明对比，他的眼睛没有看向王屋山跳舞，因为他身披袈裟，是一位出家之人。据我们研究他是韩熙载的好友德明和尚，出家之人出现在声色场合比较尴尬，所以画家在描绘德明和尚的神情是双手合十、手足无措的拘谨神态。

教师点评：第二组同学从人物神态、细节方面推断出人物身份，观察非常细腻！

3.“画屏小憩”小组汇报。教师导语：刚才“击鼓伴舞”小组从人物神态进行了分析，那么我们这组看能否从画面一些细节进行分析判断。

学生代表：我们发现这一场景中有一个重要的道具，烛台上的蜡烛点了一半。

教师：你们推断出什么？

学生代表：我们觉得这有两种表示，一是此时的时间是夜晚，点明了此幅作品《夜宴》的主题。另一种表示是宴会也进行了一半，所以此时主人和宾客都需要休息，此场景就是描绘韩熙载小憩的情景。

教师：你们注意这一场景和第四场景之间有一大块屏风没有？

学生代表：注意到了，我们还研究了屏风上乾隆皇帝的大印章，这可能是乾隆皇帝品鉴此画时盖上去的，这位十全老人可真任性啊！中国传统名画上好多都有乾隆皇帝的印章还有题字呢。

老师和学生都不由自主地笑了，为第三组同学的发言鼓掌。老师赞赏第三组学生的观察研究细致，并及时总结提升：这大面积的纯色屏风，也是让观画者到这里得到视觉上的休息和情绪上的舒缓。

4.“玉人清吹”小组汇报。教师导语：我们请这组从五个乐伎方面做重点分析。（图4）

图4　学生解读“玉人清吹”画面

学生代表：这段场景描绘了韩熙载盘腿坐在椅子上，手持方扇，一边和一位侍女交流一边听歌姬演奏，中间有五位歌姬在演奏，根据她们的乐器可以叫作“管乐齐奏”。

教师：她们的坐姿有什么特点？

学生代表：五位乐伎的坐姿十分富于变化，如果从身体的朝向来看，右边三位和左边二位可分为两组，但如果从面部的方向来看，却产生了新的组合关系，使构图布局更为灵动。

教师点评总结：这一组的同学分析非常到位。这一场景关于五位乐伎的描绘相当精彩，除了她们组合上的错落有致，在服饰色彩搭配方面也构成了多种变化组合，让观者感觉，仿佛是更多的人在演奏音乐。这五位乐伎的经典的造型和布局安排，在1000多年后的今天也让人叹为观止。多媒体课件出示陈逸飞油画《夜宴》，著名油画家陈逸飞先生就从中得到灵感，创作了这幅题名《夜宴》的油画作品，在章法布局上明显借鉴了夜宴图中五个乐伎的形象，这就是文化的传承。

5.“夜阑余兴”小组汇报。代表发言：“夜阑余兴”描绘夜宴结束曲终人散，韩熙载挥手在向宾客告别。这幅长卷作品，卷尾主要人物目光都指向画面开始的方向，仿佛引导观者在收起画卷的过程中，反方向再重温一下刚才经历的画面。（图5）

图5　学生解读“夜阑余兴”场景

教师点评并提升：第五组同学对于夜阑余兴场景的解读，虽然简洁但很深刻。此场景采用了散点式构图，更加强化了夜宴曲终人散的主题。

教师小结：俗话说“外行看热闹，内行看门道”，经过以上探究、分析和交流，我觉得你们一个个也快成内行了。我们一起从内容、形式语言、细节等方面赏析了这幅作品，并且做出了描述、分析和解释，有的小组同学还做出了判断。中国传统人物画为什么注重传神写照?就是因为中国古人认为没有外部体貌特征，就没有人物的存在；而没有传神的内在气质表达，人物就没有精神，所以二者缺一不可。“传神写照”成为品评艺术作品和文学作品中人物的标准，也成为画家塑造人物形象所追求的艺术境界。

图6–7为学生完成的学习任务单。

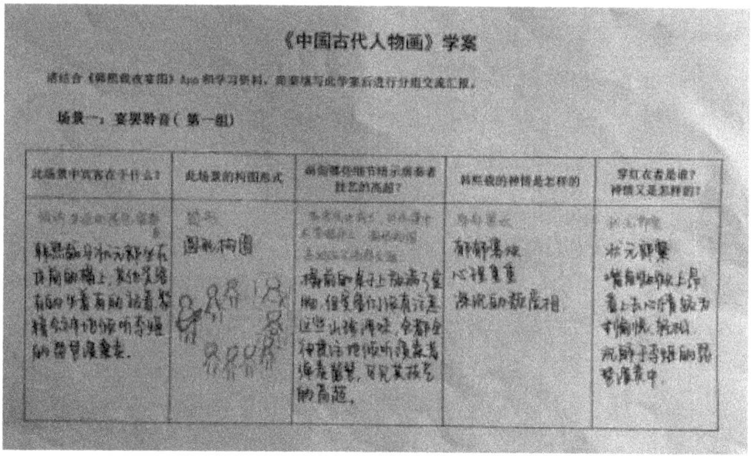

图6　第一组学习任务单

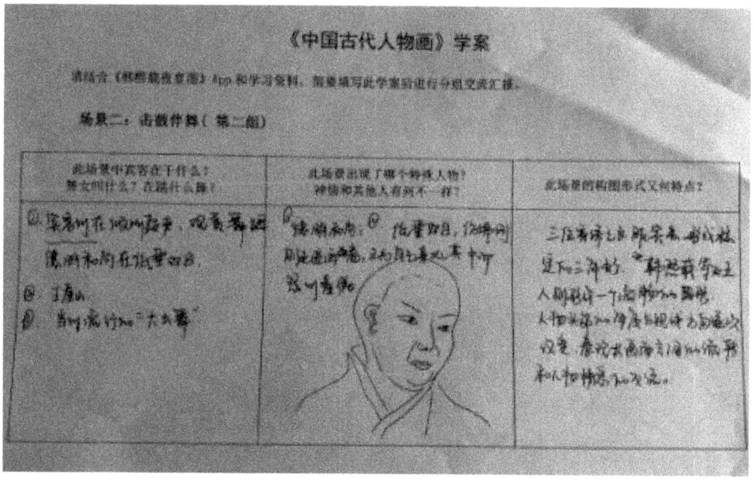

图7　第二组学习任务单

【环节意图】教师组织学生分组展示，利用白板批注，Pad投频，交流成果，充分表达自己的观点，在过程中老师依据学生的观点进行追问，产生新问题，引导学生深入鉴赏。这一环节主要通过自主讨论成果的展示，问题由浅入深，师生共同总结，形成系统知识，完成本节课教学目标和重点知识。

三、深入品评，共同探讨核心知识点

(一)识图像作对比

随着上一环节的学生对作品的内容和形式有了初步了解，教师引导学生在APP上浏览整幅画面，进一步探究，出示问题链：寻找一下，整幅画面出现了几个屏风？每个屏风的处理方法是一样的吗？你觉得画家为什么要这样处理？(图8)

图8　问题探究

学生纷纷寻找，齐答：三个屏风，处理方法不一样。教师追问：你觉得画家为什么要这样处理？学生思索中……

教师启发：想一想，每个场景是在同一时空发生的吗？如果处理一样会不会呆板？

学生K：五个场景都是发生在不同时空的，屏风起到了一个隔断的作用。如果处理相同，在构图布局上就会显得呆板生硬。

教师赞许学生回答，并作进一步引导：这也是体现了画家的巧妙构思，大家看第一和第二屏风相似但绝不雷同，通过屏风两边人物的趋向动势的丰富变化，使屏风带来的这种空间上的转折与幽深，让夜宴的现场平生几分神秘和曲折。那么，同学们再看：这幅作品在空间背景的处理上有何特点？我们可以和西方古典油画《最后的晚餐》做下比较，幻灯片出示达芬奇的《最后的晚餐》，提示学生：《韩熙载夜宴图》在空间描绘上画门窗、屋顶了没有？(图9)

学生L:《最后的晚餐》非常真实完整地表现了空间背景,《韩熙载夜宴图》背景很省略,有的地方几乎为空白,但画家很巧妙地利用屏风和床榻切换时空。

图9 问题探究

教师及时抓住这一点进行引导总结:“巧妙”这个词用得好!大家看,第四和第五场景通过宾客和仕女隔着屏风对话,由一个情节转换到另一个情节,将不同时空发生的事情不着痕迹地糅合在一起。画卷中五个场景既相对独立,又统一在一个严密的整体布局当中,繁简相宜、虚实相生,富有节奏和韵律感。这就是中国绘画的巧妙之处,也体现了中国古代人物画的第二个特点:善于运用长卷的形式,突破时间和空间的限制。

教师板书:善于运用长卷的形式,突破时间和空间的限制。

(二)解画面深探究

教师导语:我们再来深入品评作品中对主要人物韩熙载的刻画,因为使画家顾闳中赢得美术史上不朽声誉的,是他在《韩熙载夜宴图》中对韩熙载形象的塑造。此幅作品画家到底刻画了一个什么样的韩熙载呢?幻灯片出示五个场景中韩熙载的面部表情,教师引导学生:画卷中韩熙载以不同的动作和服饰反复出现了五次,整体形象是气宇轩昂、高冠长髯,是古代有才之士的典型形象。我们仔细研究他的表情神态,教师一连抛出四个问题,引导学生由表及里、条分缕析地品味韩熙载形象的刻画。(图10)

图10 五个场景中韩熙载的面部表情

问题一：在整个欢乐的宴会当中，他真的是沉迷其中而纵情欢笑吗？还是另外一种情绪？

学生齐答：另外一种情绪。

问题二：什么情绪？

学生M：闷闷不乐，郁郁寡欢，眉宇间满含心思…….

问题三：那么他的整体情态，与周围的场景是什么样的关系？和谐吗？

学生齐答：不和谐。

问题四：画家向我们传递了什么信息？

学生N：韩熙载不甘于过这种声色犬马的生活嘛，他内心是苦闷的、矛盾的、纠结的。

教师肯定学生回答，并总结：画家对于这位韩熙载的刻画，可以说是非常深刻，他融入了画家对主人公思想和命运的深刻理解。画中韩熙载置身于夜宴的环境之中，又超脱于欢乐的气氛之外，这种出色的心理描绘体现了画家敏锐的观察力和理解力，达到了中国传统人物画的最高境界：形神兼备。

教师板书：形神兼备

【环节意图】考虑到古代绘画年代比较久远，学生会感到陌生和难理解，我站在学生的角度，设计一些能引起他们好奇心的问题，这样的问题能快速调动学生的兴奋点。学生依据教师设计的问题链，深入剖析核心人物的神情特征，引出核心知识。

（三）品实物析技法

教师导语：这幅值得我们永久回味的传世佳作，它不仅在刻画人物方面达到了形神兼备，在表现技法的用笔赋色方面也达到了相当高的技巧。现在我们来像古人那样将手卷放在案上细细品味，教师将《韩熙载夜宴图》仿真品放到课桌上，组织学生上前细细观赏。（图11）

图11　学生观赏《韩熙载夜宴图》仿真品

教师引导学生观赏画中题字和印章做简要介绍：卷首部分有明代程南云篆书“夜宴图”，前隔水有“乾隆御览之印”、“石渠宝笈”、“御书房藏宝”三枚代表《石渠宝笈·初编》的钤印。证明这幅作品在乾隆年间收入清宫并编入《石渠宝笈·初编》，后流落民间，再后来被张大千以500两黄金买到，张大千将此幅画带到香港，由于经济拮据，典当到香港银行，周恩来总理得知后，派专人拨专款从香港买回收入北京故宫博物院。

学生纷纷发出惊奇的声音，注意力更加集中起来，纷纷上前观看画面仔细体会。

教师引导学生仔细观看画面的勾勒用线：我们赏析其表现技法，一看线条的表现力。画面线条有什么特点？

学生Q：线条很工细流畅，侍女衣裙上这些细如毫发的织绣纹样各不相同，非常精细。

教师：是的，画中每条细线若没有高超的技巧和缜密的思考，是无法达到呈现在我们面前的这种效果的。人物衣纹的勾勒用线严整简练，表现出衣衫质感用线的轻重、粗细、缓疾。画面运用的线条是“铁线描”居多。同学们体会线条是不是犹如屈铁盘丝，柔中有刚？

学生齐答：是。

教师追问：主人公韩熙载面部和衣纹用线怎么样？

学生R：韩熙载的长胡子画得好真实！衣纹线条比较简练但很生动。

教师肯定了学生的回答：画中韩熙载面部胡须勾染，笔法非常精细，蓬松的须发好似从肌肤中新长出来的一样。故宫高仿这幅画，发现最难仿的是韩熙载的须发，要经过十几道工序才能达到乱真的效果。然后，进一步引导学生观察画面色彩有什么特点。

学生S：色彩好鲜艳，但是一点也不艳俗。

教师及时抓住这一点进行引导与总结：整幅画的用色也是独具匠心，鲜艳的颜色间隔以大面积的黑白起到统一画面的作用。不同物象的笔墨运用又富有变化，尤其敷色更见丰富、和谐，仕女的素妆艳服与男宾的青黑色衣衫形成鲜明对照。几案坐榻等深黑色家具沉厚古雅，仕女裙衫、帘幕、帐幔、枕席上的图案又绚烂多采。不同色彩对比参差，交相辉映，使整体色调艳而不俗，绚中出素，呈现出高雅、素馨的格调。

学生恍然大悟，顿觉中国传统工笔重彩画线条强大的表现力和色彩的独具匠心。

教师抓住时机，进行总结：这幅画用笔工整细致，色彩富丽匀净，从画法上属于典型的“工笔重彩人物画”。工笔重彩是用了国画颜色中不透明的石色，而使画面产生这种浓重富丽的效果。工笔重彩也是我国古代绘画的一个非常重要的品类，它曾长期占主流地位，特别是在唐宋两代，是工笔重彩人物画的高峰时期。

【环节意图】通过实物展示，使学生直观感受中国古代工笔重彩人物画的杰出成就，提升课堂气氛。

四、综合评价，提升学生审美判断素养

教师导语：今天通过对《韩熙载夜宴图》的赏析，我们总结出鉴赏绘画作品的一般过程与方法。当我们想看懂一幅作品时，总想知道作品表现了什么?什么意思?这就是要理解作品的创作意图，那么如何理解作品的创作意图呢?我们可以从两个维度去了解，第一是描述作品的内容，第二是分析作品的形式语言。然后我们可以通过自己的理解和查阅相关资料对其作出解释。除此之外我们还有一个重要的问题，就是对作品进行评价。这就是鉴赏美术作品的四个过程：描述、分析、解释和评价。(教师板书：描述、分析、解释、评价。)这个评价，可以对作品的创作意图进行评价，也可以从作品的内容和其他的表现形式来进行评价。下面有谁可以对此幅作品进行简短的评价？

学生纷纷举手。

学生T：我们组主要研究了画屏小憩这幅场景，我看见坐在韩熙载对面的那位侍女的坐姿很有意思，一腿盘曲、平放，一腿垂直支起；一手扶膝，一手支地。这个坐姿十分自然，但也不失优雅。而且我觉得这个坐姿与佛教中的轮王坐类似，当时社会生活和佛教应该有密切关系。

学生U：这幅画描绘得十分细致，将五种不同的场景串联在一幅画中，连接得很好。而其中每一幕，里面各种人物的表情、姿态都十分自然地表现出来，将宴会的整个过程都惟妙惟肖地表现出来，让人仿佛身临其境。

学生V：我想说些与画本身无关的，故宫出品的《韩熙载夜宴图》APP真的很好，让我们能很深入地探讨这幅传世名作。故宫这些年真的是很用心，推出过动图、皇帝的大头像表情包，还有故宫和纸胶带、故宫彩妆，现在还有APP。故宫在尽力把古代文物与我们的现实生活结合在一起，使人们对文物古迹多一份喜爱。我们的文化瑰宝不至于被束之高阁，成为遥不可及的事物。

教师点评、总结本课：同学们的观点非常独特，语言组织能力强，思维敏捷，

一幅作品大家能从不同的角度去发现不一样的东西，并作出自己的判断，给了老师非常多的惊喜。莎士比亚说过：一千个观众眼中就有一千个哈姆雷特。如此，一千个观赏者眼中有一千幅《韩熙载夜宴图》，对美术作品的鉴赏也是“仁者见仁，智者见智”，没有标准答案，也没有对错之分。老师对这幅画卷也有一些理解，想和大家分享：当我们细细品味，这幅长卷就像一部纪实影片向我们讲述着南唐文人生活的优雅与精致，又传递出一种难言的抑郁与感伤，同时也为我们研究古代音乐、舞蹈、服装、工艺、风俗提供了重要的形象资料。

中国传统绘画内涵博大精深，常常在小中见大。欣赏它、学习它要从实质、墨趣、诗意、意境、历史年代、作者特点等方面去品评，才能真正领悟这门艺术的真髓。不仅如此，老师还希望同学们能够喜欢中国传统绘画，能够品评传统绘画。请课后写一篇对《韩熙载夜宴图》作品的评价和交流的赏析短文，并将自己的观点或评价发布在微信群或朋友圈里。也可以课后选择你感兴趣的一幅其他传统人物画作品，运用描述、分析、解释和评价四个过程进行赏析，并写一篇图文并茂的赏析短文。

【环节意图】这个环节通过学生课后自主对美术作品的鉴赏，举一反三，提升学生审美、鉴赏、判断能力，将美术鉴赏延伸到课外，使学生体验美术与生活的关系，陶冶审美情操，从而提高生活品质。

此教学案例以《韩熙载夜宴图》APP为主要载体来探索在美术鉴赏教学中发挥现代信息技术的功效，带领学生一起探索与传统鉴赏模式不太一样的新媒介学习方式。实践证明，利用优质多媒体资源来进行美术鉴赏确实具有传统鉴赏所不具备的优势，丰富有趣的教学媒介是一种激发学生课堂活力和保持长期注意力的有效途径。多媒体技术能将文字、声音、图像、动画、影像等各种媒体信息与计算机集成在一起形成一种具有人机交互功能的多媒体集成系统，是一种科学与艺术相结合的现代化教学手段。它能及时、直观、生动和大量地把各种图、文、声、像信息展示在学生眼前，增大教学容量，极大地满足美术鉴赏教学的特点和需要，运用新媒体技术创新美术鉴赏教学，可以优化教学过程，有效提高了课堂的实效性，从而提高了教学效率和教学效果。

现代信息技术为高中美术鉴赏教学带来了极大的便利，信息技术与美术课程的整合仍需我们不断研究，不断发展，不断完善，这样才能在美术教学中更好地发挥信息技术的功效。

小学综合实践活动课程规划与实施例谈

(红安县教研室，余向红)

名师简介

余向红，女，红安县综合实践及劳动教育教研员，黄冈名师。主持完成多项国家/省/市教育科学规划课题，两项教科研成果分获首届湖北好教研成果一、二等奖，2021年受邀在中国教育科学论坛作劳动教育专题报告。编著出版《综合实践活动课程资源教师用书》《中小学综合实践活动课程规划与实施》。在《人民教育》《中国教育报》《中国教师报》《湖北教育》《黄冈师范学院学报》等教育报刊发表专业文章数十篇。

2015年教育部出台《关于加强中小学劳动教育的意见》，中小学素质教育在经历了“德智体”“德智体美”之后，“劳”开始跻身素质教育五大巨头之列；2017年9月，教育部正式出台《中小学综合实践活动课程指导纲要》，纲要中阐明：“综合实践活动是国家义务教育和普通高中课程方案规定的必修课程，与学科课程并列设置，是基础教育课程体系的重要组成部分。该课程由地方统筹管理和指导，具体内容以学校开发为主，自小学一年级至高中三年级全面实施。”纲要明确了综合实践活动作为一门必修国家课程的地位。2018年9月召开的全国教育大会上，习近平总书记提出“培养德智体美劳全面发展的社会主义建设者和接班人”，进一步强调了劳动教育的重要性；2019年高考全国Ⅰ卷的作文题，把“劳动”推到前所未有的关注高度，“劳动”变成全民热议的话题。热点话题，难得地这么朴实、这么接地气。

劳动会被热议，固然是因为高考，也因为民众在关注中发现：劳动，已经被疏忽了很久，尤其在我们的基础教育课程体系中。

综合实践活动的设置，在课程层面直接强化了劳动教育。课程设置方式及关键要素涵盖了考察探究、社会服务、设计制作、职业体验四大领域。这四大领域，均指向一个关键词：劳动。包括脑力劳动和体力劳动，也包括公益劳动和自我服务。其中设计与制作这一领域，更是直接提出“劳动技术”是课程内容之一。

作为一门由学校自主开发的国家课程，要如何通过综合实践活动课程体现五育并举的教育理念？又如何让最欠缺的劳动教育得到落实？

由学校对综合实践活动课程进行有效的规划与实施，是达成这一教育目标的重要途径。

下面笔者以红安县几所小学为例，来谈谈小学如何对综合实践活动课程进行整体规划并有效实施。

小学综合实践活动课程规划例谈一："读出一本书"

阅读既是语文学科的核心素养，也是伴随我们每个人终身的重要习惯，对国民素养、个人修养影响深远。基于阅读这一学习方式，来进行综合实践活动课程规划是否可行？又如何体现其综合性？红安县从2018年开始，在部分学校和老师中开始试行这项活动。向来只有"共读一本书""读懂一本书"的说法，何为"读出一本书"？

这是一项通过开展阅读输出端的综合实践活动，是倒逼学生深度阅读的主题活动。

以红安县八里湾镇小为例。这是一所农村小学，学校很重视学生阅读，但如何让学生阅读时注意力更集中、阅读效果更好呢？学校以"读出一本书"为项目主题，对全校各班一学期的阅读，以综合实践活动形式，从课程层面进行了整体规划。

项目名称："读出一本书"

项目创意：这是一个以阅读为基础、以综合实践为途径、以制作一本手工书为呈现形式的综合实践活动，适合以班为单位，全校同时开展。本活动的开展，在培养学生阅读兴趣、养成良好阅读习惯、形成班级读书氛围、提高学生动手能力和创意设计方面，均有很大的活动空间。可长期、系统开展，形成学校的课程文化。

活动周期：一个学期为一次活动周期。

活动目标：

1.通过开展这项活动，推动学生深度阅读、合作阅读；

2.通过制作手工书，把阅读理解进行物化呈现，培养学生动手能力和合作精神；

3.通过开展这一活动，积累课程资源，培养阅读习惯，形成良好阅读氛围。

课时设置：活动时间分为课内、课外两部分。课内部分可使用阅读课、综合实践活动课课时；课外部分学生自行安排，也可以家庭作业的方式布置学生完成。

活动适用：2–6年级

活动实施：

1.学期初，每班由指导老师(有兴趣的老师皆可主动申请担任指导老师)选定(或与学生共同商定)一个阅读主题。可以是某一作家作品阅读(如鲁迅、郑渊洁、安徒生等)；可以是某一题材作品阅读，如童话、神话、诗歌、历史故事、科幻等；可以是某种类型主题阅读，如古代英雄、中外神话、大侦探、科学巨匠等；还可以全班同读一本书如《西游记》《水浒传》等。总体原则就是：保证有足够的阅读空间和阅读选择，适合学生阅读。

2.活动开始前，指导老师给学生讲明阅读主题，提出阅读要求。如要求阅读后能说出自己喜欢的作家、喜欢的书、欣赏的人物、喜爱的情节等，并能用自己喜欢的方式呈现自己的阅读感受，如写读后感、摘抄、仿写、续编、绘画……学生要带着发现的眼睛去读书，读有所得。同时，老师在开始时要做好前期准备，针对性指导学生读书，如推荐相关书目、通过什么途径获得书籍、利用什么时间读书、如何在书上做批注摘抄、喜欢的地方多读几遍、借助工具书阅读、好朋友比赛阅读、与家长一起读等。

3.学期中，老师可组织两到三次中期读书交流活动，让全班同学分享自己的阅读体验。以讲故事、朗诵、人物介绍、表演等方式来进行分享。对于学生阅读中遇到的问题，及时指导、引领，通过讨论，让学生自己解决问题。学生中出现好的阅读经验、优秀阅读行为习惯，要在全班推广与共享。也可以在班级之间组织中期活动，通过分享提高学生阅读兴趣。

4.读出一本书。活动开始前，便向学生提出“读出一本书”的要求。可以全班做一本书、个人做一本书，或小组合作完成一本书。要求用同一规格的纸张，完成至少一张与所阅读内容有关的手写(绘、贴、抄)作品，搜集整理后装订成一本手工书。

5.制作手工书。了解一本书的基本构成元素：包括自定书名、封面封底设计、目录页、本次阅读主题等内容。为了激发同学的荣誉感，可以留专门页面，让所有参与的同学在书上签下自己的名字。不得以打印、彩印等非人力形式制作手工书，以免形成攀比、作假之风。

6.学校举办一次“读出一本书”手工书展览与评比，并将学生作品统一回收，存放在学校或班级图书室，作为学校的阅读资源。

活动评价：

阅读重在培养兴趣、激发思考、读有所得、养成习惯。本项目也可以基于这个目标进行评价，设置以下评价指标：

量化评价(60%)：评价学生参与率、平均阅读量、最终作品完成量。

质性评价(40%)：阅读过程中交流情况、学生作品质量(手工书的形式、外观、内容、书写等)。

根据这两项数据，评比个人、班级阅读奖，设置最美手工书、最有趣手工书、最有创意手工书等奖项，对相关指导老师和优秀学生进行奖励，激发全校学生读书热情。这个活动可以每年开展，变成固定的学校综合实践活动课程，积累课程文化资源，最终在学校形成爱读书、会读书、动手制作一本书的良好风气。

从上面这个项目设计可以看出来，这不是常规意义上的号召学生读书，而是用输出端(出一本书)，激发学生去读至少一本书。那么，输出的这一本书是怎么来的呢?学生自己手工制作出来的。为了制作这本书，他们要做什么：阅读、寻找合适的内容、以自己喜欢的方式把喜欢的内容呈现出来、了解一本书的基本构成、创意设计与物化、分工合作……这个过程，我们称之为综合实践。

第一个学期实施这个项目时，红安八里镇第一小学组织语文老师学习讨论，每个班选择了本班阅读主题开展活动，一个学期结束，学校收获了二十多本学生制作的手工书。虽然第一次开展这样的活动，学生制作的手工书略嫌简单粗糙，但孩子们和老师们都是又惊又喜。尝到了甜头的老师们，第二个学期继续开展这项活动，并豪迈地宣称：这个学期，孩子们读出来的书一定会更多更好！

这些手工书的展示，也吸引了其他学校迅速跟进，第二个学期，全县参与“读出一本书”项目的学校有近二十所，很多学校期末的“读出一本书”综合实践活动成果展，还得到家长的高度关注。老师们说得最多的是：我没想到×××还有这样的才能！我没想到我们班学生能做这么好！我没想到我班学生读书这么有想法！两个学期下来，学生读的书不说，自己亲自动手制作的手工书，数量就已经非常可观了。

新的学期刚开始，已经有多所学校提出，这学期，将继续开展“读出一本书”主题活动。

“读出一本书”综合实践活动课程规划，最大的优点是：门槛比较低，便于操作；各年级学生都可以找到切入点，能设置不同的活动目标层次；活动开展受外部条件制约较少；与其他学科学习有密切关联，可以实现双赢甚至多赢；所有学生皆可参与，学生可以通过多种实践方式，把阅读行为进行物化延续；活动成果可以转化为学校的课程资源……实践证明，这是适合城乡各类学校开展的综合实践活动。

这个项目从目前实施情况来看，也有其不足之处：实践中，学生创意空间小，容易相互模仿；手工书内容和形式容易出现重复；因为门槛低，会导致老师疏于指导，物化成果容易在浅层重复等。如何让“读出一本书”活动更丰富，是指导老师要深入探究的。

小学综合实践活动课程规划例谈二：“同主题分年级课程规划”

办有特色的学校，是很多校长们的办学追求。但特色二字，谈何容易！用钱堆起来的特色，会因钱而逝；过度依赖某个或某些人的特色，也会因人而异。只有将特色课程化，才能最大程度保持学校的办学特色。综合实践活动同主题分年级课程规划，是行之有效的途径之一。

何谓同主题分年级课程规划?这是笔者与多所实验学校摸索探究多年的一个综合实践活动课程建设课题。即全校以某一个主题为纲，在这一主题所涵盖的范围，全校分年级进行不同目标层次的活动规划，学生在小学期间，可以在同一主题平台上，由浅及深、从易到难地参与系列具有延续性的综合实践主题活动，学校也会因此在这一主题上积累丰富的课程资源，形成特色文化。

下面以红安县将军城小学综合实践活动同主题分年级课程规划与实施为例，来谈谈一所学校如何从零基础开始进行综合实践活动课程规划并有效实施的。

主题名称：“创意设计与制作”

规划理念：《中国学生发展核心素养》中明确提出，实践创新是最重要的核心素养之一；“德智体美劳”五育并举，其中劳动与技术教育，是学校教育和课程目标落实的薄弱环节。综合实践活动创意设计与制作领域，正是对这一薄弱环节的弥补与强化。学校以“创意设计与制作”为综合实践活动大主题，对一至六年级一学期的综合实践主题活动进行规划，并长期实施。假以时日，既可形成学校的课程特色，又能落实五育并举，同时把综合实践活动课程的常态化实施纳入一个有序、有特色的轨道。

活动目标：

1.通过分年级设置创意设计与制作主题，创建有特色、可持续开展的学校综合实践活动课程体系；

2.通过创意设计与制作活动，培养学生勤于观察、创意思考、动手制作、工具使用等综合素养；

3.通过长期开展活动，形成有特色的学校文化氛围，建立以课程为平台的新型家校关系。

活动周期：一个学期为一次活动周期，长期开展。

课时设置：活动时间分为课内、课外两部分。课内部分用综合实践活动课时；课外部分学生自行安排。

活动适用：1–6年级

活动实施：

1.学期初，学校教务处以年级为单位，对全校“创意设计与制作”主题进行整体规划与设置；各年级以班为单位，由指导老师自行选择该主题下适合本班的小主题，开展活动；如三年级的设计制作主题是“车”，各班可在此主题下选择自行车还是小汽车；五年级的设计制作主题是“乐器”，各班可在此基础上选择吉他还是二胡。

2.各班自主开展实践活动。老师可和学生一起选择并确定本班的小主题。全班集思广益，老师从材料、工具、方法等方面给予学生一定的指导。学生自主进行第一轮尝试。

3.活动中，组织全班进行中期交流，就设计制作中遇到的问题、成功与失败的经验教训，全班讨论，解决问题，相互借鉴，反复改进。学生可以邀请家长参与到活动中来，但不可以代劳；同时以图片、视频、文字等形式，在班级群分享作品及制作过程。

4.活动后期，以班为单位开展创意设计与制作作品展。除了展出作品，学生可以用多种形式，分享自己的创意设计、制作过程、工具使用、材料选择以及实践过程中的小故事等。

5.学校以年级为单位组织创意设计与制作比赛及作品展。各班制作美篇或形成活动案例分享，收集活动成果，形成学校课程资源。

6.举办全校性创意设计与制作作品展，面向家长与社会开放展出，展示学校的课程文化。

活动评价：

创意设计与制作类主题活动，重视过程、重在参与、发挥想象、注重动手，其最终的结果呈现是物化的作品，评价作品即评价活动。因此，在设定评价指标时，必须要体现对实践过程的重视与积极导向。基于这一目标要求，设置以下评价指标：

1.整体评价：评价班级主题活动开展情况，以完成作品数量、参与率数据为评价依据。

2.个体评价：设置多个考评维度，以奖代评，如：创意设计、作品美观、精致作品、实用设计、创意材料等，激励更多的学生有更多的机会从更多的角度去思考并动手设计制作出更好的作品；也可以专门为家长设置奖项，鼓励家长参与到学生的实践与成长中来。

以上是红安县将军城小学2019年春季的同主题分年级综合实践活动课程规划方案主体部分。学期中，全校各年级师生、家长积极投身其中，除了收获几千件作品，学校也从这次尝试中摸索出课程规划与实施的管理经验；老师们在开展活动的过程中，积累了综合实践活动课指导经验和活动案例。

将军城小学之前综合实践活动课程落实做得并不好，只在点上进行，绝大部分老师没有课程经验，几乎可以说是在零基础上进行全校性课程推进。同主题分年级课程规划与实施，既不限制老师们创造性开展活动，又给出了相应的活动主题范围，让管理、实施、展示、评价等实践环节具有良好的操作性与互动性。不同的学生可以有不同的切入点，几乎人人都可以从这样的主题活动中找到自己的实践立足点，并从最终成果中获得成就感。

让笔者印象特别深刻的是三年级某班李老师，指导她们班学生设计制作自行车的过程，这位老师之前从来没有指导过综合实践活动课。在学校前期培训学习后，她和学生一起，从三年级设计与制作主题“车”中，选择了自行车。李老师对学生进行了前期指导后，放手让学生自主制作。第一次全班交流时，她发现，几乎所有同学设计制作的自行车都站不起来。这次中期交流，她就带着同学们一起解决让自行车站起来的问题：是材料问题?还是结构问题?又或者是制作方法问题?经过师生讨论与课后反复尝试，第二次交流展示时，绝大部分同学的自行车，不管大小、材质，都能站起来了。但新的挑战又出来了，有同学提出想给自行车安一个铃铛，有同学想安一个篮子……用什么材料?怎么制作?怎么安装固定?全班同学再次积极探究，各出奇招，家长们也纷纷加入进来出谋划策，甚至亲自上阵……最后学校作品展中，李老师班壮观的自行车阵，吸引众多目光。

最后呈现的成果只是作品，但在这个过程中，学生们投入极大的热情。他们对自己设计制作的作品投入全部的才智、精力与情感，听孩子们介绍自己的作品及设计制作过程，洋溢着爱与欢乐。学生动手动脑，综合能力得到提升，是更珍贵的成果。

对这门课程还不熟悉的老师们，积极组织互动，用多种手段记录和展示活动过程与作品，几乎所有班都主动制作了自己的活动美篇；许多家长也主动参与其中，学校获得大量家长主动分享的、跟孩子一起设计制作的视频，有的家长甚至特意为此添置专业的制作工具，看起来比孩子还投入。这些，何尝不是综合实践活动成果？

将军城小学的同主题分年级综合实践活动虽然只实施一个学期，不管是过程还是结果，都充分体现了这门课程的价值所在。虽然在教学与指导环节还有许多不足之处，等待进一步的完善，但用课程魅力反过来吸引老师和学生开展这门课程，是不是更有意义?对课程建设更事半功倍？

适合小学进行规划的综合实践活动主题还有很多：地方文化、红色文化、自然科学、传统文化等。不管确定哪一个主题来进行同主题分年级的综合实践活动课程规划，只要坚持三年，就足以初步形成学校的文化特色。

孩子们在同一个主题下，有不同角度与目标层次的多次实践机会，这样的实践，会对他们的一生产生积极影响。在此主题下丰富的实践活动、资源积累、目标落实，最后就会形成学校的文化内涵以及氛围。

以将军城小学为例。如果学校长期坚持“创意设计与制作”这一主题下的课程规划与实施，则该校学生在动手能力、创意设计、劳动技能、审美意识等方面，必将得到整体的培养与提升，进而成为该校学生的核心素养与个性特长。学校的办学特色、校园文化特色，自然水到渠成。

综合实践活动课程常态化实施的困境，一方面固然是因为这门课程与其他学科课程完全不同，让管理者和指导老师，在教学理念与方式方法上难以适应导致的；另一方面也与学校课程规划不到位有很大关系。只要学校课程规划科学合理、设计到位、操作性强，反过来是可以推动老师和学生主动实施这门课程的。

不管是“读出一本书”活动，还是“同主题分年级”课程规划，对于正处于综合实践课程建设困境中的小学来说，都是值得学习和借鉴的。

综合实践活动方案设计中指导的“点”与“线”

（1.红安县教研室，余向红；2.红安县陈升学校，祝文敏；
3.红安县七里中学，秦莎）

综合实践活动没有固定教材与教参，每一个主题活动，都是指导老师的原创设计。这是这门课程的魅力所在，也是难点所在。老师需要用一份活动方案来完成对活动开展的指导。好的活动方案，应该做到既能指导学生如何开展活动，也能指导教师如何指导学生开展活动。

与其他学科不同的是，综合实践活动的课程目标是开放性的，完全由老师在国家课程纲要框架下，根据活动内容自行设置；活动实施过程则兼具开放性、综合性与生成性，即不确定性因素始终伴随着实践过程，老师的指导尤其重要。老师在进行活动方案设计时，要能抓住指导的“点”与“线”，才能设计出一份对学生开展活动有指导性的综合实践活动方案。

指导的“点”在哪里？在活动关键环节上。

放寒假前，我要求工作室成员，给本班学生设计并布置一项寒假综合实践活动作业。其中，红安陈升学校一位老师设计的“鼠年说鼠”活动，颇值得从综合实践活动课程角度进行剖析。

以下是该老师的“鼠年说鼠”寒假综合实践活动方案原文：

【活动对象】：陈升学校四年级全体同学

【活动时间】：2020年1月7日—2月10日

【活动目标】：在春节期间亲历“鼠年说鼠”的活动，感受鼠年的年味、年俗，加深对传统节日的了解和热爱；同学们能在活动中积极参与，培养团结合作和勇于担当的精神；在活动过程中学会发现问题、解决问题；最后将自己的收获以手抄报、手工、表演等形式物化呈现出来。

【活动步骤】：

一、班级群里宣布活动主题“鼠年说鼠”，交流活动想法，提出活动要求。并根据家庭住址进行分组。

二、假期学生自主活动，将活动过程分享在班级群，老师在线指导，与学生及家长互动。

三、开学后进行活动成果交流与汇报，并形成活动案例。

【活动要求】：

一、采访身边的人鼠年春节怎么过，以及对“鼠年说鼠”的看法和理解，听听别人是否能有好的建议。提前准备好采访稿，并做好采访记录，整理好采访到的信息。

二、通过上网、查资料、询问父母等方法搜集有关鼠年和鼠的相关信息，信息整理后制作一张手抄报。

三、制作一件关于“鼠年说鼠”的手工。

四、将搜集到的关于“鼠年说鼠”的故事、歌曲、古诗、成语等通过说、唱、诵、演的方式展示出来。

五、所有的过程必须有文字记载并配有清晰的图片或视频。

2020年1月5日

这是一份以一所乡村小学四年级全体学生为对象的寒假综合实践活动方案。

首先这个主题活动的“目标设置”，除了第一句话体现了本次活动对传统文化的价值体认目标外，后面三句话指向的目标设定都非常空泛，等于是无目标。这次活动是由学生在家完成，第二句话中“积极参与、团结合作、勇于担当”这些词语所指向的活动目标，明显是学校集体开展活动时的目标指向。在这个寒假活动中，设置目标要结合学生是在家庭中、与家人一起完成活动的实际，不能为设目标而设目标。第三句话中“发现问题、解决问题”的说法，同样比较泛泛，就这个主题本身的特征与活动空间，发现与解决问题，并不是本次活动的主要目标，通过观察、实践、体验等途径，掌握获取和整理信息的方法，才是关键。最后一句话对目标要求的表述，反而会把学生的想像力、创造力往大同小异、千篇一律上引导，特别是关于手抄报的提示。

从这个目标设置可以看出来，老师开展活动的初衷是明确的：在鼠年春节，让学生通过开展“鼠”主题活动，了解传统文化。但她的具体想法却是模糊与平面化的，实践空间很小，对综合实践活动的“综合性”“生成性”缺少理解。也因此在设置活动目标时，思维方式还是停留在学校课堂、在学科教学上。在“目标设置”这个点上，这份方案的指导性是不够的。目标设置不是直接指导学生，而是指导老师自己的，让老师在引导学生开展实践活动时有清晰的方向与路径。

再来看“活动步骤”。因为这是一次寒假综合实践活动，老师在思想上首先要建立这样的基本概念：在家庭中完成，以个体为单位开展，以家长指导为主。从活动步骤看，她在这一环节设计中，并未厘清这个基本概念。第一步，在班级群里布置这个寒假活动，提出要求、交流想法这没有问题，就近分组就不现实了。分组确实是综合实践活动常用、适用的一种活动组织形式，但并不适用于寒假活动。因为春节的原因，学生在寒假中移动性很大，即使就近分组，也很难保证集中活动的时间、地点，这样的分组便失去意义。这里正确的做法是，提醒家长协助、指导孩子选择活动内容、完成寒假综合实践。第二步、第三步基本没有问题。从这三步的安排来看，这不是“活动步骤”，而是本次“鼠年说鼠”寒假综合实践活动实施的基本流程与要求：前期布置任务、中期实践与交流、后期汇报与展示。

基本流程同样是写给老师自己看的。这个是老师指导学生完成一次实践活动的路线图，提示整个活动有哪几个环节，每个环节大致要完成什么。在这个点上，清晰与合理至关重要。设置如果存在不合理，非但没有指导性，恐怕还会导致活动过程混乱，学生无所适从。

“活动要求”这一部分就比较杂乱了。这一部分是指导学生的，但从这个方案看，学生很难得到“鼠年怎么说鼠”的指导。学生家长及学生自己，对于综合实践活动，并没有很丰富的经验，甚至可以说很陌生。那么老师在这一部分要做的是，给学生和家长明确的指导与建议，让他们知道可以从哪个方向开展活动，可以采用什么途径开展活动，可以用什么形式整理和呈现活动成果。老师自己的思路首先要打开，围绕“鼠”这个主题，到底可以从哪些方向说“鼠”？只有年俗里有吗？只有故事里有吗？远远不止：自然界的鼠、动画里的鼠、商标中的鼠、年俗中的鼠、童话里的鼠等有很多切入的点可以进行探究；怎么探究？观察、寻访、搜集、查询、观看、体验、拍摄、模拟等这些方法和途径都可行；探究的结果要怎样进行整理？用图片、文字、实物、工艺、表演、视频……这些形式进行整理，然后形成物化的成果或作品。老师可以设计一个表格，简单明了地把关于活动内容、方法、成果形式的建议呈现出来，供学生和家长参考。

活动方案的设计，一定要注意指导性和可操作性，不只是对学生重要，对老师顺利指导完成一次活动尤其重要。老师的活动建议，对于家长和孩子来说，其效果应该是让他们明白：“哦，原来可以这样做。”而不能是这样的暗示：“老师要我们这样做。”

这份“鼠年说鼠”方案若实施，很难避免这样的结果：活动方式、内容与成果千篇一律；对于大部分学生和家长来说，鼠年说的那个鼠，就是老鼠。而事实上：仓鼠、袋鼠、鼹鼠、松鼠、田鼠……米老鼠、杰瑞、舒克和贝塔……三只松鼠、灰鼠、鼠标……这些全都是鼠年可说之“鼠”。所以，在这一部分，老师指导的点是打开学生说“鼠”的思路，不要让他们只围着“鼠”年的那只“老鼠”转圈。

综合实践活动是一门开放性的过程，并没有现成的、封闭的知识和技能体系必须达成，这是这门课程与其他课程最大的不同所在。在综合实践活动中，老师的指导非常重要。而老师指导中最重要的部分，是用专业、开放的指引，激发学生活动兴趣，让他们知道往哪里伸出自己探究的触角。对于结果，则不必有太多预设。

从上述活动方案剖析不难看出，老师在设计综合实践活动方案时，指导性要体现在这些“点”上：活动目标要清晰具体，不能设置那种放之四海而皆准、适用几乎所有主题活动的目标；活动流程及要求，要充分考虑主题活动的综合属性；活动指导或建议，要有弹性、有空间，这个空间是留给学生去实践、去发挥的。只有充分考虑到这些“点”，才能形成一个真正有指导性的活动方案。

活动方案设计中，指导的“线”又在哪里呢？

在综合实践活动中，有哪些每次活动都会贯穿始终的线？其中之一，是“问题”。大部分主题活动，都是围绕发现问题、提出问题，解决问题来逐步完成的。老师在进行活动方案设计时，围绕“问题”这根线进行指导，是活动有效、顺利实施的重要保障。

红安县七里中学的秦莎老师，在指导学生开展综合实践活动时，就紧紧抓住“问题”这条线，让活动得以顺利进行。

秦莎所带的班级，每个学期都会开展综合实践活动。去年春天，秦莎老师跟学生一起讨论确定本学期综合实践活动主题时，有学生提出可以以“眼睛”为主题，开展综合实践活动。秦莎老师立即追问：为什么想到“眼睛”？原来学生的想法来自学校组织的一次视力检查。

主题源自问题。从这里开始，一个个问题推着学生一步步探究。

解决问题的第一步，是发现并提出问题。但提出问题的不能只是老师，探究中很多问题必须由学生自己发现和提出。秦莎老师指导的第二步，依然是围绕问题进行，鼓励学生从学科出发，观察身边的人和事，加入自己的思考，提出问题。有了明确的指导，学生们就能主动观察、思考生活中的现象，并提出问题。

解决问题的第二步，是找到合适的解决问题的方法，制定解决方案。关于眼睛的主题确定以后，大家经过讨论，提出许多问题，确定了几个探究的方向。

其中有一个组要解决的问题是：本校学生的近视现状调查。如何调查?这就涉及到解决问题的方法。在七年级上册生物课本中，“调查周边环境中的生物”这一节，学习到调查这种方法。简而言之，调查时首先要明确调查目的和调查对象，制定合理的调查方案，调查过程中要如实记录，对调查的结果要进行整理和分析，有时要用数学方法进行统计。这里的指导就非常具体了，学生自己就能根据这一方法指导，确定以问卷方式解决问题。

解决问题的第三步，是规范严谨地落实问题解决方案。问卷设计好，怎么落实又是一个问题。秦莎老师顺着问题步步为营，问卷的发放与回收、统计与分析的方法、统计分析形成结论、撰写分析报告……

通过此次综合实践活动，学生整体摸清了本校全体学生的近视情况，并用翔实的数据进行统计说明，实践活动结果一目了然。在此基础上提出的合理化建议，非常有说服力。

在这个活动过程中，“眼睛”作为主题只是一个载体，围绕“眼睛”这个主题开展实践活动，所要面临和解决的一系列问题，才是贯穿始终的一根学生综合能力发展“线”，老师的指导就在这根线上。

《中小学综合实践活动课程指导纲要》初中阶段具体目标中“问题解决”部分指出：能关注自然、社会、生活中的现象，深入思考并提出有价值的问题，将问题转化为有价值的研究课题，学会运用科学方法开展研究。能主动运用所学知识理解与解决问题，并做出基于证据的解释，形成基本符合规范的研究报告或其他形式的研究成果。

秦莎老师在这次关于“中学生近视情况调查与分析”的综合实践活动中，就很好地达成了这一目标。她始终沿着问题这条线进行指导，学生在老师的指导下，自己解开一个个结，“问题解决”这一课程目标得到了充分的落实。学生们要解决的不是近视问题，而是通过对近视问题的调查、分析，掌握调查问卷、数据分析、报告形成这些解决问题的方法。这个方法的习得，可以在学生解决其他问题的过程中继续发挥作用。

从上述两个案例不难看出，老师在设计综合实践活动方案时，一定要有指导意识。这个指导性，可以体现在不同环节，也可以集中在一条线上。重要的是，这个指导性，必须能让老师知道怎么做，学生明白怎么做。只有这样，一次主题活动，才能真正有序有效地得以实施，这门课程的育人价值，才能得到体现与落实。

后　记

百年老校黄冈师范学院始终以“师范”为立校之本，源于师范，兴于师范，强于师范。因为师范，学校始终坚持立德树人，为国家培养了数以万计的基础教育骨干教师，天南海北，孜孜不倦；因为师范，学校也愿意搭建平台，培养基础教育教师学术生发力，提升基础教育教学名师学术传播力。

有鉴于此，2017年，《黄冈师范学院学报》在付友华编审策划并与多位教育专家沟通后，创办了“名师谈教学”栏目，每期刊发一到两位名师的文章，至今弦歌未断。双向奔赴，偕行共赢。名师的文章经由学报刊出后，传播效应突显，不少文章被人大复印资料全文转载，赢得教育专家与一线教师的普遍赞誉，名师的学术生产力和学术影响力显著提升。学报“名师谈教学”栏目的作者自黄冈而全国，由校友的小圈子波纹开去，赢得更多名师的青睐；栏目建设八年，于2023年获全国高校文科学报研究会特色栏目奖。尤其是编辑部以栏目为依托，先后召开了3次助推基础教育教研的高端论坛，在教育界和学界赢得了良好的口碑。

可喜的是，本校学科教学论教师和师范专业学生与一线教师的联系更趋密切，双方合作共商共建共研的意识明显增强，共赢局面已经显现。毋庸讳言，学报“名师谈教学”栏目的纽带作用功不可没。

本书是栏目自2019年以来刊发的名师文章(之前刊发的文章，已经选入付友华编审主编的《黄冈名师谈教学》一书)的甄选，既适当考虑到“名师”属性，又考虑到文章的学科分布，还考虑到文章示范性的淡退问题。我们深信，入选的40余篇文章，应是对于我们基础教育教学教研有所助益的。

付梓之际，我们由衷：感谢入选名师的积极配合，文章富有真知灼见，我们统稿也显迅速高效；感谢杰出校友何兰田局长，慨然为本书作序；感谢编委团队的付出，付友华编审的卓识，张吉兵编审的睿智，胡志华教授的大气，程云教授的畅快，周觅编审的敬业，王菊平编辑的统筹，喻晓敏编辑的助力以及研究生罗杰逐字逐句的校对。

呦呦鹿鸣，食野之蘋。我有嘉宾，鼓瑟吹笙。“名师谈教学”栏目是个桥梁，因为联通，彼此可以走得更近；是个窗口，因为传播，彼此可以走得更远。从《黄冈名师谈教学》到《名师谈教学》，各地名师与黄冈师范学院脉脉相通、笙磬同音，星星之火，已现燎原之势。我们真诚希望各级教育主管部门一如既往支持黄冈师范学院，欢迎名师一如既往支持“名师谈教学”栏目，让品牌更亮、双赢更宽。

书既结集，犹如断脐。由于我们学识浅陋，书中定有错谬之处，敬请读者诸君不吝赐教，以便修正。

漆昌柱　汤天勇

2024年1月28日